世界海洋文化与历史研究译丛

黑海与欧洲、近东以及亚洲的早期文明

The Black Sea and the Early Civilizations of Europe, the Near East and Asia

王松林　丛书主编
[德]玛利亚·伊万诺娃(Mariya Ivanova)　著
马　钊译

CAMBRIDGE　海洋出版社

2025年·北京

图书在版编目(CIP)数据

黑海与欧洲、近东以及亚洲的早期文明/(德)玛利亚·伊万诺娃(Mariya Ivanova)著;马钊译. -- 北京:海洋出版社,2025.2. -- (世界海洋文化与历史研究译丛/王松林主编). -- ISBN 978-7-5210-1487-7

Ⅰ.K1

中国国家版本馆 CIP 数据核字第 20256XP261 号
版权合同登记号　图字:01-2020-3736
审图号:GS 京(2025)0300 号

Heihai yu Ouzhou、Jindong yiji Yazhou de zaoqi wenming

This is a Simplified Chinese Translation of the following title published by Cambridge University Press:

The Black Sea and the Early Civilizations of Europe, the Near East and Asia 978-1-107-03219-4

This Simplified Chinese Translation for the People's Republic of China (excluding Hong Kong, Macau and Taiwan) is published by arrangement with the Press Syndicate of the University of Cambridge, Cambridge, United Kingdom.

© China Ocean Press Co., Ltd. 2025

This Simplified Chinese Translation is authorized for sale in the People's Republic of China (excluding Hong Kong, Macau and Taiwan) only. Unauthorized export of this Simplified Chinese Translation is a violation of the Copyright Act. No part of this publication may be reproduced or distributed by any means, or stored in a database or retrieval system, without the prior written permission of Cambridge University Press and China Ocean Press Co., Ltd.

Copies of this book sold without a Cambridge University Press sticker on the cover are unauthorized and illegal.

本书封面贴有 Cambridge University Press 防伪标签,无标签者不得销售。

责任编辑:杨海萍　苏　勤
责任印制:安　淼

海洋出版社 出版发行

http://www.oceanpress.com.cn
北京市海淀区大慧寺路 8 号　邮编:100081
鸿博昊天科技有限公司印刷　新华书店北京发行所经销
2025 年 5 月第 1 版　2025 年 5 月第 1 次印刷
开本:710mm×1000mm　1/16　印张:30.75
字数:328 千字　定价:98.00 元
发行部:010-62100090　总编室:010-62100034
海洋版图书印、装错误可随时退换

《世界海洋文化与历史研究译丛》
编委会

主　编：王松林

副主编：段汉武　杨新亮　张　陟

编　委：（按姓氏拼音顺序排列）

程　文　段　波　段汉武　李洪琴

梁　虹　刘春慧　马　钊　王松林

王益莉　徐　燕　杨新亮　应　崴

张　陟

丛书总序

众所周知，地球表面积的71%被海洋覆盖，人类生命源自海洋，海洋孕育了人类文明，海洋与人类的关系一直以来备受科学家和人文社科研究者的关注。21世纪以来，在外国历史和文化研究领域兴起了一股"海洋转向"的热潮，这股热潮被学界称为"新海洋学"（New Thalassology）或曰"海洋人文研究"。海洋人文研究者从全球史和跨学科的角度对海洋与人类文明的关系进行了深度考察。本丛书萃取当代国外海洋人文研究领域的精华译介给国内读者。丛书先期推出10卷，后续将不断补充，形成更为完整的系列。

本丛书从天文、历史、地理、文化、文学、人类学、政治、经济、军事等多个角度考察海洋在人类历史进程中所起的作用，内容涉及太平洋、大西洋、印度洋、北冰洋、黑海、地中海的历史变迁及其与人类文明之间的关系。丛书以大量令人信服的史料全面描述了海洋与陆地及人类之间的互动关系，对世界海洋文明的形成进行了全面深入的剖析，揭示了从古至今的海上探险、海上贸易、海洋军事与政治、海洋文学与文化、宗教传播以及海洋流域的民族身份等各要素之间千丝万缕的内在关联。丛书突破了单一的天文学或地理学或海洋学的学科界限，从全球史和跨学科的角度将海洋置于人类历史、文化、文学、探险、经济乃至民族个性的形成等视域中加以系统考察，视野独到开阔，材料厚实新颖。丛书的创新性在于融科学性与人文性于一体：一方面依据大量最新研究成果和发掘的资料对海洋本身的变化进行客观科学的考究；另一方面则更多地从人类文明发展史微观和宏观相结合的角度对海洋与人类的关系给予充分的人文探究。丛书在书目的选择上充分考虑著作的权威性，注重研究成果的广泛性和代表性，同时顾及著作的学术性、科普性和可读性，有关大西洋、太平洋、印度洋、地中海、黑海等海域的文化和历史研究成果均纳入译介范围。

太平洋文化和历史研究是 20 世纪下半叶以来海洋人文研究的热点。大卫·阿米蒂奇（David Armitage）和艾利森·巴希福特（Alison Bashford）编的《太平洋历史：海洋、陆地与人》（*Pacific Histories: Ocean, Land, People*）是这一研究领域的力作，该书对太平洋及太平洋周边的陆地和人类文明进行了全方位的考察。编者邀请多位国际权威史学家和海洋人文研究者对太平洋区域的军事、经济、政治、文化、宗教、环境、法律、科学、民族身份等问题展开了多维度的论述，重点关注大洋洲区域各族群的历史与文化。西方学者对此书给予了高度评价，称之为"一部太平洋研究的编年史"。

印度洋历史和文化研究方面，米洛·卡尼（Milo Kearney）的《世界历史中的印度洋》（*The Indian Ocean in World History*）从海洋贸易及与之相关的文化和宗教传播等问题切入，多视角、多方位地阐述了印度洋在世界文明史中的重要作用。作者对早期印度洋贸易与阿拉伯文化的传播作了精辟的论述,并对16世纪以来海上列强(如葡萄牙和后来居上的英国)对印度洋这一亚太经济动脉的控制和帝国扩张得以成功的海上因素做了深入的分析。值得一提的是,作者考察了历代中国因素和北地中海因素对印度洋贸易的影响,并对"冷战"时代后的印度洋政治和经济格局做了展望。

黑海位于欧洲、中亚和近东三大文化区的交会处,在近东与欧洲社会文化交融以及欧亚早期城市化的进程中发挥着持续的、重要的作用。近年来,黑海研究一直是西方海洋史学研究的热点。玛利亚·伊万诺娃(Mariya Ivanova)的《黑海与欧洲、近东以及亚洲的早期文明》(*The Black Sea and the Early Civilizations of Europe, the Near East and Asia*)就是该研究领域的代表性成果。该书全面考察了史前黑海地区的状况,从考古学和人文地理学的角度剖析了由传统、政治与语言形成的人为的欧亚边界。作者依据大量考古数据和文献资料,把史前黑海置于全球历史语境的视域中加以描述,超越了单一地对物质文化的描述性阐释,重点探讨了黑海与欧洲、近东和亚洲在早期文明形成过程中呈现的复杂的历史问题。

把海洋的历史变迁与人类迁徙、人类身份、殖民主义、国家形象与民族性格等问题置于跨学科视野下予以考察是"新海洋学"研究的重要内容。邓肯·雷德福(Duncan Redford)的《海洋的历史与身份:现代世界的海洋与文化》(*Maritime History and Identity: The Sea and Culture in the Modern World*)就是这方面的代表性著作。该书探讨了海洋对个体、群体及国家文化特性形成过程的影响，侧重考察了商业航海与海军力量对民族身份的塑造产生的影响。作者以英国皇家海军为例，阐述了强大的英国海军如何塑造了其帝国身份，英国的文学、艺术又如何构建了航海家和海军的英雄形象。该书还考察了日本、意大利和德国等具有海上军事实力和悠久航海传统的国家的海洋历史与民族性格之间的关系。作者从海洋文化与国家身份的角度切入，角度新颖，开辟了史学研究的新领域，研究成果值得海洋史和海军史研究者借鉴。此外，伯恩哈德·克莱因（Bernhard Klein）和格萨·麦肯萨恩（Gesa Mackenthun）编的《海洋的变迁：历史化的海洋》（Sea Changes: Historicizing the Ocean）对海洋在人类历史变迁中的作用做了创新性的阐释。克莱因指出，海洋不仅是国际交往的通道，而且是值得深度文化研究的历史理据。该书借鉴历史学、人类学以及文化学和文学的研究方法，秉持动态的历史观和海洋观，深入阐述了海洋的历史化进程。编者摒弃了以历史时间顺序来编写的惯例，以问题为导向，相关论文聚焦某一海洋地理区域问题，从太平洋开篇，依次延续到大西洋。所选论文从不同的侧面反映真实的和具有象征意义的海洋变迁，体现人们对船舶、海洋及航海人的历史认知，强调不同海洋空间生成的具体文化模式，特别关注因海洋接触而产生的文化融合问题。该书融海洋研究、文化人类学研究、后殖民研究和文化研究等理论于一炉，持守辩证的历史观，深刻地阐述了"历史化的海洋"这一命题。

由大卫·坎纳丁（David Cannadine）编的《帝国、大海与全球史：1763—1840年前后不列颠的海洋世界》（Empire, the

Sea and Global History：Britain's Maritime World，c. 1763-c. 1840）就 18 世纪 60 年代到 19 世纪 40 年代的一系列英国与海洋相关的重大历史事件进行了考察，内容涉及英国海外殖民地的扩张与得失、英国的海军力量、大英帝国的形成及其身份认同、天文测量与帝国的关系等；此外，还涉及从亚洲到欧洲的奢侈品贸易、海事网络与知识的形成、黑人在英国海洋世界的境遇以及帝国中的性别等问题。可以说，这一时期的大海成为连结英国与世界的纽带，也是英国走向强盛的通道。该书收录的 8 篇论文均以海洋为线索对上述复杂的历史现象进行探讨，视野独特新颖。

海洋文学是海洋文化的重要组成部分，也是海洋历史的生动表现，欧美文学有着鲜明的海洋特征。从古至今，欧美文学作品中有大量的海洋书写，海洋的流动性和空间性从地理上为欧美海洋文学的产生和发展提供了诸种可能，欧美海洋文学体现的欧美沿海国家悠久的海洋精神成为欧美文化共同体的重要纽带。地中海时代涌现了以古希腊、古罗马为代表的"地中海文明"和"地中海繁荣"，从而产生了欧洲的文艺复兴运动。随着早期地中海沿岸地区资本主义萌芽的兴起和航海及造船技术的进步，欧洲冒险家开始开辟新航线，发现了新大陆，相关的海上历险书写成为后人了解该时代人与大海互动的重要文献。之后，海上贸易由地中海转移至大西洋，带动大西洋沿岸地区的文学和文化的发展。一方面，海洋带给欧洲空前的物质繁荣，为工业革命的到来创造了充分的条件；另一方面，海洋铸就了沿海国家的民族性格，促进了不同民族的文学与文化之间的交流，文学思想得以交汇、碰撞和繁荣。可以说，"大西洋文明"和"大西洋繁荣"在海洋文学中得到了充分的体现，海洋文学也在很大程度上反映了沿海各国的民族性格乃至国家形象。

希腊文化和文学研究从来都是海洋文化研究的重要组成部分，希腊神话和《荷马史诗》是西方海洋文学研究不可或缺的内容。玛丽-克莱尔·博利厄（Marie-Claire Beaulieu）的专著《希腊想象中的海洋》（*The Sea in the Greek Imagination*）堪称该研究领域的一部奇书。作者把海洋放置在神界、凡界和冥界三个不同的宇宙空间的边界来考察希腊神话和想象中各种各样的海洋表征和海上航行。从海豚骑士到狄俄尼索斯、从少女到人鱼，博利厄着重挖掘了海洋在希腊神话中的角色和地位，论证详尽深入，结论令人耳目一新。西方学者对此书给予了高度评价，称其研究方法"奇妙"，研究视角"令人惊异"。在"一带一路"和"海上丝路"的语境下，中国的海洋文学与文化研究应该可以从博利厄的研究视角中得到有益的启示。把中外神话与民间传说中的海洋想象进行比照和互鉴，可以重新发现海洋在民族想象、民族文化乃至世界政治版图中所起的重要作用。

在研究海洋文学、海洋文化和海洋历史之间的关系方面，菲利普·爱德华兹（Philip Edwards）的《航行的故事：18世纪英格兰的航海叙事》（*The Story of the Voyage: Sea-narratives in Eighteenth-century England*）是一部重要著作。该书以英国海洋帝国的扩张竞争为背景，根据史料和文学作品的记叙对18世纪的英国海洋叙事进行了研究，内容涉及威廉·丹皮尔的航海经历、库克船长及布莱船长和"邦蒂"（Bounty）号的海上历险、海上奴隶贸易、乘客叙事、水手自传，等等。作者从航海叙事的视角，揭示了18世纪英国海外殖民与扩张过程中鲜为人知的一面。此外，约翰·佩克（John Peck）的《海洋小说：英美小说中的水手与大海，1719—1917》（*Maritime Fiction: Sailors and the Sea in British and American Novels, 1719-1917*）是英美海洋文学研究中一部较系统地讨论英美小说中海洋与民族身份之间关系的力作。该书研究了从笛福到康拉德时代的海洋小说的文化意义，内容涉及简·奥斯丁笔下的水手、马里亚特笔下的海军军官、狄更斯笔下的大海、维多利亚中期的海洋小说、约瑟夫·康拉德的海洋小说以及美国海洋小说家詹姆士·库柏、赫尔曼·麦尔维尔等的海洋书写。这是一部研究英美海洋文学与文化关系的必读参考书。

海洋参与了人类文明的现代化进程，推动了世界经济和贸易的发展。但是，人类对海洋的过度开发和利用也给海洋生态带来了破坏，这一问题早已引起国际社会和学术界的关注。英国约克大学著名的海洋环保与生物学家卡勒姆·罗伯茨（Callum Roberts）的《生命的海洋：人与海的命运》（*The Ocean of Life: The Fate of Man and the Sea*）一书探讨了人与海洋的关系，详细描述了海洋的自然历史，引导读者感受海洋环境的变迁，警示读者海洋环境问题的严峻性。罗伯茨对海洋环境问题的思考发人深省，但他对海洋的未来始终保持乐观的态度。该书以通俗的科普形式将石化燃料的应用、气候变化、海平面上升以及海洋酸化、过度捕捞、毒化产品、排污和化肥污染等要素对环境的影响进行了详细剖析，并提出了阻止海洋环境恶化的对策，号召大家行动起来，拯救我们赖以生存的海洋。可以说，该书是一部海洋生态警示录，它让读者清晰地看到海洋所面临的问题，意识到海洋危机问题的严重性；同时，它也是一份呼吁国际社会共同保护海洋的倡议书。

　　古希腊政治家、军事家地米斯托克利（Themistocles，公元前524年至公元前460年）很早就预言：谁控制了海洋，谁就控制了一切。21世纪是海洋的世纪，海洋更是成为人类生存、发展与拓展的重要空间。党的十八大报告明确提出"建设海洋强国"的方略，十九大报告进一步提出要"加快建设海洋强国"。一般认为，海洋强国是指在开发海洋、利用海洋、保护海洋、管控海洋方面拥有强大综合实力的国家。我们认为，"海洋强国"的另一重要内涵是指拥有包括海权意识在内的强大海洋意识以及为传播海洋意识应该具备的丰厚海洋文化和历史知识。

　　本丛书由宁波大学世界海洋文学与文化研究中心团队成员协同翻译。我们译介本丛书的一个重要目的，就是希望国内从事海洋人文研究的学者能借鉴国外的研究成果，进一步提高国人的海洋意识，为实现我国的"海洋强国"梦做出贡献。

王松林

于宁波大学

2025年1月

译者序

黑海地处亚洲、近东和欧洲的交汇处，历来在欧亚文明的交往和碰撞中有着举足轻重的地位。原产于中国的小米，古代就经蒙古沿草原地带的北方通道传到了中欧；制陶术也沿草原走廊从西伯利亚南部向西扩散到了草原的最西端。在史前，亚洲、近东和欧洲文明是怎样在黑海地区发生碰撞和相互影响的正是本书所要揭示给读者的。

本书的研究内容时间跨度长，从公元前6千纪一直到公元前3千纪，以公元前4千纪为焦点；研究范围广，涉及黑海沿岸的诸多地区，从黑海东岸的库班河流域到黑海北岸的第聂伯河下游，从西岸的多瑙河三角洲、巴尔干半岛到安纳托利亚高原；研究领域涉及农业、金属加工、纺织、陶瓷制造、葬俗、交通工具等。如此浩大的工程需要作者从浩瀚的文献资料中抽丝剥茧，查阅比对各地公开的和未公开的文物，还要克服各地不同语言、习俗等带来的困难，挑战之大难以想象。但是作者玛利亚·伊万诺娃出色地完成了这个任务。她频繁出入各地考古储藏室和图书馆，并参与考察了东欧和中东的实地考古现场，以法国文化技术派为理论指导，从技术传播的角度，把农业、食物加工、纺织、金属加工、陶瓷制造、葬俗、交通工具等技术创新作为一个整体放入其社会、历史、文化背景中，分库班河下游（黑海东岸）、黑海北岸草原、黑海西岸湿地、安纳托利亚海岸四大区块对黑海的史前文明进行了梳理和整合，资料翔实，考证严谨，让人们对黑海史前文明有了一个更全面的了解。

本人有幸参与了《世界海洋文化与历史研究译丛》的翻译工作，并有缘承担了玛利亚·伊万诺娃女士这本黑海研究扛鼎之作的翻译任务。接下任务之后要去英国进行为期一年的访学，翻译有关欧亚文明的书恰逢其时，再好不过。怀着一颗敬畏之心开始了本书的翻译之旅。翻译过程磕磕绊绊，费解之处不是词典或谷歌百度可以解决的，需要不断停下来学习查阅相关的专业知识和背景资料，再多方求证才能比较确定原文想要表达的意思。书中涉及很多考古知识，因此开始翻阅各种考古资料，以确定什么样的表达更准确，在访学期间也有机会出入欧洲各地的博物馆，得以亲眼见证部分黑海地区史前文明的文物，见到实物让我在翻译部分出土器物时不用再凭空想象。一本书翻译下来，自己成了考古迷，这也是翻译的意外收获和乐趣，仿佛打开了一个新领域的大门。

有时翻译一个词会困扰你很长时间，书中有一处关于丧礼宴的描写，作者提到了非洲罗奥族丧礼宴上的一种叫"Kuon"的食物，翻遍手头所有的词典都找不到对应的翻译，网上唯一能找到"Kuon"的解释是日本的一款游戏，显然也不对，踟踟良久，不得要领。无解之时，托朋友问了宁波大学的肯尼亚留学生，结果人家还真解答了这个问题。该食物也叫"Ugali"，是玉米粉做的一种稠粥，是非洲罗奥族的主食，这位肯尼亚留学生还图文并茂进行了解释。真有"踏破铁鞋无觅处，得来全不费功夫"之感。这也提醒自己，很多东西不是翻译不了，而是需要有工匠精神，不断琢磨，不断求教，这样才会越来越接近原文的"真相"。

尽管力求译文准确到位，译完又难免忐忑，总觉得还可以有更好的翻译。译文也是改了又改，译丛的编辑也帮我指正了不少问题，在此表示感谢。翻译难免留有遗憾，但遗憾不应该成为不追求完美的借口，而是应该鞭策自己要不断追求更好。

本书译稿主要在英国杜伦大学访学期间完成，所以也是访学最好的纪念。

马　钊

于宁波大学外国语学院

2025 年 1 月

序　言

黑海地处欧洲、中亚和近东三大文化区的交汇处。在关于复杂的近东社会如何影响欧洲社会以及亚欧大陆早期城镇化的长期讨论中，黑海一直有着举足轻重的地位。本书首次全面展示了黑海地区的史前文化。作者克服种种习俗、政治以及语言障碍，综观欧亚海岸线以及东欧和西方学术文献，对考古资料进行批判性的梳理和整合，把黑海史前文明研究放在一个全球化的历史背景下。视角科学而创新，叙述没有对物质文化进行单纯的描写，而是强调了人和社会与物质世界的互动。

玛利亚·伊万诺娃是德国"海德堡大学"史前考古学讲师兼"德国考古协会"研究员。曾参与土耳其、东南欧和中欧的田野考古项目。著有《公元前约5000年至公元前2000年巴尔干地区、爱琴海和西安纳托利亚地区的定居点》一书，并在《史前杂志》《牛津考古》以及《欧亚古典》发表过论文。

致　谢

"艺术家和工匠都是四处游走的旅行者。他们在任务景观中前行，如同行人在自然景观中穿行，一边谋生，一边创作。正是在这种不断前行的过程中，我们发现了创造力。"（引自 Tim Ingold《创造的编织性》一文）在我看来，这个观点也完全适用于学术研究。本书的写作不论从象征意义还是实际意义都是一个旅程。在海德堡史前和近东考古协会，我可以随心所欲地跟着我的好奇心探索前行。我要感谢德国科学基金会（DFG）给予我研究奖学金，使我免于行政和教学任务，得以潜心做研究，我也要感谢 Joseph Maran 教授在研究和写作的各个阶段一直给予我支持和鼓励。本书的研究最初源于德国考古协会（DAI）提供的旅行资助，使我得以在东欧和中东地区进行了为期六个月顺利且充满启发的考察之旅。如果没有 DAI 提供的为期一年的研究经费，本书将难以完成。

我在基辅期间，J. Rassamakin 曾慷慨相助，在此向他表示由衷的感谢。我也要向基辅考古协会的 Juri 及其同事表示诚挚的谢意。我还要谢谢我的朋友和同事们，感谢他们提供参考资料和副本，并分享他们的见解，谢谢他们的热忱接待，让我得以进出考古储藏室和图书馆,这些朋友有:海德堡的 Peter Miglus 和 Adele Bill;法兰克福的 Friedrich Lüth 和 Knut Rassmann;柏林的 Sabine Reinhold;辛辛那提的 Getzel Cohen、Susan Allen 以及 John Wallrodt;莫斯科的 Olga Brileva、Jekaterina Devlet 以及 Nikolaj;扎波罗热的 Genadij Toshchev;辛菲罗波尔的 Irina Vdovichenko;埃里温的 Arsen Bobokhyan;第比利斯的 Levan Dschabaschwili;瓦尔纳的 Vladimir Slavchev;索菲亚的 Krassimir Leshtakov 和 Vnssil Nikolov;阿什哈巴德的 Aydogdv Kurbanov。此外,我还要感谢纽约的 Alex Bauer 和圣彼得堡的 Ljubov Kircho,感谢他们为我提供了作品的副本;巴黎的 Bertille Lvonnet、基希讷乌的 Igor Manzura、基辅的 Juri Kossnmakin、纽约的 Oscar Muscarelta 以及爱丁堡的 Ulf-Dietrich Schoop,谢谢他们允许我复印他们的作品。我还要感谢所有在 DAI 外事办、东欧和中东的考古现场以及博物馆期间曾给予我欢迎和帮助的人。

  本书引用的素材都是业已公开发表的,没有参考博物馆藏中的档案和未经公开的文物。尽管我也用了二级文献,但我还是想方设法找到原始文献。我要衷心感谢那些帮助过我的图书馆馆员,他们分别来自:图宾根和海德堡史前考古学协会;法兰克福 DAI 的罗马-日耳曼协会;基辅和莫斯科的考古协会;圣彼得堡物质文化历史协会;伊斯坦布尔、德黑兰以及安曼 DAI 的图书馆;埃里温以及第比利斯的考古协会;恰纳卡莱的曼弗雷德·O. 柯夫曼图书馆;瓦尔纳考古博物馆图书馆以及

致 谢

辛辛那提古典学系图书馆和辛辛那提大学主图书馆。我还要感谢那些允许我查看他们研究院藏品的人：Natalia Shishlina 允许我进入莫斯科国家历史博物馆的储藏室；Juri Rassamakin 允许我进入基辅考古协会的仓库；Olga Brileva 慷慨地向我展示了莫斯科国家东方艺术博物馆（MINV）的发掘藏品。

我也要感谢剑桥大学出版社的编辑 Beatrice Rehl，也要谢谢 Anastasia Graf、James Dunn 以及 Elise Oranges 在出版过程中给予我的指导。

我最诚挚的谢意要献给我的丈夫 Gebhard Bieg 以及我的女儿 Katharina，谢谢他们无条件的支持和理解。没有他们，本书只能是空想。

玛利亚·伊万诺娃

引　言

"史前黑海航路不通，冬季风暴肆虐，沿海部落凶暴残忍，尤其是西徐亚[1]部落，他们杀陌生人献祭，食其肉，用其头骨作饮用工具，因此黑海也叫阿克森，意为'不友好之地'；后来，随着爱奥尼亚人[2]在海边修建城邦，阿克森变成欧克森，意为'友好之地'"。

斯特拉博（Strabo）[3]，《地理学》7.3.6

黑海是内海，轮廓鲜明，让人想起地中海。研究黑海的史学家和考古学家很容易用一些地中海地区的概念来描述它（Özveren, 2001; Doonan, 2009）。但是，黑海不是其南方邻居的缩小版：黑海地区的生态和地中海区域有着显著的差异。黑海南岸和东海岸气候温暖湿润，云雾缭绕、森林茂密的阿尔卑斯山脉和高加索山脉把它们与外界隔绝。黑海北岸和西北海岸则是截然不同的草原地带：气候温和、荒芜干旱，向内陆延绵数百千米。此外，黑海的文化和贸易也不同于地中海地区。黑海地区曾有几次短暂的政治经济融合，但都是由外来者到黑海来寻找原材料和异域特产推动的。黑海地区出现一统的原因，一是由外来移民发起，就像古希腊的殖民时期，或是中世纪末期意大利商人城市的出现，另一个原因是当时控制黑海海湾的地中海王国的政治意图。[4]现在有数个研究黑海地区的学科，意见不一，分别由各自的机构予以资助（King，2004，4）。黑海南岸被视为中东的一部分；西岸则和巴尔干半岛放在一起研究；北部和东部海岸则属于"苏联研究"的模糊地带。

除了曾短暂被强大的地中海世界干预外，如果黑海沿岸民族没有共同的历史，那么把黑海作为一个整体来研究其史前文明意义何在？外界对黑海的看法不一，有人把黑海描述成一个与世隔绝的蛮荒之地，当地原住民愚昧无知（Braudel，1966，110；King，2004，44，65）。[5]尤为重要的是，黑海被看成是沿政治边界分布的边疆地区，那里生存条件恶劣，民族特征鲜明，是文明世界和野蛮世界之间的缓冲区（King，2004，8-11；Ascherson，1995，8，60-64）。

还有人把黑海看成是中东诸国、地中海和欧亚平原的中转站（Bratianu，1944）。例如，中世纪末期，随着蒙古统治了多瑙河流域与中国之间的草原地带，通往中国的陆路贸易之路北线也重新开放，黑海成了欧洲和波斯、印度以及远东贸易往来的中心。曾几何时，黑海的贸易可以和地中海地区最大的贸易港口相媲美（Özveren，2001，75；King，2004，87-90）。19世纪末，黑海地区作为欧洲东部问题的一部分才重获其重要的政治地位。然而，黑海最形象的比喻也许是桥梁。显而易见，欧亚大草原是连接亚洲内陆和欧洲的地理走廊。而且，历史上从中亚和东亚到欧洲的主要陆路贸易之路都终于黑海的东部港口，即现在的亚速海[6]、巴统[7]和特拉布宗[8]；而汇入黑海的主要河流则充当了深入欧洲内陆的主要通道。正是黑海在欧亚交汇的独特位置使得它不是一个随意界定的区域，而是一个有分析研究意义的对象。

苏联时期的黑海研究

在20世纪的大部分时期，黑海考古学的发展笼罩在苏联的阴影下。[9]所有历史学科，包括考古学使用的理论框架，都受制于意识形态，许多学者不愿涉足理论研究。因此，苏联时期的后几十年，考古学多是对文化历史传统史实的编撰和描述。在田野考古方面，由于主要目标是重建历史，所以考古挖掘多采用大规模的水平暴露，再加上因工业建设，有几个大工程进行了长期的抢救性发掘，使得大量考古资料没有得到充分研究和公开。苏联在考古理论和实践上的特殊性大大影响了综合性文献的撰写。

随着1991年苏联的解体，黑海地区经历了经济危机和民族冲突。政府资助大幅削减，田野考察工作陷于停顿（Dolukhanov，1993）。理论研究同样遭遇困境，原有理论框架不再受追捧，但也没有其他的理论模式取而代之。一方面，考古工作者关心生存问题甚于学术上的进取（Anthony，1995）。由于资金短缺，理论研究首当其冲（Koryakova，2002，245）。另一方面，由于政治教化，苏联时期的后几十年陷入名副其实的"方法论无政府主义",即对任何涉及理论的事物都深表怀疑（Rassamakin，2002b，274）。考古研究主要集中在数据描述,尤其是对过去田野考古发现的未曾公开过的材料的分析。尽管自 1993 年以来东西方在政治和语言上的隔阂越来越小,苏联和西方（尤其是英美）考古在研究方法和理念上的分歧还有待商榷。

欧洲和东方之间的黑海

本书是对黑海地区史前文明的一个综合研究,从公元前 6 千纪[10]第一批农民抵达该地区开始到青铜时期早期即公元前 3 千纪早期结束。但是重点则是公元前 4 千纪这个阶段,该阶段是黑海早期史前文明研究最透彻也是最重要的时期。公元前 4 千纪是黑海地区发生巨变的一个时期,并发生了旧世界历史上的一个重大事件：西南亚第一批城市中心相继诞生。戈登·柴尔德（Gordon Childe）是这样描述城市化的：自给自足的家族小村落演变成有官僚机构、全职手工业者和远途贸易的大型复杂社会（Childe，1934；Childe，1950，with a summary）。柴尔德首先关注到城市化进程的"革命"特征以及对欧亚的深远影响。

该重大事件对欧洲大陆的影响则由安德鲁·谢拉特（Andrew Sherratt）进行了进一步研究。他主要关注食物获取和食物营养上的技术革命（Sherratt，1997a，2002）。[11]谢拉特认为城镇中心出现的二代农作物、牲畜以及畜力耕作和运输技术在公元前 4 千纪传到了欧洲并深刻改变了欧洲新石器时代居民的经济文化。这项革命使人类的居住地从河谷延伸到河间阶地，田园也随之扩大（Sherratt，1993）。

黑海是中东和欧洲之间的战略要地，或许在公元前4千纪前对技术革命的传播起过重要的作用。本研究旨在以黑海作为个案，探究技术革命在史前欧洲社会的传播、采纳和影响。

理论背景和概念

"传统"考古学者通过描述考古数据在时空上的变化来研究过去社会及其技术，并进行经验概括。20世纪60年代英美考古学的实证主义转向对这种标准做法反应强烈。现在物质文化模式被认为是人们对环境约束的行为反应；20世纪七八十年代的"过程"考古学声称要通过调查环境、人类行为和物质记录间的相互联系来重建发生在过去的过程。对器物变化和技术变迁的实证研究对于大多数的过程派追随者来说都已经过时，除非用来支撑理论概括（Stark，1998，3 f.）。

进入2000年以来，对过去技术研究的复兴本身要归功于法国理论传统的启发，尤其是20世纪70年代早期在法国崛起的文化技术派。该学派涉及民族学者、民族考古学者和实验研究学者之间的相互合作，并受到毛斯（Mauss，1936）和他的学生勒鲁瓦·古朗（Leroi-Gourhan）的理论著作的启发。[12]文化技术派基于对发生在技术行为期间的物理现象的认识，倡导用技术方法研究技术（Lemonnier，1992，27）。[13]他们强调对技术信息准确而完整的解释，并且开发了一种记录工具，不再把技术当作一种孤立的无生命的事物来编撰，而是把技术当作系列行为和姿态来看待——一个操作链。[14] 此外，法国技术人类学并不认为社会和技术相互割裂。

　　文化技术派认为技术是一个行为系统，由人类选择指导，并融入社会意义系统中（Lemonnier, 1986; 1992, 86）。[15] 本书关于技术的概念来自法国文化技术派和安戈尔德（Ingold, 1999, 2000, 2010）的著作。本书主要关注对技术的整体研究。对现有技术系统的观察表明，"选取"单个技术进行孤立的研究不能很好理解过去对技术进步所做的努力。考古分析习惯性地分析一个独立的技术领域，如食物、泥土、骨头、金属和石头的加工，而实际上它们是一整套相互依存的活动。当不同的手工艺者分享和借鉴彼此原材料的采购、工具和经营策略时，相互依存就产生了。但是，比这些表面关联更重要的是某个特定人群的所有技术背后并把这些技术绑在一起的普遍的意识模式。勒鲁瓦·古朗（1945, 340, 344-345）证明该技术环境和某个特定社会的一般精神传统是一致的，而且技术环境是嵌入特定的自然环境中的。普法芬伯格（Pfaffenberger, 1988, 245）也有类似的表述，他认为："对技术的研究至少需要了解社会的生物环境、历史社会组织、政治制度、经济制度、国际关系、文化价值观以及精神生活。这样的研究绝非易事，他们需要致力于在整个社会、历史和文化背景中对行为和意义进行定位。然而，当我们试图解释环境以及解释我们试图改变环境所带来的后果时，一切都不为过。"

本书框架

第一章概述了黑海地区的自然环境。

第二章介绍了技术概念和技术革新以及影响技术革新传播和采纳的因素。

第三章简要解释了随着西南亚农耕文化出现的几个主要的技术革新，并回顾了它们在公元前6千纪和公元前5千纪传入欧洲的证据。

第四章到第七章主要聚焦于公元前4千纪，详细介绍了技术在黑海居民的环境、社会和文化背景中的地位。

第八章则转向全球视野，讨论了黑海在欧洲和东方之间技术知识和经验传播间的作用。

注　释

1. 黑海北岸的古国。约公元前7世纪，伊朗语族的西徐亚人（Skythia 或 Scythians，译斯基泰人）由东方迁入，并征略小亚细亚等地；以善于骑射著称。译者注。

2. 古希腊民族一支重要的东部支系的成员，安纳托利亚（今土耳其）西部海岸一地区即因这个支系而得名。译者注。

3. 古希腊地理学家。译者注。

4. 黑海地区自然资源丰富，土地肥沃，水草丰美，富产盐、鱼、兽皮、木材、金、银以及铜。

5. 希罗多德（Herodotus）（Ⅳ，28）笔下西徐亚的冬天"冷得难以忍受"，冬季长达8个月，甚至海水都会结冰。布罗代尔（Braudel，1966，110）则认为公元16世纪时期的黑海是地中海最边缘的蛮荒之地（"黑海地处偏远，和地中海不能通航，四周荒野环绕，仅有的几处非荒野的地方也是处于未开化或是再次被抛荒的状态"）。

6. 俄罗斯和乌克兰南部一个被克里米亚半岛与黑海隔离的内海。译者注。

7. 格鲁吉亚的一座城市。译者注。

8. 土耳其北部黑海沿岸的港口城市。译者注。

9. 相反，土耳其黑海沿岸的考古则发展成了近东考古学；详情见第七章。

10. 即1000年。一百年为世纪；一千年为千纪。本书中所有千纪都指公元前。译者注。

11. 和柴尔德不同，谢拉特（1997a，539）则认为城市化的本质在于"进口原材料，使之成为带附加值产品，然后再出口"。

12. 参见希拉尔（Sillar）和提特（Tite，2000）。斯塔克（Stark，1998）曾试图把法国学派和北美学派的概念整合起来；英国"后过程"学派对法国传统概念的使用如多布莱斯（Dobres，2000）以及多布莱斯和霍夫曼（Hoffman，1999）。

13. 20世纪70年代在国家科学中心成立了一个研究团队并在R. 克里斯韦尔（R. Cresswell）主编下继续刊出《技术和文化》。另见克鲁齐瓦等（Cleuziou et al.，1991，115-118），他们认为"文化技术"是法国对现代考古学最重要的贡献，也是前景最好的法国考古理论分支。

14. 该术语由勒鲁瓦·古朗在20世纪50年代的讲座中提出（Lemonnier，1992，25）。

15. 该观点可追溯至毛斯（Mauss，1936）的作品，毛斯坚信所有身体行为其实都是技术。

目　录

第一章　自然环境 …………………………………………（1）

第二章　技术框架 …………………………………………（14）

第三章　欧亚大陆：新石器时代的序幕 …………………（32）

第四章　库班河下游河谷 …………………………………（59）

第五章　黑海北岸草原 ……………………………………（184）

第六章　黑海西岸湿地 ……………………………………（240）

第七章　未知海岸：安纳托利亚海岸 ……………………（325）

第八章　结语：黑海和外部世界 …………………………（368）

参考文献 ……………………………………………………（388）

第一章 自然环境

库班河[1]下游河谷

库班河下游三角洲和河谷分布着广阔的低地以及亚速海-库班河平原，那里高山融雪形成季节性河水泛滥。库班河下游的春汛从3月一直延续到7月，在过去会把整个平原变成一个庞大的湿地，支流纵横、水道交错、湖泊和潟湖密布。但是，这个生态系统在苏联时期被永久性改变，人们在库班河上修建了一座大型水库，又开挖了灌溉渠道系统，并开垦了大片肥沃的农田和鱼塘（Marushevsky，2003）。

亚速海-库班河平原的环境要比平原地带其他地区优越，那里水资源丰富、降水充沛、冬季温和、无霜期长、黑土肥沃，这些都适宜农业的持续性开展（Ivanov and Matychenkov，1996）。

在高加索山麓和沿库班河下游地带，年降水量达600~800毫米，但在库班河和顿河间的平原地带，年降水量则下降到400~600毫米，相当于乌克兰黑海地区的降雨量（Volodicheva，2002，Fig. 15.2）。今天草原和森林的分界线位于海拔500米处，但在全新世的早中期，该分界线有可能曾达到海拔700米（Alexandrovskij，1997；2000，245；Alexandrovskiy et al.，2001）。

库班河的沿海低地没有战略性资源，但是距库班河下游南部约100千米的山脉却有着众多的铜矿、银矿和冲积金矿床。在萨哈拉（Sakhala）还有一处辰砂矿，位于偏远的格连吉克（Gelendzhik）和新罗西斯克（Novorossijsk）之间（Alexandrovskaja et al.，2000，112）。

黑海北岸草原

位于顿河下游和南布格河间的海岸是一片广袤的平原，那里纵向深壑交错，横向河谷密布。海岸低直，河流经沼泽地密布的河口流入黑海和亚速海。高海拔的地区只有两个：一个是在亚速海的东北部，平原变为丘陵、亚速海高地和顿涅茨山脉，海拔上升为200～300米；另一个是沿克里米亚半岛南部边缘，形似平顶山的克里米亚山脉海拔上升到了平均700～1200米的高度并陡降到海平面。

黑海和亚速海北岸低地则是欧亚的温带干旱草原，属于大陆性气候，冬季寒冷，降水量少，蒸发量大。全年主要刮北风，北方草原边境的山区阻滞了大部分的湿气。年降雨量为350～450毫米，6月是丰水期，接下来则是炎热而干燥的漫长夏季（Jordan et al.，2001，Table 2）。每年的降雨变化很大，夏天季风造成了严重的干旱，位于第聂伯河下游、莫洛奇纳亚河（Molochnaja）和克里米亚最北部（锡瓦什湖的岸边）之间的地区非常干旱，有些年份降雨量降到了300毫米。湿气供给不足，再加上蒸发量远远大于降水量，阻止了森林向海岸平原扩展。

第一章 自然环境

树木(以橡树为主)和灌木生长在河道的坡地、河谷和洼地的湿润地带，而主要河流的河口则有大片冲积平原形成的森林。然而，这里大部分地方是不长树木的干旱平原，覆盖着耐旱草地。平原上最不宜居的戈壁滩位于克里米亚北部的锡瓦什湖(Sivash)[2]附近，那里的盐碱地只有少量的耐寒植被。[3]

克里米亚半岛南部边缘的环境则截然不同。这是个狭长地带，免受冬季寒风的侵扰，那里的气候、植被以及水资源和周围草原完全不同。克里米亚海岸的年降水量约为 700 毫米，而在山区的高海拔地带年降水量达到 1400 毫米。这里的环境接近地中海环境，土壤为褐土(红土的一个变种)和森林棕壤，植被四季常绿，坡地森林茂密，常年溪流泉水不断。

以前黑海温带草原和河谷森林动物种类繁多，而沿海湿地则是候鸟的重要栖息地。成千上万的水禽在河口的沼泽地，尤其是克里米亚东部的大沼泽地越冬。春季鱼群洄游到这里产卵，秋季离开，它们在河口，尤其是亚速海的苦咸水浅水区，大量聚集。然而，迁徙的大型蹄类动物，如野牛、赛加羚羊、野驴和野马，则在19世纪大规模的猎杀和人类居住地的急速扩张下消失了。

19世纪和20世纪农业的大范围扩张对黑海北部沿海草原和沼泽地具有毁灭性的影响。[4]首先，苏联期间(1922—1991年)，河道治理、大型水库和水电站的修建以及灌溉系统的改道极大地改变了该平原地带的自然水文状况；其次，庄稼取代了自然植被，使得流水侵蚀和风蚀加剧，沟壑不断形成，沙尘暴日益严重。

总的来说，黑海北岸地区矿藏资源贫乏。但是顿涅茨山脉和克里米亚山区则富含矿物颜料、优质燧石、观赏石和金属矿。在史前时期，红色矿物颜料可能就是来自顿涅茨山脉的尼基托夫斯科（Nikitovskoe）的大型辰砂矿和顿涅茨峡谷的伊久姆（Izjum）优质赭石矿（Alexandrovskaja et al., 2000, Fig. 2）。来自顿涅茨山脉的优质火石是史前重要的交换物品；大量公元前5千纪的采石场和专门的火石加工区在矿藏附近被发现，那里还有大量加工废品和半成品，而规则的长石刀片、加工过的三角尖头和石芯以及顿涅茨火石石瘤则在距离较远的地方被发现（Rassamakin, 1999, 103; 2002a, 49）。在巴赫姆特（Bakhmut）河谷的砂岩中则发现了自然铜、杂有硫化铜（如黄铜矿）的优质氧化铜（蓝铜矿和孔雀石）（Černych, 2003, 50 ff.; Tatarinov, 1977, 193; Klochko et al., 1999）。主要的玛瑙矿位于克里米亚东部沿海（玛瑙湾）的卡拉达格山脉，在第聂伯河和布格河口以及锡瓦什湖则富产盐（Thurmond, 2006, 241; Multhauf, 1978, 35）。[5]

西海岸

南布格河河口和多瑙河三角洲地区是欧洲东南部和欧亚草原之间往来的走廊。那里海岸平坦，河流经这里汇入大海，在全新世时期由于海水的侵蚀形成了多个浅水潟湖，古时候由于河口泛滥，这些潟湖逐渐被沙丘和大海分开。该地区主要由三大区域构成：敖德萨(Odessa)[6]附近的哈德兹贝耶(Khadzibej)湖和库亚尼克(Kujalnik)湖区；德涅斯特河下游及其河口和支流；多瑙河三角洲以及附近的泛滥平原和潟湖。[7]季节性的雨水泛滥使沼泽遍布的河岸和河口芦苇丛生，草木密布(Marushevsky, 2003)。与此相反，该流域却是典型的干旱草原。气候和土壤与黑海北岸相似。在沿海湖泊的湖滨尤其是多瑙河三角洲是多种生物的栖息地；然而，黑海西北海岸唯一的战略资源是夏末从湖泊和河口中采收的盐。在潟湖中，高盐度的库亚尼克湖是主要的盐产地。在19世纪，大部分的盐产量出口到整个乌克兰(Ivanova and Ostroverkhov, 2007, 248；19世纪采盐的描述见 Multhauf, 1978, 22)。在近古时代，盐的开采始于中世纪晚期，得益于沙丘把原先的深河口和大海分离开来。而在铜石并用时代和青铜时代，这些湖泊的盐度尚不能确定。

在卡利阿克拉(Kaliakra)海角[8]后，单一的草原变成了丘陵地带，滑坡形成陡峭的海岸。再往南，越过巴尔干山，断裂的岩石海岸线上有海岬、海湾、沿海小湖泊、沼泽地以及草木丛生的河口。在西海岸的最南端，海拔400米高的斯特兰贾(Strandzha)山[9]高地在多个地方和海岸相连。这里的年平均降雨量达到500~600毫米，腹地植被为类地中海型落叶林(Filipova-Marinova and Bozhilova, 2008, 214)。这部分沿海的重要生态位由沿卡姆齐亚(Kamchija)、罗波塔莫(Ropotamo)、维莱卡(Veleka)和列佐夫斯卡(Rezovska)等小河下游的沼泽地和湿地森林构成。斯特兰贾山盛产铜和火山石(见第六章)。

安纳托利亚海岸

从博斯普鲁斯海峡一直延伸到高加索山脉，背靠雄伟的庞廷山脉[10]，黑海南岸不仅从地理位置上和安纳托利亚内陆隔离，文化上也是如此。山脉和海岸平行展开，海拔达4000米，把沿海社会与内陆社会隔离开来。[11]黑海安纳托利亚海岸是高原地区，西半部高低不平，山坡森林密布，大部分地区和海边接壤。沿海地区陆路交通非常不便。西南海岸唯一的开阔低地位于古希腊殖民地锡诺普(Sinop)的后面，像个高原半岛，群山起伏，河谷交错。海岸线中部则是旷阔的三角洲平原和由安纳托利亚最大的两条河——克孜勒河(Kızılırmak)[12]和耶希尔河(Yeşilırmak)[13]形成的辽阔湿地。背靠三角洲辽阔的芦苇荡、沼泽地、河道和河塘则是海拔较低的山区地带，是雄伟的山脉屏障唯一的山口，也是通往安纳托利亚内陆的重要通道。

博斯普鲁斯海峡和三角洲平原冬季温和、夏季湿润期短，没有显著的旱季。偏北风从海上带来湿气，海岸线的高山像一道屏障阻挡了湿气向内陆继续深入。因此，海岸雨水不断，森林植被茂密。西海岸的年降雨量达到1000毫米，而中部三角洲平原上的低海拔山脉留住了少量的湿气，在萨姆松附近年降水量降到了700~800毫米(Höhfeld，1995，117 f.)。这里雨水充沛，牧场四季常绿，但平坦的耕地很少，只有较为干旱的中部海岸例外，那里可以持续种植谷物。庞廷山脉有色金属矿藏丰富（图1.1）。古代矿山分布在库热山（Küre）；萨姆松南部的塔夫山达格拉里（Tavşan Dağları）的德莱阿兰（Derealan）；在科兹卢（Kozlu）和居米什哈内（Gümüşhane）附近靠近恰耶利（Çayeli）的马登利（Madenli）；在霍帕（Hopa）南方的穆古尔（Murgul）（Wagner and Öztunalı，2000，40-50）。

图1.1 特拉布宗南部的庞廷山（作者摄）

在三角洲平原东部，自然地貌发生急剧变化。东庞廷山雄伟壮观、云雾缭绕、森林茂密的山坡陡转急下直插海面，形成了非常狭窄又湿润的海岸地带。这里从陆路到达安纳托利亚内陆几乎不可能，现在该地区的山谷仍与世隔绝，当地居民系有高加索背景的少数民族群落（Simonian，2007）。随着海拔的升高，年降雨量也随之增多，在里泽（Rize）东部达到了2200多毫米（Höhfeld，1995，112）。由于常年雨量充沛，光照有限，平均湿度达78%，"黑海气候"比西海岸要显著得多。高海拔的山坡上长满了云雾林（"科尔基安森林"），低海拔的地方则长着榛树和茶树。除了种植这两种现在的"经济作物"之外，东海岸在过去还开发了一些季节性资源，比如，野生果子的采收、捕鱼以及季节性游牧（见第七章）。在耶罗兹（Yeroz）海角的山区雨带笼罩下，只有特拉布宗附近以及代伊尔门代雷（Değirmendere）山脉气候温暖，湿度较低。在这狭窄的海岸地区甚至可以种植橄榄（Hütteroth and Höhfeld，2002，80）。

此外，特拉布宗是过去通往伊朗的陆上贸易之路的重镇，这条贸易之路要越过齐格纳山（Zigana）。

在巴统（Batumi）背后，庞廷山脉和辽阔的科尔基斯（Kolkheti）低地接壤。这里原来是一片亚热带湿地，死水河沟、泥炭沼泽和湖泊纵横，覆盖着茂密的沼泽林地。现在科尔基斯大部分地方在20世纪20年代水被抽干，森林被大量砍伐，改造成了农田（Marushevsky，2003）。一条背靠雄伟陡峭的高加索山脉的狭窄海岸走廊把科尔基斯和库班河下游的草原连在一起。庞廷山脉和高加索山脉之间的整个沿海地区属亚热带气候，年降雨量高达1400毫米，夏季湿热，冬季温和（Drozdov et al.，1992，171）。在改造成耕地前这里肯定是水草丰美的地方，高加索的坡地则富含矿藏（见第四章）。

海平面和海岸的形成

海岸地形学研究，尤其是古代海边平地复合物的识别和断

第一章　自然环境

代，是海岸线变化和海平面变动的主要证据来源。[14]当地的地形变化之大使在黑海某地的观测结果几乎不能用到其他的海岸线。没有准确的放射性碳测量值和校准使得年代序列控制有限，大大影响了海岸不同地方的地形数据和海平面总体变化曲线的相关性。[15]

经典的黑海第四纪震荡构想是由费德罗夫（Fedorov）提出的（1972）。本书的研究兴趣为该序列中的连续三个阶段（追溯到晚更新世和全新世早期）。在末次冰盛期的"新静海期"，黑海曾是一个淡水盆地，生长着里海动物。接下来则是"古黑海时期"，处于全新世的早期，海平面开始上升。这次海水入侵最终导致黑海和地中海相连。"古黑海阶地"于这次海侵末期形成，距现在的海平面相差约10米。在下一个阶段中，也就是"新黑海时期"，海平面继续抬升，最终达到甚至超过了现在的水平。在海平面抬升最大时期形成的"新黑海阶地"要比现在的海平面高3~5米。

地形、岩石地层、海洋动物群化石、地质构造和考古资料的区域研究有可能提高该总体方案的时间序列分辨率。史前时期有两个重要事件：古黑海时期海水入侵黑海；新黑海时期海平面显著上升。在北半球的维尔姆（Würm）冰川期，黑海海平面降到了-90~-120米，黑海和地中海的连接被中断。全新世开始，冰川融水造成了全球范围的海水入侵，并最终影响了"新静海湖"。地中海海水入侵黑海，使得黑海海水盐化，海中动植物发生了根本性的变化。[16]黑海大陆架的腐泥沉积和盐水入侵有关，据放射性碳断代这些腐泥距今（公元1950年）7500~7100年（Ryan et al.，1997，124；Atanassova，2005，583）。[17]有数据显示地中海海水像瀑布一样涌入黑海，造成黑海海平面急剧抬升，并毁灭性地淹没了沿海地区（Ryan and Pitman，1999；参阅 the contributions in Yanko-Hombach et al.，2007）。尽管这次巨变的实际情况和变化速度仍是人们热议的话题，有个说法貌似可信，即沿海地区的生态变化影响了当地居民以及公元前6千纪中叶到达黑海南岸和西岸的农业殖民者。

第二个重要事件，即黑海海平面急剧上升超过现有水平，其发生的时间更难追溯。在保加利亚海岸，通过对大陆架和黑海深海区的岩芯以及现代海岸线上湖泊和入海口的岩芯进行地层学考察显示，大约在校准年公元前4720年至公元前4330年期间 [GIF 6034，peat，（5650±100）BP] 海平面的急剧抬升达到了高峰（Filipova-Marinova and Christova，2001，61；Filipova-Marinova，2007，468 f.）。据瓦尔纳（Varna）湖和索佐波尔海湾（Sozopol）水下考古点的海洋指示器空隙层记录，在公元前4千纪的第二季度，海平面肯定达到了最高值。在瓦尔纳湖的阿森纳拉（Arsenala），根据树木年代学推测地层可以追溯到公元前3700年至公元前3180年（Filipova-Marinova and Bozhilova，2008，214）。在瓦尔纳湖附近海拔5米高的海成阶地残片和在贝洛斯拉夫（Beloslav）镇附近阶地中发现的喜盐喜温地中海软体物种的化石也许和同一事件有关。该证据显示公元前4千纪的某个时期，瓦尔纳湖变成了一个大型海湾，而且贝洛斯拉夫湖的盐度接近于海的盐度（Filipova-Marinova and Christova, 2001；Filipova-Marinova, 2007, 469 f.）。到了标定公元前 3 千纪，海平面已经回落到了一个较低的水平，在公元前 5 千纪被淹没的地址上出现了村庄。海平面的回落一直持续到公元前 3 千纪的第一世纪（Filipova-Marinova, 2007, 469 f.；高加索沿岸也得到了确认——Larchenkov et al., 2009, 38）。[18]

海洋生物多样性

春汛时节，汇流到黑海的河水带来了大量营养物，把潟湖、三角洲和亚速海的浅水区变成了各类物种的产卵地。[19]双壳类软体动物，主要是贻贝、鸟蛤和甲壳类动物如虾、蟹，在这样的环境下大量繁殖。在多种鱼类中，洄游鱼群非常重要，而且自古就被密集利用。随着秋季气温降低，鱼群游回海岸，并在那里集结向南迁徙。到了 10—11 月，大量的鱼群靠近海岸线，这时可以捕获大量的鱼（Galtsoff, 1924, 3 f.）。

大型中上层猎食鱼类，如大西洋鲭鱼、鲣鱼和金枪鱼（黄鳍金枪鱼），在地中海过冬；它们 4 月从爱琴海通过马尔马拉海迁徙到黑海，并沿着东西海岸游到大河的入海口和亚速海育肥和产卵。[20]其他鱼类，尤其是黑海小鱼和黑海鲱鱼（黍鲱）则在黑海定居并在南岸的越冬地和北岸的产卵地之间迁徙。黑海鲭鱼也在黑海南岸越冬，但可能还进入博斯普鲁斯海峡和马尔马拉海（Finenko, 2008）。第三种迁徙鱼类，包括鲟鱼（鲟属鱼）和白色大鳇鱼（鳇鱼），沿海岸逆流而上，到河流中产卵。[21]

最后，普通乌鱼（鲻鱼）在辽阔的大海和海岸之间季节性迁移。

注　释

1. 俄罗斯北高加索最大河流。源出大高加索山主峰厄尔布鲁士山，曲折西北流，折向西，注入亚速海。译者注。

2. 位于克里米亚境内，也叫腐海，产盐。译者注。

3. 在史前时期，现在西瓦什湖附近的干旱平原地区有深海湾和河口。至于淡水湖，直到公元前2世纪才有相关书面报道。后来，河口逐渐淤积，变成了浅海湾。到17世纪，该地区仍有一大片沼泽地（Shchepinskij and Cherepanova, 1969, 16 f.；Shchepinskij, 1983(2002), 6 f.）。

4. 如今，草原的天然动植物几乎毁灭殆尽。在乌克兰，75%的草原因改造成耕地后变得面目全非。

5. 希罗多德（Ⅳ，53）对第聂伯河口的自然盐场进行过描绘。另见马尔特霍夫（Multhauf）(1978, 35 f.)关于19世纪在克里米亚东部西瓦什湖采盐的描写。1832年约35%俄罗斯出产的盐来自克里米亚。

6. 乌克兰南部城市，是乌克兰人民共和国第二大城市，敖德萨州首府。位于德涅斯特河流入黑海的海口东北30千米处。译者注。

7. 多瑙河现在的河口因常年淤积以及三角洲的不断扩大，在内部形成了一个很大的港湾。史前三角洲的面貌肯定大不一样。只有到了19世纪和20世纪三角洲扩大活跃期，多瑙河三角洲才有了现在的轮廓（Mikhajlov and Mikhajlova, 2008, 112 f., Fig. 3）。

8. 位于黑海西岸，保加利亚境内。译者注。

9. 斯特兰贾山脉是欧洲东南部的山脉，横跨保加利亚东南部和土耳其北部，面积约10 000平方千米。译者注。

10. 庞廷山脉是土耳其北部的山脉，从马尔马拉海一直沿黑海南岸向东伸延至格鲁吉亚。译者注。

11. 在地理上，黑海地区的边界沿着庞廷山脉的南部山脚（Erol，1983，103）。

12. 土耳其第一大河。发源于安纳托利亚高原东北部。先向西流，然后转向北流，穿过庞廷山地，在巴夫拉以北注入黑海。长 1182 千米。

13. 土耳其北部河流切穿庞廷山脉后注入黑海，长约 450 千米。

14. 关于现代海岸地貌学的综述见伊格纳托夫（Ignatov，2008）。

15. 当地的地壳运动、沉积、滑坡和侵蚀破坏了或者改变了地貌特征。新构造运动以及海平面升降变化的相互作用仍被低估，见奥拉切夫（Orachev，1990）。

16. 在这次海侵过程中，现在的大陆架仍然形成了一整块，包括连接克里米亚与多布罗加的黄土冲积平原以及现在亚速海的一个平原（Stanko，1997，Fig. 2）。

17. 腐泥主要由死去的浮游生物的深水沉积物构成。盐水流入造成黑海底部缺氧，导致浮游生物大量死亡，形成腐质沉积物（Atanassova，2005）。

18. 湖水下降；有些和大海脱离，杜兰库拉克湖被抽干（如公元前 3 千纪早期的一个泥炭层所示），有可能是旱化导致（Filipova-Marinova，2007，469 f.）。

19. 生物生产力十分依赖河流和海洋之间的平衡，这种平衡在 20 世纪受到人类的严重干扰，尤其是工农业的污染、河流截流、灌溉以及沿海湿地的排干。

20. 大西洋马鲛鱼在 20 世纪 70 年代绝迹，可能是由于马尔马拉海的严重污染造成的。洄游鱼类鲣鱼和金枪鱼也锐减（Finenko，2008，360-363）。

21. 今天，现存最后的白鲸群沿多瑙河上游洄游。

第二章 技术框架

技术的定义

"技术"是什么？这个问题看似无关紧要。当代西方学界简单地把它定义为把（科学）知识运用到实际工作中。[1]但是，这样的一个定义掩盖了我们对于技术理念的规范性本质。技术不是一套被限定了的做法，也不是绝对存在的可观察到的现象，而是一个类似文化和社会的概念。安戈尔德（Ingold）指出社会不是一个事物而是一个说法（Ingold，1999，vii）。

当代西方的性别意识形态或许是技术说法最显著的来源之一。工业社会里的性别劳动分工把技术想象为与男性工作相关（Dobres，2000，14-16）。佩西（Pacey，1983，104）认为技术同经济学一样，是一个通常由男性来定义的术语，用来表示一系列他们碰巧感兴趣的活动。然而，女性的技术尽管与正式的技术无异，却经常被低估。对女性的技术边缘化不仅仅是女性工作的技术背景造成的，而且是技术是什么的说法造成的。也就是说，对技术本质的垄断说法使得细致的女性工作得不到认可（Pacey，1983，104）。[2]当技术被隐性地看成是对自然的征服时，大部分的女性活动实际上就成了技术的反义词。[3]

关于技术本质的一些流行说法来自当代资本主义关于效率和目标导向行动的概念。效率论的一个后果是把实用功能性的活动(有用)与观赏性的或是巫术礼仪活动(无用)分开。后者被认为是非技术活,原因很简单,没有直接的物质产出(评论见 Pfaffenberger, 1992, 501; Budd and Taylor, 1995; Dobres, 2010, 105)。但是很多的民族志案例表明,时尚、礼仪和巫术不仅是前工业化技术固有的而且具有完全可触摸的功能。[4]

与效率相关的是当代对于生产价值的迷恋。[5]人类学和考古学对物质工具和物质产品的重视形成一种内在观,即技术是物质问题而不是实践问题。因此,有些技术被贬低为简单的工艺,仅仅是因为它们的设备有限,产品不够先进。[6]安戈尔德(1999, ix; 参阅 Lemonnier, 1986, 149 f.)指出这样的界定是武断的,人类技巧性的工作对古代技术是至关重要的。

技术不仅包含物质对象和知识,而且包含行为(如手势和运动),它们都是内化的和习惯性的。因此,技术把人类文化(后天习得的能力)与人体生物学(人体的使用)结合起来。[7]如果把两者割裂开来,就不可能理解古代技术了。

那么,什么是技术?安戈尔德的立场对我们很有启发(2001, 20 f.),他提出在研究古代技术时,要把生物的和文化的概念分歧、天生的和后天的概念分歧、生理的和心理的概念分歧结合起来看。他把技术研究看成是一项娴熟的实践。他认为制作某样东西的过程不仅仅是一个机械行为,细心、判断、灵巧和不断地调整都很重要(Keller, 2001)。技术不仅仅是知识或是知识的运用,它还展示了制造某样东西的过程,正如工作进展中手工艺人对觉察到和感知到的变化所作的反应。[8]从我们对当代机械化和具体化的生产经验来说,这个说法可能显得有些异类,因为人类技术和灵巧性并不那么重要。然而,很多民族志学研究对从业者参与物质生产的活动进行了观察和描述,而且看来他们的参与度在前工业技术中据核心地位(Ingold,2001;Keller,2001)。[9]

技术的考古方法

物质文化的变化以及技术变革是当代不同领域史前考古学的中心话题之一。从该学科的早期历史开始,考古思维中技术的进步和工具主义观点就很突出。正如普法芬伯格(Pfaffenberger)曾说的一样,这些观点更多依据的是欧洲现代主义的观点和常识,而非实证。首先,他们认为技术革新是用来满足需求的必然性造成的;其次,技术革新会自主发展,其依据的逻辑是每个需求都有一个最好的,也就是说最有效的技术方案;再次,技术是累积的,更先进的技术也会更有效并最终被采纳。因此,技术不可避免地由简单发展到复杂。[10]

这些先入为主的看法可以用柴尔德的著述简单说明。柴尔德是20世纪欧洲最有影响力的史前历史学家。他认为技术革新通过满足人类的需求和拓展人类控制自然的能力改善了人类生活(例如Childe,1951,8 f.)。一些特定的技术进步有其逻辑因素,如金属本质上优于石头,因为金属在制造工具、使用工具和维护工具上更节省劳力（Childe，1944，9）。他对技术变革尤其是冶金术变革的看法尤其有影响力。如布德和泰勒（Budd and Taylor，1995）表明的那样，在研究古代冶金术时，柴尔德的阶段概念或时代概念以及他把技术等同于科学和进步的做法至今仍有其范式重要性。

第二次世界大战后数十年，考古学对泛化研究兴趣越来越浓，而对物质文化研究的关注则大不如前。一个非常流行的"客观"泛化框架成为文化生态（见 Epstein，1993，35 f.，with discussion and references）。在讨论技术变革时，过去的前提条件现在融入到更详细的解释中。例如，需求驱动的技术发展观和文化生态观是一致的。[11]根据生态观的解释，技术革新是为了解决由外部因素引起的问题，例如，环境恶化或是人口压力（见 Pfaffenberger，1988，243，with references）。诚然，技术革新是为了适应这些不利条件的主要方法。[12]因为效率高就意味着有适应的优势，最高效的技术方案自然就会被采纳（效率说）。该解释并没有脱离原始人是由自然主宰的观点。但它依旧心照不宣地提出同自然做斗争和人定胜天的观点，不过这种观点现在被科学地解释为适应。

这些社会学上流行的技术变革的实证主义和进步观不断受到批评（MacKenzie and Wajcman，1985；Lemonnier，1986；Pfaffenberger，1988，1992；Ingold，1980，8 f.；Ingold，1990）。最一致的批评来自普法芬伯格，他利用实证民族志学证据令人信服地反驳了技术的发展是需求驱动的、渐进的、累积的假设。[13]最显而易见的是需求是由文化定义的而不是自然定义的。的确，人类的需求是普遍的，而自然约束是松散的，解决方案很多，这一点已被人类物质文化惊人的多样性所证明。其次，民族志学研究表明解决一个问题的选择很广泛，并非只有一个正确的最高效的解决方案。[14]因此，认为技术进步是自发的累积的是个谬论。一个特定技术的成功是由社会控制的，效率是由社会规律而不是自然界的一些客观规律指挥的。例如，礼制和宗教对某项技术活动的成功和"生产率"会起到重要的作用。[15]当技术资源和社会资源一起发挥作用时，技术才算成功适应了（Pfaffenberger，1992，497）。普法芬伯格对可预见的技术变化期待持很大的保留意见。其实，经验证明一项新技术的引进并不一定能带来意料中的进步。相反，会有大量新的选项出现，但是只有少数会被利用（Pfaffenberger，1988，240）。

与工具主义的观点相反，普法芬伯格提出了从技术史学和技术社会学领域引申出来的一个社会技术系统概念。他认为，为了了解技术，不仅要考虑生产的物质特性，还要考虑形成生产的社会、习俗以及政治背景。社会技术系统包括知识、礼制、人工制品、技术和活动。为了说明成功的社会技术系统，普法芬伯格（1992，498，509）引用了14世纪和15世纪葡萄牙海军扩张的例子，葡萄牙海军的扩张不是因为他们使用了新型的船舰，而是依靠水手和造船工、国王和王后、商人、信徒和黄金、大炮、地图、风向和航行、仪器和测量方法等的复杂关系。这个论断有可能改变考古学家对技术的思考方式，但是对史前考古学的研究并没有多少可行性。正如普法芬伯格自己承认，由于资料的大量缺失，重建过去的社会技术系统在多数情况下是不可能的（Pfaffenberger，1992，508）。相比之下，法国文化人类学提出的操作链（chaine operatoire）分析和技术选择研究被证明非常适合用来解释作为过去社会活动之一的技术。过去几十年，技术选择研究已经发展成考古学上真正的趋势（如 the studies of Sillar and Tite, 2000; Epstein, 1993; Dobres, 2000; Lemonnier, 1993; Dobres and Hoffman, 1999; Schiffer, 2001; Stark, 1998; for further references see Sillar and Tite, 2000, 9）。该方法的支持者认为技术不是独立于人类社会之外的一种自主且由物理原理控制（和由人决定相反）的力量。他们排斥这样一种观点：只有物质约束才和技术发展相关并真正影响技术发展，而且技术是纯粹的实践活动。相反，技术决定既要和"客观"实践逻辑相符，而且要和"主观"文化逻辑相符。[16] 一个具体问题通常有几种可能的技术方案，但是只有其中几种会被接受，选择哪个方案是由认为什么是对的文化感知决定的（参阅陶器 Gosselain, 1998; Dietler and Herbich, 1998, 236-244; Sillar, 1997. 冶金 Epstein, 1993; 另参阅 Sillar and Tite, 2000, 9, with examples and references）。

然而，尽管这些方法可能显得微不足道，那么研究技术的学生怎样才能正确认识这些文化选择呢？操作链（chaine operatoire）方法——一个主要为了用来记录或重建一系列技术活动（包括物体和手势）而设计的分析工具——实际上是把技术和技术选择当作一种社会现象来研究的基本前提。勒蒙尼耶（Lemonnier，1992，25-50）对其重要性进行了很好的论述。他说只有对整个操作过程进行分析才能揭示选择可能被采用的几个节点（而且选择不被自然约束所阻止），决定之间的相互依存度以及具体选择背后的动机和偏好。[17]最后，操作链方法有可能恢复古代认知元素，这种可能性在近几十年被广泛利用。而且这种方法通过强调生理行为和肢体语言把以前隐性的古代技工和人类经验纳入了古代技术的研究范围。

技术革新

技术革新本质上与人们期待的有利变化有关。现代的说法就是：革新是一个想法得以在实践中实施，并且带来价值、生产力和生产效率的提高。一种更普遍的理解则认为革新不一定是用新的方法做某事，而是被采纳者认为是新的就可以（Rogers，2003，12）。需要强调的是，革新不等于也不一定非与发明有关。革新的发生可以是循序渐进的、很大程度上不受控制的偶发过程。例如，麦肯齐（MacKenzie）和瓦克曼（Wajcman）（2003）让人们注意到这样一个概念：技术变革是通过新细节的逐步积累发生的，而不是靠灵感发生的发明。社会学对革新的研究表明，甚至在工业化时代，新技术也不是凭空靠灵光一现产生的。相反，革新是为了寻求解决方案，在现有技术框架内通过新的排列组合以及细微的改进而发展的。[18]

技术改进也会涉及一个循序渐进的过程，革新就是在生产和使用过程中作为一种经验反馈发生的(MacKenzie and Wajcman, 2003, 8 f.)。此外, 范德莱乌(van der Leeuw, 1990)指出有的过程中也会无意中产生创新, 例如"文化的不可复制性"。他认为, 技术行为是一个有关变化的再创造行为(van der Leeuw, 1990, 96; 另参阅 Ingold, 2010, 98)。因为一模一样的复制是不可能的。重复和创新的区别在于它不是一个质变的过程。重复和创新都与变化有关, 创新从事后的角度来看是个特例。为了了解这种渐进的创新形式是如何在过去的技术系统中发生, 范德莱乌恰如其分地强调, 考古学者应该放弃从追溯过去中寻找起源。相反, 从事技术变革的学生应该像从业者那样向前看, 用手头现有的选项和限制来"再创造"创新(van der Leeuw, 1990, 96)。

技术变革的另一种来源则是所谓的"再发明"(Rogers, 2003, 180-189)——创新研究的继子。"再发明"通常是在实施一项新技术的早期阶段发生, 使用者去掉了这项革新技术中的某些成分或者赋予它全新的意义和功能。"再发明"的发生往往是在使用者刚接触到这项技术或对此知之甚少的时候, 尤其是这项革新技术非常复杂或者不是很好用的时候。例如, 在北美大平原的美国原住民文化中, 马的推广就有再发明的成分。民族志史学的记录证实马以及整个技术系统的迅速普及与骑行行为有关(包括骑行装置)。马拉雪橇就是美国原住民的贡献。当他们见到这种外来新物种的时候, 马很快就取代了狗作为驮兽。过去, 大平原上的居民把马叫作"大狗"(Rogers, 2003,

188；Ewers，1955，16）。

技术革新的形成是个非常复杂的现象，受技术、经济、政治和文化因素的共同影响。尽管经济文化因素的影响突出，但是技术背景的重要性更需要详细解释。在技术变革的过程中，麦肯齐和瓦克曼（2003，9）认为，现有技术对变革的形成有着积极的影响。他们对此从两个方面进行了论述：技术范式和技术系统。技术范式是一个技术知识领域延伸到一个新领域的概念或解决方案。例如，陶器制作中的盘绕技术显然源自编篮工艺，而席子的斜纹织法后来借用到了织布机上。[19]然而，麦肯齐和瓦克曼强调使用范式不能事先确定结果。创造性地在不同的情况下使用同一范式也会产生不同的技术创新。此外，技术知识和技术经验两个领域并不是相互分离的，而是在一个"技术系统"中紧密关联，自动洗衣机技术只有和其他电子、供水以及排水技术结合在一起时才能起作用。[20]在史前，铸造工艺离不开耐火土技术；炼铜离不开木炭作燃料；发明木制四轮车肯定是因为有了相应的畜力牵引技术。显然，一个技术系统的新组件、新技术必然离不开整体。这个必然性限制了引入变革的可能性，或者说，阻碍了一项具体技术的发展。例如，一项农业新技术（如犁）在一个以穴播为基础的种植系统中就貌似不可能。因为犁是用来开沟，而不是用来挖穴的。[21]

新技术的传播和采用

新技术的传播和采用是个社会过程。人类学记录显示面对面交流以及亲属关系是手工艺者和消费者传播新技术最重要的机制。例如,凯勒(1996)通过积极参与和实践铁器制造工艺观察到,当代的铁匠是通过固定的人际交往、信息交换、把自己的作品与别人的作品做比较来增长技艺和知识,没有人是自学成才的。参与从业者的社交圈、分享彼此的价值观和标准对他们技艺的增长和改进是很关键的。在另外一种情况里,艾奇逊(Acheson)和里德曼(Reidman)(1982)认定在渔民中,社交圈和政治圈的亲密互动,尤其是亲属圈的互动,对新技术的传播至关重要。定期和同行亲属接触不仅极大地提高了渔民获得的信息量和信息的准确性,而且极大地提高了他使用新技术的可能性(Acheson and Reidman,1982,550-552;Burt,1980,330)。

当代产品营销和传播研究提出的意见领袖和临界点的概念对理解新技术在消费者中的传播也有帮助(Rogers,2003,343-362)。意见领袖在传播的开始阶段起到非常重要的作用,因为他们会影响其社交圈里的其他人。随着采用新技术的人越来越多,新技术逐渐被认可。有5%~20%的参与者采用新技术后,进一步的传播就顺理成章了(已经过了临界点)。当代西方社会时尚的流行就是临界点的一个简单例子。

很多因素会限制新技术的采纳。在不平等的社会中,一个很重要的经济因素显然就是财富。跨文化研究显示两个同样贫穷或同样富有的个体不太可能在他们的主要活动中采用一项新技术。中间人群渴望拥有更高的地位和影响力,他们是最早且最渴望采用新技术的群体（Geselowitz，1993，241 f.）。此外，采用新技术带来的高成本会延缓甚至阻碍它的传播。例如，目前在非洲的有些地区，由于缺少关键的零部件以及维修经验，畜力运输的推广就受到了阻碍。

技术因素一直是采用新技术的关键。例如，如果一项新技术很有可能被再发明，那么其持续性将会得到提高，被采纳的速度会加快，范围也会更广（Rogers，2003，183）。此外，一些技术只有其作为一系列相互依存的新技术的一部分时才能被成功采纳（Rogers，2003，14 f.，249 f.）。例如，粮食种植的新技术不仅有改良了的高产水稻和小麦技术，还有灌溉、播种技术以及新农药，这些技术在20世纪50年代和70年代给发展中国家带来了绿色革命。只有采用全套技术才能保证产量的最大提高。技术集群的概念或许有助于理解史前农业革命的传播，例如，畜力牵引在耕作和运输中的引用。一个系列技术的部分技术被改良的潜能是不一样的。戈斯林（Gosselain，2000）指出，陶器制作过程中的某些阶段，例如，陶坯的准备和烧制主要依赖配方，陶工可以偶尔跟其他手艺人交换信息或观察他们的工作就可以加以改变。很多简单的装饰技术也可以轻易模仿。但是，器皿塑形技巧则只能通过师徒之间近距离且频繁的互动才能获得，直到所有必要的动作通过模仿和重复得到内化。这样的习惯是很难为了创新而改变的。[22]此外，在生产过程中，在成品上留下可见痕迹的阶段时，例如会留下颜色、装饰物和表面痕迹，陶工更容易受消费者的品位影响，并且更愿意接受修改。相反，塑形方法就很难在成品器皿上体现，所以对消费者来说也无关紧要(Gosselain, 2001)。

在技术创新和采纳者的关系中有个负面因素一直被忽略了。即使经济和技术前提都满足了，技术创新和采纳者的世界观和品位的不兼容是影响传播的一个决定性因素。比如说，土豆在爱尔兰和苏格兰引入后，其推广就长时间受阻。土豆的繁殖和加工非常方便，而且不需要其他工具和投入(实际上，土豆的种植成本比谷物要低得多)。此外，土豆长得快。因此，土豆融入农业和食用根本不存在经济和技术上的障碍。然而，由于文化因素，尤其是因为新食物的口感问题使土豆的种植受到了阻碍。直到饥荒迫使农民在18世纪中叶开始种植土豆用来替代过于昂贵的谷物(Leach, 1999)。爱泼斯坦(Epstein, 1993)在研究秘鲁原住民的冶金术时曾尝试从考古学的角度来解释世界观对技术变革的关键作用。印加冶金士尽管从概念上来讲完全能够发明风箱，因为很明显，在一些仪式上人们知道而且也在利用风箱的原理，但是他们更喜欢自然风或是人体肺作用产生的气流。使用风箱本可以消除冶炼过程中的一些主要限制，例如，安第斯冶金士因为拒绝使用风箱而没法满足炼铁需要的条件，因此只能将就使用不完善的炼铜术。爱泼斯坦假设说安第斯人的冶炼技术表达了这样一种普遍的世界观，即人类呼吸和自然风至关重要，鼓风作为指引生命力的普遍流动这样一种基本理念阻碍了风箱的使用，因为风箱鼓风是一种"机械呼吸"。欧洲人带来的冶炼术和安第斯原住民的世界观相冲突，因此也就不能被当地冶金业所采纳了。在西班牙征服安第斯地区后，原有的原住民技术传统随之消失，外来的冶金术取而代之。

展望

本书从第三章开始将聚焦史前黑海沿岸各地的技术。首先要考虑的是对人类生存至关重要的技术，即获取食物的技术。考古学对食物获取技术有两个普遍的根深蒂固的误解。其一是把获取食物简单地解释为纯粹的获取必需品，拿谢拉特的话来说，获取食物是"生存的神话"（1999, 13 f.）。在他看来，史前和"原始"社会靠必需品生存的画面仅仅是对当今发展中国家经济的一种反思。史前人类获取食物不必也不会局限于仅仅获取一些主食来保证最低的热量。当今传统型社会由于受当代经济全球化的影响而陷于贫困，这为远古史前社会提供了一个反面样本。除了营养方面的考虑外，还有很多方面也值得考古界认真对待。拿不同作物的种植来说，有些作物是用来提取改变情绪的物质，有些用来做药，有些用来提取兴奋剂，有些用来做调味品和香料，有些是"经济作物"。经济作物是需要劳动密集型加工的作物，而加工不是指直接用来在家里做饭的那种。加工可以创造附加值，并把它们变成可以交换的有价商品（Sherratt, 1997a, 226, note 5）。

另一个更大的误解是把获取食物，尤其是把食物系统里通过驯化动植物获得食物简单地概念化成生产。人类可以通过技术"制造"食物的观点现在已经受到了安戈尔德(2000,81)的质疑。研究者似乎忽视了一个显而易见的事实,即种植庄稼和畜牧业是一个生物技术,是在有限的自然秩序中辅助了生命有机体的生长和繁殖,"是一个生长的过程,而不是制造的过程"。动物和庄稼不是生产出来的,它们只是得到了照料;谷物、牛奶和肉不是制造出来的,它们是生长出来的。这不仅仅是一个事关措辞的小问题,而是关系到事物生长和生产事物的根本区别。用安戈尔德(2000,81)的话说,"农民,即家畜的饲养者,只不过是顺应了自然界自有的一种生产动态,而不是把自然变成是为其目的服务的一种工具"。[23]因此,从技术的角度来看,从采集食物到种植食物的转变似乎远没有考古学家们传统上认为的具有革命性。就使用的工具、对生物行为属性的认知、生长周期以及能力而言,狩猎和采收与简单的农业差别不大,因此,控制基因库和栖息地的技术和技巧也没有太大的区别。很显然,区别不在于技术和观念,而在于干预自然生长过程的程度。[24]

另一个要讨论的主要内容是关于前工业化的技术,包括材料技术或是物品的生产或制造。需要强调的是制造主要涉及物质层面上的知识和行动,比如外观、感觉和嗅觉,而不是化学结构层面上的。因此,把现代科学研究和科学实验方法用在传统手工艺上是不对的。手工艺人靠的是他们用某种特定的方法处理物质时的身体感受,像炼金师一样"和材料做斗争"(Ingold,2010,94)。

传统手工艺人用机械化学方法，如敲、拉、压、切、磨、混合、加热等来操控物质，并逐步朝一个可预期的但不能完全控制的结果前进；他们是跟着材料走的(Ingold，2010，96)。

许多重要的技术革新与食物烹饪有关。烹饪技术涉及有机物的机械变化，如谷物的碾磨和粉碎、面粉的筛选和过滤、植物油的压榨；也涉及有机物的化学变化，主要是热处理，还有化学变化，如发酵和酶凝。为了让食物更安全也更容易消化，他们自然会设法从每一口食物中获取更多的能量。还有一些生产技术，包括把大自然提供的原材料组合转换成人工制品(Ingold，2000，85)。转变可以通过机械控制进行，例如装配和重组(如纱线)，或者敲压(如石头、泥土和金属)。另外，化学转变尤其是用炭燃烧产生的化学变化是无机物质加工的基本方法，例如，把泥土变成瓷器，矿石变成金属，石英变成彩陶或玻璃。

注　释

1. 英语的定义通常强调知识、效率或者工作策略，比如"把科学知识或其他知识通过一个涉及人或组织、生物和机器的有序制度运用到实践中"(Pacey，1983，6)，或者"技术是设计一种工具能够在达到理想效果时的因果关系中降低不确定性"(Rogers，2003，13)。
2. 技术的这种定义("人定胜天")见普法芬伯格(1988，237，with references)；他认为这种思想观念的根源是基督教的形而上学。
3. 另见多布莱斯(2000，15)。
4. 例如普法芬伯格(1992，501)强调"在越南高地的山地居民看来，农业不只是物质文化和体力活。相反，仪式是农业的一个关键部分；仪式让社会群体参与到特定的活动中，他们会就整个生产过程作出一个衍生评论。"因此，仪式在劳动协作中起到重要的作用。

5. 多布莱斯（2001，49）提到"资本主义世界视人工制品和商品高于一切"。

6. 如捕猎和采收涉及非常复杂的学问、身体技术和简单的工具，但是很少把其放在技术背景下（比照 Ridington，1999，167）。

7. 关于人类技术与动物技术的基本区别（"二级工具行动"和由此带来的"制造工具和使用工具分离"）见奥恩格尔（Aunger，2010）。

8. 日常活动中的技术也是如此，看起来重复和机械，但其实涉及不断地变化和创造性地调整（Keller，2001，43）。另见安戈尔德（2010）。

9. 从从业者角度研究工艺见凯勒（Keller，1996，2001）。

10. 这些假设最激进的支持者提出了一个确定性的观点，并认为技术对社会的影响具有可预测性（大型灌溉导致国家的产生）——人类学中这样的观点可见莱斯利（Leslie）、卡尔（Karl）和马文（Marvin）的作品；见普法芬伯格（1988，243），亚冰期考古模型批评见谢拉特（1995）。

11. 文化生态学家认为技术是一个中立的种类，仅受自然法则的约束。考古学中的物质研究主要还是描述性的而且以考察其来源为主。技术研究没有试图重建和理解生产顺序，而是以考察它们的普遍法则为主（如气候和窑的使用之间的因果关系，或是陶器形状和饮食之间的区别）。这种倾向在陶瓷研究领域尤其盛行，研究者们认真研究陶瓷的性能特征、优化陶器的策略以及重建陶器生产时的生态和物质约束（Rice，1987；Arnold，1989；Schiffer et al.，1994；Young and Stone，1990）。对"陶瓷生态"方法局限性的评论见戈斯林（Gosselain，1998），他对没有通过考古记录进行多方求证，也没有通过传统使用背景进行观察，仅仅依靠人工实验室条件下的实验观察提出了质疑。

12. 怀特（1949）把文化定义为人类的"体外适应手段"。更准确地说，根据文化生态的原则，技术和社会的关系（从社会角度来说是中立的）是由一个反馈机制控制并且通过一系列的稳态阈值和阶段发展。反馈过程保证了特定阈值会导致技术的具体改变以及可以预测的社会变化[例如，可参阅伦福儒（Renfrew）1986年的相关著作，其内容涉及瓦尔纳铜器时代墓地中冶金、财富以及社会分化之间的关联]。技术和社会的分裂派强调了这个观点，即人工制品具有二维性：一个是工具性（"真实的"并且值得研究）；另一个是社会性（如款式和象征意义）。后者有用但不重要，因为没有"实际"功能和效果（Pfaffenberger，1992，496）。

13. 普法芬伯格把这种"标准观"看成是技术的常识法，这种观点是由日常理解形成并根植于欧洲现代主义。此外，安戈尔德（1990）认为社会和技术的分离是一个现代概念，与当代机械生产方式有关。这些机械表面上看独立于人类（随着人们置身于生产之外，机械化生产成了逐渐脱离人类社会关系的技术活动）。把这种现代条件放到历史环境中解读并把手工工具看成是机械化工具的前身就会出现进步和累积的发展观。然而，如安戈尔德所示，工具不是机器的前身，而技术演变其实不是一个复杂化的过程，而是一个物化的过程。

14. 此外，客观效率并不能保证成功；见麦肯齐（MacKenzie）和瓦克曼（Wajcman，2003，19 f.）的"路径依赖"例子，技术被采用的特定历史对其成功的重要性。

15. 见普法芬伯格（1992，500）关于水庙在巴厘灌溉中的作用，通过仪式、献祭和奠基来协调权利和义务（寺庙支持合作和团结，没有寺庙该系统将不起作用）。

16. 这种知识传统可见毛斯（1936）的作品，见勒蒙尼耶（1986，150，159 f.；1993）。勒蒙尼耶（1993，25）描述了物理约束和文化规范之间的相互作用是将物理法则转化为文化类别。

17. 使用操作链方法的研究人员包括：戈斯林（1998），鲁等（Roux et al.，1995）和范德莱乌（van der Leeuw，1993）。对于操作链方法的局限性，参见安戈尔德（2010，98）：木匠锯木板的每一下尽管看起来相同，其实都是不一样的；重复是不可能的，因为制作过程涉及多个变量，因此要求技术人员进行不断的更正和调整(超越了重复行为的连续操作记录)。另见凯勒(Keller, 2001,27):"观察者看来是线性的一个系列步骤,对于从业者来说则是一个复杂的相互作用过程。"

18. 另见勒鲁瓦·古朗(Leroi-Gourhan,1945,344-345),他认为"技术环境"是连续的;新的行动必须与已存在的行为相关联,并且须有一个相互链接的心理模板。"科学发现"和"技术作为应用科学"的概念包含了一些神话的成分;参见如麦肯齐和瓦克曼(2003,6 f.)和普法芬伯格(1992,513;1988, 239)。科学技术史表明,即使在现代科技的背景下,发明也一般不依赖于有组织的科学知识,也不是通过应用先前存在的科学知识产生的。相反,科学跟着技术走,或者两个领域至少相互依赖。另见吉尔(Gille,1966),他承认,自从19世纪末以来,在异常复杂的技术发展中,重要的技术突破不在科学之外发生;然而,在更遥远的过去,发明并不依靠科学知识,而是靠长期的实践经验和机械知识。

19. 另一个例子是基于陶器范式的中国早期冶金术与基于石器范式的欧洲和近东冶金术以及安第斯基于纺织品范式的金属制品三者之间的区别(Epstein, 1993,45,with references)。

20. 更多的例子可以在海格斯特朗(Hägerstrand,1988,221)中找到,例如建设摩天大楼的技术只有在电梯尤其是电话可用之后才可行。

21. 如果在这样的背景下引进原始犁,不仅在耕作技术方面,而且在整个农作物种植(播种、除草、收割等)技术体系中都需要必不可少的重要变化。

22. 延伸到冶金技术,冶炼和熔化过程就是两个例子,它们都基于配方,而配方很容易就可以改变;锻造和"加工技术"则要靠内化的动作习惯模式。

23. 另见巴拉西(Balasse)和特雷赛特(Tresset)(2007,82):"畜牧业是一个生物系统的文化操纵"。

24. 这当然不意味着否认农业在经济增长或生态变化方面的影响。

第三章 欧亚大陆：新石器时代的序幕

末次冰期的最后阶段始于约 1.8 万年前。随着全球气温逐渐上升，降水增多，动植物发生了巨变，需要人类适应，其中一个最基本的变化就是觅食方式的转变。这个巨大的调整影响了横跨欧亚大陆地区的所有觅食社会。但是，在亚洲西南部，这个变化形成了人类、植物和动物之间新的相互依存关系，并带来了影响深远的经济社会后果。

农耕的出现和推广是欧洲史前考古学的一个关键问题。自柴尔德 1928 年提出新石器革命这个概念以来，有关这个问题的浩瀚文献超出了本研究的范围。相反，本章将集中在农耕转型中的技术方面，并概述从末次冰期到新石器时代完全确立期间发生在西南亚的技术变革及其在公元前约 7 千纪开始的史无前例的扩张。接下来对公元前 6 千纪黑海沿岸农耕技术的传播和一系列相关革新的证据进行回顾。

西南亚的技术演变

农耕技术

农民干预了动植物的生命周期，觅食者也参与了这一行为。其实，就工具、技术以及操控基因库和栖息地的方法而言，捕猎和采收与最早的农耕并没有本质上的区别。这两种开发利用自然环境的方法在概念上也没有深层次的区别，两者都是在大自然的局限中操纵生态系统。两者的区别仅在于参与自然生长过程的程度(Ingold, 2000, 86 f.)。

通过耕种和饲养，动植物的基因发生了变化，有些物种的生存能力在没有人类帮助下大大降低。[1]例如，野生谷物的谷穗和野生豆子的豆荚会裂开让成熟的种子掉出来以此来进行播种繁殖。种子休眠是一种基因控制的特性，用来确保豆类植物的种子播种后发芽率只有10%，这是植物适应环境保证存活率最大化的另一个关键(Doebley et al., 2006)。复杂的性行为和社交行为，以及基因控制的繁殖季和一定数量的子嗣保证了野生动物得以成功繁殖。这些特性不能满足人类的需求，并无意中被人类用来控制种群数量。驯养动植物需要人类的扶持，比如翻土、播种、除草、围栏；饲养保护幼崽以及怀胎和哺乳期的动物；控制种群结构防止冲突并保证繁殖；在非植物生长季把动物圈养起来喂以饲料。纯技术角度讲，最早的农耕不是一种食物生产的新革命性体系，而是人类和其动植物食物来源之间更紧密的相互依存关系。

驯养动植物物种的演变在西南亚的考古记录中有详细记载。考古证据显示谷物的种植始于PPNA(前陶器新石器时代A阶段)[2]阶段，或是公元前1万年。[3]公元前1万年至公元前9000年，一些物种被淘汰，例如，燕麦和黑麦没有发展成主食

(Weiss et al.,2006,1609；Weiss and Zohary,2011)。形态学上最早的驯养主食是一粒小麦和二粒小麦,出现在PPNB[4](前陶器新石器时代B阶段)的早期(公元前8700年至公元前8000年)。[5]驯养大麦和扁豆自前陶器新石器时代的中期(公元前8000年至公元前7500年)起就一直有记录了(图3.1)。[6]萨瓦尔德等(Savard et al.,2006,191)指出这些"创始人作物"[7]并不一定是从前农耕时期的主食演变而来。选择小麦、大麦和一些豆类很可能是因为它们更易于耕种。根据现有证据,动物驯化发生在首批驯化植物出现后的几个世纪后。最早的形态学驯化动物遗骨出现在前陶器新石器时代的遗址。在公元前约9千纪的早中期,西南亚地区放养绵羊、山羊、猪和牛的证据逐渐增多。在公元前约8500年,驯化绵羊和山羊的骨骼在安纳托利亚的东南部(卡夫土丘、涅瓦恰里、恰于奴)、扎格罗斯地区(Nemrik 9)和塞浦路斯得到证实;在公元前约8千纪,西南亚大范围地发现了放牧的绵羊和山羊(Conolly,2011)。最早的形态学驯养猪的骨头可追溯到公元前8千纪中早期(PPNB时期)。[8]在公元前约8千纪的上半期,猪和牛在西南亚已经随处可见(Conolly et al.,2011,543)。[9]在PPNB时期驯化动物的祖先并不一定是新石器时代人类利用的最重要的食用动物,而是其中繁殖力最强也最适合群居的动物。PPN时期西南亚最主要的两种动物——瞪羚和中亚野驴——并没有被驯化。例如,在胡雷拉(Hureyra)只有在公元前约7400年,驯化山羊和绵羊才取代野驴成为主要的食物来源(Akkermans and Schwartz,2003,73)。

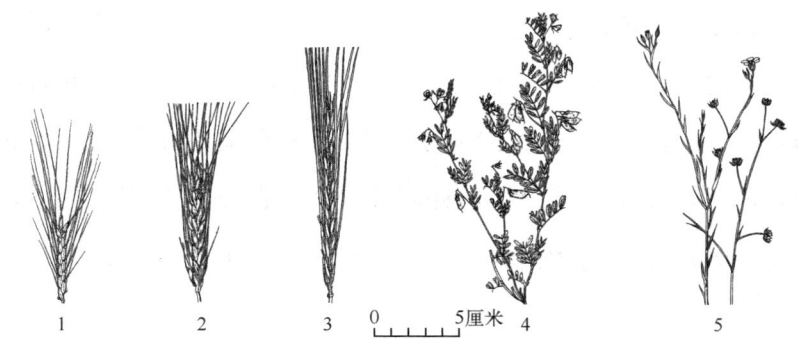

第三章 欧亚大陆：新石器时代的序幕

图 3.1 西南亚创始人驯化的野生植物和农作物
1——粒小麦亚种；2—二粒小麦亚种；3—大麦亚种；
4—扁豆亚种；5—亚麻亚种

早在 PPNA 时期首次尝试耕作前，人类就有了处理动植物的技术，所以这些技术自然不是为了驯化而"发明"的。然而，伴随 PPNB 时期农作物的驯化，农具已经发生了重要的变化。尽管在纳图夫时期[10]和 PPNA 时期（校准年份为公元前 12600 年至公元前 8700 年）直的收割刀具和镰刀已经在广泛使用，PPNB 中叶已经出现了曲轴镰刀（图 3.2）。伊巴涅兹等（Ibáñez et al.，2007，161）认为，这种新形状是为适应谷穗不会脱落的驯育植物而出现的一种新的收割姿势。[11] PPNB 中叶石制锄头的出现可能与人类越来越依赖驯化植物有关。伊巴涅兹等（2007，161）推测这是因为定点耕地的重复使用使产量下降，因此需要深耕，而深耕需要更有力的石耕农具。[12] 最后，PPNB 时期可能还出现了脱谷锤。野草不需要脱谷，它们的谷穗在成熟晒干后会自动脱落。但是，驯化谷物就不会，它们的谷穗需要通过外力加以分离。例如，通过踩踏或用木制器具加以脱粒

(Anderson，1994，320）。对 PPNB 时期的燧石进行微痕研究证实燧石被嵌入脱谷锤中使用（Anderson，1994；Ataman，1992）。安德森（Anderson）认为脱谷锤的意义不仅仅在于谷穗的脱落，还在于它可以把秸秆碎成小段。碎秸秆是很有用的原材料，既可以作动物饲料，也可以作为生产泥砖的填充料。[13]

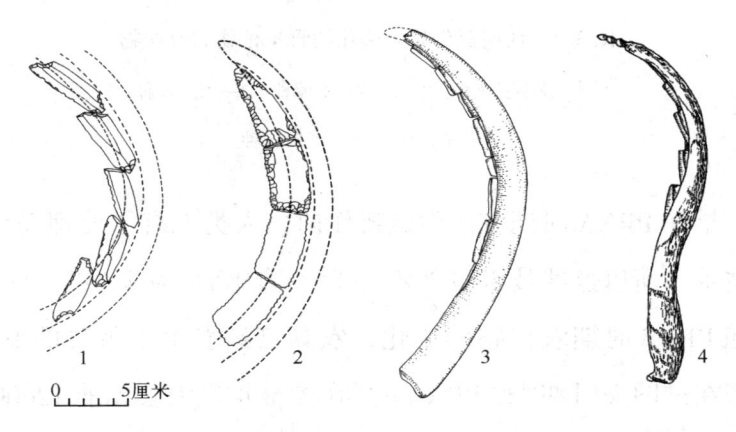

图 3.2 曲轴镰刀：PPNB 中晚期泰尔阿索亚德和泰尔拉马德遗址 11；公元前约 7 千纪晚期至公元前 6 千纪早期西安纳托利亚哈奇拉 V1-11 和色雷斯卡拉诺沃遗址 1

食物技术

谷物食物的主要处理技术在驯育之初便开始了。例如，储存谷物在纳图夫时期开始出现，到 PPNA 时期逐渐成熟。人们在死海附近的德拉（Dhra）发现了公元前 9250 年至公元前 9125 年的大型谷仓（Kuijt，2009），在约旦河谷的吉甲（Gilgal）的一所房子中也发现了同一时期的另一个大型谷仓。

后者藏有26万粒野生大麦籽粒和12万粒野生燕麦籽粒(Weiss et al.,2006)。

谷物主要含有淀粉,形态稳定,容易储存,是理想的热量食物来源。但是,淀粉不好消化。对谷物进行机械、生化和热处理是以谷物为主的饮食必不可少的。谷物处理的第一步是用石臼和碾锤对谷物进行脱皮和破壳,然后用木板和鹅卵石进行碾碎提取淀粉。在黎凡特(Levant)[14],使用石臼和碾压板加工谷物可以追溯到旧石器时代晚期。在加利利海(Galilee)[15]岸边的奥哈洛(Ohalo)Ⅱ遗址[一个旧石器时代末中石器时代初(校准年份为公元前21500年至公元前20500年)的营地]中发现的沉积物中有烧焦的野生大麦和二粒小麦以及研磨工具。对一块玄武岩磨石的淀粉谷物研究发现它曾用来加工野生大麦(Piperno et al.,2004)。

莱特(Wright,1993)在研究黎凡特磨石发展时发现,与旧石器时代末/中石器时代初相比,在纳图夫早期,磨石工具的使用有了显著的增长,最常见的工具是研钵和研杵。显然,通过捶打和碾压加工谷物在驯育谷物出现的几百年前就很常见了。PPNA时期,碾谷板有了大量增加,在PPNB时期,不同工具的比例保持稳定,但工具的尺寸和多样性有了显著的增加(图3.3)。

谷物加工食品的下一步骤是淀粉的热处理。把碾好的种子煮一下便足以使淀粉凝固(使淀粉分子断裂),但是烘烤则优势更明显。烘烤不仅可以制作出形态固定的食物还可以使从谷物

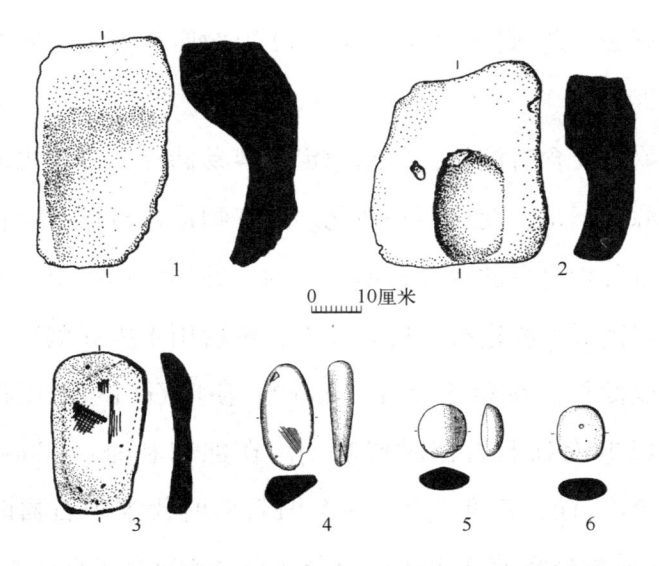

图3.3 PPNB 时期贝德哈(1, 2, 4, 5)和瓦迪基拉特(3, 6)出土的石臼、碾磨石板、鹅卵石

中获取的能量提升到72%(Piperno et al., 2004, 671)。皮佩尔诺(Piperno)等则认为在奥哈洛Ⅱ的旧石器时代遗址中，面团在一个像灶台一样的工具中烘烤。这个最早的特殊装置可以看成是PPNB中期出现的面包炉(Haaland, 2007, 174)。[16]

最后，到了公元前7千纪食用乳制品在西南亚已经非常普遍。对早期陶器中吸收的有机残留物分析发现人们已经开始使用乳制品(Evershed et al., 2008)。当然，对陶器的乳脂分析并不能证明乳制品加工的开始，但至少表明这个时期从考古学角度讲已经可以看到乳制品了。挤奶和食用乳制品很有可能是农民们在公元前7千纪向西迁入西安纳托利亚和欧洲东南部之前就开始了，而且是当时史无前例的农耕扩张中的一个前提条件。

纺织技术

根据现有考古植物学资料，纤维植物的种植始于PPNB时期。在泰尔穆雷比特(Tell Mureybit)发现的公元前8900年至公元前7900年的亚麻种子也许可以代表最古老的使用亚麻的确凿证据(Weiss and Zohary，2011，with references)。亚麻种子在公元前约8千纪(PPNB中期)的下半叶在亚洲西南部随处可见，但是形态学上驯化的亚麻直到PPNB(约公元前7250年)的末期才得以证实。[17]基因研究表明大粒种亚麻的驯化以及最初的使用主要是为了植物油而不是纤维(Allaby et al.，2005)。使用纤维纺织最早的直接证据是死海纳哈勒赫马尔(Nahal Hemar)发现的麻织物遗存，可以追溯到公元前约7千纪初(Schick，1988)。[18]

在纳哈勒赫马尔发现的纤维间接证明了公元前约7千纪的几种先进纺织技术，如用纺锤纺纱，在织布机上织布。但是，在前陶器时代却没发现纺轮和织布机纺锤。在陶器新石器时代早期，西南亚、安纳托利亚和巴尔干半岛地区都发现了陶纺轮，但是在公元前5千纪前还是相对罕见(Çilingiroğlu et al.，2004，49 f.，Fig. 33；参阅Petrova，2011，93)。最早出现的织布机陶纺锤则又是另一回事。根据安纳托利亚和巴尔干半岛地区的几处遗址发现的公元前7千纪和公元前6千纪的大量纺锤(Çlilingiroğlu et al.，2004；Petrova，2011，132 – 137，with summary for the Balkans)以及它们在该地区东部的缺失判断，立织机可能是晚于 PPN 时期才发明的，很有可能是安纳托利亚的早期陶器时代居民发明的。

石器技术

PPNA 时期见证了石器技术的巨变：从微石器工具和石片发展到更大更规则的石核和石片。其中最大的变化是船形石核石片技术的出现(Quintero and Wilke, 1995, 19; Ibáñez et al., 2007, 162)。船形石核是形状像船的预制好的石芯平台，用来击打剥离固定尺寸和形状的大石片。这种石器技术在 PPNB 时期开始普及，到 PPNB 中期短暂盛行。PPNB 中期出现的标准化直石片最终取代了石片和微石器(Quintero and Wilke, 1995, 19)。坤塔罗(Quintero)和威尔克(Wilke)认为石器技术空前的成功与定栖农业的发展和制作像弹弓和镰刀等石器工具对标准化石片工具的需求有关。另一项特别的石器技术——压制薄片，在公元前约 8 千纪开始盛行(Ibáñez et al., 2007, 162)。[19]

新石器时代磨制技术的前身出现在旧石器时代(Piperno et al., 2004)。新石器时代最重要的新发明可能就是磨制石斧，石斧迅速取代了外延旧石器时代和 PPNA 时期的传统粗火石锛。其中最早的磨制石斧是在 PPNB 早期遗址泰尔卡拉萨(Tell Qarassa)发现的(Ibáñez et al., 2010)。PPNB 时期石匠们制作了种类繁多的其他石器制品，例如，各种容器、珠子、吊坠以及雕像。伊巴涅兹等(2007, 157)观察到在外延旧石器时代和 PPN 时期的黎凡特等地，钻孔技术已经相当成熟。在基亚米安

（Khiamian）[20]时期机械钻孔和手工钻孔并存；PPNA 时期开始，机械钻孔成了主导；到了 PPNB 晚期，出现了更为成熟的钻孔技术，人类开始使用各种研磨材料（图 3.4）。

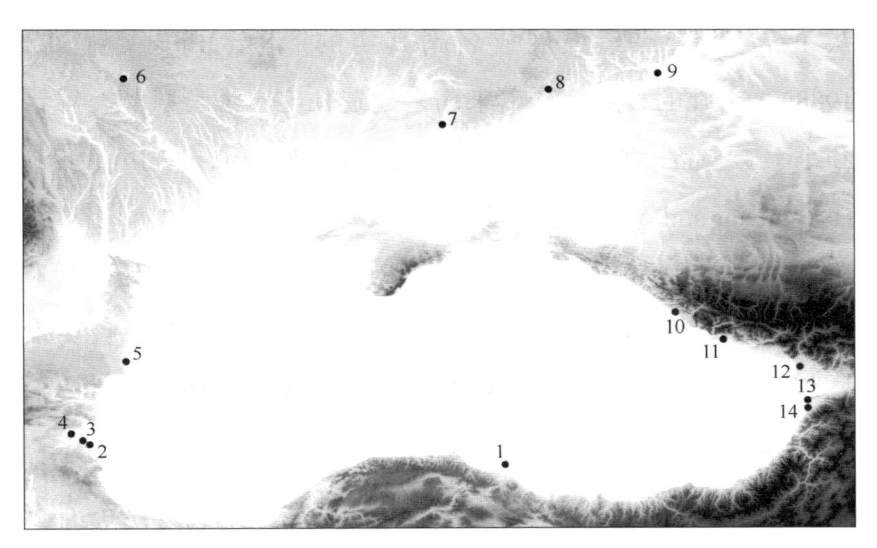

图 3.4　黑海沿岸主要新石器遗址分布

高温技术

石灰和石膏是通过复杂的化学工艺制造的人造材料。石灰石是一种由碳酸钙组成的坚硬岩石，在加热到 800～900℃时，分解为生石灰（氧化钙）粉末。石灰粉加水后水化成氢氧钙石（氢氧化钙），这种膏状物质可以加入填充料（如沙子）塑形或作为石膏用。干燥后，这种材料会再次碳酸钙化，膏状物又会变成坚硬的石头形状（石灰石/碳酸钙）。在黎凡特发现的凯巴拉（Kebaran）时期（公元前 16000 年至公元前 12500 年）的器物证明外延旧石器时代石膏就开始使用了；石膏用于建筑的最早证据则要追溯到纳图夫时期。[21]

在 PPNB 时期（公元前 8700 年至公元前 7000 年），石灰和石膏生产已经发展成名副其实的产业（Kingery et al., 1988）。上吨的石灰生产出来用来建造住宅、大型雕塑、容器和小手工艺品，如珠子、雕像和人头骨（Kingery et al., 1988; Hauptmann and Yalcin, 2002）。[22]虽然小规模的石灰生产相对简单，但是大规模生产则需要专业知识和技能。加热石灰石来生产建造大型建筑所需的石灰必须达到一定的高温而且要维持数天。对火候和温度的娴熟掌控是 PPNB 时期掌握的技术之一（Kingery et al., 1988, 221）。金杰利等（Kingery et al., 1988, 240 f.）认为，大规模生产石灰带来的概念和技术为新石器时代后期两个重要高温技术的革新——制陶术和金属冶炼——提供了基础。在浆料制备过程中使用的填充材料、表面涂层和抛光、成形、绘画和烧制是石膏和陶瓷技术共享的技术，而在石灰生产中通过加热改变岩石化学结构的复杂技术可能对从矿石中提取金属的开始至关重要。

最早使用金属铜的确凿证据可追溯到 PPNB 时期。铜加工技术伴随冷加工技术始于公元前约 9 千纪，在托罗斯山脉东南部到扎格罗斯山脉西南部的数个遗址都得到了证实（Schoop, 1995; Roberts et al., 2009）。[23]加热技术显然早就开始了。例如，公元前约 8000 年铜匠们显然已经能娴熟掌握热处理技术（Schoop, 1995, 36 f., with references; Roberts et al., 2009,

1013）。高品质铜矿石的冶炼在 PPNB 时期似乎已经在概念上和技术上都成为可能。但是该项技术的直接证据直到公元前 6 千纪才有。[24] 熔化和浇铸这两项技术需要在概念上作出根本改变，因此肯定是后来才发展起来的。考古记录并没有证据表明在公元前 6 千纪前已有铜冶炼和浇铸技术。[25]

新石器时代西南亚最重要的一项高温技术莫过于陶器制作。黏土烧制的陶器最早出现在公元前约 7000 年。在拜利赫（Balikh）河谷上游的泰尔萨比艾卜耶德（Tell Sabi Abyad）陶器新石器时代初期的地质层发现了少量薄胎成品细陶。类似器物亦见于叙利亚的哈鲁拉丘（Tell Halula）、塞克尔阿海马尔（Seker al-Aheimar）遗址以及土耳其东南部的阿卡尔恰山丘（Akar Çay Tepe）、梅兹拉特莱拉特（Mezraa Teleilat）和萨拉特清真寺旁遗址（Salat Cami Yanı）（Nieuwenhuyse et al., 2010）。在萨比艾卜耶德的上一层，这种最初的精美陶器则变成了普通的植物性回火的厚壁粗陶。在随后土层中逐渐增多的陶片以及质量的下降都表明陶器已经迅速地由一种稀有物品变成了日用品。

结论

在 PPNB 中期或是公元前 9 千纪的下半叶是旧世界科技史的一个关键阶段。在这个时期，动植物被驯化，整个技术系统空前发展，日趋成熟。尤为重要的是这些进步改进了传统工具和技术，提升了效率，其中包括：土地翻耕技术（石锄)、驯育植物的采收和加工(镰刀、脱谷锤、大型碾谷石和烤炉),以及有机材料的加工(如木头和磨制石斧等工具在一起加工)和无机材料的加工(石灰的生产和金属冶炼)。随着公元前约7千纪陶瓷技术的出现,社会技术的复杂程度日趋成熟,这对接下来公元前7千纪和公元前6千纪大陆范围的农业殖民化肯定至关重要。

黑海沿岸农业的扩张

在公元前7千纪和公元前6千纪,农业从新月沃地和安纳托利亚中部向东扩展到中亚,向西扩展到小亚细亚和巴尔干地区(Whittle, 1996; Bellwood, 2004)。放射性碳素断代法证实了农业技术在这个时期的逐渐扩张,而基因研究则证实了动植物以及人类的西进运动(Pinhasi et al., 2000; Gkiasta et al., 2003; Haak et al., 2005)。黑海对早期的农业扩张进程肯定不那么重要,因为黑海沿岸的大部分地区并不适于以谷物和驯化蹄类动物为主的简单农业。诚然,考古记录显示黑海沿岸地区的高加索、安纳托利亚、巴尔干地区以及东欧草原在晚些时候才进入农业世界。但是不能忘记的是全新世早期海平面的上升有可能抹去了黑海沿岸最初的农业痕迹(见第一章)。

安纳托利亚海岸

与安纳托利亚的其他地区相比,黑海南岸农业起步晚可能是因为该地区地理环境闭塞、气候过于湿润。农民很有可能是穿过庞廷山脉中下部来到广阔的克孜勒河和耶希尔河三角洲平原定居的。多恩梅兹（Dönmez，2006，93）暂且把他们假定为是通过拉迪克塔索瓦（Ladık-Taşova）或是图尔哈尔（Turhal）地区迁徙的，因为该地区出土的有限陶器与巴夫拉周边遗址发现的材料具有一定的相似度。公元前6千纪早期农业、乡村生活以及陶器生产还靠猜测，考古证据还有待发掘。至今，安纳托利亚海岸发现的最早陶器是在伊基孜泰佩（İkiztepe）2号遗址发现的代号为AA群组的陶器，时间很可能可以追溯到公元前6千纪和公元前5千纪之交（见第七章）（图3.5）。与AA群组陶器一起发现的还有小件铜制品，表明金属已开始在农业中使用。

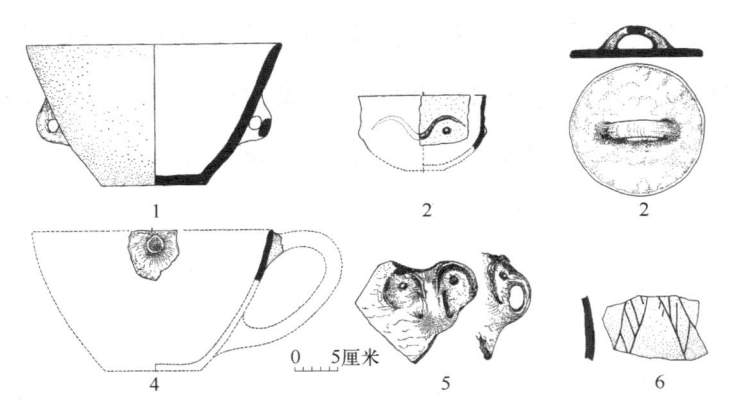

图3.5 伊基孜泰佩陶器群组AA

巴尔干海岸

巴尔干半岛黑海沿岸最早的村庄追溯到公元前6千纪的最后几百年（Todorova and Vajsov，1993）。因此，它们比半岛内陆的村庄要晚很多，但是与安纳托利亚沿岸的早期遗址时间上相近。村庄的生活习俗与传统以及农业、制陶、纺织、石器和铜器等技术显然是从巴尔干半岛的东部内陆传过来。半岛南岸遗址的陶器特征显示来自色雷斯的农民在公元前6千纪末期来到这个地区定居。[26]半岛北岸却不一样，这里的葬俗、陶器、泥塑和石器与内陆的有所不同。有研究者认为，当地狩猎采食群体从他们的内陆邻居那里学会了农业技术，随之出现了这些独特性（Todorova and Vajsov，1993，146，224）。[27]

在新石器时代早期巴尔干地区小件铜器随处可见，这表明在公元前6千纪早期自然铜的冷加工技术和农业技术一起传到了那里（Schoop，1995；Roberts et al.，2009；Borić，2009，237）。[28]在公元前6千纪末期黑海西海岸的居民已经开始使用自然铜和孔雀石。能证明早期使用金属的遗址中，杜兰库拉克（Durankulak）626号墓发现了早在公元前5千纪的小铜珠和孔雀石（Todorova，1999，237）。

黑海北岸

在全新世早期，黑海北岸低地居住着众多狩猎采收的小群体（Dergachev and Dolukhanov，2008，29，Fig. 4）。早在公元前7千纪（中石器时代晚期）采食者定居点已经在河谷两岸广泛分布。[29]20世纪60年代对其中几个遗址的动物区系研究表明当时已经有驯养猪和牛。有研究者据此推断在黑海北岸曾有一个"无陶器新石器时代"。但是，最近对公元前7千纪新旧动物群的研究并不能确定在公元前6千纪引进陶器前已经有驯养动物。[30]

在公元前6千纪的第二季度，农业殖民者从西部和西南部渗透到喀尔巴阡山东部地区，并在河谷建立了村庄。克里斯(Criş)遗址以及公元前6千纪后期的绳纹陶文化(LBK)发现了打磨石斧，卡拉诺沃(Karanovo)鹿角镰刀，驯化猪、牛、绵羊和山羊遗骨，以及特征鲜明的圆形陶器器皿，上面还有二粒小麦、黑麦、豌豆和苦豌豆的痕迹(Dergachev et al., 1991; Pashkevych, 2012)。越过克里斯遗址和绳纹陶文化的东部边缘，狩猎和采集又持续了至少1000年。现有的证据显示，北黑海低地的居民逐渐熟悉驯化动植物，但是直到公元前5千纪早期农业都还没有大范围开始。

农民和采食者在公元前6千纪中期开始初步接触和熟悉驯化动植物，出土的某些进口陶器以及在德涅斯特河和布格河的河间地以及亚速海沿岸地区的遗址发现的单例驯养动物遗骨证明了这点。例如，在德涅斯特河索罗基(Soroki)Ⅲ号遗址陶器上发现了驯化植物和可辨别的驯化牛骨的痕迹，但是该区域和同期其他地方的饮食主要还是以猎食赤鹿和野猪为主。[31]与此类似，谷物花粉和单例绵羊、山羊遗骨在亚速海附近的遗址也有记录，但该地区的居民主要猎食野马和野驴。[32]在第聂伯河流域并没有公元前6千纪早中期驯化动植物的报道。[33]与早期驯化谷物一样，打磨石斧是通过农民和采食者的早期接触传到德涅斯特河、第聂伯河和亚速海沿岸(Wechler, 2001, 227)。

公元前6千纪的第二季度采食者开始采用陶器。黑海北岸低地的早期陶器特征是尖底锥形。[34]这种陶器传统和来自西方的农业扩张没有联系。它起源于东方——一个西伯利亚东南部独立的发明中心。[35]最近在那里发现的所谓乌斯季卡连加（Ust-karenga）的复杂陶器可以追溯至公元前11800年至公元前11100年（Kuzmin，2002，41，Fig. 7）（图3.6）。[36]尖底器皿在公元前6千纪沿着北方森林的南方边缘不仅传到了黑海草原而且传到了东欧平原（波罗的海、北部低地和西欧）（Dolukhanov et al.，2005，1456 f.；Gronenborn，2011，69）。[37]

农业边境的交往在公元前6千纪的下半叶继续进行。尖底陶器在这个时期随处可见，但是驯化动物在草原仍是个例外，那里的驯化动物有可能主要靠交换获得。[38]证据显示黑海沿岸更大规模的耕种和动物养殖出现在公元前5千纪的上半叶。该时期的遗址发现家畜和野生动物的遗骨比例达到了1∶3（Wechler，2001，250）。[39]

总而言之，公元前7千纪，黑海北岸草原居住着狩猎和采集群体；公元前6千纪的第二季度，该地区边境上的农民并没有给他们带来多大变化。考古记录显示，公元前6千纪森林草原和草原上稀有的驯化动植物遗物表明：这些新物种是交换所得的异域商品而非赖以生存的食物来源（Benecke，1998；Wechler，2001，250）。显然，在黑海北岸低地，农业的传播主要是通过对农业的采纳和适应，而不是农民的渗透取代了原住民群体。驯化绵羊、山羊、牛和猪，以及奠基作物小麦、大麦和豆类只有在公元前5千纪的时候才被大范围采用

（Wechler，2001，250）。

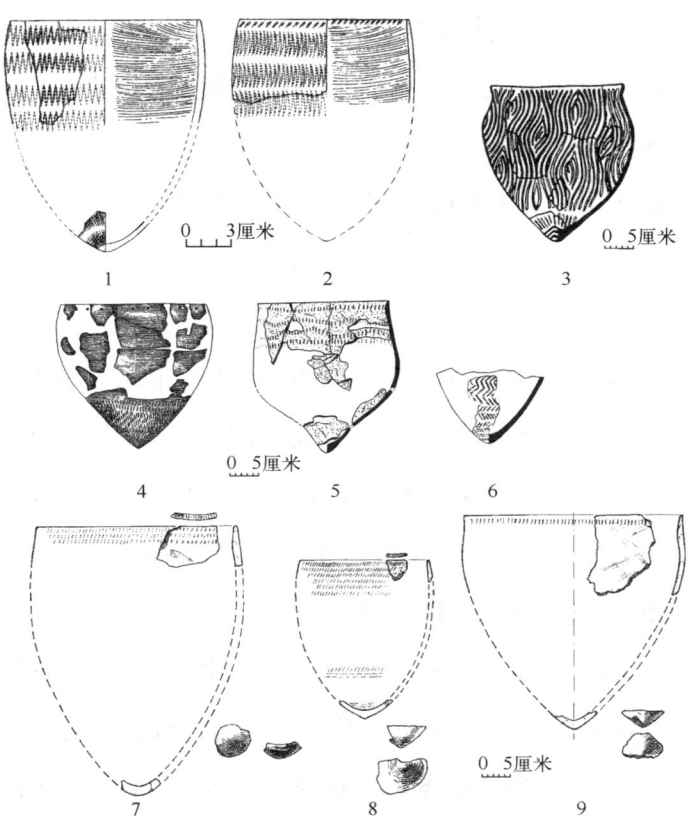

图 3.6 来自以下遗址的早期新石器时代的尖底陶器

1~2—北外贝加尔山脉乌斯季卡连加遗址；3—南布格河索科尔兹北黑海遗址；

4—第聂伯河附近扎克塔；5—格里尼；6—德涅斯特河索罗基Ⅱ；

7~9—东波罗的海奥萨遗址

高加索海岸

约在公元前 6000 年农业传入高加索东部和南部。该地区最早的农业遗址属于所谓的舒拉维里－索姆泰佩（Shulaveri-

Shomutepe)文化,那里的居民用圆形泥砖造房子,发达的农业与近东农业相似,包括主要的驯化种类,如谷物、豆类、猪和牛科动物;使用的农具特征鲜明,有鹿角锄头、镰刀、石臼、手推石磨(Kushnareva,1997;Smith,2005,253)。[40]舒拉维里-索姆泰佩文化经放射性碳素断代可以追溯到公元前6千纪早期(Smith,2005,251,with references;Wechler,2001,198 f.,with references)。

农业的引进并没有给黑海高加索沿岸带来显著的变化。沿海和内陆的遗址如阿皮安查(Apicancha)、帕卢里(Paluri)、霍尔希(Khorshi)、阿纳塞利(Anaseuli)、胡兹乌巴尼(Khutsubani)、科布列季(Kobuleti)和达尔科维季(Darkveti)都发现了包括打磨石斧在内的特色石器材料(Bzhanija,1996,75,Fig. 22)。遗址中加工过的石堆包括微石器组件,还有比当地中石器时代比例更高的石片。但是,除了发现石器外,并没有发现陶器、动物骨骼和烧焦的种子。仅在格鲁吉亚西部内陆一个无陶器文化的遗址——达尔科维迪(Darkveti)山洞内的第4层中发现了包括绵羊骨在内的动物群组(Kiguradze and Menabde,2004,35)。但是,这个重要的遗址却没有放射性碳素断代日期。另外,一些陶器文化时代的遗址包括基斯特里克(Kistrik)、奥第希(Odishi)、玛玛提(Mamati)、阿纳塞利Ⅱ号遗址和尼兹纳亚什罗夫卡(Nizhnaja Shilovka)不仅发现了做工粗糙的手工陶片,还发现了农具,如燧石镰刀嵌片、石锄、石臼和碾石(Munchaev,1975,70,Kiguradze and Menabde,

2004，351)(图3.7)。

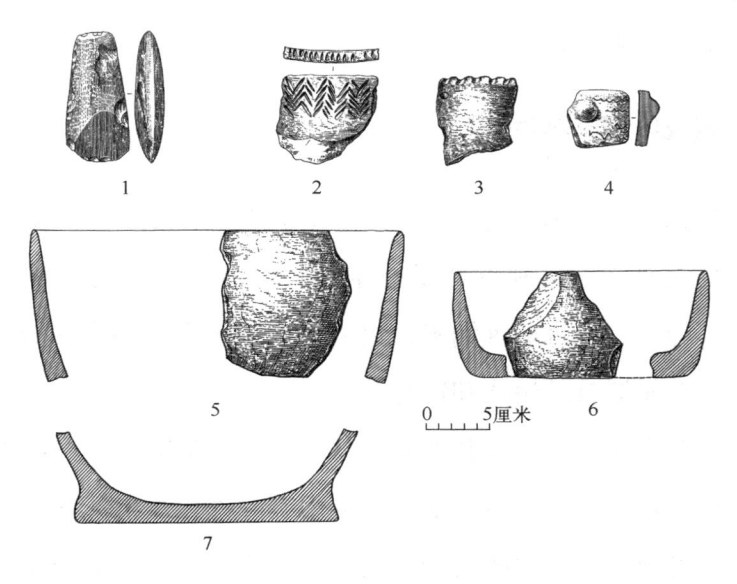

图3.7 基斯特里克新石器时代文物(1和6)、阿纳塞利Ⅱ(2~4)、尼兹纳亚什罗夫卡(5和7)

前面描述的无陶器文化时代和陶器文化时代的考古发现，以及从高加索南部和东部其他地方发现的材料之间的关联因为缺乏明确的比较和碳-14断代日期而中断。普遍的看法是陶器文化时代的东西要晚一些。查泰格纳(Chataigner，1995，104，218)指出高加索沿岸的陶器与东安纳托利亚遗址如泰佩吉克(Tepecik)和库鲁祖泰佩(Kurucutepe)发现的有相似之处；而蒙查耶夫(Munchaev，1975，79)以及后来的威赫勒(Wechler，2001，197-199)把它与舒拉维里-索姆泰佩(Shulaveri-Shomutepe)文化的陶器进行了对比。要是没错的话，这些研究可以把高加索沿岸发现的早期陶器追溯到公元前6千纪，无陶器时代遗址的编年依然不明了，它们既可能来自公元前6千纪，也可能来自公元前7千纪。

展望：铜器时代

公元前5千纪的前几百年，最早的农耕村庄在黑海沿岸出现，公元前5千纪则见证了技术和社会传统在这里发展的高峰。其标志是先进的炼铜术，包括地下铜矿石的开采和熔炼以及大件金属器具的熔化和铸造。[41]

装饰品等贵重物品和外来工具的生产和流通在这个时期规模空前。在黑海沿岸该时期的遗址中有一处位于黑海西北沿岸的墓地发现了最集中的庞杂文物，显示了当时的物质财富。沿黑海西岸的一条海上贸易之路把物产富饶的北方和资源匮乏的南方连了起来（在其他地方也曾提及），这似乎可以解释在公元前5千纪巴尔干地区黑海沿岸不同寻常的繁荣（Ivanova, 2012）。在多瑙河下游和高加索山脚之间的干燥低地散落的墓地发掘表明，交流网并非仅限于固定的农耕区域。[42]拉萨马金（Rassamakin, 2002a, 63）认为，横跨黑海北岸草原建立了一个著名的交流系统，该系统的建立要归功于巴尔干地区和东喀尔巴阡山地区农耕群体复杂的风俗习惯。

相比之下，黑海南岸和东南部海岸则鲜有远距离交往的证据。然而，一个据说来自特拉布宗附近的黄金宝藏似乎印证了铜器时代黑海共通语的说法（Rudolph, 1978）。这个宝藏的另一批文物内容上看起来一致，有的文物与公元前5千纪黑海西海岸的珠宝非常相似，例如凸面金片纽扣、珠饰和一件饰有蜗牛壳和玛瑙珠的新月形胸饰（相关比对参见 Todorova and Vajsov，2001）。不仅仅是单个物品，就连器物和原材料的特有组合也暗示它们与巴尔干海岸有联系。

黑海史前研究最多的一个阶段可能要数公元前 5 千纪。本研究不再对此赘述。第四章到第七章将聚焦于公元前 4 千纪。这个时期黑海在世界历史中有了一个新角色。

注　释

1. 对于种植和驯化的差异，参见魏斯等（Weiss et al.，2006，1608）：''植物的人类驯化可以分为三个阶段：一是'采收'，人们从野生植物中采收一年生作物；二是'种植'，野生植物系统地播种在所选地里；三是'驯化'，培育具有所需特征的突变体植物。''

2. PPNA 即英文 "Pre-Pottery Neolithic A" 的缩写，意为前陶器新石器时代 A 阶段，是早期地中海和安纳托利亚新石器时代文化的第一阶段，公元前 11500 年至公元前 10000 年。译者注。

3. PPNB 即英文 "Pre-Pottery Neolithic B" 的缩写，意为前陶器新石器时代 B 阶段，是以上美索不达米亚为中心的新石器时代文化。公元前 10700 年到公元前 8000 年或公元前 7000 年至公元前 6000 年间。译者注。

4. 野生单粒小麦、二粒小麦、黑麦和扁豆可能已经在叙利亚北部 PPNA 时期遗址杰夫阿玛（Jerf el Ahmar）和德贾得（Dja'de）种植（Weiss and Zohary，2011，251）。

5. 例如在土耳其东南部早期 PPNB 时期卡夫土丘（Cafer Höyük）和恰于奴土丘（Çayönü）遗址（Weiss and Zohary，2011，252）。

6. 指的是新石器时代最初驯化的作物，有8个植物种类，由全新世早期（PPNA 和 PPNB 时期）西南亚新月沃地的农耕社会驯化，这些作物构成了中东、北非、印度、波斯和欧洲的系统农业基础。译者注。

7. 大麦在 PPNB 中期阿苏瓦德（Asward）和亚尔莫（Jarmo），扁豆在伊夫塔尔（Yiftah'el）（Weiss and Zohary，2011，251）。

8. 例如梅兹拉-泰莱拉特（Mezraa-Teleilat）、泰尔哈鲁拉（Tell Halula）、萨比阿布亚德（Sabi Abyad）Ⅱ和泰尔阿苏瓦德（Tell Asward）的猪，卡夫土丘（Cafer Höyük）、穆雷比特（Mureybit）、泰尔阿苏瓦德、瓦迪基拉特（Wai Jilat）7和巴哈（Baja）的牛（Conolly et al.，2011，543）。

9. 在幼发拉底河地区的泰尔哈鲁拉（Tell Halula）、泰尔锡恩（Tell es-Sinn）和恰得尔（Qdeir）1；扎格罗斯地区的马加扎里亚（Magzaliya）；安纳托利亚东南部的哈亚兹土丘（Hayaz Höyük）、梅兹拉-泰莱拉特和居尔库提泰佩（Gürcütepe）Ⅱ以及安纳托利亚中部的詹哈桑（Can Hasan）Ⅲ（Conolly et al.，2011，543）。

10. 纳图夫（Natufian）文化存在于公元前12500年至公元前9500年的地中海东部地区。在引进农业之前，它已经有了定栖和半定栖人口。纳图夫社区可能是该地区第一个新石器时代定居点的建造者，也可能是世界上最早的。纳图夫文明创立了可能是世界上最古老的城市——杰里科（Jericho）。一些证据表明，纳图夫人开始了世界上最早的有意识的耕种，他们种植谷物，特别是黑麦。一般来说，纳图夫人利用野生谷物，狩猎的动物包括瞪羚。

11. 直轴适用于单手收集，可以一只手持植物束，另一只手用镰刀收割；曲轴可以用同一只手进行收集和切割，因此更有效（Ibáñez et al.，2007，161）。

12. 泰尔哈鲁拉、恰于奴和扎格罗斯地区 PPNB 中期遗址的石锄头（Ibáñez et al.，2007，159）。

13. 黎凡特南部 PPNA 期间首先使用泥砖，见特威斯（Twiss，2007，27）。

14. 黎凡特是一个不精确的历史上的地理名称，它指的是中东托罗斯山脉以南、

第三章 欧亚大陆：新石器时代的序幕

地中海东岸、阿拉伯沙漠以北和上美索不达米亚以西的一大片地区。译者注。

15. 加利利海是以色列最大的淡水湖，是地球上海拔最低的一个淡水湖，也是世界上海拔第二低的湖泊（仅高于其南侧的咸水湖死海）。加利利海其实不是一个海，只是传统上称为海。译者注。

16. 一个类似当今安纳托利亚风格的圆形烤箱在萨比阿布亚德（Sabi Abyad）Ⅱ的庭院里被发现（Akkermans and Schwartz，2003，64）。其他 PPNB 中期遗址也有椭圆形和马蹄形烤箱见诸报道，例如布卡拉斯（Bouqras）（Akkermans et al.，1983，342 f.）和亚尔莫（Braidwood et al.，1983，157）。

17. 从公元前 8250 年至公元前 7500 年 PPNB 中期在耶利哥发现的种子皮碎片可能意味着形态上已经驯化的亚麻出现的时间更早；在泰尔拉马德（Tell Ramad）PPNB 层被发现的亚麻籽残留物可以更准确地追溯到公元前 7250 年至公元前 7000 年（Weiss and Zohary，2011，251）。

18. 虽然早期农耕涉及纤维植物的生长，但动物育种最初并没有为纺织工艺品提供原料。野羊和它们的早期驯化后裔都有毛茸茸的外套，在千年早期的农业中未见使用羊毛的证据（另见第八章）。

19. 这种技术是安纳托利亚东部公元前 8 千纪中期的特征，例如在幼发拉底上游河谷的卡夫土丘和恰于奴以及中游河谷的阿卡恰伊（Akarçay）、哈亚兹土丘、格里提利（Gritille）和梅兹拉-泰莱拉特（Borrell，2011，216）。

20. Khiamian（也称为 El Khiam 或 El-Khiam）是近东新石器时代的一个时期，标志着纳图夫和前陶器新石器时代 A 之间的过渡。译者注。

21. 在伊南（Eynan）一座小建筑中的石灰圆凳（Bar-Yosef，1998，163）。

22. 烧 2 吨石灰石只够恰于奴地区一个房间的地板用量；以弗所（Yifthel）一所房子的地板用了大约 7 吨的石膏（Kingery et al.，1988，238）。

23. 涅姆里克（Nemrik）9 报道了两块金属铜，这是位于扎格罗斯山脉西部斜坡的一个地点，可追溯到公元前9千纪初；在公元前9千纪后期和公元前8千纪初期许多铜器文物在恰于奴被发现（Schoop，1995，25 f.）。在公元前8千纪、公元前7千纪、公元前6千纪，铜冷加工继续使用，并向西延伸到安纳托利亚中部和西部，向东延伸到伊朗（另见第八章）。

24. 铜矿物可以在400~500℃的特定条件下分解（科格伦通过实验进行了证实；参见史库柏，1995，40，with references）。史库柏（1995，40 f.，51 f.）认为冶炼的开始并不需要概念上的根本变化，这种说法让人信服。熔炼铜矿最早的无可争辩的证据有巴尔干和伊朗公元前6千纪晚期的炉渣和技术陶瓷（Roberts et al.，2009，1014）。

25. 最早的证据可能来自塔尔伊布利斯（Tal-i Iblis）和德基尔门泰佩（Değirmentepe）（见第四章和史库柏，1995，37）。

26. 新石器时代晚期层（卡拉诺沃Ⅳ，公元前6世纪的最后几个世纪）在布尔加斯（Tell Burgas）、布扎卡（Budzhaka）和阿卡拉迪车伊里（Akladi Cheiri）被挖掘出来（Leshtakov and Klasnakov，2008；Klasnakov et al.，2009；Leshtakov，2009；Leshtakov et al.，2009；Klasnakov et al.，2010；Leshtakov and Samichkova，2010；Leshtakov and Klasnakov，2010）。

27. 最早的遗址有罗马尼亚的梅吉迪亚（Medgidia-Cocoase），保加利亚的杜兰库拉克（Durankulak Nivata）和沙布拉（Shabla）（Dimov，1992；Slavchev，2008，with references）。

28. 巴尔干半岛最早的农村曾经出现金属铜：在保加利亚东北部、塞尔维亚东部、波斯尼亚中部、多瑙河峡谷和特兰西瓦尼亚（Transylvania）公元前6千纪遗址发现冷加工自然铜制成的铜珠和铜锥（Borić，2009，note 1；Todorova and Vajsov，2001，8）。在贾巴尔科沃（Jabalkovo）的一个住宅中已经发现了一些铜矿石，可追溯到卡拉诺沃Ⅰ时期（公元前6千纪的第一个季度）（Leshtakov，2004，16）。

29. 第聂伯流域公墓的放射性碳日期见莉莉艾(Lillie,1998)。

30. 德涅斯特河流域的索罗基(Soroki)Ⅱ遗址一个无陶器层提供了一个碳-14日期,在公元前7千纪的下半叶(Wechler,2001,36-39)。贝内克(Benecke)对20世纪60年代挖掘出来的动物群体进行了重新研究。索罗基无陶器层的动物群组包括野生动物(主要是鹿、牛和猪)的骨头,但绵羊和山羊没有;在公开的数据或重新研究的骨骼组合中没有提供可证明家畜物种的迹象(Wechler,2001,37 f.)。过去对来自莫洛奇纳亚河沿岸卡门纳亚遗址三个无陶器层的动物骨骼的研究发现了家畜的骨头,包括绵羊;然而,贝内克重新研究发现在无陶器层和陶器层都只能确定野生动物(Wechler,2001,87)。

31. 对索罗基Ⅲ克里斯型陶器层的骨骼再次研究仅鉴定了6块可辨别的家畜牛骨(Wechler,2001,39-40)。

32. 来自马特维耶夫(Matveev)坟冢Ⅰ部分的样本显示了谷类花粉的存在;器物包括具有"镰刀光泽"的刀片、抛光轴和一些粗陶陶片(Wechler,2001,151)。马特维耶夫坟冢Ⅰ和Ⅱ的动物骨骼包含单一的小型反刍动物骨头,以野马和野驴为主(Wechler,2001,145)。从马特维耶夫坟冢Ⅰ木炭样品的放射性碳断代建议在公元前约6000年[Le-1217,(7180±78)BP;见Wechler,2001,131,with references]。

33. 第聂伯陶器时期初期(早期苏尔斯克第聂伯文化)没有兽骨,后来的动物群组也没有提供家畜的有力证据(Welcher,2001,81-83,90,223)。

34. 布格河、第聂伯河和亚速海沿岸最早出土的陶器文物见Wechler(2001,219,222,226,235)。

35. 克里斯型平底圆陶(属于巴尔干且源于西南亚的陶器传统)的影响只在德涅斯特河谷遗址被识别。

36. 乌斯季卡连加(Ust Karenga)碳-14日期见库兹明(Kuzmin,2002)和库兹明和维特罗夫(Vetrov，2007)。在20世纪90年代中期进行了首次测定。东亚其他地区早期放射性碳日期陶器见库兹明(2006，2010)。

37. "尖底"传统在东欧平原的传播约在公元前5500年(纳尔瓦和涅曼文化)，并在约公元前5300年至公元前4600年到达了德国北部、斯堪的纳维亚半岛南部(Ertebølle文化)以及西欧的狩猎采集社区(Roucadourien、Swifterbant文化、Cardial陶器文化、La Hoguette)(Klassen，2004，109-117，Fig. 87)。另见邓佩等(Dumpe et al.，2011，435)："……一个古老而广泛的工艺传统，该传统可能在加拿大西北部因纽特人的陶器中有了最新的分支"。

38. 例如，对德涅斯特河岸索罗基Ⅰ和Ⅴ骨骼组合的重新研究没有发现家畜(除了索罗基Ⅰ的一颗羊牙)(Wechler，2001，42 f.)。在第聂伯河沿岸遗址(例如，Igren Ⅷ)也只发现野生物种的骨骼(Wechler，2001，83)。卡门纳亚(Kamennaja)提供了两根驯化牛的骨头，而在拉库什奇尼(Rakushechnyj)的罐中发现了绵羊骨(Wechler，2001，147)。陶片上为数不多的驯化谷物印痕在数个遗址得到了证明(Wechler，2001，90 f.)。

39. 第聂伯遗址(Buzki、Igren V、Sobachki)中家畜(牛、羊和猪)的比例达30%(Wechler，2001，84，86)。

40. 类似的考古和生物考古材料在达吉斯坦(Dagestan)乔克(Chokh)遗址被发现(Kushnareva，1997，Wechler，2001，201)。

41. 巴尔干和东喀尔巴阡公元前5千纪铜金属冶金术，具体见第六章。

42. 乌克兰公元前5千纪遗址见拉萨马金(Rassamakin，1999)，北高加索公元前5千纪的概述见伊万诺娃(2008b，with references)。

第四章 库班河下游河谷

引言

田野考古

19世纪最后10年,韦谢洛夫斯基(Veselovskij)在高加索山麓的迈科普(Maikop)[1]和沙斯卡亚(Tsarskaja)考古发掘了第一个史前豪华墓葬(Tikhonov,2009)。[2]库班河平原的考古发现则没那么壮观,例如,1899年韦谢洛夫斯基在沃兹德维兹恩斯卡亚(Vozdvizhenskaja)附近的一个坟冢里发掘了一个相关的简陋墓葬,里面有4个赭色骷髅,呈蹲状,随葬品有几件大铜器(Veselovskij,1902,47)。此外,1897年一批类似迈科普文物的器物在库班河下游近斯塔罗姆沙斯托夫斯卡亚(Staromyshastovskaja)的地方重见天日。[3]这些宝藏被藏在一个小银罐里,其中有一件银雕羚羊,身上有一个直口;一件形似狮子头的金吊坠;一件和迈科普的金制头带类似的银带,长60厘米,宽0.5厘米;还有大约3000颗珠子、戒指和其他的小件金器、玛瑙、青金石及彩陶(Veselovskij,1900b,64 f.;Piotrovskij,1998,246;Korenevskij,2004,48)。

与黑海北岸和西北部地区相比，20世纪初的几十年后，在库班河下游没有大型工程建设项目，因此没有相应的抢救性发掘，亚速海–库班平原直到20世纪70年代初都没有开展发掘。1977—1979年，萨夫罗诺夫（Safronov）带领一个考古队对库班河下游北部展开了考古发掘。[4]考古工作一直持续到20世纪80年代，主要是因为要开建扎库班斯卡亚（Zakubanskaja）灌溉系统而进行抢救性发掘。莫斯科、圣彼得堡和当地研究所的考察队对克拉斯诺达尔水库和库班河下游南部附近草原地带上的多处墓葬和人类定居点进行了考察。[5]在20世纪90年代和21世纪初，受经济危机和政治危机的影响，克拉斯诺达尔水库附近的田野考古工作虽然得以持续，但规模大不如前（Rezepkin, 2004b; Rezepkin and Poplevko, 2006; Rezepkin and Lyonnet, 2007）。库班河沿岸和南部地区的几处文物点也进行了发掘。例如，2004年新罗西斯克市历史博物馆对那图克哈耶夫斯卡亚（Natukhaevskaja）1号遗址的4号坟冢进行了发掘（Shishlov and Fedorenko, 2006），而国家近东艺术博物馆和莫斯科考古研究所的高加索考古队在腾金斯卡亚（Tenginskaja）发掘了1号坟冢，在瓦什希图（Uashkhitu）1号遗址发掘了2号坟冢，最近在乌尔亚普（Uljap）发现了一个人类定居点（Erlikh et al., 2006, Brileva and Erlikh, 2011）。[6]过去几十年一个重要的考古成就就是定居点资料的不断累积（Lovpache and Ditler, 1988; Dneprovskij and Jakovlev, 1989; Rezepkin and Lyonnet, 2007;

Brileva and Erlikh，2011）（图 4.1）。

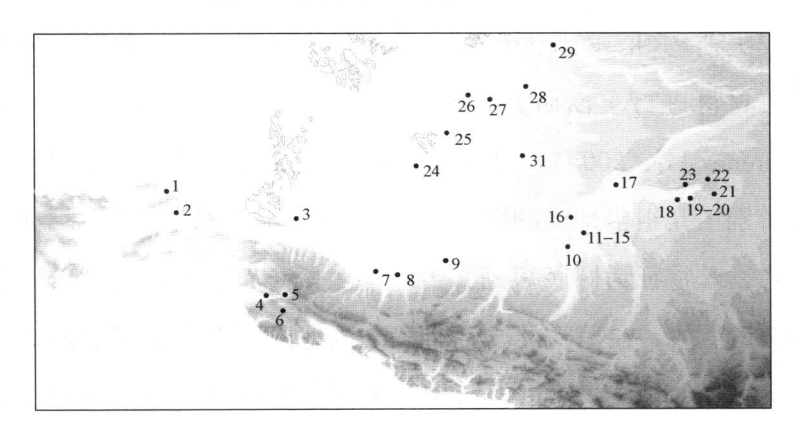

图 4.1 库班河下游河谷主要遗址

梗概

1950 年，伊森（Iessen）发表了一篇关于库班地区最早墓葬的年代测定和文化归属的重要文章，为北高加索地区的史前史奠定了基础。伊森以不到 30 个墓葬群为基础，通过类型学把它们组合在一起。[7]文章系统描述了墓葬的背景，评估了这些墓葬和其他墓葬类型（地下墓穴和北高加索墓葬）的地层学关系，还对墓葬文物进行了分类和比较。第一本关于迈科普文化的专著由蒙查耶夫（Munchaev）在 1975 年发表，该书涵盖了高加索山主脉以北从黑海到里海的整个地区。在伊森的基础上还增补了最近在乌斯季德泽古塔（Ust Dzheguta）、纳尔齐克（Nalchik）、切格姆（Chegem）和巴姆特（Bamut）发掘的成果。

到了 20 世纪 90 年代，田野考察的新证据以及首批放射性碳素断代为重新评估迈科普文化开辟了新的途径。2004年，科里涅夫斯基(Korenevskij)发表了最新的研究成果，他对积累的考古材料进行全面研究，并讨论了其内在的年代和文化归属(Korenevskij，2004)。结合墓葬和定居点的证据，科里涅夫斯基辨别了几组当地产的陶器。其中一组在整个高加索山麓都有分布，其特征为圆底短颈，带有陶工的标记。他认为这组陶器历史最悠久。在稍晚的一个阶段，该地区西部和东部的陶器工艺发生了分化。在库班河流域，圆底传统得以继续，但陶工的标记消失，而在高加索山麓的中部则出现了平底陶器。后者似乎与圆底陶器没有联系，有可能是受到了南高加索的影响(Korenevskij，2004，49-63)。

迈科普遗址颇具争议的核心问题是它的起源。在发现迈科普墓葬后不久就启动了寻找具有北高加索元素特征的近东祖先，一开始主要集中在单件金属器物的比较和断代(for a summary see Andreeva，1977，39-43)。20世纪70年代，迈科普的陶器传统与大美索不达米亚乌鲁克[8]早中期的陶器传统非常相似，这让安德烈耶娃(Andreeva，1977，55 f.)认为两个时期是同步的。现在很多考古学家把迈科普放在"乌鲁克扩张"的背景下来看待——一种很容易融入俄罗斯语言研究迁移范式的近东考古模式。该假设的支持者认为迈科普要么是南美索不达米亚向物产富饶的冲积山区边缘扩张的一个直接分支(Sherratt，1997a，464；Sherratt，2003b，240；recently Munchaev，2007)，要么是乌鲁克后期文化持续影响下的一个附属文化现象(Rezepkin，2004a)。然而，正如蒙查耶夫(1975，376 f.)承认的一样，两者之间真正的交流机制至今还不得而知，而公认的迁移假设也没有实证支持。关于这些问题会在本章的最后进行讨论。

年表

为确定迈科普文化和沙斯卡亚豪华墓葬的年代，人们早期尝试把它们与地中海近东的艺术品进行风格比较。1911年塔尔格伦(Tallgren)把迈科普的银器与特洛伊2号遗址的"普里阿摩斯的宝藏"进行了对比，并把迈科普文化断代为公元前2000年前后(Tallgren，1911)。1929年施密特(Schmidt)把他在库班河流域的文物标本和最近考察的乌尔王朝早期皇室墓地的标本(如矛头和金珠)进行了对比，这为迈科普文化断代为公元前3千纪添加了新的依据(Schmidt，1929，19)。伊森(1950)认可早期迈科普文化与特洛伊2号遗址以及乌尔王朝皇室墓地宝藏的类同，同时他也发现迈科普文化与最近在安纳托利亚中部阿拉卡土丘(Alacahöyük)发掘的墓葬在整体外观上有相似之处(尽管他承认直接的相似之处并没有)。[9]安德烈耶娃(Andreeva，1977)在对北高加索和近东世界的交流研究中对两个地区的制陶工艺和器形进行了比较，她发现一些迈科普文化与安塔基亚平原上的阿米克(Amuq)F定居点以及底格里斯河上游的高拉12号遗址(Gawra XII)的相似之处。她推测早期迈科普文化的陶器和北美索不达米亚有一种"基因上的联系"，并认为迈科普文化与美索不达米亚的乌鲁克时期同时代。

尽管这样远距离的笼统比较有一定的启发价值，但是要确定摇摆不定的北高加索年表未免留于猜测。现在，北高加索文物的断代只有通过其相邻草原地区的分层进口货物才有可能。在顿河下游的拉兹多尔斯科 1 号（Razdorskoe Ⅰ）定居点发现了从迈科普进口的陶器。[10]这些只在第 6 层和第 7 层发现的进口器皿与康斯坦丁诺夫斯科（Konstantinovskoe）型陶器有关系，特征都是带有绳纹。一个列宾陶器层[也叫早期贾姆纳亚（Jamnaja）陶器，以第聂伯河下游的米哈耶罗夫卡（Mikhajlovka）中层为代表]覆盖了高加索进口陶器层（Kijashko, 1987, 77, 79）。一些墓葬的地层资料也支持了迈科普文化始于贾姆纳亚文化（公元前 3000 年）之前的说法。库班河北部的新季托罗夫斯卡亚（Novotitorovskaja）文化和库班河南部的佩特罗帕夫罗夫斯卡亚（Petropavlovskaja）文化的墓葬从特有的锤头销和器皿判断与贾姆纳亚文化的发达期和晚期同时代，从地层学角度讲总是晚于迈科普文化（Gej, 1991, 66 f.）。

自科里涅夫斯基（1993a）发布第一个加尔居加耶（Galjugaj）遗址的放射性碳断代日期后，迈科普遗址的放射性碳断代数据库不断增加。[11]大部分的断代是通过测定单个墓葬中人类或动物的遗骨。2008 年，科里涅夫斯基（2008a, Table 2）又发布了迈科普时期的一个综合年代列表。他发现最早的阶段（公元前 4000 年至公元前 3600 年）只有 3 个时期支持——布鲁特（Brut）3/3、克拉迪（Klady）29/1、库达胡尔特（Kudakhurt）1/1。科里涅夫斯基列出的其他值范围介于公元前 3000 年和公元前

2900 年之间。在这些日期中有 3 个日期断代来自库班河-亚速海草原的遗址，它们都属于公元前 4 千纪。[12]根据放射性碳断代，迈科普文化属于公元前 4 千纪中晚期没有什么疑义。但是，还有两个重要的年代问题悬而未决。一方面，草原上的进口物品遗址和碳-14 断代日期都不能确定迈科普文化什么时候开始。此外，由于北高加索定居点多个时期的遗址缺失，庞大的迈科普文化内早期与晚期文物的区分还只能靠推测。遗憾的是，靠现有的日期来确定迈科普时期的内部年表既没有意义也不够准确。

流动的家庭，不变的墓地

住所遗址

库班河-亚速海草原的定居点证据有限。[13]占用层一般都很薄，再加上受到侵扰，对迈科普时期人类定居点进行定位就很困难了。而且，正如科里涅夫斯基（2008a，98）指出，很多遗址可能被厚厚的崩积层所掩埋，因此地表考察很难将它们定位。大多数的定居点是在坟墓发掘中发现，晚期的墓穴保护了这些史前人类住所免受侵扰和毁坏（参见 Dneprovskij and Jakovlev，1989，28；Brileva and Erlikh，2011）。此外，一系列人类定居点遗址因每年克拉斯诺达尔水库的水位波动而被发现（Lovpache and Ditler，1988；Rezepkin and Lyonnet，2007）。

现有证据表明这些住所都依水而建，没有防御优势方面的考虑。契什胡（Chishkho）、普什库耶哈布尔（Pshikujkhabl）、哥罗德斯科耶（Gorodskoj）和普哈古加佩（Pkhagugape）等定居点沿着现在的克拉斯诺达尔水库两岸间隔1.5~2千米依次分布。再往西约7千米，靠近皮塞库普（Psekup）河口，坐落着同时期的另一个定居点（Lovpache and Ditler，1988）。定居点的聚集分布并不仅限于库班河流域。相似的情况在高加索中部的捷列克（Terek）草原同样存在，那里的加尔于加耶发现了6个大型定居点群落（Korenevskij，1993a，2004，73）。所有考察过的定居点使用寿命都相对短暂，形成的考古层比较薄。关于村庄规模的资料非常有限。表面积约5公顷、厚度约0.4米的保存完好的地质层仅在塞雷金斯科（Sereginskoe）的一个铁器时代的墓穴下被发现（Dneprovskij and Jakovlev，1989；Dneprovskij and Korenevskij，1996，4 f.）。

出土的居住点遗址都带有焚毁的抹灰篱笆屋结构和地坑。德涅普罗夫斯基（Dneprovskij）对塞雷金斯科的类似结构进行了研究（Dneprovskij，1991；Dneprovskij and Jakovlev，1989）。结构1呈圆形，直径7米，墙体为抹灰篱笆，地面为拍打泥地。屋内发现两个炉灶和两个烤炉。结构2呈矩形，边长4.5米，里面有一个炉灶，距第一个遗址数米。结构1和结构2可能都是住所。另外两个更小的抹灰篱笆屋就在它们的北面，既没有炉灶也没有其他装饰。发掘人员认为这是两个储藏室。这个村庄可能有数个这样的建筑和储藏设施。在克拉斯诺达尔水库的南岸遗址也发现了与塞雷金斯科结构1在规模和设计上相似的数个圆形结构。在契什胡，发掘人员发现了两个圆形抹灰篱笆屋遗址，两者相距 150 米。在两个遗址之间还发现了泥块，可能是后来的住所留下的(Rezepkin，2004b；Rezepkin and Lyonnet，2007)。[14]对哥罗德斯科耶定居点更大规模的考察发现，在一大片区域内有数个独屋和几组圆形结构，彼此相距甚远(Rezepkin and Lyonnet，2007，Fig. 1)。它们的分布并不表明是有意为之，而且也没有确凿证据表明所有发掘出来的东西都属同一时代。在普什库耶哈布尔也观察到了类似布局(Rezepkin and Lyonnet，2007，Fig. 12)。在哥罗德斯科耶和普什库耶哈布尔一个约 2 公顷的区域内发现了 15~20 个这样的结构，而整个定居点的面积可能要大得多(图 4.2)。

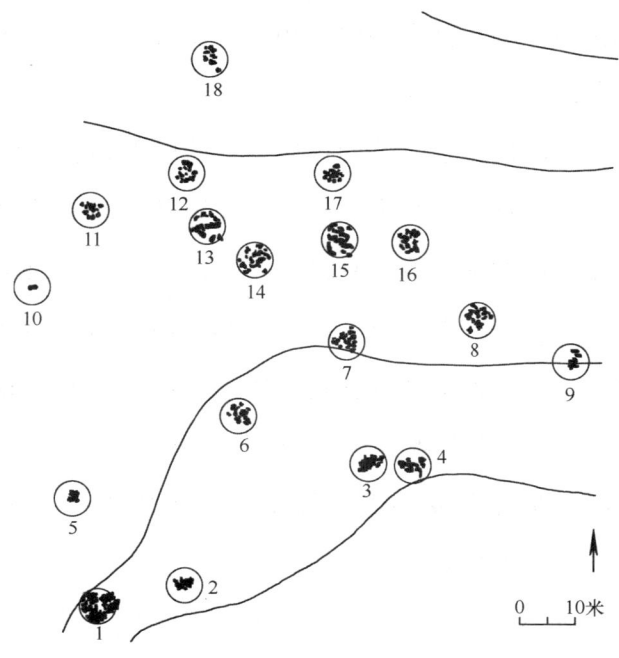

图 4.2　普什库耶哈布尔居住点遗址平面分布

抹灰篱笆屋是迈科普时期的主要建筑结构。里昂德（Riond，2007）考察了焚毁的抹灰篱笆屋的遗物，辨认了在克拉斯诺达尔水库岸边契什胡定居点的建筑材料和建筑技术——墙灰是磨细的黏土加上稻草，篱笆墙取材河岸植物，如芦苇和柳条。雷泽普金（Rezepkin，2004b，422）报道在契什胡发现了1.5~4厘米厚的芦苇和枝条墙灰碎片。墙体高度和屋顶结构尚无证据。圆形结构屋顶可能是圆锥状，茅草覆盖，由墙体支撑。可以肯定契什胡的房屋没有大的梁柱，因为没有发现桩孔（Rezepkin，2004b，422）。库班河南部的塞雷金斯科和高加索中部的加尔于加耶也具有同样的特征（Dneprovskij，1991；Korenevskij，1995）。木材和石料在墓室中有使用，但是在家用结构中却没有。与西南亚的建筑相比，泥砖和砌墙泥并没有在高加索主脉北部地区使用。

北高加索居民生活在地面住所内。坚固不朽、结构复杂的大型双层结构遗址完全缺失。所有的建筑都是非常简陋的地面设计——独立的圆形结构，直径5~7米，且只有一个房间（图4.3）。圆形建筑在建筑成本、耐用性和使用上都有其特色。与矩形设计相比，它们对建筑材料的要求更低，因为圆形可以使用一些未经准备的不规则的柔性材料（McGuire and Schiffer，1983，284）。但是低成本带来的则是维护成本高、使用寿命短。此外，与矩形建筑相比，圆形建筑不适于把室内分隔成储藏室、厨房和休息区。在房子上加盖也很困难，尽管只有住所要长期居住时才会出现加盖房子的问题。

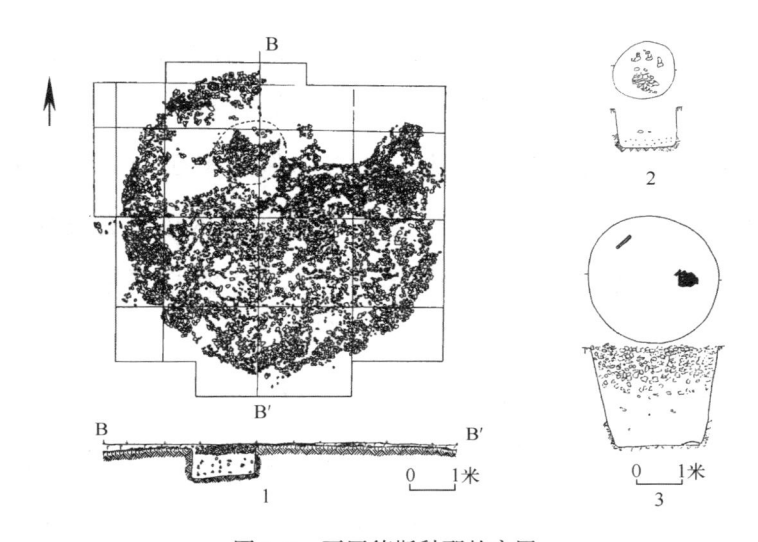

图 4.3 哥罗德斯科耶的房屋

1—7 号房的平面图；2—5 号房的灶坑；3—5 号房的储藏坑

契什胡、普什库耶哈布尔和哥罗德斯科耶的房子有一个独特之处：在圆形房的中间，有一个直径约 1 米的浅坑，有时用黏土涂抹，并填有木炭和石块（Rezepkin and Lyonnet, 2007）（图4.3）。房屋的整个生命周期浅坑都在。建筑被遗弃后，浅坑被陶片填上，并被倒塌的墙体和屋顶掩埋。这些坑也许代表一种传统的做饭设施（一种"坑灶"）。[15] 在极个别房屋中，灶坑边上还有一个更大的坑，直径和深度都超过 2 米。这个坑可能用于储藏（如哥罗德斯科耶的房屋 5 的灶坑和储藏坑，Rezepkin and Lyonnet 2007）（图 4.3）。

很多出土的房屋都毁于大火，但明显不是毁于突发大火，因为大部分标本并非原来房屋的遗物而是一些次要的垃圾（如破损的器物），大部分是在灶坑发现的（陶片、骨头、损毁的工具)。屋内的炉灶、大口瓷坛、烹调器皿的碎片及石磨说明做饭是在屋内进行。居民们在屋内和屋前的大陶坛里储存粮食。[16]有迹象表明,在住所边上还有其他的附属设施,如大型储藏坑和独立的粮仓。[17]尽管陶器作坊和加工区还没有发现,但在普哈古加佩和皮塞库普已经有陶器窑的报道(Poplevko,2008b,222)。

总而言之,在库班河下游河谷的村庄,房屋设计简易,空间使用也不够经济。特别用途的建筑(如公共建筑或是作坊)都没有;简易轻便没有修缮痕迹的独栋房在发掘的遗址中却很普遍。多层住所或者甚至是重建痕迹的完全空白表明居住时间不长。这种情况通常被解读为是"半定栖生活方式"的证据。这种生活方式也可以理解为是这样一种经济:在肥沃的土壤上进行简单的耕作,在一大片区域内松散住上几十年,随着土壤枯竭又迁到另外一个地方(Korenevskij,1993b,22 f.；2004,74)。然而,这种模式却与大型墓地的发展相矛盾,这一时期的一大特点是墓葬耗资大(见下一节"墓葬")。大型墓地的建设、重复使用和修缮维护表明与特定区域及领地意识有关。

一种更灵活的模式可以解决这个矛盾,在这种模式下迁移的是家庭,而不是整个群体。乍一看,以家庭为单位的搬家在考古学者看来很奇怪。然而,民族志学者已经观察到这种奇特的行为,并在数个考古研究中提到了这种行为。据麦圭尔(McGuire)和希弗(Schiffer)(1983,286 f.),伯利兹的科齐梅(Kekchi Maya)的家庭在村内和附近定居点频繁搬家。因此,他们不愿费力建一些又贵又坚固的住所。但是，村庄本身不会移动。作者还举了若干考古记录上的例子来说明类似的家庭迁移。例如，霍霍卡姆（Hohokam）的定栖时期建造了几个不朽的宏伟建筑，如平台土丘和运河，并在该住址住了几百年，但是他们的家居建筑都是不牢固的地坑房。

北高加索社区并没有同时占有居住点的整个区域，可能也有些住户离群住在别处的住所里，他们在定居点区域内漂移或是在一个定居点群落的各定居点之间"漂移"，一代接一代，家庭大小和结构也随之变化。此外，尽管迈科普时期村庄轻便不牢固的建筑通常被解读为是不会久居的迹象，但是住所的使用寿命短不一定和移动的生活方式有关。如前所述，家庭迁移以及原材料和技术的限制可以用来解释为什么选择不那么牢固的建筑方法。在这样的情形下，这些相对简陋的住所可以通过建造数个独立的住所来弥补其缺点，也可以满足其他目的（McGuire and Schiffer, 1983, 287）。

墓葬

亚速海-库班河低地最常见的丧葬形式是简易的长方形坑土葬（图4.4）。[18]坟坑底部有时铺有草席。[19]稍微讲究点的墓穴底部铺有鹅卵石，还有木制框架或是石制框架。[20]西部山麓特有的木板或石板结构墓室［如在高加索中部发现的墓室以及支石墓（尖顶大石板墓）］在库班河下游地带并没有发现。[21]尸骨的姿势多呈右侧蜷缩状，双手置于脸前（图4.5中第1幅图）。[22]红色颜料的使用非常普遍，在奥列尼耶（Olenij）和奥布谢泰斯特维诺（Obshtestvennoe）（Gej，2008，184；Sorokina and Orlovskaja，1993，234）的墓穴中就有发现。几件器物（通常是陶器）就放在死者遗体旁。一般来说，坟坑并不是用土填满，而是用木板或原木围成墓室，就像在奥列尼耶1号墓1/16、腾金斯卡亚（Tenginskaja）1/6和车尔尼雪夫14号墓（Chernyshev Ⅱ）发现的墓室一样（Gej，2008，181，Fig. 5；Korenevskij，2008b，11；Bianki and Dneprovskij，1988，Fig. 6）。坟墓上方和四周有时候会裹上芦席，坟头往往堆有石块。[23]炉灶、灶坑、大量陶片和黏土锥碎片表明墓地周围曾举办过葬礼宴（图4.4中第2幅图）。[24]据报道在奥布谢泰斯特维诺2号遗址的1号墓发现了大陶器（Sorokina and Orlovskaja，1993），而在车尔尼雪夫2号遗址的1号坟冢周围则出土了数个大炉灶、粗陶器碎片，还有至少一个大口陶锅（Bianki and Dneprovskij，1988，74）。此外，与奥列尼耶1号遗址1/11（图4.4和图4.5）墓关联的两个破器皿是大陶罐，球胎低窄颈，高70~80厘米（图4.7中第4幅图）。显然，这么大尺寸的器皿为人类的群居以及食物分配提供了间接的证据，因为大型陶器并不适合寻常家用（参见Clarke，2001，159）。然而，宴会的规模以及参加者的人数很难估算。

葬礼最后，在坟墓中间会垒起一个坟墩和碎石堆成的护岸。[25]在最大的碎石带中，亚斯特雷波夫斯基耶（Jastrebovskij）的碎石带有4米宽，直径27米（Gej，2008，179），拉斯夫特（Rassvet）附近坟墓的碎石圈有1~2米宽，直径20~25米

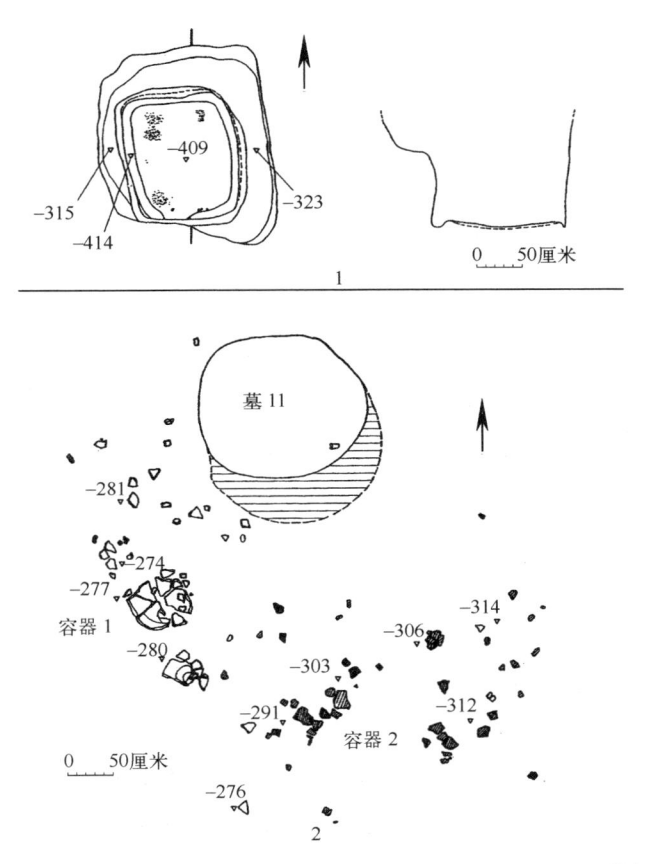

图4.4 奥列尼耶 1/11、坟坑(1)和坟墓周围(2)平面分布和横截面

(Munchaev，1975，263-266)。坟墓原有高度很难重建，大概1米到几米。[26]亚斯特雷波夫斯基耶的坟堆(图4.6)分两个阶段：原有的坟墩直径5.6米，高0.4米；扩建后，直径达到28米，高度达到2.30米，底部则是前面提到过的4米宽的碎石带。[27]有些坟墓被重复使用，大部分有1~7个坟。有的连墓室也被重复使用，例如在奥布谢泰斯特维诺遗址2号遗址的1号墓(Sorokina and Orlovskaja，1993)。有关墓葬大小和设计的信息

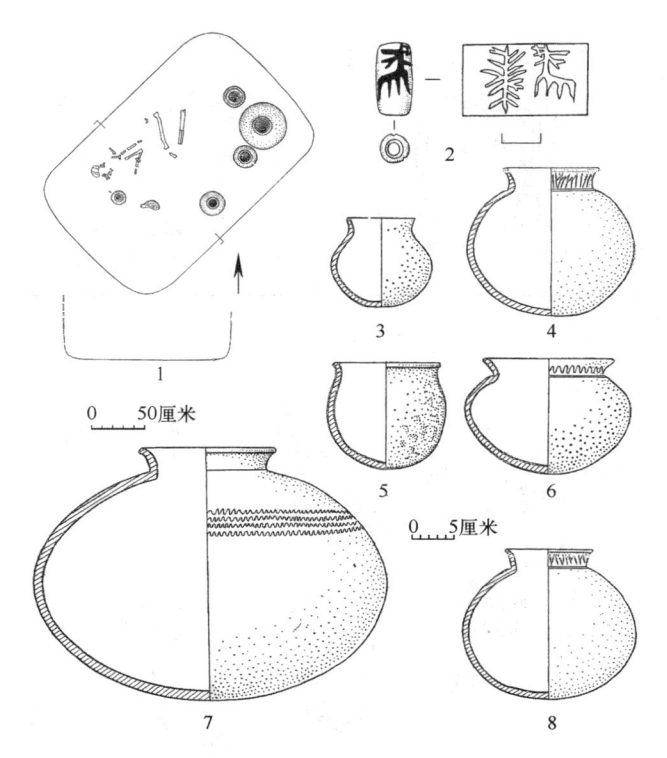

图 4.5 克拉斯诺格瓦尔德耶斯科坟墓 4

1—平面分布；2—玛瑙滚印；3~8—陶器

有限，因为被发掘的坟冢只有几个，而且同一墓址往往有从公元前 4 千纪到中世纪之间数个时期的坟墓。墓葬群特有的地理分布在分水岭地区、河岸高地以及连绵的山丘上。[28] 陪葬品有陶器（陶罐、陶杯和陶碗）、个人饰品以及质量价值不一的工具。一般的墓室，例如那些在那图哈耶夫斯卡亚 3 号遗址、瓦什希图 1 号遗址、奥布谢泰斯特维诺 1 号遗址、季马谢夫斯基（Timashevsk）和新科孙斯卡亚（Novokorsunskaja）的墓地，有一个或数个黏土器皿、红色颜料、燧石片、刀片、润饰过的不对

74

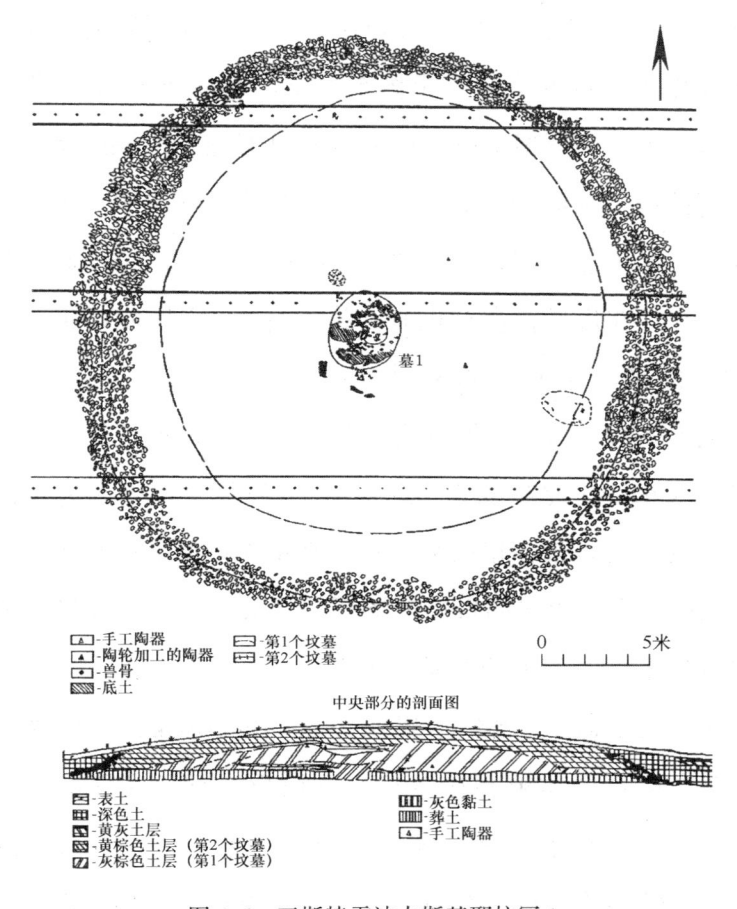

图例：
▲ - 手工陶器   ▭ - 第1个坟墓
▲ - 陶轮加工的陶器   ▭ - 第2个坟墓
● - 兽骨
▨ - 底土

中央部分的剖面图

▨ - 表土   ▥ - 灰色黏土
▨ - 深色土   ▥ - 葬土
▨ - 黄灰土层   ▭ - 手工陶器
▨ - 黄棕色土层（第2个坟墓）
▨ - 灰棕色土层（第1个坟墓）

图 4.6　亚斯特雷波夫斯基耶坟冢 1

称箭头、小件铜器、单件金属匕首或斧头、鹿牙珠、鹿角、石头以及单件金戒指（Shishlov et al., 2009；Korenevskij and Dneprovskij, 2003；Sorokina and Orlovskaja, 1993；Kaminskij, 1993；Rezepkin, 2000, 74）。一些超豪华墓葬的随葬品则有造价昂贵、做工精致、精美绝伦的器物，放在考究的墓室里。斯塔罗姆沙斯托夫斯卡亚墓以及克拉斯诺达尔水库东南乌尔亚普

75

(5号墓)一个损毁的墓室遗存显示,对库班河下游的居民来说豪华墓葬并不陌生。乌尔亚普5号墓的墓坑面积2.7米×3.2米,墓壁由木制框架支撑,地上有赭色痕迹。遗憾的是,乌尔亚普墓被盗,古董被洗劫一空。但是仍发现了6颗金珠、3颗玛瑙珠、若干彩陶珠以及2件银器的碎片。该墓发掘的17件微石器碎片在迈科普古墓也有一模一样的发现(Eskina,1996,Fig. 1,11-27;比照 Stoljar,1996,62)。

绝大多数迈科普时期的古墓曾被盗挖,最值钱的东西都被盗走。因此,在北高加索全境,完好无损的豪华古墓少之又少。[29]尽管所有未被盗挖的豪华古墓都距库班河下游甚远,这里要介绍的3个最出名的古墓遗址还是相关的,分别在纳尔齐克(Nalchik)、迈科普和克拉迪(Klady)。

在卡巴尔迪诺-巴尔卡里亚(Kabardino-Balkaria)的纳尔齐克有2个成年个体被葬在狭长石板棺里。石棺底部铺着鹅卵石,棺壁涂成红色。死者身上涂着红色颜料,并有众多的饰物。身材较小的尸骨头部饰有2个金戒指和2大颗金珠,胸部放有263颗金珠,腹部和腿部放有金条。死者的陪葬品还有铜兵器和工具,包括2把匕首、2把锥子、2把斧头、1把凿子、1个铜碗、1件陶器、1个黑曜石箭头、燧石工具以及迄今为止发现的最大铜釜(Chechenov,1970)。[30]

在北高加索发掘的所有未被破坏的墓葬中,迈科普镇上的大型坟冢装饰之奢华无与伦比。土坟墩高10米,围有石头护岸,正中是宽敞的矩形坟坑(5.33米×3.73米,深1.42米)。

坑壁由木梁构成，底部铺着一层鹅卵石。墓室用木架一分为二，朝北的一半又隔成两个。每个墓室都有一具成人尸骨，呈蜷缩状，手臂弯曲，双手靠近头部。[31]朝南大墓室底部铺着一层厚厚的红色颜料。[32]墓主挂着金、银、玛瑙和绿松石项链；头盖上镶有金条和数件小金器。遗骸周围还有兵器以及象征权力的器物，如4件镶在金属棒上的金银牛像、燧石箭头、17件微石器碎片、青铜器工具和兵器、16件珍贵的或开口或密封的金属容器、8件精致的球形泥罐。[33]在较小的北墓中发现的尸骸饰有金珠和玛瑙珠。[34]其中一个小墓室有5件中等大小的铜制器皿，还有一件开口大陶坛[Veselovskij, 1897(1997), 1900a]。

克拉迪（之前的沙斯卡亚）墓见证的则是另一种财富。在克拉迪31/5墓，一个成人和一个儿童被葬在一个两墓室支石墓中。北墓室中放着尸骨，里面有数层金属和石器。[35]南墓室发现了5个陶罐，其中一个里面有动物遗骨。墓室东面约4米的地方是所谓的"祭祀场所"，大量文物集中在那里，包括赭石、雄鹿牙、器皿、石球、骨棒、动物石像、大量箭头、磨石以及小件青铜器等(Rezepkin, 2000, 66 f., Pl. 58 and 59)。韦谢洛夫斯基在1897年发掘的支石墓与之也非常相似(Veselovskij, 1901, Popova, 1963)。墓室里饰品众多，有金戒指、金银珠、玛瑙珠、青金石珠以及水晶珠，金针和银针；重铜器具，包括3把铜凿子、7把扁斧、9把匕首和1个烙接矛头，1套铜制餐具(3个大锅、3把大叉子、1个勺子和2个杯子)，还有5件陶器。

有关豪华墓主的年龄、性别以及健康状况的信息甚少。引人注目的是，这样的墓穴通常包含 2 个或 3 个成人和未成年人尸骨，但也有单独的成人墓穴。[36]在豪华墓葬中也有男女合葬。克拉迪 30/1 墓，有一具石棺，两个墓室，一个鞍形棺盖，一具女性尸骨，陪葬品有铜制匕首、弯曲的银针、黑色的皮毛以及吊带球（Rezepkin，2000，60）。在克拉迪 28/1 墓的一个豪华墓中发现了一具男性遗骸，身上留有暴力所致的伤痕（Rezepkin，2000，57）。

结论

迈科普时期库班河下游定居点的住所简易，使用时间短。社区的建筑群分散，住宅独立，居民随着家庭大小和构成的变化在很大的区域内水平"漂移"。堡垒森严、商贸活跃的城镇化政治中心至今仍是空白。尽管家用开支少，但是墓葬结构和维护却不惜血本。他们不仅建造了宏伟壮观的泥石结构，而且在墓地反复进行祭祀活动，比如大摆宴席和扩建坟墓。有可能墓地是社会群体的中心场所，例如大型聚会和社交活动，因此也弥补了薄弱的居住体系。墓葬的不同证实财富积累已经能被社会上所接受。

墓地作为谈判和加强社会关系舞台的重要性又该如何解释？海登（Hayden，2009，40）认为豪华葬礼、大型聚会和社会互动之间的关联背后更多的是政治力量而非意识形态。"重要家庭成员以及宗族成员的去世使在世的家人要维持过去的社会、生产和政治角色增加了不确定性。因此，向同盟亲属、社区的其他人以及地区的相关成员表明在世家族成员的地位并没有因为其显赫成员的离世而受到影响变得非常重要……葬礼是政治力量以及宗族等级安排中的一种宗族势力的重申。"对那些影响力不大的家族来说，展现其活力并吸引同盟非常重要。北高加索那些不大的坟墓表明"贫困"家族至少得筹集资源办一场适度的宴会，或者修建一座坟墓，以此来重申和加强他们的社会同盟。另一方面，大型坟墓表明举办一场盛宴，用动物祭祀、展示巨额财富以及修建豪华墓碑和坟冢可能是维持大家族政治统治的重要手段。看来，随葬品是用来威慑和影响同盟和对手的（参见 Hayden，2009，41）。

毋庸置疑，举办一场连续数日的大型聚会所需的大量食物肯定是来自剩余农产品。因此，势力庞大的家族必定得生产和维持远远超过其日常所需的剩余食物，要么通过经济集约化，要么通过社会机制。科里涅夫斯基（2004，87）认为，武力、礼品交换以及聚餐是迈科普社会（男性）政治势力的思想来源。哪一种有可能是政治等级的经济基础呢？农业生产集约化的可能性似乎不如受控的"财富财政"来得大。厄尔（Earle，1997）对公元前 2 千纪丹麦的赛尔（Thy）酋长国提出了这种模式。在他的模式中，集约型的放牛为专业工匠们交换威望和融资提供了途径。因此对牧场的控制以及贵重物品的获取是相互关联的，并且调节了社会势力之间的关系。由于动物考古学的空白，北高加索放牛的实际角色很难评估。然而，令人吃惊的是几个迈科普社区强大的武力象征(见本章"贵重物品和葬礼宴"部分)与防御工事或是其他防御考虑毫不相关,例如,险恶的地形和集结地,或是在戒备森严的堡垒里储存食物等。显然,战争并不是来自内部的威胁。从定居点的资料判断,这不是控制一片领地或场所的权利,而是对牧场、牲口以及贸易的控制,它们似乎是迈科普时期冲突的起因以及社会不平等的根源。

库班河下游的农牧民

庄稼、家畜和野生资源

亚速海-库班河下游草原是一片广阔的沿海平地,雨量充沛,生长期长,这些都为雨育的谷物种植提供了各种必要条件。然而,缺少植被保护、风雨侵蚀、高蒸发量以及这里特有的不期而至的大旱把主要河道流域外的大部分地区变成了贫瘠的农业用地。

人们普遍认为北高加索的史前农业技术简单,作物种植不讲究精耕细作。例如,科里涅夫斯基(1993b,22)推测了一种流动种植的模式,这种模式靠简易的锄头翻耕,原有村庄附近的土肥耗尽后频繁地迁到新的耕地。但是,有关公元前4千纪北高加索住民的农业实践的数据非常少。更有甚者,考古记录中有关植物考古学的标本基本是空白。

主要的粮食作物可能就是谷物,碾石以及火石刀片上的微痕表明它们曾用来割草和碾磨草籽(Hamon,2007,192;Poplevko，2005，212；2008a）。但是这些粮草不一定就是小麦。北高加索的传统农业，如民族志中所述，并不以种植小麦和大麦为主，小米则是卡巴尔丹斯（Kabardans）、切尔克希安斯（Cherkessians）以及其他北高加索族群主要的（通常也是唯一的）主食。他们种植各种小米品种，小麦的推广非常缓慢，小麦是在19世纪末被俄罗斯政府强制推广的（Kaloev，1981，85-87，92 f.）。在史前，小米在公元前6千纪在达吉斯坦和南高加索种植（Lisitsyna，1984，Table 2）。北高加索史前种植小米的证据也有，但很少。例如，坎托洛维奇（Kantorovic）和马斯洛夫（Maslov）（2008，160）报道了斯塔夫罗波尔地区马林斯卡亚（Marinskaja）的一处古墓中发现了一个带有小米印痕的陶罐。

鹿角锄头（东南欧农耕的特征）在北高加索的考古标本中是空白。相比之下，嵌有火石的复合切割工具却很常见。对来自普哈古加佩、契什胡、皮塞库普和塞雷金斯科的材料进行微痕分析确认了大量用于割草的火石嵌片（Poplevko，2004，2005，2008a；Lovpache and Ditler，1988，116）。典型的4~5厘米长的狭窄"刀锋般的薄片"以及带有平行直边和锯齿的大刀片肯定是用来嵌在木制的镰刀柄上的，因为没有发现鹿角手柄。实际上，几个带有"镰刀光泽"的刀片可能是用在脱谷锤上。乍一看，脱谷嵌片和收割工具的嵌片类似，但是脱谷嵌片因为与地面接触，边缘磨损严重变钝，形状更不规则，没有光泽，刮痕分布更广，方向更为随意（Anderson，2004 et al.，Table1）。安德森确认了在西南亚叫作卡纳安尼恩（Canaanean）刀片上因为脱谷形成的微痕，这种刀片一般被当成了镰刀嵌片（Anderson et al.，2004）。必须承认的是，在北高加索还没有带有使用痕迹的文物的报道，但是大量的"镰刀"刀片不禁让人怀疑有些刀片是不是用作了脱谷嵌片。

库班河下游泛滥平原以及亚速海草原四季牧草丰美。遗憾的是该地区的动物考古资料匮乏，难以重现迈科普时期的畜牧业。唯一有动物志发表的地方是普哈古加佩。这里发现的108块兽骨中唯一的家畜就是牛（Spasovskij，2008）。更多的资料来自高加索山麓的几处地方。新斯沃博德嫩斯科发现了2351块兽骨，其中牛骨远远多于羊骨和猪骨。北高加索的其他几处地方情况也类似——大部分是牛骨，其次是小型反刍动物骨头，猪骨则很少（Korenevskij，2004，Table15）。

历史上，游牧曾被北高加索数个民族采用，如卡拉查伊（Karachay）和巴尔卡尔（Balkar）（Planhol，1956）。但是，游牧方式在青铜时代并没有被完全证实。草原地区猪骨的缺失和匮乏并不一定代表游牧，而可能是文化喜好或是没有合适的饲料造成的。由于畜群性别、年龄结构数据的完全缺失，畜乳、毛发以及畜力利用等问题还有待将来的研究解答。陶具"过滤器"在这些定居点的材料中很常见（例如，Sereginskoe, Dneprovskij and Korenevskij，1996，19，Fig. 7；and in Chishkho, Rezepkin, 2004b，15，Fig. 4）。但是没有证据表明它们是用来制作奶酪。其他可能与乳制品加工明显相关的器皿尚未被发现，而在新斯沃博德纳亚（Novosvobodnaja）发现的毛织物可能是件舶来品（见本章"纺织工艺"一节）。野驴和野马是史前高加索特有的物种，但是没有有力证据表明马科动物的驯化。[37]

野生植物以及小型陆栖动物，如青菜、根菜、水果、浆果、坚果以及蜗牛，可能是生活在库班河下游草原群体的重要菜谱。此外，在未被水库和灌溉工程改变环境之前，库班河以大量的洄游鱼群而出名。收集陆栖食物和捕鱼还没有直接证据，但是狩猎却在考古记录中有据可查。[38]斯巴索夫斯基耶（Spasovskij，2008）在普哈古加佩的骨堆中发现了几种大型野生动物，其中有马、赤鹿和欧洲野牛。

食物储存和加工

库班河下游河谷的村民把他们的食物（很可能是谷物）储藏在大陶瓷坛里（图4.7）。大口陶瓷坛的坛口和坛身碎片在塞雷金斯科和乌尔亚普被发现（Dneprovskij and Korenevskij，1996，6；Brileva and Erlikh，2011）。北高加索其他地方也有类似的容器，例如在波尔谢泰金斯科（Bolsheteginskoe）、乌斯季德泽古塔以及加尔于加耶（Kaminskaja and Dinkov，1993，9；Nechitajlo，2006a，70 f.；Korenevskij，1995，30-32，Table 1）。[39]契什胡和哥罗德斯科耶的大坑可能也用来储存食物。[40]

哈蒙（Hamon，2007，192）在研究契什胡的石器时发现一些石器上有反复磨谷留下的痕迹，这些石器被证实为鞍形石磨。表面光滑的花岗岩鞍形石磨在皮塞库普有过报道，而在契什胡发现了一块由火山石加工而成的疑似多孔粗糙磨石

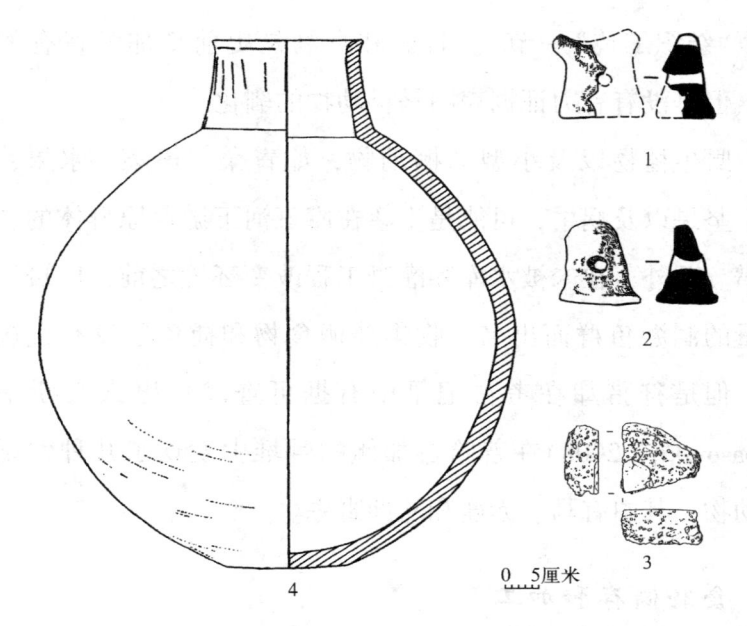

图4.7 塞雷金斯科出土的陶锥(1~2)、契什胡出土的鞍形石磨(3)、奥列尼耶坟墓1/11附近出土的储存大容器(4)

(Lovpache and Ditler, 1988 105; Rezepkin and Lyonnet, 2007, 3, Fig. 41)。[41]不同的磨石表面可能意味着加工不同档次的面粉和粗粉用来制作餐点(如面包、粥、稀粥和半加工食品,如碾碎的干小麦)。带有谷物加工痕迹的杵和石臼在契什胡文物中都没有出现。

迈科普社区没有用圆顶烤炉和黏土灶台做饭——两种典型的东南欧烹饪设施(见第五章和第六章)。烹饪显然在大多数住宅中央发现的圆形土坑中进行(参见 Rezepkin and Lyonnet, 2007, 6)(见图4.3)。尽管很多土坑保存不完整,但有的还带有黏土衬里的遗迹,以及木炭、灰烬和石子(Rezepkin,

2004b,10,Fig.3；Rezepkin and Lyonnet,2007,6,Fig.2,2）。[42]这些装置让人想起筒状泥炉——东南亚和中东地区的传统烤箱：泥炉呈圆柱状，高约1米，顶部开口，通常扣在地里。泥炉是省柴的多功能装置，可以在火上支锅用来烹饪湿热食物，也可以在火灭之后用底部的受热石头和木炭烘烤干食，还可以在泥衬内壁烘烤面饼。[43]

与这种烹饪装置相关的其他装饰可能是在房屋内发现的黏土环和所谓的"黏土锥体"（见图4.7）。皮塞库普发现了可能用于坑炉轮辋的黏土环（Lovpache and Ditler,1988,Pl. XI and XII），而在皮塞库普、塞雷金斯科、哥罗德斯科耶、普哈古加佩、普什库耶哈布尔和契什胡几乎每家坑炉的周围都发现了许多土锥碎片（Korenevskij,1995,57；Dneprovskij,1991,9,Fig.11；Dneprovskij and Korenevskij,1996,Abb.1；Rezepkin,2004b；Rezepkin and Poplevko,2006,3-6,Fig.2；Rezepkin and Lyonnet,2007）。[44]

纺织和石器

纺织工艺

在库班河下游地区的多处定居点遗址发现了带有凸缘的陶盘（普哈古加佩、普什库耶哈布尔和契什胡；Rezepkin and Poplevko,2006,1,Fig.2；Rezepkin and Lyonnet,2007,3,Fig.25；Trifonov,2004,168）。类似的标本在铜石并用时代和库拉-阿拉克斯文化[45]时代的南高加索很常见（Kushnareva，1993，Fig. 15，16，Fig. 22，3，Fig. 25，20）。尽管貌似轮子，但是这些文物不一定是车轮模型。首先，在北高加索并没有发现其他微型四轮车部件以及货车的描述。其次，民族志学以及文物表明这些形状和大小类似车轮的物件实际是用来纺纱；细长的圆盘锭子，半径大，重量轻，相比其他形状的锭子旋转时间更长，效率也更高（Loughran-Delahunt，1996）。轴心具有车轮一样的功能，能固定锭子和纺锤杆的连接（Loughran-Delahunt，1996）。除了圆盘锭子外，还有圆润双锥形的陶土锭子，在哥罗德斯科耶就发现了这样的锭子（Rezepkin and Lyonnet，2007，1，Fig. 8）。

库班河下游真正的纤维和织物遗存还有待研究。但是，希什里娜等（Shishlina et al.，2002）对克拉迪/新斯沃博德纳亚山麓的墓穴织物进行了研究，这为迈科普时期的纺织生产提供了有趣的见解。两个样本来自2号支石墓，是韦谢洛夫斯基在1898年发掘的。1979—1980年，雷泽普京在发掘坟冢31/5墓时发现了两块织物碎片。克拉迪31/5的织物样本由非常细的0.15~0.30毫米粗的亚麻纤维织成。麻线经过纺丝、合股，并被染成两种不同的棕色。而2号支石墓则是羊毛和一种植物纤维混纺而成，植物纤维可能是棉花。新斯沃博德纳亚发现的羊毛纤维（不是线）用单宁酸为主的染料染成了从深棕色到米黄色的三种颜色，染色技术是一项用于动物纤维的技术。经线用S捻和合股纺成，纬线则不合股。经线和纬线的质量上乘精细，厚度只有0.04~0.08毫米(Shishlina et al., 2002, 254)。

棉花在公元前4千纪的旧世界非常稀有，即使在有史时期的北高加索也没有种植。[46]希什里娜等(2002, 258)认为克拉迪的棉花纤维是舶来品。什么时候开始使用羊毛以及羊毛羊的养殖至今仍有争议。西南亚数个公元前4千纪的遗址中发现的放牧策略的变化大概代表了养殖羊毛羊品种的最早迹象。[47]其次，在幼发拉底河上游河谷的几个乌鲁克晚期相关遗址，动物考古学家发现了一种强壮的绵羊新品种，大概就是羊毛羊。[48]最早的羊毛织物实物是在沙里索科塔1号(Shahr-i Sokhta Ⅰ)出土的，时间可追溯到公元前4千纪的最后几个世纪(Good, 1999, 61, 110, Table Ⅳ)。乌鲁克晚期乌鲁克瓦尔卡的记事碑上的"羊毛羊"则提供了文字证据(McCorriston, 1997, 521)。

克拉迪坟冢31/5墓发现的亚麻纤维是在平纹织机上编织的(1/1交织)。通过交替不同深浅的棕色经线，最后的成品布就有了棕色的竖纹和米黄色的条纹(Shishlina et al., 2002, 255)。这种亚麻纤维可能是在一种相对简易的两梭道立式织机或地织机上织成的。要说清楚织机的具体构造看起来不太可能。黏土织机纺锤没有在迈科普时期的遗址中发现，它们在南高加索以及西南亚和中亚的大部分地区都缺失。因此，这些地区使用地织机的可能性居多。[49]然而，不能排除在北高加索也出现过立式织机，织机上要么有经线挂在梁上，要么有未经烧制的泥制纺坠。

2号支石墓出土的织物可排除综片式织机生产的可能，因其经线呈现绞扭特征（Shishlina et al.，2002，254 f.，Fig. 1，3）。这种经线绞合工艺无法通过综片形成的梭口实现。由此可见，该织物采用了卡片式织造法，一种适合制作窄幅织物的工艺。在卡片织造技术中，经线穿过多个穿孔卡片的孔洞，每次纬线穿过经线时通过180度旋转卡片来形成梭口。该墓葬出土的卡片织造织物属于极精细的半透明纱罗类织物，通过浅米色与深褐色两种经线的色彩交替形成纵向条纹图案。这些残片并非来自衣物主体，而应是用于包裹遗体的窄幅裹尸带。织物表面检测到红色汞基颜料（水汞矿），可能是丧葬仪式中对遗体进行包裹时撒布所致。水汞矿属于稀有矿物，目前已知产地包括土库曼斯坦等地区（Shishlina et al.，2003，337）。值得注意的是，该织物采用的棉纤维原料同样具有外来属性，很可能源自中亚地区。

总而言之，克拉迪和新斯沃博德纳亚的两座墓葬为两种远古纺织技术提供了证据。亚麻纤维经过纺纱、合股和染色，最后在两梭道地织机上编织而成。墓31/5所研究的样品用的是平纹技术，用了两种不同棕色的经线。这种精细亚麻面料最有可能是当地北部高加索手工艺人编织的。支石墓2的布料则使用了一种完全不同的技术。羊毛和棉的混纺、纤维的染色、纺线的精美质量、布匹不同寻常的尺寸、布料的精美、卡片式织机的使用以及布匹上罕见的红色染料都指向一个非常独特的纺织传统。因此，正如希什里娜等（2002，258）谨慎提出，支石墓2的织物是整件成品织物而不是纤维，很可能是通过商贸进入北高加索的。

石器技术

库班河下游居民从他们定居点附近的二级燧石产地中利用中小型石结节。他们喜欢所谓的库班燧石——一种棕色、敲击性能好的半透明石材（Nechitajlo et al., 1997, 41）。波波列夫科（Poplevko, 2008a, 2008b）对克拉斯诺达尔水库南岸遗址发掘的燧石研究发现其中棕色燧石标本居多，劣质灰色燧石偏少。这个地区没有用黑曜石。北高加索中部的巴克桑（Baksan）黑曜石矿在迈科普时期被开采，这个地区的墓葬中发现的石器工具可见一斑（Korichevskij and Kruglov, 1941, 59）。但是黑曜石的流通显然仅限于矿区附近区域。[50]

对北高加索的石器研究仅限于类型学和功能研究，发表的研究成果没有涉及迈科普时期的敲打技术。契什胡已公开的工具中表明当时使用一种简便的岩芯技术，生产的多是不规则的粗糙石片（图4.8）。准备好的岩芯主要用于制作镰刀嵌片的规则长石片，例如在塞雷金斯科（Poplevko, 2004）。大镰刀嵌片的作业边缘被加工成锯齿状（Lovpache and Ditler, 1988, Pl. XX; Poplevko, 2008b, Pl. 14）。迈科普时期另一种典型的燧石工具是不对称的箭头，有的表面有精致的润饰（图4.8）。在巴图林斯卡亚（Baturinskaja），新科孙斯卡亚和皮塞库普的3号坟冢的墓中发现了1~10个这些特别的箭头（Sharafutdinova, 1980, 19; Trifonov, 1991, 31, Fig. 6; Lovpache, 1985; Rezep-

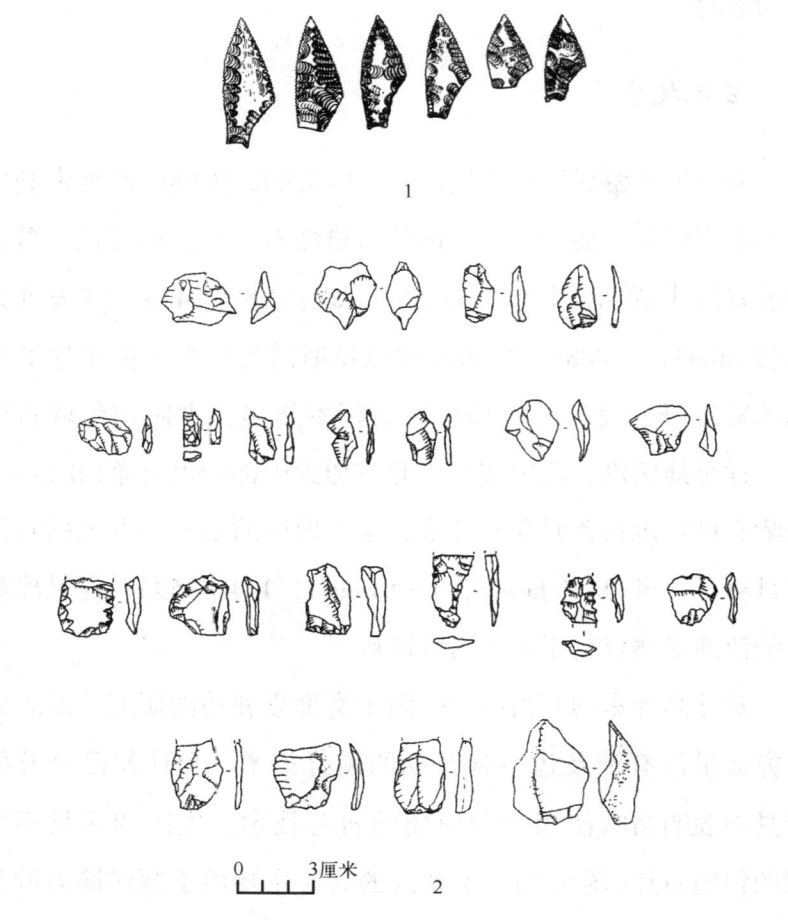

图4.8 皮塞库普坟墓2出土的燧石文物(1)
以及契什胡坟墓3出土的燧石(2)

kin, 2000, Y4)。[51]此外，乌尔亚普5号墓也有微石器工具见诸报道(Eskina, 1996, 11-27, Fig.1)。这些微石器工具非常奇特，只有迈科普的墓葬中才发现过类似的工具(见 Stoljar, 1996, 62; Ostashinskij, 2008, 57)。

迈科普时期普通石头制作的石器文物并不多。用来碾磨、破碎和抛光、带有轻微塑形痕迹的石器工具（如鞍形石磨、碎谷石、石头调色板以及抛光石）在定居点中偶有发现（Hamon，2007）。平石斧几乎缺失，但是锤子和带有轴孔的锤斧，就像在皮塞库普和车尔尼雪夫定居点以及陶耶哈布尔/契什胡一个损毁的墓穴中发现的一样，实属罕见（Lovpache and Ditler，1988，105；Bianki and Dneprovskij，1988，74，Fig. 3，8；Rezepkin，2000，71 f. Pl. 77，4）。在沃兹德维兹恩斯卡亚2号墓中还发现了一块带孔小磨石（Trifonov，1991，Fig. 6，34）。[52]其他值得一提的石器有的被认为是权杖的细长石器，也有的被认为是磨石，或许这一说法不那么让人信服（见 Korenevskij，2008b，14）。[53]最后一组石器文物是小石珠：在奥列尼耶（Olenij）2/34发现了黑白小圆珠，而玛瑙和水晶珠子则来自季马谢夫斯基、德涅普鲁夫斯卡亚和乌尔亚普（Gej，2008，Fig. 8，2；Trifonov，1991，107，Fig. 6；Eskina，1996）。大量的尚未完全公布的珠子则是在斯塔罗姆沙斯托夫斯卡亚附近的一个银罐子中被发现的（Veselovskij，1900b）。北高加索发现的观赏石珠是当地产还是通过贸易所得尚无定论。[54]但是可以肯定的是，在克拉斯诺格瓦尔德耶斯科（Krasnogvardejskoe）（Nekhaev，1986，Fig. 3，1）发现的玛瑙滚印肯定是舶来品。因为迈科普时期不仅没有雕刻石器文物，而且印章的使用对北高加索社会来说完全是陌生的。[55]

陶瓷器皿和彩陶

陶器

迈科普时期的陶工会根据器皿的壁厚、大小和用途，通过添加不同数量的矿物质材料来制备粗陶土坯（Dneprovskij and Korenevskij, 1996, 5; Nechitajlo, 1989, 30; Nechitajlo, 2006a, 2006b）。除了沙子外，新斯沃博德纳亚陶瓷器皿中添加最多的是碎贝壳（Popova, 1963, 18 f.）。[56]精陶土坯则是磨细的黏土加上细稻草屑。添加的稻草在器皿表面上并不能看出来，因为精陶器皿上涂有一层泥釉；而在内部，细微的稻草或谷壳还是清晰可见（Andreeva, 1977, 44; Dneprovskij and Korenevskij, 1996, 5）。有人曾提出精陶中的有机添加物是牛粪而不是切细的稻草（Korenevskij, 1993a, 22）。除了可能是为了增加坯体的弹性外，传统的陶工使用动物粪便仅仅是为了获取切好的稻草（Miller, 1985, 213）。通过添加稻草颗粒可以提高黏土在陶轮上拉伸、塑形以及烧制的质量（Miller, 1985, 214; Mahias, 1993, 165）。

粗陶土坯被用来手工塑形，最有可能是通过盘绕来塑形。例如，哈蒙（Hamon）和利奥内（Lyonnet）（2004）在克拉斯诺达尔水库附近的陶器遗址就发现了这种盘绕技术。[57]让人头疼的是对精陶土坯塑形技术的重现。科里涅夫斯基（2008a, 101 f., Pl. A）在加尔居加耶出土的圆底陶器的颈部和口沿上发现了特

92

有的细微平行纹理,他认为这是在陶轮上加工的痕迹。但是,正如库尔蒂(Courty)和鲁(Roux)(1995)证明的那样,这些表面痕迹不一定是拉伸留下的,而仅是塑形最后阶段旋转留下的。仅仅靠视觉是不可能辨认出使用陶轮的确切模式的。例如,通过对泰尔莱兰(Tell Leilan)和沙里索科塔出土的公元前3千纪的陶器进行显微组构分析发现陶轮主要用在最后阶段对盘筑的粗糙部分进行修整(Courty and Roux,1995,47 f.)。拉纳里(Laneri)和迪皮拉托(di Pilato)(2000)进行了广泛的影像学研究后确认了这些结果并证明了手筑成型和陶轮成型之间多种创造性的组合成型手法。公元前4千纪苏萨(Susa)的陶器虽然可能是在陶轮上最后完成,却可能是手工盘绕塑形。[58]在哈吉内比(Hacınebei),陶轮是在公元前4千纪的上半叶引进的,仅仅用在特别精细的小尺寸陶器上;大批量的陶器生产还是用盘筑法或是模制法塑形,仅仅是最后在陶轮上完工。在公元前4千纪下半叶,陶轮的确已经用来批量生产陶器,但只用来塑造一种简单的杯型。[59]即使在公元前3千纪早期,陶轮在亚洲西南部的使用也仅限于一些简单的不大的器形,在所有陶器产品中是很不起眼的一部分。

有迹象表明北高加索的器皿是分成两部分生产的,而没有用一块土旋转或盘绕而成。[60]有人认为颈和胎是单独塑形,然后在颈胎连接部的凹槽加厚(如塞雷金斯科和瓦什希图1/10的容器;Dneprovskij,1991,7 f.,Figs. 1 and 7;Dneprovskij and Korenevskij,1996,11)。[61]与整体塑形相比,部分塑形涉及的陶器制作理念不同。这与陶轮塑形并不矛盾，但是很难与"真正的"陶轮塑形结合起来。

范德莱乌（1993，Pl. 9.4）观察并描述了一个菲律宾人如何利用陶轮两步成型的方法，这个方法稍做修改就可以用来重现迈科普时期是如何利用陶轮的。陶工们手工做好器皿的边缘，并在陶轮上完成塑形，然后让它变干。随后，等陶坯硬如皮革时粘上一块黏土饼，然后用挡板和砧子刮出球状胎。[62]更快的做法是通过确定中心并制作出一个陶泥圆柱体，然后在陶轮上提拉陶泥边缘。在其下部，还有一块厚厚的陶土尚未塑形，然后把圆柱体从陶轮上移走。等陶坯变干后，陶工再用挡板和砧子在土块上制作出一个大的球状胎。在印度南部农村地区的另一个案例中，那里的陶器作坊把陶轮提拉与挡板和砧子塑形相结合。在陶轮上预制容器边缘和肩部大概需要花费 3 分钟，而制作圆形胎需要 30 分钟，时间长短取决于容器的大小（Sinopoli，1991，37 f.）。[63]

与陶轮相比，北高加索关于使用挡板和砧子技术的直接证据还是空白。但是，该地区普遍的宽圆球状底部器型是击打成型的特征。[64]此外，对传统塑形方法进行研究发现凸底与拍砧成型法有着密切的联系。[65]这种技术的使用产生了一种特有的矿物质颗粒和空隙的走向，这些可以用影像技术检测出来（Rye，1977）。但是，遗憾的是，这样的方法还没有用于迈科普时期陶器的研究。

总而言之，的确有迹象表明公元前 4 千纪北高加索陶工使用了陶轮，但是没有证据表明它们能够用一块陶土一次塑形一个器物。显然，陶轮是用来制作陶器的边缘部分，陶罐的圆形底部则可能是手工塑形的。[66]但是要熟练使用陶轮，不管是"真正的"陶轮提拉还是仅用于完善手工塑形的陶坯都需要投入大量的时间和精力。手工艺人使用的不是简单寻常的塑形动作，而是要通过长期刻苦的训练才能掌握（Roux and Courty，1998，750；Roux，1990，144）。因此，要注意北高加索的手工艺人显然不是利用陶轮高度专业化和高效的技艺来生产更多的供普通家庭使用的陶器。相反，他们只用陶轮来生产为数不多的质量上乘的陶器。

在公元前4千纪时期，北高加索的陶器主要以普通的素陶为主。器表涂有泥釉并经过打磨，但是阴刻、戳印或是粘贴装饰罕见，即使有也仅限于肩部。例如，瓦什希图（Uashkhitu）13号墓发掘的一个器皿上刻有"之"字形线条纹饰（Korenevskij and Dneprovskij，2003，Fig. 4，4）。哥罗德斯科耶和契什胡发掘的器皿表面则贴有小凸起（Rezepkin and Lyonnet，2007，Fig. 8，9；Fig. 37，5），克拉斯诺格瓦尔德耶斯科4号墓发现的器皿有槽状表面（Munchaev，1994，Pl. 59，5）。

"抛光"装饰物（通常是"Z"字形条纹）在瓦什希图墓葬、克拉斯诺格瓦尔德耶斯科墓葬以及皮塞库普定居点出土的几个容器上都有发现（Korenevskij and Dneprovskij，2003，Fig. 4，2，Fig. 5，1；Nekhaev，1986，Fig. 2；Lovpache and Ditler，1988）。据特里福诺夫（Trifonov，2003），这种装饰技术并不涉及抛光，而是使用了一种带有不同化学成分的陶坯和泥釉。陶坯被涂上泥釉，装饰物被刮在原有表面上。随后陶坯进行抛光焙烧。由于陶坯和泥釉的烧制质量不一，烧制后器表呈现的颜色会形成对比（比如浅褐色和赤色）。[67]为了解释现有陶片的形状，特里福诺夫认为，陶片在沉积后，抛光后的泥釉被磨掉，图案表面最初没有上过釉但经过打磨的地方则保存了下来。特里福诺夫认为这种装饰源自美索不达米亚的釉陶。但是，他对这种技术的重建以及北高加索器皿沉积后的表面变化以及和美索不达米亚釉陶的相似纯属推测，还需要显微组构和实验加以佐证。

　　库班河下游地区的陶器烧制技术还没有特别的报道，但是可以假设当时流行的是露天烧制。有精细纹理、器表橙色、胎质深棕色或黑色的器皿，很可能是在露天低温下烧制，奥布谢泰斯特维诺2号遗址（Sorokina and Orlovskaja, 1993）就有这样的容器。另一组容器，器表黑亮，胎质棕色，可能是在类似条件下烧制，并在烧制的最后阶段用粪便或稻草闷熏。[68]库班河下游的普哈古加佩和哥罗德斯科耶（Rezepkin and Poplevko, 2006, 114; Rezepkin and Lyonnet, 2007）也有黑亮容器的报道。此外，新科孙斯卡亚的2/18墓发现了3个手工器皿，表面黑亮，坯内含砂（Rezepkin, 2000, 74）。

　　要想比较可靠地烧制氧化彻底、质地坚硬、器表有光泽、颜色正、没有瑕疵的陶器通常需要在窑内烧制。这样的陶器在库班河下游随处可见。[69]在普哈古加佩和皮塞库普的8区就发现了堆满碎陶器的窑（Rezepkin and Poplevko，2006，114，Fig.1；Lovpache and Ditler，1988，105，108 f.）。两个窑都是同样的构造，向上排气，上、下两个窑室，中间被一个开槽的黏土平台一分为二，待烧制的器坯就搁在上面窑室，下面则用来烧火加热，陶器和火不直接接触。这种窑最早出现在公元前7千纪晚期的北美索不达米亚，尽管直到欧贝德时期才得以流行（见 Hansen Streily，2000）。[70]伊朗最古老的窑在锡亚尔克（Sialk）Ⅲ：1、塔利巴昆（Tall-i Bakun）A 和阿里斯曼（Arisman），可以追溯到公元前5千纪和公元前4千纪早期（Boroffka and Becker，2004）。[71]

北高加索陶器的特别之处是所谓的陶工印记，即在未烧制的器物上刻有或印有记号。据科里涅夫斯基（1999，8），在颈部和肩部的印记与一种特殊的陶瓷有关，这是一种在迈科普时期用陶轮制作完成的精美的早期陶器（加尔居加耶-塞雷金斯科）。[72]在库班河下游，颈部和肩部带有陶工记号的器皿在塞雷金斯科（Dneprovskij and Korenevskij，1996，4）有发现。相同的记号做法也是阿塞拜疆和格鲁吉亚铜石并用时代晚期（"莱拉泰佩文化"）、北美索不达米亚以及东安纳托利亚乌鲁克中期陶器的特征（Narimanov et al.，2007；Trufelli，1994）。[73]

古代陶工在未经烧制的器物上使用可以分辨的简单标记作为他们的个人商标以免在一起烧制时相互混淆（例如，尼日利亚的奥干尼族、莫桑比克的洛文奇人以及肯尼亚的坎巴人）（Barley，1994，128；Gill，1981）。[74]这样，对未经烧制的陶器进行标记是普通容器大规模生产和标准化生产的结果：大家的陶器尺寸(标准)器形都非常相似，因此在一起晾干、烧制和销售时很容易混淆。但是，把标准化仅仅看成是工艺专业化的结果是不对的。民族志学研究案例注意到标准化的器形和颜色可以起到特殊的功能，例如，帮助消费者辨别质量上乘、口碑良好的陶器(见 Sillar, 1997, 14)。另外，还有一种可能性不能排除：北高加索陶器上的这些印记除了表示陶工的身份外，还可能是一种更复杂的信息编码系统的一部分。印记可以用来揭示容器的用途(例如，制作大量类似的容器并加以标记以纪念某个特定的场合、交易或是宴会)，也可以用来表示其质地(大小、体积、容量)，或者是为了传递一种更详细的意义组合(比如，为一个特定的宴会制作一个啤酒坛或釜)。[75]几乎相同的印记出现在包括大美索不达米亚、安纳托利亚高原和高加索等地的广大地区，这个现象支持了这样一种假设：这些痕迹不仅是个别陶工的"签名"，而且代表一个更复杂的用于传递信息的符号系统中的元素。

综上所述，迈科普时期的普通陶器都是用加有矿物质的粗陶土坯手工制作而成。器胎厚，露天烧制，表面呈红色、黄色和棕色。表面黑亮抛光陶器其胎芯和内胎也呈浅褐色。这种中空的粗陶有低颈或高颈平底罐，也有郁金香形状的烧杯、釜和陶罐(图4.9, 1~6)。常见的平底陶器有平底小圆碗(图4.10, 1~7)。除了肩部两只小耳之外，没发现有其他组件(如环形底座、腿、高立柱、嘴、手柄)的陶器。这些粗陶用于做饭(陶罐、陶釜），储存固体或液体（陶罐），以及餐具（碗、黑亮打磨杯和烧杯）。这种普通陶器在普哈古加普和哥罗德斯科耶出土的文物中有发现（Rezepkin and Poplevko，2006，114；Rezepkin and Lyonnet，2007）（图4.10）。此外，新科孙斯卡亚的18号墓发现了两个手工陶器，表面黑色，由夹砂陶土制成（Rezepkin，2000，74）（见图4.15）。

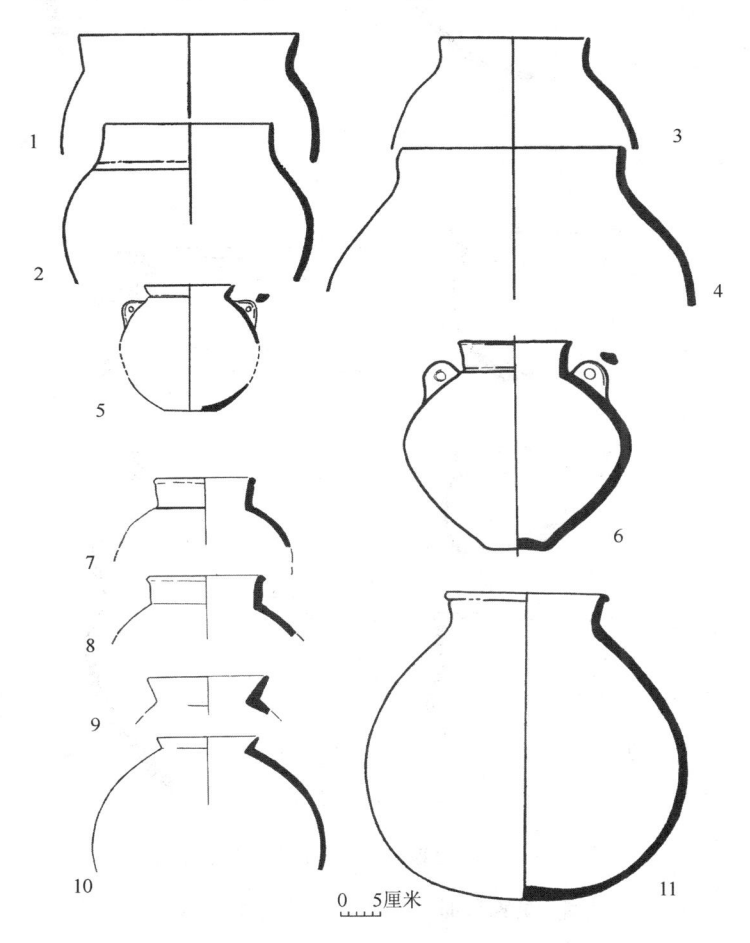

图4.9 塞雷金斯科出土的手工粗陶（1~6）以及轮状精陶（7~11）

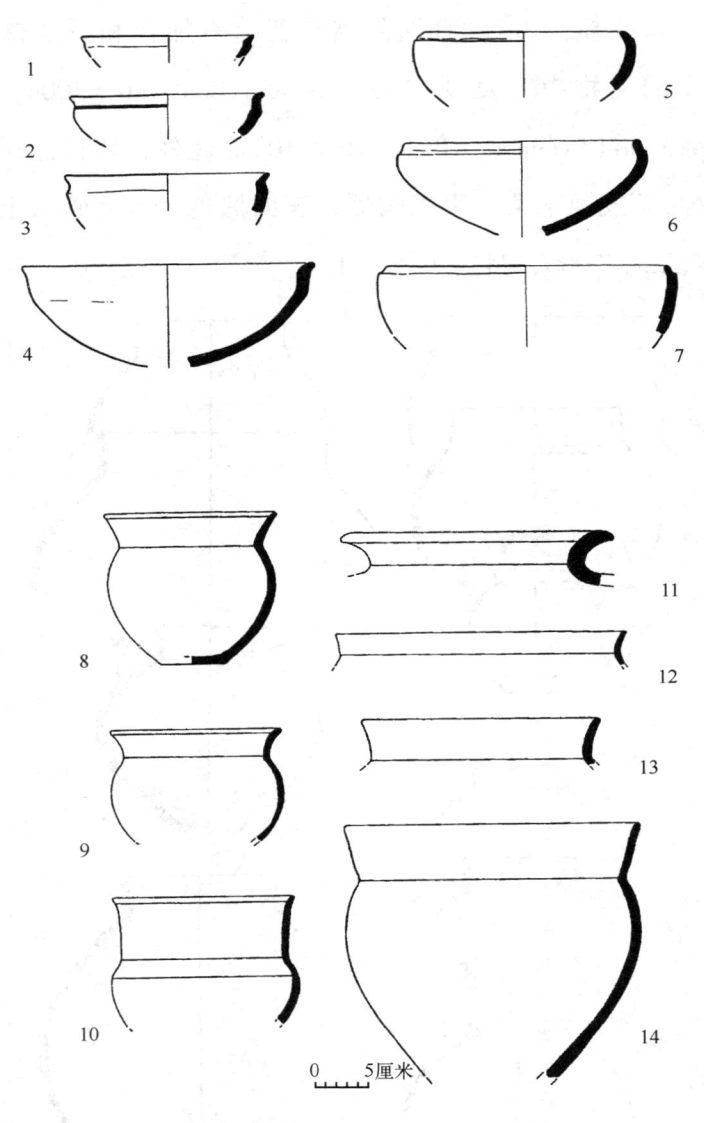

黑海与欧洲、近东以及亚洲的早期文明

图 4.10 塞雷金斯科出土的陶器(1~7)以及
哥罗德斯科耶房屋 5 出土的陶器(8~14)

第四章 库班河下游河谷

北高加索陶工也生产另一种独特的陶瓷，这是一种糠面精陶，胎薄、表面橘红色或灰色、圆底、抛光素面，有陶轮完成的痕迹和陶工的标记（图4.9，7~11）。大多数器皿的制作似乎已用上陶轮，并在窑内高温烧制。[76]这类器皿制作的特点是塑形快，对器形、胎壁的厚薄和颜色控制出色。但是，它的制作需要长时间的学习，陶轮控制难度大，烧制不经济。典型的中空精陶都是球胎、圆底、低颈以及球形或平底细颈杯。扁平器形以圆形和双锥形碗为代表。组合型陶器则是空白，除了在肩部和颈部交接处有两小耳的陶器之外（例如在塞雷金斯科；Dneprovskij 1991, Fig. 6, 1~3, 5~8）。这些器皿（杯子和烧杯）适于装液体，短期或长期存储固体（球形碗），以及存储固体和液体（带颈罐）。[77]这些器皿在克拉斯诺达尔水库区域和库班河下游两岸被发现。[78]

彩陶

彩陶是一种含有熔化了的硅质材料的人造物质。其成分通常有硅石、碱和着色物质，这些成分被细磨成粉与水混合后糅合在一起。然后技工用手或模具把它们制成各种形状。等陶坯干燥后，加热至800~950℃，该温度足以熔化其表面，却不会让内部的成分完全熔化（Henderson, 1985, 270; Moorey, 985, 133 f.; Moorey, 1994, 167）。在库班河下游的多个地方发现了彩陶珠。在乌尔亚普和奥布谢泰斯特维诺2号墓葬中发现了小圆柱和圆珠"白贴"（Bianki and Dneprovskij, 1988;

Eskina，1996；Sorokina and Orlovskaja，1993/232）。此外，斯塔罗姆沙斯托夫斯卡亚宝藏中也有数百颗彩陶珠（Veselovskij，1900b）。[79]彩陶技术据说也被用于制造金珠和银片的内芯（Rezepkin，2000，63）。然而，由于缺少光谱分析，前面提到的所有"彩陶"材料的辨识必须谨慎对待。[80]

北高加索地区可能是旧世界最早的彩陶技术发源地。彩陶生产从欧贝德时期北美索不达米亚的彩陶小珠制作开始，并在随后的乌鲁克时期开始流行（Moorey，1994，171-173）。[81]白色陶珠在高拉（Gawra）XIII-XI（欧贝德晚期/乌鲁克早期）的墓葬中非常普遍，而在同一遗址的定居点沉积层发现了彩陶印章和嵌有彩陶的石头印章（Tobler，1950，88，178）。在公元前4千纪末期，彩陶在美索不达米亚、伊朗和东安纳托利亚用于生产形状复杂的珠子、护身符、动物印章以及小件器皿。[82]南高加索发现了公元前4千纪索于丘布拉丘（Soyuq Bulaq）墓的彩陶芯银箔珠（Akhundov and Makhmudova，2008，64）。在亚美尼亚的格加罗特（Gegharot）的库拉-阿拉克斯早期墓中发现的70颗白色彩陶珠时间可能要晚一些。[83]在此背景下，彩陶技术在北高加索的存在似乎是有可能的，未来系统的考古测量研究可以为这个不同寻常的技术的起源和传播提供有趣的见解。

冶金技术创新

采矿、选矿和冶炼

高加索主脉的北坡富产金属矿，尤其是有色金属。贝洛里臣斯科（Belorechenskoe）是贝拉雅河（Belaja）上游的一个大铜矿，位于迈科普镇以南约60千米的地方。拉巴河（Laba）、泽伦特楚克河（Zelentchuk）和泰贝尔达河（Teberda）的上游和中游，铜矿储藏量丰富（Ryndina et al.，2008，203）。[84]库班河上游则富产含银的铅矿石（Kondratieff，1894），而在高加索主脉的西部泽伦特楚克河、拉巴河和泰贝尔达河河谷则发现了砂金矿床（Volkodav，2005）。[85]但是，潜在的古代矿址还没有开展过考古研究。在高加索主脉的南部阿布哈兹（Abkhasia）的亚丹格（Adange）山口地区的巴什卡普萨拉（Bashkapsara）发掘发现了露天矿址、石锤和陶器（Bzhania，1988）。从矿区中提取的木头样本经放射性碳断代可追溯到公元前3千纪到公元前1千纪间（Bzhania，1988，9）。

北高加索铜匠使用的铜来源只有通过对成品铜器进行光谱分析才能确定。切尔内赫（Chernykh）在20世纪60年代确定了两种化学成分不同的铜：一种含砷和镍；另一种只含砷。切尔内赫认为金属器物的成分与冶炼该金属的矿石原始成分相似。而在北高加索并没发现能生产出已知金属的多金属矿石，因此他相信原料来自外地。在他看来含砷铜来自南高加索；含镍铜则来自安纳托利亚。[86]切尔内赫推测迈科普文化的财富源于其在南高加索地区和欧亚大草原地区的铜贸易中介（Chernykh，1992，159-160）。但是，他的分析结果也可以有其他解释。例如，伽利宾（Galibin，1991）就认为镍和砷不是来自铜矿石而是在冶炼的时候添加的。他认为有可能是开采了北高加索当地丰富的矿石资源，例如，贝洛里臣斯科矿区同时有铜、镍和砷矿。尽管没有北高加索地区采矿的直接证据，但是采集和加工矿石的做法却通过对石器工具的微痕研究得到了间接证实。哈蒙对克拉斯诺达尔水库附近的契什胡和哥罗德斯科耶两个遗址的石器进行了微痕研究。在一些长方形和椭圆形的石板上发现了碾磨矿石时圆周运动所留下的痕迹（Hamon，2007，192）。此外，数个石锤上的痕迹表明是破碎坚硬物质时留下的。这些痕迹上特有的"V"形部分在其他矿石加工场所中发掘的文物上也有发现，据推测，这些痕迹可能与破碎矿石或矿渣有关（Hamon，2007，195）。然而，由于在她的研究时缺少参考材料，哈蒙无法百分之百识别在契什胡和哥罗德斯科耶（Gorodskoj）加工过的材料。

因此，金属矿的发现、部分铜器文物的化学成分以及机械加工矿石的推测证据说明库班河下游地区是从矿石中冶炼金属的。不幸的是，迈科普时期的遗址没有发现冶炼设施以及矿石、矿渣或坩埚等直接的冶炼证据。由于缺少相关材料，北高加索的冶炼技术现在仍不清楚。在克拉迪31/5发现了一个不规则的长方形器物（7厘米×3厘米）（Rezepkin，2000，63，66）。如果该器物确实如发掘者所说为熔炼铸锭，而不是铜重新熔化形成或是铜粒熔结在一起的，那么意味着是在坩埚里冶炼，或者甚至可能使用一个小的竖炉把金属从炉渣中分离成功。竖炉冶炼确实符合北高加索大规模的铜生产。

中东铜冶炼的最早证据可追溯到公元前6千纪末期。在伊朗东南部塔尔伊布利斯的第 1 层和第 2 层经放射性碳素断代可追溯到公元前 6 千纪晚期和公元前 5 千纪早期，那里发现了大量坩埚碎片和来自附近矿山的矿石碎片（Pigott and Lechtman 2003；Frame，2004）。[87]当代冶炼铜的证据来自幼发拉底河上游，在德基尔门泰佩（Değirmentepe）第 7 层的内院发掘出了铜器和小铜球，可以追溯到哈拉夫和欧贝德时期的过渡期（Esin，1986，145；Schoop，1995，110）。渣化坩埚和含铜球冶炼渣在公元前 5 千纪的遗址更为常见，例如在切什梅亚里（Cheshme Ali）、德基尔门泰佩、诺尔孙泰佩（Norşuntepe）和图林泰佩（Tülintepe）（Matthews and Fazeli，2004，65；Esin，1985；Yener，2000，39；Yalçin，2000b，with references；Müller-Karpe，1994，17–21，25）。[88]这些铜矿石加工的早期遗存表明冶炼是在陶瓷坩埚中进行，坩埚可能放在一个浅坑里，通过强制通风装置从上面加热（参见 Frame，2004，23，Fig. 6.3）。

坩埚熔炼用来冶炼劣质矿石是非常低效的技术。根据矿石成分和冶炼条件，金属颗粒可以在部分熔化和固化的炉渣中留下来，需要费力从粉碎的炉渣中挑拣出来。[89]然而，到公元前 4 千纪末期，一些伊朗和安纳托利亚的史前社区已经掌握了一次性分离金属和矿渣的技术。坩埚炼铜到小竖炉炼铜的转变可能发生在公元前 4 千纪中期的伊朗高原。根据泰佩希萨尔（Tepe Hissar）炉渣的成分和结构，桑顿（Thornton，2009，180）认为炼炉至少是从公元前 4 千纪中期开始在那里使用。此外，泰佩希萨尔的冶炼遗存证明当时已能熟练地把金属从炉渣中分离出来（Thornton，2009，147）。在阿里斯曼冶炼遗址的炉渣堆 D 中发现了大量的炉壁碎片，但在同一遗址的炉渣堆 A 却和一个完整的重复使用的竖炉相关。两个炉渣堆都有公元前 4 千纪最后几个世纪锡亚尔克Ⅳ.1 时期的材料（Weeks，2009，with references；Chegini et al.，2000，294-298；Pernicka，2004b，236）。另一个在黑海海岸附近南霍帕的穆古尔早期冶炼遗址发现了巨大的炉渣堆，经放射性碳素断代可以追溯到公元前 4 千纪的下半叶。炉渣的形状、大小和化学成分证明当时助熔和渣铜高效分离很可能是在一个简单的竖炉中进行（见第七章）。

北高加索冶金家不仅加工铜，而且也加工银和金。但是，这两种贵重金属的来源以及它们的提炼技术并没有经化学分析直接加以确认。银器的相对丰富表明使用了灰皿提炼金属或是熔炼金属，因为自然银是非常罕见的，在自然界中只有少量发现（Moorey，1985，107）。从矿石中提取银有两种可能性：一种是直接熔炼银矿石；另一种是从含银铅矿石中通过灰吹获得。灰皿提炼的银一般含有浓度超过 0.05% 的铅（Craddock，1995，213）。克拉迪墓葬中的大部分文物，也是唯一经过化学分析确认是来自北高加索的银器文物，并不含铅，但通常含有一定比例的金和铜（Galibin，1991）。[90]只有两件银质文物，一个别针（Nr.159-26）和一个贴花（Nr.156-36）有较高浓度的铅。铅加工的缺失（灰吹法炼银的典型副产品）表明北高加索含银铅矿石并没有大规模开采。[91]因此，在没有更丰富翔实的分析数据之前只能暂时得出结论：北高加索的冶金家没有经常使用灰吹法，而是使用原生银或是最有可能是从"干矿石"中冶炼银。[92]除了银之外，迈科普的金匠们还使用银金矿，一种黄金和白银的天然合金。[93]银金矿可以来自原生矿和冲积矿，有时也会含铜。[94]

合金炼制

北高加索纯铜文物并不常见。大部分铜器含砷，1/3的含砷铜器掺有浓度高于0.1%的镍[95]。在20世纪60年代切尔内赫（1966，49）认为，砷和镍的掺加是因为史前冶炼家用的多金属铜矿。科里涅夫斯基（1988，92 f.）是最早质疑这些金属是来自含镍铜矿的人之一。此外，伽利宾（1991，60）指出这样的铜矿是很难熔化的。这些研究人员认为这些铜镍锰合金（NiAs）是添加到铜里的说法似乎更可信。例如，贝拉亚河谷的贝洛里臣斯科矿就含有铜和铜镍锰合金。

砷铜是公元前5千纪的一项创新。其中旧世界最早使用砷铜的证据是在公元前5千纪早期塔尔伊布利斯遗址发现了砷酸铜矿石标本以及黏土坩埚渣化表面铜颗粒里砷的痕迹（Pigott，1999a，110-112；Frame，2004）。在公元前5千纪晚期，砷铜已经很普及。伊朗高原、科佩特山麓、幼发拉底河上游、南高加索和北内盖夫（Negev）都发现了使用砷铜的证据。[96]泰佩叶海亚（Tepe Yahya）ⅥA（c. 4300 BC）发现的一个锥子是最早的含有明显杂质的器物之一（1.43%的砷）（Thornton et. al., 2002；

107

Thornton，2010）。此外，对德基尔门泰佩和诺尔孙泰佩欧贝德层的炉渣和其他冶金碎片分析后发现含砷多金属矿石的冶炼（Müller-Karpe，1994，20；Yener，2000，58 f.）。两件可以追溯到公元前5千纪的砷铜器在纳希切万（Nachchevan）的朱尔泰佩（Kjul Tepe）发掘的金属标本中被发现（Akhundov，2004）。

  砷铜在公元前4千纪的早期几个世纪在中亚和西南亚逐渐推广并最终取代了非合金金属。[97]同时，含镍砷铜也开始传播开来。[98]例如，在苏萨 I 遗址，对其中1/3的文物分析后发现不仅含有平均浓度达1.6%的砷，而且还有平均浓度达1.1%的镍，镍被认为是与砷相关的杂质（Pigott，1999b，80）。[99]在乌鲁克晚期，含镍铜在地中海东部、东安纳托利亚、美索不达米亚和伊朗非常常见。[100]尽管砷铜在公元前4千纪的上半叶的早期出现在东欧，但是该地区出土的文物中并没发现镍（见第六章）。[101]

  史前铜砷合金具体的工艺流程至今仍是个谜。当加热温度超过457℃时，砷氧化会变成剧毒和易挥发的三氧化二砷。因此，把含砷的金属直接添加到熔化的铜液中会有很大的健康风险，处理反应容器和加盖时需要特别小心。通过共熔炼制合金危险则小一些（氧化铜矿与含砷硫化物矿石一起冶炼），在特定的条件下，共熔可以生产砷铜而不会产生大量的氧化砷（Lechtman 和 Klein 已经在1999年通过实验加以确认）。另一种类似的途径则是把铜矿石和砷矿石一起放在冶炼装置中。[102]在很多含砷矿石中，铜镍锰合金可能是最安全的，实验证明，在

1100~1200℃的实验室条件下，它可以降低氧化铜矿石（孔雀石）中的铜镍锰合金，这样既可以生产合金，砷又不会以有毒烟雾的形式损失（Ryndina et al.，2008，200）。似乎有这样一种可能性：两种基本的含砷铜（如前所述）确实是两种不同熔炼方法的产物，一种涉及铜氧化物和含砷硫化铜矿混合熔炼，另一种则是铜矿石和铜镍锰合金一起熔炼。前一种冶炼方法可以生产大量的金属，但是对最后合金成分的控制则较差。与此相反，使用铜镍锰合金则可以对最后的成分达到精确地控制（Ryndina et al.，2008，199）。

在铜里添加砷并通过冷热加工可显著改善其强度、硬度和铸造品质（Patterson，1971，308；Budd and Ottaway，1991，138；Ottaway，1994，130 ff.）。镍在合金中能起到什么作用呢？莱恩迪娜等（Ryndina et al.，2008，203 ff.）已证实含镍砷铜在硬度和延展性方面并不出色。但是添加了镍之后可以提升再次结晶的温度。不含镍的砷铜合金可以在400~700℃之间进行加热（Ryndina et al.，2008，205 f.）。但是，为了含镍铜在锤炼后充分再结晶，工匠们必须在范围很小的600~700℃之间加热。因此，镍不仅关系到合金的质量，甚至还起到决定性作用。因此镍似乎不是一个有意为之的成分，而是作为砷的耐受性伴侣。含镍砷矿，如前所述，可能是被优选的，因为相对其他砷矿，它促进了铜砷合金的生产而不会造成有毒三氧化二砷的流失。

除了砷铜外，北高加索金属工匠还制备数种次要的铜基合金。例如，来自克拉迪 31/5 的一把铜锤斧就含有 30% 的铅（Galibin，1991，61）。高含铅量提高了铜和铜铅合金的流动属性，因此非常适合蜡模铸造时填充各种复杂的形状。另一方面，铜铅合金对冷锤炼来说质量差而且热锤炼时容易断裂（Galibin，1990，181）。

来自克拉迪的一把斧子并没有硬加工过，从它精致的装饰来看可能不是为了使用的。这表明北高加索属于早期使用铜铅合金的地区。这种材料最早的证据来自印度河流域，可以追溯到公元前 5 千纪（Mille et al.，2004，267）。泰雷霍娃（Terekhova，1981，316）曾报道在纳马兹加（Namazga）Ⅱ发现的高浓度铅的铜器文物在科佩特山麓遗址很普遍。在土库曼斯坦西南部公元前 4 千纪早中期的帕海（Parkhai）Ⅱ墓中发现了铅含量 2%~4% 的铜基文物（Thornton，2009，49）。此外，在泰佩希萨发现了公元前 4 千纪中叶用于制造砷铜和铅合金的坩埚（Thornton and Rehren，2009）。[103]与此相比，在美索不达米亚和安纳托利亚东部，铜铅合金文物只出现在公元前 4 千纪的最后几个世纪。[104]

在从克拉迪发现的器物中，有 3 件是在墓 31/5 发掘的：凿子、针和狗塑像，都是铜合金铸成，其中银的比例非常高。[105]高银铜合金最可能为了仿制实心银而进行了表面处理。铜银合金在公元前 4 千纪末期之前的旧世界非常罕见。例如，铜银合金球在公元前 4 千纪早期库拉河谷的索于丘布拉丘墓中的标本中被确认。[106]之后便是土库曼斯坦西南部公元前 4 千纪中期遗址的文物，例如，在苏姆巴河谷 SWT-Ⅵ时期墓葬中发现的标本（Thornton，2009，50）。铜银合金在公元前 4 千纪末期在美索不达米亚和安纳托利亚东部很少使用。[107]

最后，迈科普墓葬中的 3 件器物，2 件器皿和 1 个金属棒，都是含铜 10%的银合金制成的（Korenevskij，1988，92）。添加少量铜（纯银中加 7.5%）可以让银变得更硬且更适合日常使用。然而，迈科普墓葬中的银合金是不是有意而为尚未可知，因为有可能自然银的铜含量比例很高。

熔炼和铸造

北高加索工匠精于金属液体的处理。铸造和熔炼设备，与其他冶炼和金属加工工具以及设备一样没有在高加索地区发现。但是，金属器物表面上留下的痕迹为重建至少 4 项铸造技术提供了线索。首先，莱恩迪娜等（2008，201）观察到一些铜器文物表面上的石英片，确认铸造是在封闭的砂范中完成的，而轴孔斧则是在两块闭合陶范中铸造的。[108]用来捶打制造金属器皿的圆盘预制品和一些小工具则可能是在部分开放模具中铸造的。最后，数件金属文物，如动物塑像、有浮雕装饰的斧子、"叉子"以及轮廓复杂的匕首显然是用失蜡法铸造的（Ryndina et al.，2008）。迄今为止，失蜡铸造术最早的证据来自俾路支斯坦北部梅赫尔格尔（Mehrgarh）的铜石时代层，可以追溯到公元前 5 千纪（Mille et al.，2004，267）。失蜡技术在公元前 4 千纪末期的中亚和西南亚盛行。[109]

金属加工

迈科普时期固体金属加工技术高超。工匠们通过捶打和退火把大量预制品加工成各种各样的铜器。通过显微镜观察，莱恩迪娜等重建了生产流程，步骤包括铸造、冷捶打和退火循环以及最后作业边缘的冷捶打（Ryndina et al., 2008, 208 f.）。根据它们的化学构成，物件在700~750℃或600℃进行退火。[110]在少数器物上发现了在650~750℃时热捶打然后对作业部位进行冷捶打的痕迹（Ryndina et al., 2008, 210）。在迈科普时期遗址发现的几种石器工具可能曾作金工锤用，例如几把轴孔锤（Korenevskij, 2004, Fig.82），还有契什胡定居点的一些疑似"锤石"（Hamon, 2007, 195）。

北高加索金属工匠们掌握的另一项卓越技术是金属片和金属线的塑性变形。迈科普时期金属工匠们通过捶打和退火生产金银铜片和线。[111]克拉迪墓葬中发现的几件工具上的痕迹表明它们可能是用来加工贵金属片的砧座和锤具（Korobkova and Charovskaja, 1983, 91 f.）。

制作精良的金属制品由于没有经过技术分析，我们只能通过与其他经过分析的类似器物进行对比来推断它们的制造方法。从器形判断，金属线被切割后轧成戒指和螺线，金属片被切断、轧制和钻孔后附着到器物或衣服表面。[112]小圆盘珠则是用一种特殊的工具通过捶打从一厚金片或银片上取下来（Korenevskij et al., 2008, 129），而圆柱球则可能是金属片上切下金属条，然后弯曲接在一起。这样的戒指、嵌花以及小金属球在库班河下游的数个遗址都有发现（见下一节"金属一览"）。空心珠子可能是两半或围绕一个芯或通过冲压缝合在一起。[113]此外，在彩陶、木芯上装上金属片能使装饰品更为持久和坚固。克拉迪 31/5 发现了陶芯银珠和木芯金珠（Rezepkin，2000，63），但是这些高级形状在亚速海-库班河草原并没发现。[114]

北高加索固态金属材料加工技术最高超的是金属器皿的捶打加工。对国家东方艺术博物馆的一件契什胡铜罐进行金相分析显示其制作方法非常复杂，其中包括先铸造一个铜盘，然后通过捶打制作成器皿的胎，并把它和一个单独铸造的高圆柱形瓶颈接在一起（Ryndina，2005，129，Fig. 7）。

北高加索金属工匠们的二次加工技术，包括铸件和捶打部件的连接、表面处理和装饰。通过铆钉进行冷连接的技术证据很少。铆钉被用来修补一个来自巴姆特的大铜釜，在迈科普也用来把金银手柄装到器皿上（Munchaev，1975，Fig. 35，1.10，Fig. 36，1，Fig. 68）。通过捶打接触面进行冷连接的技术在一个契什胡的铜器上得到了证实（Ryndina，2005，129），但是热连接技术（最有可能是焊接技术）可能曾用于生产形状复杂的空心珠子（参见 Korenevskij，2005a，Fig. 90，13，14）。通过基本工具和设施进行焊接是一项非常复杂的技术，需要高超的技巧和火候（比照 Moorey，1985，88）。

最后，迈科普时期也使用铜镀银技术。例如，一些砷铜匕首的银色表面可能是反向隔离无意识形成的，或是有意把器物放在湿沙子与食盐的混合物中造成的，该方法已经由莱恩迪娜实验证明（2005，125）。另一个有意的镀银技术则在克拉迪31/5的一件铜狗像上有体现。塑像是由几乎相同比例的铜银合金用失蜡法铸成的。表面铜层随后被有意侵蚀，显然是用酸处理（比如像醋一样的有机酸）并进行清除，最后造成是纯银物件的直观印象（Ryndina，2005，130）。[115]

金属一览

车尔尼雪夫Ⅱ墓1/1发现的物件———一件平斧、一件带柄匕首和一把凿子———是迈科普时期墓葬中典型的常见大件铜制工具（Bianki and Dneprovskij，1988，Fig. 3，1，2，6，7）。平斧和带柄匕首，如车尔尼雪夫标本，在亚速海-库班草原出土的金属文物中相对常见（图4.11）。[116]相反，横截面复杂的凿子只在沃兹德维兹恩斯卡亚和皮塞库普的墓2中有报道过（Veselovskij，1902，Fig. 81；Lovpache，1985，Pl. Ⅳ）。[117]

除了带柄匕首外，北高加索的铜匠们还制造一种大致呈三角形的宽柄武器，这种武器在车尔尼雪夫Ⅱ10/2、腾金斯卡亚1/6、纳图哈耶夫斯卡亚1号遗址4号墓、拉斯韦特墓3以及塞雷金斯科定居点都有出土（Bianki and Dneprovskij，1988，Fig. 3，5；Korenevskij，2008b，11. Fig. 17，3；Shishlov and Fedorenko，2006；Munchaev，1975，266，Fig. 41，4；Dneprovskij，1991，6）。[118]迈科普时期一些代表性的工具在库班

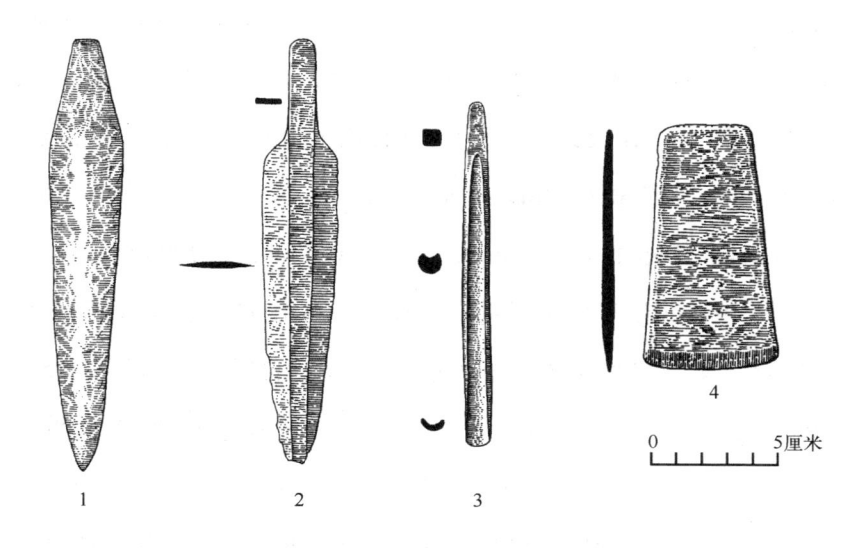

图4.11 来自塞雷金斯科(1)、克拉斯诺格瓦尔德耶斯科(2,4)
以及沃兹德维兹恩斯卡亚(3)的铜器

河下游仅有单个样本。泰姆于克(Temrjuk)1/3出土了一个典型的轴孔斧(Korenevskij,2004,53),在2号墓发现了一个"烙接"矛头,在皮塞库普150号墓发现了一把锄头(Lovpache,1985, Pl. Ⅱ, 1 and Pl. Ⅳ)。[119]最后,在沃兹德维兹恩斯卡亚2号墓出土了一把与众不同的铜制锤斧(Veselovskij, 1902, Fig. 80)。[120]大部分这些铜器文物在伊朗高原和中亚都有类似的影子,可以追溯到公元前4千纪。

北高加索平斧斧边直,斧身短且宽。这种斧在公元前5千纪末期和公元前4千纪早期出现在伊朗西部。在胡齐斯坦(Khuzestan)的苏萨Ⅰ,卢里斯坦(Luristan)的基扬(Giyan)ⅤC和卡尚(Kashan)附近的锡亚尔克Ⅲ.5发现了这种斧的样本

(Tallon, 1987, 157-160, No. 371-422; Ghirshman, 1938, 54, Pl. IXXXIV, S 183; Contenau 与 Ghirshman, 1935, Pl. V, 1)。[121]这种工具在公元前4千纪的前几个世纪传到了南高加索。例如，泰尔曼肯德(Telmankend)的1号墓发现了两个样本(Narimanov and Dzhafarov, Fig. 2, 6-7; Akhnndov, 2008)。[122]

另一个非常普及的工具是带柄匕首，出现在公元前5千纪到公元前4千纪之交的中亚和伊朗。最早的标本来自伊尔金利德佩(Ilgynli-depe)、希萨尔(Hissar)Ⅰ和锡亚尔克Ⅲ.2及Ⅲ.5(Solovyova et al., 1994, Fig. 1; Schmidt, 1937, Pl. 16; Nezafati et al., 2008, 337; Malek Shahmirzadi, 2004, Pl. 11; Ghirshman, 1938, Pl. LXXXV)(图4.12和图4.13)。[123]三角形宽柄匕首在同一时期开始生产。在法尔斯(Fars)塔利巴昆(Tall-i Bakun)2期出土了这种匕首，可以追溯到公元前4200年至公元前4000年(图4.12)。[124]稍晚在泰佩希萨尔Ⅱ，伽布里斯坦(Ghabristan)Ⅱ以及在索于丘布拉丘(Soyuq Bulaq)1/2006号墓也出土了这种匕首(Schmidt, 1937, Pl.XXIX, H4677; Majidzadeh, 1979, Fig. 4; Akhundov and Makhmudova, 2008, Pl. 28, 5)。在科佩特山麓的伊尔金利德佩(Ilgynli-depe)遗址发现了纳马兹加Ⅱ-亚兰加齐(Yalangach)时期的类似文物(Masson, 1992, Fig. 23. 3; Solovyova et al., 1994, Fig. 1)。[125]

铜锄头和轴孔斧属于如前所述公元前4千纪的同一金属器具组。例如，在伊朗高原的泰佩锡亚尔克Ⅲ.4、在胡齐斯坦的苏萨Ⅰ以及在美索不达米亚低地冲积平原的埃利都(Eridu)都

第四章 库班河下游河谷

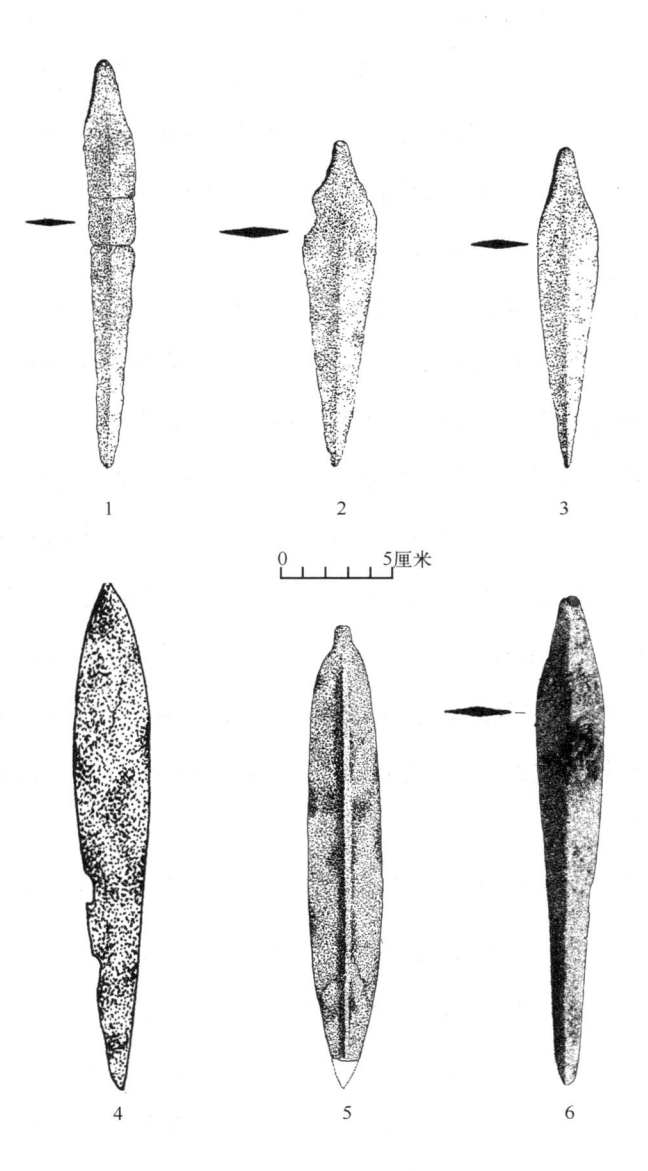

图 4.12 来自伽布里斯坦(1~3)、泰佩希萨尔Ⅱ(4,5)以及塔利巴昆(6)的铜匕首

发现了锄头（Ghirshman，1938，54，Pl. XXIII，8；Tallon，1987，172 f.，Nos. 528 and 529；Müller-Karpe，2002，137，Fig. 1）（图4.13）。在坎大哈附近的蒙迪加克（Mundigak）III号中的6号器物，发现了一把类似的锄头和一把轴孔斧，时间可追溯到公元前4千纪晚期（Casal，1961，249，Fig. 139，9.10）。斧的历史至今还是个谜，与带柄匕首和锄头一样，这种器具可能源自公元前5千纪晚期的伊朗。唯一与这个时期相关的两件文物几乎都是纯铜铸成，但是没有明确的地层学背景。一件来自伊拉克的非法挖掘，另一件则是在苏萨被发现（Müller-Karpe，2002，138，Fig. 2；Tallon，1987，Fig. 49）。[126]一块铸造轴孔斧用的陶范碎片在库拉河谷的布于克科锡克（Büyük Kesik）被发现（Müseyibli，2007，142 f.，Pl. XX 16）。[127]令人惊讶的是公元前4千纪外高加索的轴孔斧竟然是空白。唯一的例外可能是在阿富汗南部蒙迪加克（Mundigak）第3层6号发现的轴孔斧（图4.13）。

  总而言之，北高加索金属工匠们生产了一系列大型铜制工具，这些工具显然都来自伊朗。之前描述的器形没有一件来自叙利亚—安纳托利亚地区公元前4千纪的遗址。唯一不属于伊朗器形的工具是凿子和烙接矛头。横截面复杂、类似库班河谷发掘的凿子是马拉蒂亚（Malatya）附近阿尔斯兰泰佩（Arslantepe）VIB"皇家陵园"出土的凿子，在公元前3000年至公元前2900年（Frangipane et al.，2001，Fig. 21，7~9）。同一座坟墓还发现了数个所谓的烙接矛头。在阿塞拜疆泰尔曼肯德

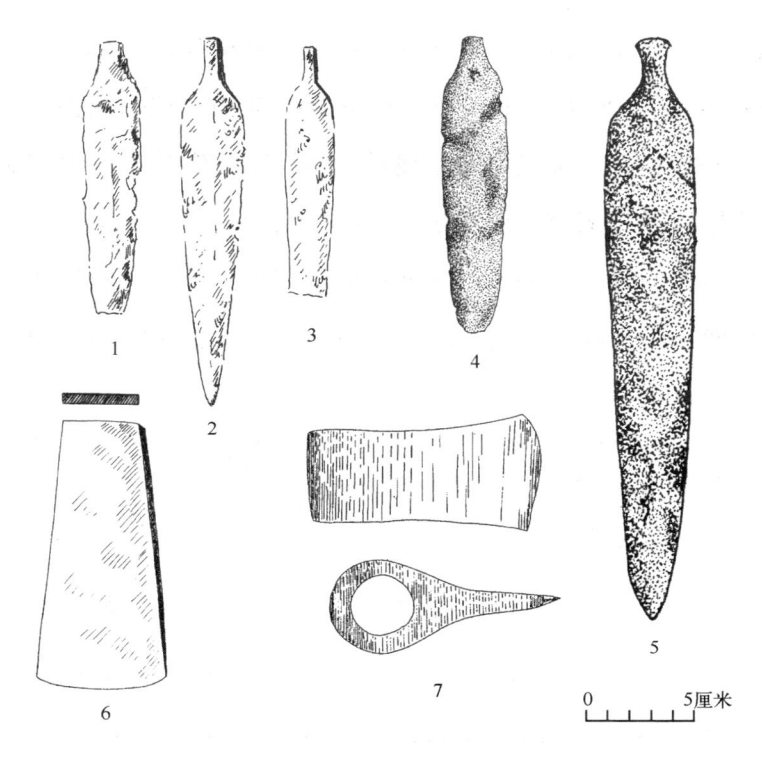

图4.13 泰佩锡亚尔克Ⅲ.5(1~3,6)、泰佩希萨尔Ⅰ(4,5)以及蒙迪加克Ⅲ.6(7)的铜器文物

阿斯兰特佩ⅥA和1号墓又发现了时间可以确定为公元前4千纪的这些矛头(Palmieri, 1981, 109, Fig. 4; Akhundov, 2007a, Pl. Ⅱ, 9; Akhundov, 2008, 19; Makhmudov et al., 1968, 20 f., Fig. 21, 8)。

前面已提及,在库班河下游和亚速海草原地区的墓葬中发现了数件小金银器(图4.14)。来自斯塔罗姆沙斯托夫斯卡亚(Veselovskij, 1900b)、纳图哈耶夫斯卡亚4/1(Shishlov et al., 2009, Fig. 2, 3)、德涅普罗夫斯卡亚2/8(Trifonov, 1991,

119

Fig, 6, 30) 以及拉斯韦特的 3 号墓(Munchaev, 1975, 266, Korenevskij, 2008b, Fig. 15, 3)的金线饰物, 包括戒指。在乌尔亚普 5 号墓和斯塔罗姆沙斯托夫斯卡亚发现了银片和金片的碎片以及小珠子(Eskina, 1996, Fig. 1, 2~7; Veselovskij, 1890b)。此外, 斯塔罗姆沙斯托夫斯卡亚还有一件纯银牛科动物小像和形似狮子头的金坠子(Veselovskij, 1900b, Fig. 159)。

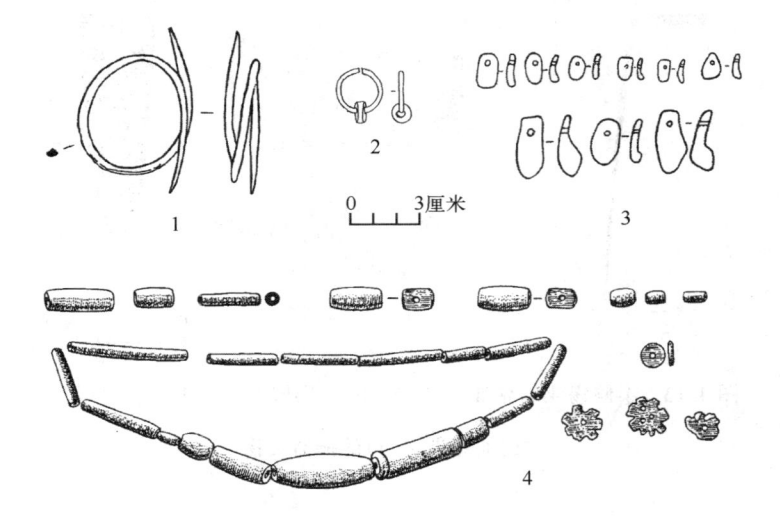

图4.14 陶耶哈布尔(1)的金属钩、第聂伯罗夫斯卡亚2/8(2)、新科孙斯卡亚坟墓12的装饰品(3)以及斯塔罗姆沙斯托夫斯卡亚的宝藏(4)

1—铜；2—黄金和玛瑙；3—鹿牙；4—黄金和石头

北高加索金属工匠们还制造本地产器物, 包括"贴腮片"、"叉子", 珠子和发钗。[128]然而, 在这些当地器形中, 只有铜线轧成圈的"贴腮片"在库班河下游被发现。[129]这些弯曲的铜线可能是作为铜锭用的。

大型铜器坩埚是高加索山麓典型的文物。然而，库班河草原并没有见诸报道。但是，泰姆于克1/3（mentioned by Trifonov，1991，107）的一个铜盘则间接证明了该地区生产铜器皿。此外，契什胡附近发现了一个形状具有迈科普时期典型特征的铜杯，而在斯塔罗姆沙斯托夫斯卡亚地区发现了一个装有珠子的小件银罐（Ryndina，2005，Fig. 7；Veselovskij，1900b）。

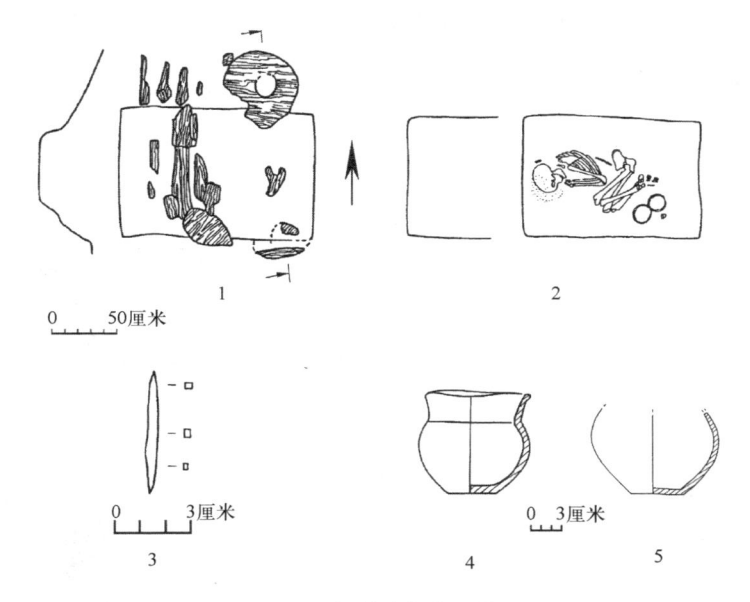

图4.15 新科孙斯卡亚墓18

1—18号墓平面图；2—屈身右侧卧遗骸；3—铜；4，5—陶器

公元前4千纪锻造金属器皿在西南亚和中亚非常稀有。较早的金属器皿是看起来像圆锥形的铜杯，在锡亚尔克Ⅲ.7被发现（Ghirshman，1938，142，Pl. LXXXV，1718）。在伊朗西北部

塞吉尔丹(3号墓)和塔吉克斯坦的萨拉兹姆Ⅱ(4号墓)发现了小件银器,时间都可追溯到公元前4千纪的下半叶(图4.16,1~2)。[130]金属器皿不仅出现在伊朗和中亚,在美索不达米亚也有发现。例如,在瓦尔卡(Warka)附近几个乌鲁克晚期遗址发现了铜器器皿的残片(Adams and Niessen, 1972, 205-306)。此外,瓦尔卡(Warka)埃安纳(Eanna)地区的塞梅尔丰德帕(Sammelfund Pa) XVI$_2$发现了一个长嘴银杯(Heinrich, 1936, 40, Pl. 29),而在前乌尔王朝的墓葬中发现了铜碗和两把勺子(Woolley, 1956, 30, Pl. 69)。

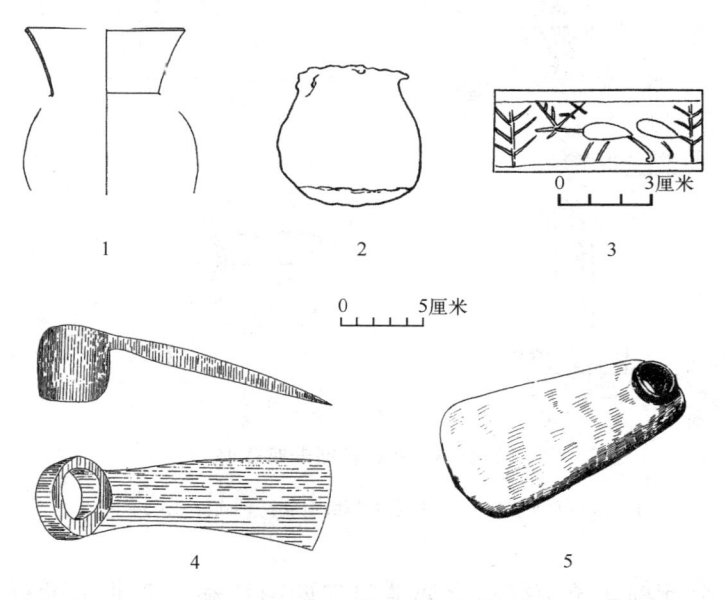

图4.16 塞吉尔丹古墓Ⅲ(1-非等比例)、萨拉兹姆Ⅱ(2)、锡亚尔克Ⅳ(3)、蒙迪加克Ⅲ.6(4)以及锡亚尔克 Ⅲ.4(5)出土的文物

1,2—银;3—石头、4,5—铜

畜力运输

公元前3千纪四轮木车在亚速海-库班河草原一带的墓葬中非常常见。格杰(Gej，2004，186)认为，在此期间整个草原地区使用的都是一种统一的笨重木制牛车，这种车由双牛牵引，有两个车轴和三分盘式车轮。随死者陪葬时，车通常被拆卸；车轮从轮轴上卸下，放在车斗两旁(Izbitzer，1990；Gej，2004)。多瑙河和乌拉尔河之间公元前3千纪的轮式车辆标本有一半是在库班地区发现的。特里福诺夫(2004，note 2)认为，库班地区早期墓葬车辆惊人的集中表明木车是从这里传播到草原地区的。[131]前迈科普时期的轮式车辆相反则很少。[132]克拉斯诺达尔水库北部新科孙斯卡亚的一个大型坟冢发掘了与车辆相关的零件(Kondrashev and Rezepkin，1988；Rezepkin，2000，74)(图4.15)。[133]坟冢包括28个不同时期的墓穴，2个系公元前5千纪，4个为迈科普时期。18号墓有一具年轻人的赭色骸骨，屈身右侧卧，双手置于面前。该墓中发现的陶器(一个完整器皿、一个没有颈部、一个只剩下残片)与新斯沃博德纳亚发现的文物相似。[134]墓坑填满了泥土并盖有木梁。木梁上有两个圆形木制车轮的残片。一个车轮损坏严重，另一个则有保存完好的车毂，直径约60厘米。[135]还有一个疑似车辆零件的文物则来自克拉斯诺达尔水库附近的帕夫罗加拉德(Pavlograd)4/18。该墓是萨夫罗诺夫在1978年发掘的，他认为发掘的木质结构是一个车斗的残片，尽管更像是墓穴的木架。在科里涅夫斯基看来，这件标本是不完整的，而且文献资料也不足（见 Korenevskij，2004，99，note 3，and references）。

需要着重强调的是公元前3千纪之前的木车的遗址都在草原地区，和迈科普文化的"腹地"——大高加索的丘陵地带——相距甚远。然而，新科孙斯卡亚的木车和顿河下游草原科尔迪里（Koldyri）（见第五章）的另一个标本都是在有迈科普时期文物的墓葬中发现的，这表明动物牵引和轮式车辆可能是从高加索山麓草原引入的。

新科孙斯卡亚发现的两个木轮遗存引发人们对其车辆种类的猜测。从尺寸上说，它们和地下墓穴文化的车轮相似，例如，那些在伊帕托夫斯基耶（Ipatovskij）坟冢中发现的车轮（Belinskij and Kalmykov，2004，206）。车毂的发现则意味着这种车有可以转动的车轮和一个固定的轴。新科孙斯卡亚发现的车轮所属的车可能是一个双轴车，就像在顿河下游科尔迪里发现的接近现代的车辆。[136]还有一种可能是新科孙斯卡亚的双轮车标本。可旋转双轮推车的黏土模型证明了公元前4千纪后期这种车辆在中亚和印度河流域的使用。在土库曼斯坦南部的阿尔泰恩德佩（Altyn-depe），这种模型出现在公元前4千纪的下半叶（纳马兹加第3时期），并在公元前3千纪的前几百年逐渐普及（Kircho，2009）。在卡拉德佩（Kara-depe）发现的牛俑身上带有用来系牛轭的肩孔（Kircho，2009，30）。相似的模型在公元前3500年至公元前3300年左右印度河文化拉维时期出现在印度河流域的哈拉帕（Harappa）（Kenoyer，2004，90 f.，Fig. 2）。[137]

第四章　库班河下游河谷

贵重物品和葬礼宴

迈科普时期的意象和符号体系证据稀少，而且通常与殡葬相关。在高加索地区中部和斯塔夫罗波尔（Stavropol）高原而不是亚速海－库班草原的几个遗址发现了带有粗糙人形的石碑，基本上是细长的石板在顶部带个象征性的"头"。[138]石碑通常还有另一个用途，就是在墓室中作建筑材料，比如在基什比克（Kishpek）和纳尔齐克（Chechenov，1970，1984，217）。一些古墓地层的石碑标本显示人形石可能最初是用来放在坟冢上方作墓碑用的（Chechenov，1984，215）。这些文物具体的功能和意义很难理解，但是似乎与墓葬有关，因此可能也与祖先崇拜有关。此外，即使迈科普时期的居民没有创造人形泥俑和家庭用品模型，在他们的居住遗址却频频发现了带角动物的泥俑（Rezepkin and Lyonnet，2007，Fig. 6，1，Fig. 37，1～2，Fig. 40，1，Fig. 55，1）。

装饰过的武器以及竞逐威望的证据（如雄鹿牙项链、大型竞技场面的绘画等）都说明当时社会崇尚武力。虽然还没有对迈科普时期的人体骨骼材料进行过系统的研究，但有迹象表明武力司空见惯。陪葬品显示拥有和携带武器非常普遍。很多坟墓发现了匕首，有时一起发现的还有磨石，上面有孔用来悬挂。两样东西可能都是挂在裤腰上，作为服饰的一部分（参见Trifonov，1991，Fig. 6，34）。在克拉迪墓地28/1号墓中发现了一具男性尸体，头上有致命颅伤，系暴力所为。

125

社会贵重物品没有什么实用功能，而是以其审美、流通历史以及在仪式和社会交易中的作用为贵（Spielmann，2002）。显然，这样的贵重物品在迈科普时期很常见。最奢华的物品有稀有颜料以及华丽的礼服等，礼服上镶嵌着金珠、银珠、戒指、吊坠和五颜六色的异域宝石。有迹象表明，专门作坊生产的物品交易受到管控，而且使用也有限制。因此这些物品不断被仿制。实心银由铜银合金镀银并通过砷铜表面处理伪造（例如器皿、铜像和武器；见本章"金属加工"一节）。真鹿牙吊坠与骨制仿品混杂在一起（在新科孙斯卡亚2/12和沙斯卡亚；Popova，1963，42；Rezepkin，2000，74）。器皿的金属外形、华丽的外表和色彩其实都是在泥坯上加工而成。

用贵重物品来彰显个人地位会带来负面效果，因为这可能带来群起效仿，而且因非凡的意义而快速"膨胀"（Dietler，2001，86）。迈科普时期文物的高仿率可能暗示着受控交易网的抗渗压力越来越大（Earle，1997，74）。[139]克拉迪的一些豪华墓葬中同一类型的物品成堆地放在墓室中（见本章注释35），可见当时贵重物品已处在"膨胀"状态。

葬礼在迈科普时期的社交生活中发挥了重要作用，从修建墓葬花费的劳力和坟墓周围的宴会残余便可见一斑。[140]葬礼与宴会的关系密切，这在北高加索地区的民族志中非常常见。迪特勒（2001，96）对肯尼亚西部卢奥族人的葬礼宴有这样的描述："除了集市外，最大的宴会（也是最大的集会）往往是丧礼宴。宴会在死者的宅基地举行，除了标准的乌嘎哩（玉米粥）和其他食品外还有大量的啤酒和牛肉。同时伴有各种礼仪表演，如游牛、跳舞、唱歌、演讲以及诵读死者的成就。丧礼宴往往持续数日。在此期间，一大群宗族成员、姻亲、邻居必须吃饱喝足。死者和死者家族的威望则反映在丧礼宴上的来客规模、持续天数和好客奢华程度上。"（详细民族志学参考文献及讨论见Hayden，2009）[141]

因此，丧礼宴的一个主要功能是展示宗族的财富和威望。赶上修建大型陵墓时，那宴席可能就更重要了。民族志学观察到宴会和丧礼紧密关联，因此参与修建大型坟墓的动机可能是为了大量的食物和酒水，同时也是很好的社交机会，而不是出于对死去的"赞助者"的义务（Korenevskij，2004，87）。食物除了可以留住参与者之外，还有一个重要的角色，就是在丧礼上作为财富象征和祭品。因此从墓穴中和墓穴周围的垃圾坑中发现的大量大器皿可能意味着消耗了大量的食物和牺牲品，并证明了死者的特殊地位。

迈科普时期丧礼宴很重要的一个方面是稀有物品和特殊习俗[有区分度的宴会，如迪特勒（2001）定义]。在迪特勒（2001，85）看来，丧礼宴从数量（比如食物和参与者）到质量上的变化和政治精英的崛起是同步的。尽管并没有直接证据表明北高加索地区使用了特别的美食，但是一些"消费器具"暗示了一些特别的消费方式。例如，在一些豪华墓葬中发现了几个大铜釜。大铜釜是一种用在公众宴会时的炊具（可能是用来煮祭肉），以它的尺寸并不适合普通家庭做饭。此外，铜釜的生产需要昂贵的材料和成熟的技术。铜釜还经常和一个或一对铜"叉"一起出现，铜叉的出现也许与铜釜以及一些常见的食物准备和消费行为有关。[142]

贵金属杯可能也用于重要场合或用来盛特殊的饮料，最有可能是酒精饮料。[143]北高加索地区属大陆性气候，冬季寒冷，霜冻期长，葡萄种植既费力又有风险。北高加索的葡萄种植可追溯到17世纪，是由格鲁吉亚移民在捷列克（Terek）河谷开始种植；克拉斯诺达尔地区的葡萄园并不早于19世纪（Kaloev, 1981, 105 f.）。如果公元前4千纪该地区已经生产葡萄酒，那一定是非常昂贵稀有的商品，是特殊场合的奢侈品，而不是主食。[144]另外一种适合酒宴的酒精饮料可能是米德酒（"蜂蜜酒"），是一种由蜂蜜、水、酵母和一种类似葡萄酒的酒精混合而成的发酵混合物。[145]如科赫（Koch, 2003, 135）强调，蜂蜜一直是贵重物品。即使在中世纪开始大规模养蜂后，蜂蜜和蜂蜜酒也只是皇宫消费的奢侈品。丹麦青铜时代沼泽地发现的大型青铜桶和金杯通常被认为是饮用蜂蜜酒的配套餐具（Koch, 2003），这与迈科普时期墓葬中发现的青铜桶和银杯惊人的相似。

迈科普时期的大部分墓葬都与土坟有关。公元前4千纪多瑙河和高加索之间的草原地区大部分的社会都会修筑坟堆。但是，迈科普社会修建的规模宏大、装饰奢华的坟墓却非常与众不同。举办盛大的宴会以及修建大型坟墓可能是在居住比较分散、社会团体不太稳定的情况下维持政治关系的重要机制。醒目的大型墓葬建筑宣示了领土主权、领导权和控制权。在类似的背景下，厄尔（1997，166）指出大型坟堆景观不再是一个自然世界，而是一个被"首领们拥有和控制的"社会空间。

远途贸易

迈科普时期的奢华墓葬中发现了来自异域的系列器物。在所有进口材料中，颜料是最容易被忽视的远途交易商品。红色颜料在迈科普时期的丧葬习俗中起到了重要作用，但是挖掘期间记录的颜料化学成分和产地并未系统研究过。赭石广泛分布在自然界中，但高品质的红赭石非常罕见。此外，并不是所有在坟墓中发现的红色颜料都是赭石。例如，迈科普坟墓的地板被漆上了一层铅丹（四氧化铅），一种相当罕见的有毒颜料，颜色鲜红［Veselovskij，1897（1997）］，而在沙斯卡亚发掘的红色矿物证明是朱砂（硫化汞），据说来自顿涅茨河谷（Alexandrovskaja et al.，2000）。[146]在同一墓地的支石墓 2 中，覆盖在死者尸体上的织物上面撒有另一种红色颜料，一种非常罕见的氧化汞矿物，据知来自土库曼斯坦（见本章前述"纺织工艺"一节）。[147]

另一件异域文物毫无疑问是从克拉斯诺格瓦尔德耶斯科（Krasnogvardejskoe）发现的玛瑙滚印，上面刻有鹿和树（见图 4.5，2）。[148]另一件带有惊人相似的雄鹿和树饰纹的玛瑙滚印在泰佩锡亚尔克Ⅳ被发现（见图 4.16，3）。此外，两个当地产的锡亚尔克 4 时期约公元前 3000 年的滚印在阿里斯曼的 C 区被发现(Chegini et al.，2004，213，215)。其中一个有"山前杰姆代特奈斯尔式(Piedmont Jemdet Nasr style)"的标准几何图案，这种样式广泛流行于伊朗高地(Pittman，1994)。然而，另一个滚印则带有当地风格，刻有带角四足动物和一个三角形。另外还刻有动物纹饰的其他滚印，时间在公元前 4 千纪晚期和公元前 3 千纪早期，在扎拉夫尚谷(Zaravshan)和锡斯坦的沙里索科塔Ⅰ的沙拉兹姆Ⅲ和Ⅳ发现(Isakov，1996，Fig. 10；Biscione，1984)。后一遗址中还发现了杰姆代特奈斯尔风格的滚印。另一件可能来自南部的精美文物是斯塔罗姆沙斯托夫斯卡亚宝藏中的金吊坠(Veselovskij，1900b，Fig. 159)。吊坠中的狮子头栩栩如生，其工匠一定是非常熟悉这种动物，但是狮子似乎从未在高加索主脉以北的地区生活过(见本章注释150)。

另外两件非同寻常的文物，即在迈科普坟墓中发现的两个刻有动物图像的银杯，可能也是通过远途贸易传到北高加索(见图 4.17)。不可否认，该遗址坐落在一个远离沿海平原的地方。但是，因为这两个杯子对接下来的讨论至关重要，这里做简要介绍。乌尔波曼(Uerpmann，2010)最近发现其中一件器皿上的动物种类有狮子、野牛、熊、野马、野猪、(亚洲)野生羊、鹅喉羚和至少两种不同的鸟类(图 4.18，1)。第二件容器，乌尔波曼并没有加以考虑，饰有野生猫科动物(猎豹和花豹)、一头野牛、一只野绵羊(图 4.18，2)。值得注意的是，所有的图像都是野生动物。

科里涅夫斯基(1988，92)声称，两个银杯是迈科普当地工

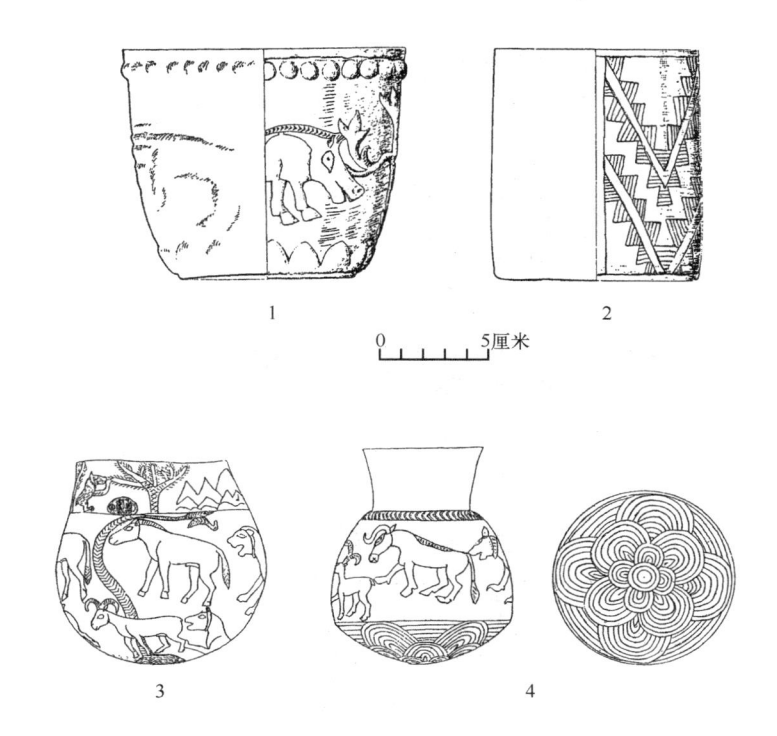

图4.17 夫洛尔(1，2)以及迈科普(3，4)出土的装饰过的金属器皿

匠的手艺。[149]但是，迈科普时期有类似装饰风格的金属容器和其他文物的完全缺失表明这两个独特的银杯是进口的。此外，描绘在容器上的动物物种为它们的异域产地提供了线索。[150]野猪、野牛和棕熊居住在北高加索地区、亚洲西南部和亚洲中部的大部分地区(Uerpmann and Uerpmann，2010，244f.)。[151]在史前时代早期，野马也生活在高加索山脉两侧、安纳托利亚和伊朗西北部高地。[152]除了这些比较常见的动物外，描绘的动物还包括一些原产地不在北高加索的动物——狮子、波斯瞪羚、野羊和猎豹。

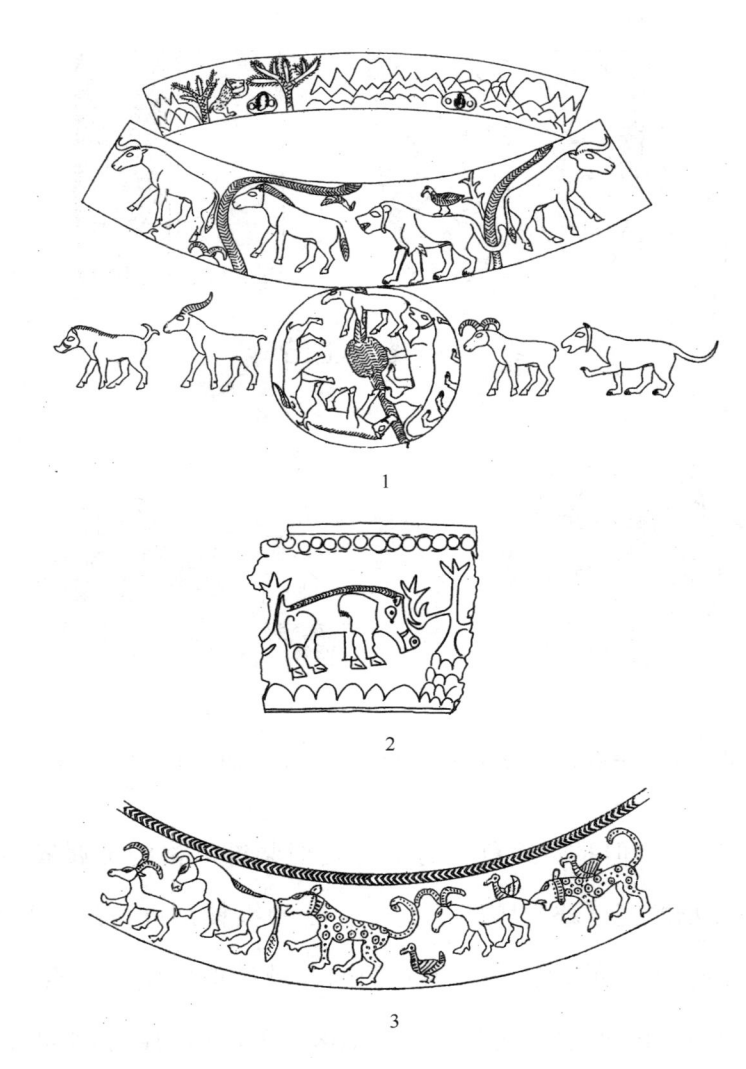

黑海与欧洲、近东以及亚洲的早期文明

1

2

3

图 4.18 迈科普(1,3)以及夫洛尔(2)出土的
金属器皿上的图案装饰示意

亚洲狮的骸骨尚未在北高加索的史前遗址中见诸报道，也没有证据表明狮子曾在该区域活动。狮子在历史时期生活在阿塞拜疆、伊朗高原、美索不达米亚和安纳托利亚的草原地区

(Uerpmann and Uerpmann，2010，245）。[153]瞪羚（鹅喉羚）原产于南高加索地区、伊朗和中亚的平坦沙漠和半沙漠环境（Uerpmann and Uerpmann，2010，245）。[154]相比之下，野羊生活在有露天植被的高山地区。虽然野羊分类仍存在争议，研究人员根据它们的染色体数目一般把旧世界的羊分成4个种类：欧洲盘羊、亚细亚盘羊，以及生活在亚洲内陆山区的两种羊：赤羊和盘羊（绵羊盘羊）（见 Hiendleder et al.，2002，893，with references）。[155]这些野生羊都不生活在北高加索地区。[156]迈科普银杯上描绘的野生羊很有可能既不是盘羊也不是赤羊。这两种羊的公羊都有很大的几乎成圈的犄角。它们似乎与亚洲盘羊的一些亚种最为相似，如亚美尼亚野羊，其公羊也长有略弯的长角。如今，亚美尼亚羊生活在亚美尼亚、土耳其东部和伊朗西部高地。

最后一种动物是野生带斑猫科动物，代表猎豹或花豹。亚洲猎豹在猫科动物中具有鲜明体表特征和行为。身躯修长、窄腰细腿，半伸缩的爪子清晰可见。这两种特征在迈科普时期的图案中都可以辨识，科里涅夫斯基（2001，47）非常准确地注意到这点。亚洲猎豹在20世纪还出现在中东（包括南高加索地区）和中亚的半沙漠地带，至今仍生活在伊朗与世隔绝的地方。猎豹被驯服后可以和狗一样赛跑，也可以加以训练用来狩猎。[157]然而，猎豹通常追捕小型猎物，像羚羊、野兔和体型较大的有蹄类动物幼崽。迈科普时期银杯上描绘的有蹄类动物（野牛和野羊）体型很大。野牛、野绵羊、鹿和野山羊通常是花豹的猎物。与猎豹相比，花豹原产于高加索北部，在高加索西北部山麓梅绍科（Meshoko）公元前5千纪的遗址发现的花豹遗骨就表明了这点（Kasparov and Sablin，2004，361 f.，Fig. 3）。历史资料显示直到20世纪中叶花豹都生活在高加索两侧；这个大型猫科动物的小种群现在仍生活在中亚南部、伊朗、亚美尼亚、阿塞拜疆、格鲁吉亚以及可能在土耳其的山区（Khorozyan et al.，2006，Fig. 1）。总之，如果银杯所绘动物是猎豹，杯子的产地限于里海西南部和中亚的半沙漠地区；花豹在中东和高加索的任何山区都没有被发现过。

总之，北高加索，一个从未有狮子、亚洲羚羊和野羊活动过的地理区域，可以排除是迈科普两个银杯设计和生产的区域。美索不达米亚的冲积平原也可以排除在外，因为野马在这个地区不为人知，而且马在公元前3千纪后期才作为家畜来到这里（Uerpmann and Uerpmann，2010，247）。可能的地区限于伊朗西北部、亚美尼亚、阿塞拜疆，只有这些地区在公元前4千纪才是迈科普银杯上描绘的所有动物的原产地。该地区最有可能是银容器描绘的狮子、欧洲盘羊和羚羊的原产地。绘有斑点猫科动物的杯子产地范围可能很广，其中包括伊朗西部和高加索东南部，如果描绘的物种是花豹，甚至有可能在东安纳托利亚高原。由于两个杯子的绘画风格大相径庭，它们很可能是由不同的工匠在不同的地理区域制作的。

迈科普时期的动物绘画的确非常独特。但是，它们和阿富汗北部夫洛尔（Fullol）附近1966年非法发掘出来的5件黄金器皿和7件银制器皿组成的宝藏中的部分器物相近(Tosi and Wardak, 1972)(图4.18)。这个群组不太可能是个墓葬,因为文物风格和工艺变化很大;相反,它是由不同产地不同年代的文物组成(Tosi and Wardak, 1972, 12, 16)。其中几件文物在风格和图像上与美索不达米亚早期王朝时期的艺术类似。[158]但是,3件带有几何图形和动物纹饰的器皿可追溯到公元前4千纪。几件黄金器皿上的几何图案(图4.17,2)和哥休尔(Geoksyur)风格的彩绘陶器非常相似(例如the Kara-depe 1A style; Masson, 1981, 93; Tosi and Wardak, 1972, 12 f.)。"哥休尔"彩绘陶器在公元前4千纪的下半叶在中亚地区的大片区域内出现,包括泽拉夫尚的科佩特山麓、克尔曼(Kerman)、锡斯坦(Seistan)和奎达(Quetta)山谷(见本章"大呼罗珊通道与北高加索"一节)。另一个器皿上绘有的蛇像(Tosi and Wardak, 1972, 16, Fig. 13)和从锡亚尔克Ⅲ和苏萨Ⅰ发现的彩陶陶片相似(Ghirshman 1938, Pl. LXⅡ, S/1963; Pl. LXXⅦ, B/1,2,5-7/D/2-5; Pl. LXXⅧ, B/1; Mecquenem 1943, Pl. Ⅳ,1-2)。最后,夫洛尔发现的一个金杯上有一棵树,树两边各有两头野猪,杯底是三角鳞片。这个杯子和迈科普的银杯有几分相似。野猪的几何画风、健壮的身躯以及"结实的肌肉"让人遥想起迈科普时期的有蹄类动物(见图4.18)。当然,风格比较并非毫无争议,而且我们需要牢记夫洛尔的文物缺少合适的背景,因此很难断代。

高加索北部数个遗址发现的外来观赏石显示与伊朗和中

亚有关。在迈科普豪华墓葬出土的文物中有60颗绿松石（Veselovskij，1900a，4）。绿松石（水铜铝磷酸盐）是一种非透明天空蓝或蓝绿色的矿石，其最大最重要的矿产位于伊朗北部尼沙布尔（Nishapur）附近（Weisgerber，2004；Tosi 1974）。[159] 绿松石的其他产地分布在乌兹别克斯坦和塔吉克斯坦布坎套（Bukantau）、塔姆德套（Tamdytau）和卡拉马扎尔山（Karamazar）的克兹勒库姆（Kyzylkum）沙漠东部边缘。在塔姆德套的贝萨番（Besapan）发现了公元前6千纪的矿坑和采石场，而在贝什布拉克（Beshbulak）和利亚夫利亚坎（Lyavlyakan）的绿松石珠子加工作坊则证明公元前4千纪该矿就已经进行了开采（Pruger，1989）。

在伊朗西部阿里科希（Ali Kosh）和亚尔莫（Jarmo）地区PPNB时期的绿松石珠子标本非常罕见（Schoop，1995，68 f.）。[160]公元前6千纪以降绿松石文物的分布越来越广。它们出现在土库曼斯坦、锡斯坦、俾路支斯坦、伊朗高原和高加索南部地区，时间可追溯到公元前6千纪末期尤其是公元前5千纪。例如，在德耶图恩（Djeitun）、梅赫尔格尔Ⅲ、塔佩叶海亚（Tappeh Yahya）Ⅶ、塔利巴昆、塔佩扎格赫（Tappeh Zagheh）、阿利科梅克泰佩希（Alikemek Tepesi）、查拉甘泰佩（Chalagan Tepe）以及朱尔泰佩Ⅰ（Pruger，1989；Samzun，1988，126；Fazeli，2004，195；Weisgerber，2004，69；Kiguradze and Sagona，2003，89；Narimanov，1987，52，1ff）。[161]在公元前5千纪和公元前4千纪，绿松石在美索不达米亚地区几乎不为人知。

唯一一个例外是在泰佩高拉公元前4千纪早期的Ⅺ及ⅩA时期的墓葬中发现了绿松石珠子（Rothman，2002，Table A.10）。

最引人瞩目、价值最高的异域观赏宝石——青金石只在高加索主脉北部地区的3个遗址发现过。青金石珠在巴尔卡尔（Balkaria）的库达胡尔特、新斯沃博德纳亚的1号支石墓和斯塔罗姆什斯托夫斯卡亚宝藏都有报道（Korenevskij et al.，2008；Popova，1963，41；lessen，1950，177；Piotrovskij，1998，Cat. Nr. 344）。青金石是一种深蓝色的石头，由琉璃和其他矿物质混合而成。旧世界最有名的青金石矿是位于阿富汗巴达赫尚省（Badakshan）科克查（Kokcha）河谷的萨里尚矿（Weisgerber，2004）。其次是坐落在巴基斯坦俾路支省的贾盖（Chagai）丘陵地带和帕米尔山脉的产地（Casanova，1992；Del mas and Casanova，1990）。[162]

不像绿松石贸易，公元前4千纪前青金石的贸易证据很少（见Barthelemy de Saizieu and Casanova，1993，17）。[163]然而，在公元前4千纪，青金石饰物的供应网络在中亚广泛分布。青金石的加工遗址在俾路支斯坦的梅赫尔格尔Ⅲ得到证实，这个遗址可以追溯到公元前5千纪后期和公元前4千纪的上半叶，而在锡斯坦的蒙迪加克（Mundigak）Ⅰ发现了青金石珠（可以追溯到公元前4千纪初）（Samzun，1988，126；参阅Tosi and Vidale，1990；Casal，1961，240，No. 2；Barthelemy de Saizieu and Casanova，1993）。再往北，在科佩特山麓的卡拉德佩2-3的一个儿童坟墓中发现了青金石珠（纳马兹加Ⅱ后期，公元前

4千纪中叶的第二季；Masson and Merpert, 1982, 28), 哥休尔德佩1号墓的C墓(纳马兹加Ⅲ时期，公元前4千纪的下半叶，Müller-Karpe, 1984, 70)也发现了青金石珠。在扎拉夫尚山谷萨拉兹姆一个公元前4千纪的坟墓中发现了超过200颗琉璃珠(图4.19)。[164]在伊朗，公元前4千纪的青金石文物在哈利勒河(Halil Rud)的马托塔巴德(Mathoutabad)(Madjidzadeh et al., 2009)，在锡亚尔克Ⅲ和Ⅳ(Ghirshman, 1938, 56, 69–71, Pl. XXX)，在苏萨城Ⅱ(Mecquenem, 1943, 15, Fig. 12, 7)被发现。此外，在泰佩希萨尔的南山有一个青金石饰品作坊，可追溯至希萨尔ⅡB期或公元前4千年的下半叶(Tosi and Vidale, 1990, 98, with references; Dyson and Howard, 1989, 48 f.)。虽然罕见，但青金石珠也出现在南高加索地区，例如在索于丘布拉丘坟冢的1/2006墓(Akhundov and Makhmudova, 2008, 70, Pl. 28, 6)。在美索不达米亚北部，青金石珠和青金石印在格拉雷什(Grai Resh)、泰佩高拉X和泰尔布拉克TW区域的16层都有发现，可以追溯到公元前4千纪早期或中期(Matthews and Fazeli, 2004, 71; Rothman, 2002, Table A. 10; Emberling and McDonald, 2002)。[165]

水晶石珠与玛瑙珠(石英石的两种)经常在北高加索被发现，有时与其他观赏石与贵重金属一起被发现。在亚速海－库班草原发现的标本包括在季马谢夫斯卡亚(Timashevskaja)发现的水晶石珠；在乌尔亚普德涅普鲁夫斯卡亚2/8，墓5和斯塔罗姆沙斯托夫斯卡亚宝藏中发现了玛瑙珠；从克拉斯诺格瓦尔

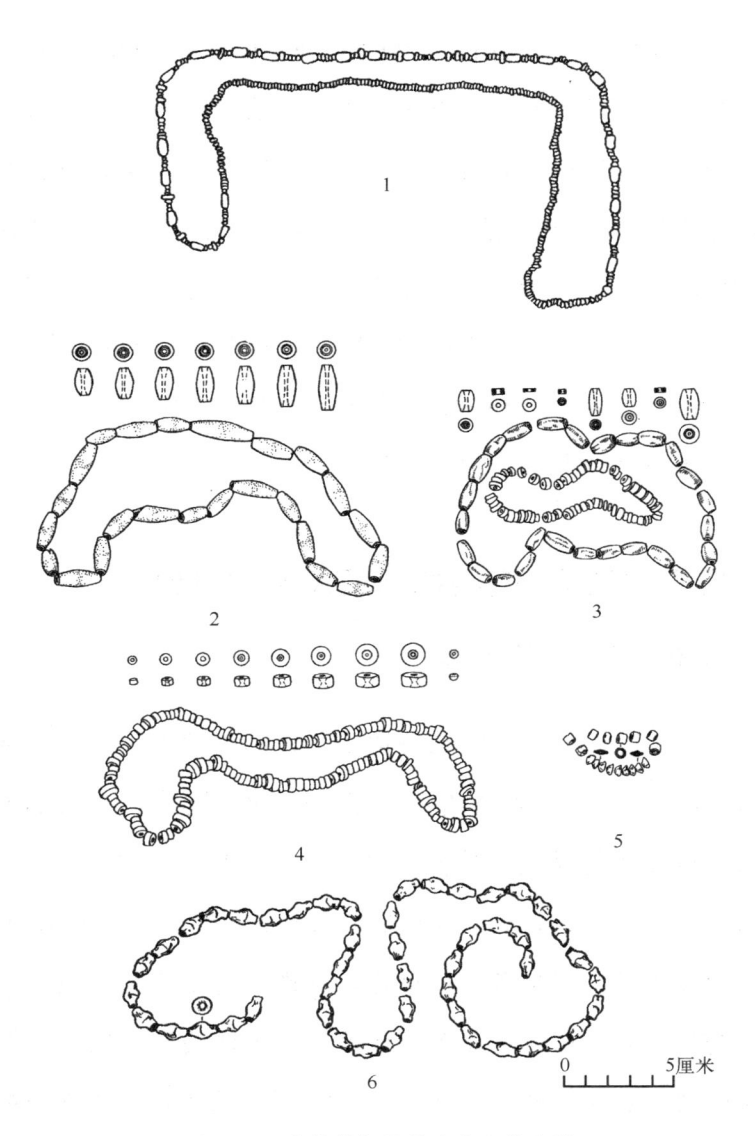

图4.19 萨拉兹姆Ⅱ墓地出土的珠子

1，2，4—青金石；3—绿松石；5—银；6—金

德耶斯科发现了一个玛瑙滚印（Trifonov，1991，107，Fig. 6；Eskina，1996；Veselovskij，1900b；Nekhaev，1986）。水晶是纯洁透明的石英，而玛瑙是火山岩浆形成的具有珍贵观赏价值的宝石。不像绿松石和青金石，这两种矿物质非常普遍，在北高加索当地开采的可能性不能被排除。[166]但是，因为玛瑙在墓葬和作坊中常常与青金石和绿松石有关系，它似乎有可能代表远距离交易的另一种外来观赏材料。各种珠宝（玛瑙、水晶石、黄金、白银、青金石和绿松石）在公元前4千纪的中亚、伊朗和美索不达米亚北部广泛流行。[167]

关于叙利亚-安纳托利亚纽带的讨论

西南亚的"糠面陶器"

考古界探寻北高加索独特物质文化的根源由来已久。现在主流的解读（尽管仍属猜测）认为迈科普文化是乌鲁克时期近东城市经济和贸易网络形成阶段的产物（Andreeva，1977，1979；Trifonov，1987；Sherratt，1997a）。最近，在安纳托利亚东北部和南高加索的田野考古考察开始发现：公元前4千纪上半叶的实物与美索不达米亚北部的乌鲁克早中期关系密切。类似幼发拉底河上游与叙利亚北部的"糠面陶器"的陶瓷材料首先被马洛（Marro，2005，2007，2008）在调查安纳托利亚东部和亚美尼亚时发现，随后又在沿巴库—杰伊汉（Baku-Ceyhan）管道沿线抢救性发掘时发现（Akhundov，2007a，2007b；Müseyibli，

2007）。[168]马洛（2005，2007）认为这种特定的陶器证明了"上美索不达米亚扩张"到达了高地而且外来群体开始在南高加索定居。包括在贝里克迪比（Berikldeebi）、卡夫季斯赫维（Kavtiskhevi）、雷拉泰佩（Leilatepe）、布约克科锡克（Boyuk Kesik）、博鲁（Poylu）和索于丘布拉丘的遗址群中发现的陶器都具有"北美索不达米亚主要的或完全一样的传统"（Marro，2007，78）。[169]但是，像泰胡特（Tekhut）、阿拉塔申（Aratashen）、锡奥尼（Sioni）、蒂索皮（Tsopi），以及阿利科梅克泰佩希（Alikemektepesi）上层的其他遗址发现了当地"锡奥尼晚期"类型的陶器和少数糠面陶器的陶片。公元前3500年，随着库拉-阿拉克斯文明的崛起，北美索不达米亚的文化元素彻底消失（Marro，2005，32）。

与北美索不达米亚传统关系密切的遗址群包括定居点土丘和"平地"定居点。建筑遗址包括矩形多室泥砖房（在雷拉泰佩和贝里克迪比；Makharadze，2007；Narimanov et al.，2007，Figs 1 and 2）。布于克科锡克发现了矩形和圆形的夯土及抹灰结构（Müseyibli，2007，105）。在雷拉泰佩和布于克科锡克，屋内发现了数个穹顶烤炉（Narimanov et al.，2007，16 f.）。这些遗址中，婴幼儿瓮葬很常见（Narimanov et al.，2007，18 f.，28-30）。泰尔曼肯德、索于丘布拉丘和卡夫季斯赫维的发掘显示成人被葬在直径为5~10米的小土丘中，并围有碎石驳岸（Makharndze，2007；Makhmudov et al.，1968，20 f.；Akhundov，2008，19；Akhundov，2005；Akhundov and Makh-

141

mudova，2008，28 f.，32-43，Pl. 4，Pl. 10）。有些墓室很大，墓壁用石板或泥砖砌成（Akhundov，2007b，Fig. 5）。

这些遗址中发现的陶器文物主要有两种：（1）精细陶器：陶土掺和碎屑（糠），烧制良好，颜色泛红，表面施釉抛光，这种陶器和大美索不达米亚乌鲁克早中期以及阿米克F时期的"糠面"陶器非常相似。这类器物多为圆底，口沿处可见陶工标记及轮制痕迹（Narimanov et al.，zooj，38，52 f.，Foto 7，Fig. 33，Fig. 34）。（2）粗陶器：带矿物质的粗陶则是在低温下烧制，纯手工制作。这种陶器远不如糠面陶器来得多（比如在雷拉泰佩；Narimanov et al.，2007，7，37 ff.）。

常见陶器和石器文物包括女性陶俑、带有动物图像的陶印、鞍形石磨和石臼、陶镰、规则的燧石工具和黑曜石刀片、带有锯齿的大燧石镰刀嵌片（Narimanov et al.，2007，Fig. 6，8，Fig. 8，Fig. 23，1.3，Fig. 26；Akhundov，2007a，62；Müseyibli，2007，Pl. 24，Pl. 28，Pl. 32，12～15）。织机砝码缺失，但圆锥形纺锤锭子在出土文物中非常常见（Narimanov et al.，2007，Fig. 18，17～28）。在索于丘布拉丘的1/2006墓和泰尔曼肯德1号墓发现了奇特的以大型猫科动物为首的"磨石权杖"（Akhundov，2007a，Table Ⅱ，10.11；Akhundov，2008，19；Akhundov and Makhmudova，2008，29，36，Pl. 30，8，Pl. 35，3）（见图4.23，17）。索于丘布拉丘的坟墓出土了小玛瑙珠、青金石珠、陶珠和银珠（Akhundov and Makhmudova，2008，36，Pl. 28，6～39）。大型铜器物件，像泰尔曼肯德1号

墓发现的两把平斧和烙接矛头都是非常罕见的（Makhmudov et al., 1968, 20 f.; Akhundov, 2008, 19; Narimanov and Dzhafarov, 1990, Fig. 2, 5）。在雷拉泰佩结构4中出土了带铜渣的炉床，在布于克科锡克发现了陶范碎片。这些都证明了熔炼和铸造的存在（Narimanov et al., 2007, 12; Müseyibli, 2007, 142 f.）。雷拉泰佩出土的文物化学成分显示其罕见地使用了1%~2%的砷（Aliev and Narimanov, 2001, 135, Table XL），而布于克科锡克出土的文物则不含砷（Müseyibli, 2007, 140-141）。[170]

上述遗址群发现的制陶术、金属加工以及丧葬习俗与北高加索迈科普时期的物质文化非常相似，包括经糠面处理、圆底、陶轮加工并带有陶工印记的陶罐；砷铜；铸造术；金银珠饰品以及异域观赏石珠；墓穴狭小、位于大墓室右侧；坟墓周围围有石子护岸。但是，两个地区的生活方式和社会习俗还是小同大异。一方面，印章和印章概念、室内婴幼儿瓮葬、村落布局以及村落生活传统、矩形多室泥砖建筑、女俑、石臼以及穹顶烤炉的使用是北方群体所不熟悉的。另一方面，多种金属器型（如叉、釜、颊片）、复杂的合金金属加工、大型奢华墓葬、迈科普时期具体的定居点传统和建筑在高加索主脉南部缺失。

外来元素在公元前4千纪在北高加索的出现最流行的解释是人们翻越山脉迁徙（如Korenevskij, 2008a, 79）。那么是什么原因让人们翻越像高加索主脉的大型地理障碍进行迁徙和思想传播呢？令人惊讶的是，异域习俗和物质对高加索的渗透基本与"乌鲁克扩张"同时发生，乌鲁克扩张指的是低地贸易网络扩张到美索不达米亚边境资源丰富的高地。[171]但是，鲜有证据表明这些贸易网络渗透到了高加索高地。实际上，高加索东南部一些社会生产糠面陶器的工艺显然来自叙利亚北部和上幼发拉底河的陶瓷传统。但是，把糠面陶器看成是有目的的经济扩张造成的是不对的：似乎我们面对的是一个巨大的陶瓷王国，包括上美索不达米亚和东方托罗斯北部高地。库拉-阿拉克斯黑红抛光陶器可能是在公元前4千纪晚期分布在地中海和伊朗西部之间整个区域最有名的陶器种类，这种陶器可以和"糠面陶器"进行对照。[172]它们由移民携带并被当地原住民采纳，这种陶器的传播是个长期的过程，可以描述为一个"涟漪"般的过程，而不是一个大规模的移民潮（Rothman，2005；Batiuk，2005；Batiuk and Rothman，2007）。"库拉-阿拉克斯"社团渗透到大高加索北部地区并在丘陵的中央地带定居下来（Rostunov，1989，1996）。覆盖几乎同一地区的糠面陶器也在某个时刻越过高加索山脉传播开来，最有可能是沿着相同的路径，通过高加索中部的通道扩展开来的。如果这种特定的陶器来自叙利亚-安纳托利亚区域，那么其他的技术也是从大美索不达米亚传过来？在本章下一节的介绍中，我认为事实并非如此。相反，北高加索社会灿烂的物质文化根植于一个让人意想不到的传统。

第四章　库班河下游河谷

大呼罗珊通道与北高加索

乌鲁克美索不达米亚和其在叙利亚-安纳托利亚边境地带的中央集权社会似乎对公元前4千纪中期高加索新技术的出现和发展没有起到任何作用。一方面，没有乌鲁克贸易网络的物质交易和参与的直接证据。更重要的是，高加索物质文化中的外来元素在幼发拉底河上游和底格里斯河流域或是在美索不达米亚的冲积平原并没有相应的发现；相反，这些元素在亚洲高原——伊朗高原和中亚南部却有对照物。但在扎格罗斯山脉和东方托鲁斯山脉北部山区的遗址出现了叙利亚-安纳托利亚的糠面陶器，并且这些陶器还传入了北高加索，这似乎与前面的观点矛盾。但是，伊朗西北部尤其是乌尔米耶平原构成了这种糠面陶器的"陶器国度"一个不可或缺的部分（Marro，2007，note 36，map 1）。该区域（而不是安纳托利亚东部）很可能是陶器进入高加索境内的港口。

再考虑一下北高加索社会物质文化和技术中的中亚元素。最模棱两可的证据是彩色观赏石珠。不仅青金石、绿松石还有疑似玛瑙在伊朗高原和中亚的山区都有产地，但是这些材料通过上美索不达米亚间接输送出去的可能性基本可以排除。公元前4千纪青金石和绿松石在亚洲西南部基本没有。相反，伊朗和中亚的遗址则有足够的证据表明至少自公元前6千纪以来这些物质的交易一直没有中断（见本章"远途贸易"一节）。克拉迪2号支石墓出土的一件异域织物、同一墓中发现的罕见红色

145

颜料、乌斯季德泽古塔发现的三角形扁平针头的独特骨针、从克拉斯诺加瓦尔德耶斯科发掘的刻有雄鹿和树图形的玛瑙滚印都表明来自伊朗高原和其边境地带。[173]此外，迈科普坟墓出土的带有动物图形的银器皿绘有原产于阿塞拜疆和伊朗西部的动物，其风格与在阿富汗北部夫洛尔发现的一件带有动物纹饰的黄金器皿相似。除了这些异域商品外，外来思想和技术知识也从东南部传入迈科普时期的社会。例如，大部分当地产的铜器器形都源自伊朗风格，而不是叙利亚-安纳托利亚风格。其他的北高加索技术特点，如失蜡铸造、陶芯金珠及银片、铜铅合金、铜银合金、砷镍铜、金银的使用以及金属器皿制造很可能源自"伊朗-阿富汗"文化领域，而不是源自大美索不达米亚。所有这些技术创新都是公元前4千纪早期中亚和伊朗技术系统的一部分。

在公元前4千纪早期或纳马兹加II期，中亚和伊朗社会之间的交往开始日益频繁。罕见的观赏石、颇具特色的彩陶和某些特定的文物（如"手袋"石重）均在泽拉夫尚山谷（萨拉孜姆I）、科佩特山麓（卡拉德佩2~3）、锡斯坦（蒙迪加克I）和俾路支斯坦的多个遗址中出现。[174]公元前4千纪的下半叶或是纳马兹加III期见证了这个交易网络空前的扩张。[175]所谓的哥休尔彩陶设计在一些遥远的遗址被发现，如泽拉夫尚山谷的萨拉兹姆和茹科夫（Zhukov）（Masson，1992，198；Kircho，personal communication，November，2010）；伊朗高原科尔曼附近的塔尔伊布利斯（Masson，1981，81-85）；锡斯坦赫尔曼德河谷的沙里索科塔Ⅰ及蒙迪加克Ⅲ；俾路支斯坦的奎塔、皮欣（Pishin）和卡奇（Kachi）河谷（Biscione，1984；Masson，1981，89 f.；Casal，1961，100；Jarrige，1981，1988）。中亚哥休尔风格的女性陶俑在赫尔曼德河谷萨伊德-卡拉（Said-Qala）的最底层和印度河谷的前哈拉番（Harappan）文化遗址被发现（Masson，1981，90 f.）。珠子的分布大致和彩陶匹配：金、银、玛瑙、绿松石和青金石珠子在萨拉兹姆Ⅱ，哥休尔德佩（Geoksjur-depe）Ⅰ，阿尔泰恩德佩9、10以及卡拉德佩10和蒙迪加克Ⅱ-Ⅲ都有报道（Isakov，1992；Müller-Karpe，1984，62，70，Fig. 24，5，9~17，Fig. 27，11；Masson and Berezkin，2005，390，Fig. 3，4；Masson，1981，67；Casal，1961，140 f.）（图4.19和图4.20）。据基尔希（Kircho，2010），交易是由科佩特山麓社区首先开始，因为那里缺少金属资源，交易旨在建立一个泽拉夫尚山谷矿藏铜矿的供给渠道。

贵重的奢侈品，尤其是观赏石的流通，暗示着纳马兹加Ⅱ-Ⅲ时期中亚网络向西扩张至伊朗北部和西部。此外，类似中亚的"手袋"石重在泰佩希萨尔ⅠC和锡亚尔克Ⅲ被发现（Ghirshman，1938，55，142，Pl. LXXXV，223；Schmidt 1937，Pl. XVIII，2095）。对于交往的实际机制和路线我们只能靠推测。在中世纪时期，一条主要的远途贸易路线，大呼罗珊路把巴达山的青金石资源和伊朗西部联系了起来。这条天然的东西通道通过厄尔布尔士（Elburz）山脉的河谷通向北方，通过大什特-卡维尔（Dashit-i Kavir）沙漠边缘通向南方，在伊朗高原的东北

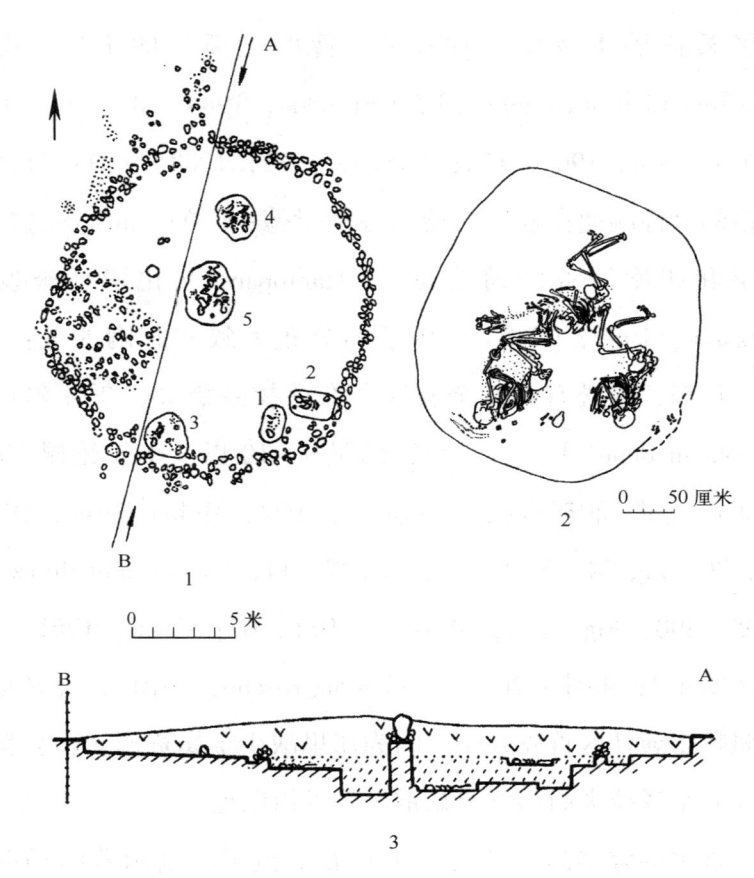

图 4.20 萨拉兹姆Ⅱ墓地以及墓 5(2)的平面分布

部边缘从呼罗珊通向里海低地西南边缘附近的大不里士(Tabriz)(Majidzadeh, 1982, 59)。通过库拉谷和高加索中部通道，商品和思想沿着呼罗珊路流通并可能最终到达北高加索地区的社会(图 4.21)。

乌尔米耶湖(Urmia)平原有可能是伊朗社会和高加索社会开始接触的前沿地区。在乌尔米耶湖东南角附近的塞吉尔丹遗址发掘了一个由 11 个墓组成的墓地(Muscarella, 2003,

第四章 库班河下游河谷

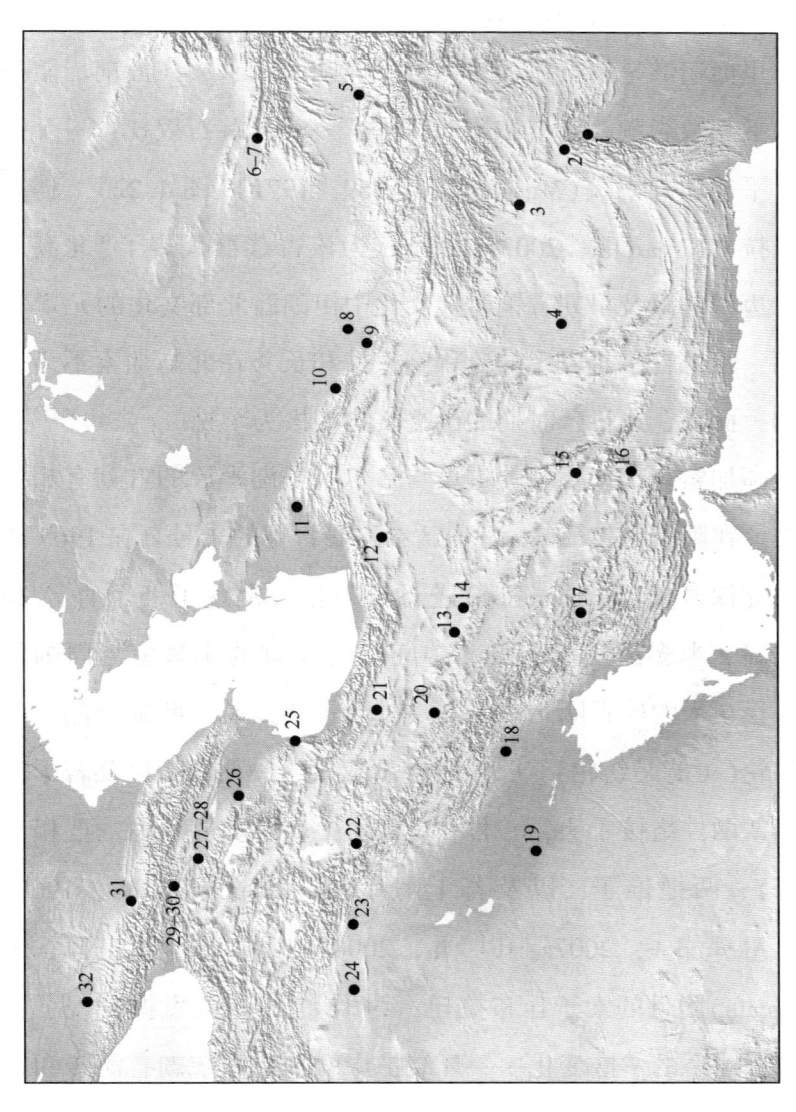

图 4.21 中亚和南高加索遗址

126 f.)。墓地周围铺了石子护岸，每个坟堆一个墓，上面通常盖着一堆石头。精心修筑的石墓室鹅卵石铺地，墓顶用木头支撑，里面遗骸呈赭石色、右侧卧、屈腿、双手放在面前。陪葬品包括无数彩陶、黄金和玛瑙珠子；一个猫首石权杖；一个银杯；平斧和砷铜镐（Muscarella，1969，1971）（图4.22）。穆斯卡里拉（Muscarella，2003，125）认为该古墓群代表了"北高加索、迈科普以及早期青铜时代文化中伊朗西北部文化的元素"。然而，在塞吉尔丹发现的兽首石权杖和长斧在北高加索不为人所知，而镐在迈科普时期的出土文物中极为罕见。

高加索东南部发现的古坟与乌尔米耶湖平原的古墓有相似之处。在阿斯塔拉（Astara）地区泰尔曼肯德的1号墓在1965年由马克穆多夫（Makhmudov）进行了发掘，发现了一个直径14米、高2米多的巨大石堆。中间是石头砌的小墓室，周围铺着直径7米的碎石圈。墓内有一成人骨架以及一些随葬品：一个陶轮（可能是纺轮）、一个兽首石权杖、一块磨石以及若干砷铜器，两件烙接矛头，一件平斧（就在墓外发现了另一把相似的斧）、两把锥子，以及若干陶片（Makhmudov et al.，1968，21；Akhundov，2007a，Pl. II，2008，19）。在阿克斯塔法（Aqstafa）附近的索于丘布拉丘，约18个古墓的发掘发现了同一丧葬习俗的一些变化——环绕护岸、墓室内壁砌有泥砖和鹅卵石、木质屋顶、铜匕首以及畜首权杖（Müseyibli，2005；Narimanov et al.，2007；Akhundov，2007b，2008；Akhundov and Makhmudova，2008，32-43）（图4.23）。在格鲁吉亚中部卡夫

第四章 库班河下游河谷

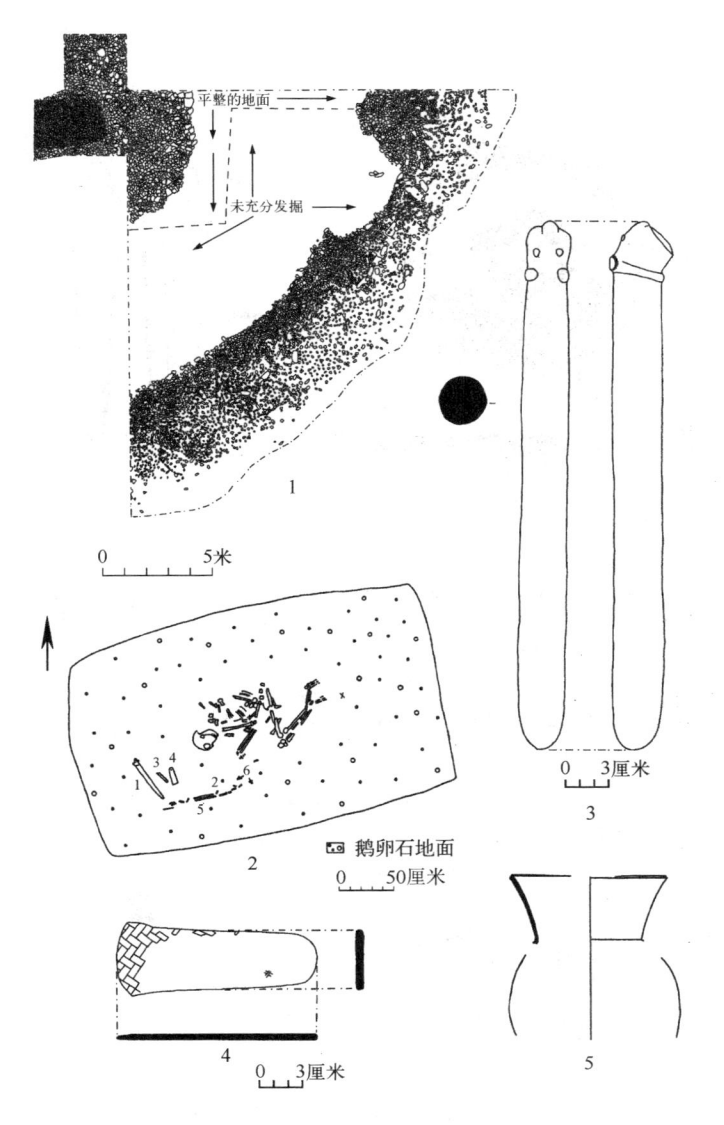

图 4.22 塞吉尔丹古墓Ⅲ

1—未完全发掘的墓址图；2—墓中发现的遗骸；3—石头；
4—铜器；5—银器（5 非等比例）

151

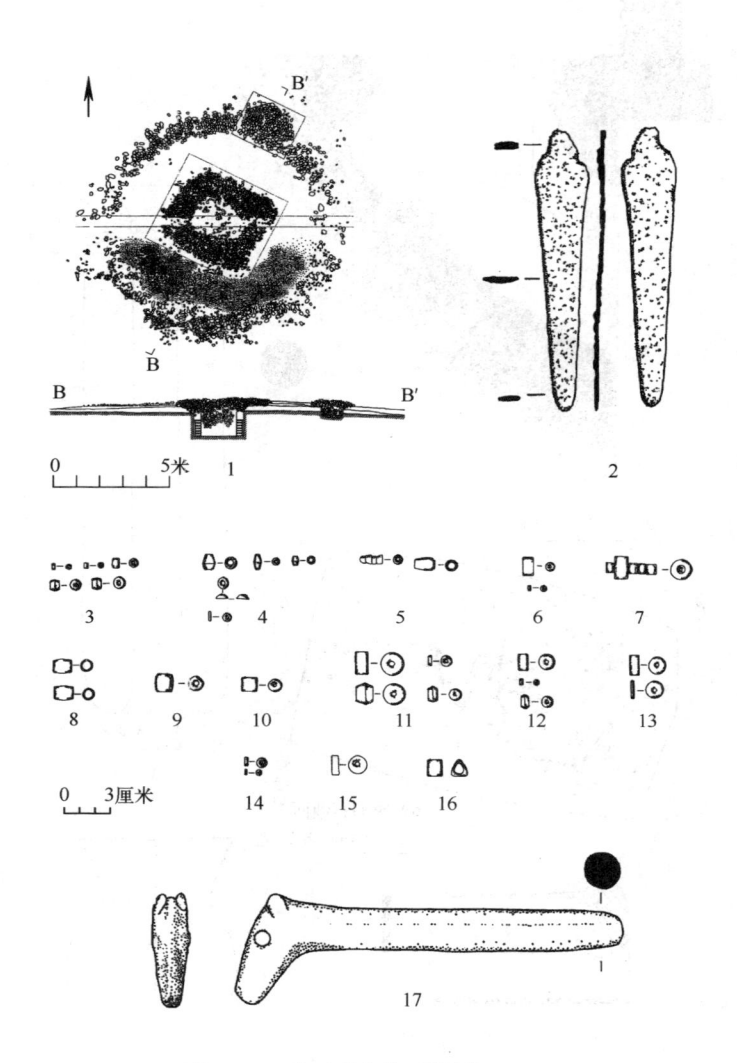

图 4.23　索于丘布拉丘坟冢 1/2006

1—坟冢平面图；2—铜器；3，8—银合金；4—黄金；5—银箔和滑石芯；
6，10—滑石；7—银和玛瑙；9—青金石；11—玛瑙；12，13—棕色石头；
14—石头；15—贝壳；16—骨头；17—石头

季斯赫维(Kavtiskhevi)附近发掘的一个部分损毁的古墓也发现了类似的特征。有一环形护岸、用石块在地上建起一正方形大墓室。地上铺有一层鹅卵石。不幸的是，尸骨和相应的文物没有保存下来(Makharadze，2007，2008)。这些古墓与北高加索墓葬的相似之处是明确无误的：土坟堆、碎石护岸、坟上有石堆、墓室(方形大墓室、石砌墓壁、鹅卵石铺地)、红色颜料以及尸体的姿势都是两个地区共有的特点。[176]

这些古墓特点鲜明，其地理分布似乎标志着一条从伊朗西北部沿着库拉河谷到中亚通道的路线。[177]研究人员把塞吉尔丹等看成是不同寻常的古迹，它们是在北高加索社团的影响下甚至是北高加索社团直接移民产生的(Muscarella，2003，125；Korenevskij，2004，76，note 2；Kohl，2007，85)。[178]如果孤立来看这些遗迹，这种观点是可行的。然而，结合前面所述的历史背景以及现有的证据就会有一个新的模式。与前面介绍的几个其他创新一样，独特的丧葬习俗最有可能是从伊朗西北部和里海西南部低地沿库拉山谷向北蔓延，并在公元前4千纪第二季度至中期到达了高加索北坡。因此，丧葬证据进一步增加了这个假说的可信度，即北高加索地区的外来元素源自伊朗高原及其边缘地区，而不是从两个远离早期墓葬分布区的大美索不达米亚和安纳托利亚高原。

注　释

1. 迈科普文化是东欧南部的青铜时代早期文化，分布于北高加索山前地带，西起库班河畔，东到里海沿岸。年代为公元前 3 千年下半叶。约公元前 3 千年与公元前 2 千年之交，被北高加索文化所取代。因 1897 年俄国考古学家韦谢洛夫斯基在迈科普市发掘而得名。译者注。

2. 韦谢洛夫斯基在高加索山麓的普塞巴耶斯卡亚（Psebajskaja，1895）、科斯特罗夫斯卡亚（Kostromskaja）和特萨尔卡亚（Tsarskaja，1897）、迈科普（1898）和贝洛里臣斯卡亚（Belorechenskaja，1907）以及库班河下游的西塞曼（Zisserman，1900）发掘了史前坟墓。如果考虑到韦谢洛夫斯基在库班地区发掘的坟冢数目（在约 20 年时间内超过了 500 个，其中有 130 个是在 1901 年和 1903 年之间发掘的；参见季洪诺夫，2009），那么迈科普镇发现的独特坟冢就不会那么令人惊讶了。

3. "迈科普"在这里被用作"北高加索早期青铜器时代"的代名词，同时也用于文献中许多其他名称的一般替代物，包括术语"迈科普-新斯沃博德纳亚群落"。

4. 萨夫罗诺夫的发掘成果仍然未公布，但他的一些出土文物由特里福诺夫（Trifonov）在他的文章（1991）中做了概述。

5. 圣彼得堡物质文化研究所的库班斯卡亚（Kubanskaja）考察队于 1980 年在巴图林斯卡亚（Baturinskaja）（Sharafutdinova，1980）；莫斯科考古研究所的塞韦罗-卡夫卡扎亚（Severo-Kavkazkaja）考察队于 1987 年在奥列尼耶（Olenij）1。塞韦罗-卡夫卡扎亚探险队的阿宾斯基（Abinskij）分队于 1984 年在亚斯特雷波夫斯基耶（Jastrebovskij），1986—1987 年在奥布谢泰斯特维诺（Obshtestvennoe）2，1987 年在布谷恩德尔（Bugundyr）Ⅵ 进行了挖掘（Gej，2008）；阿迪格（Adygea）研究所曾在 1981—1983 年在皮塞库普（Psekup）（Lovpache，1985；Lovpache and Ditler，1988）；在阿迪格耶斯卡亚（Adygejeskaja）探险队于 1981—1984 年在克拉斯诺格瓦尔德耶斯科（Krasnogvardejskoe）（Nekhaev，1986）；克拉斯诺达尔博物馆 1985 年在新科孙斯卡亚（Novokorsunskaja）（Kondrashov and Rezepkin，1988，Rezepkin，2000，74）；莫斯科州立东方艺术博物馆（GMINV）的卡夫卡兹卡亚（Kavkazkaja）探险队于

1981—1984 年在乌尔亚普（Uljap）和车尔尼雪夫（Chernyshev）Ⅱ（Bianki and Dneprovskij, 1988），1987—1988 年在塞雷金斯科（Sereginskoe）（Dneprovskij, 1991），1988 年在瓦什希图（Uashkhitu）Ⅰ（Korenevskij and Dneprovskij, 2003）。

6. 发布的遗址列表中包括沿海地区的坟墓：皮希布（Psyb）（Teshev, 1986）、拉斯韦特（Rassvet）（Munchaev, 1975, 263-267）、拉耶夫斯卡亚（Raevskaja）（Munchaev, 1975: 261 f.）、纳图哈耶夫斯卡娅（Natukhaevskaja）（Shishlov and Fedorenko, 2006; Shishlov et al., 2009）、森纳亚（Sennaja）（Sokolskij, 1965, 115）、库楚古里（Kuchuguryj）（Kublanov, 1959）、泰姆于克（Temrjuk）（同 Khutor Korzhevskij，见 Trifonov, 1991）、亚斯特雷波夫斯基耶（Jastrebovskij）（Gej, 2008）和奥布谢泰斯特维诺Ⅱ（Sorokina and Orlovskaja, 1993）；在亚速草原坟墓有奥列尼耶Ⅰ（Gej, 2008）、德涅普路斯卡亚（Dneprovskaja）（Trifonov, 1991）、巴图林斯卡亚（Baturinskaja）（Sharafutdinova, 1980）、季马谢夫斯基（Timashevsk）（见 Trifonov, 1991）以及斯塔罗姆沙斯托夫斯卡亚（Staromyshastovskaja）的一个墓藏（Veselovskij, 1900b）；库班河下游坟墓和定居点包括克拉斯诺格瓦尔德耶斯科（Krasnogvardejskoe）（Nekhaev, 1986）、陶耶哈布尔（Taujkhabl）（Rezepkin, 2000）、契什胡（Chishkho）、哥罗德斯科耶（Gorodskoj）和普什库耶哈布尔（Pshikujkhabl）（Rezepkin and Lyonnet, 2007）、新科孙斯卡亚（Rezepkin, 2000, 74）、皮塞库普（Lovpache, 1985, Lovpache and Ditler, 1988）和皮哈古加佩（Pkhagugape）（Rezepkin and Poplevko, 2006）；库班南部遗址包括车尔尼雪夫Ⅱ（Bianki and Dneprovskij, 1988）、滕金斯卡亚（未发表，见 Korenevskij, 2008b, 11）、乌尔亚普（Eskina, 1996; Brileva and Erlikh, 2011）、塞雷金斯科（Dreprovskij, 1991）、瓦什希图Ⅰ（Korenevskij and Dneprovskij, 2003; Erlikh et al., 2006）和沃兹德维兹恩斯卡亚（Veselovskij, 1902）。

7. 由他命名为"早期库班群体"，"迈科普文化"一词由克鲁波诺夫（Krupnov）在 1951 年提出。

8. 乌鲁克文化期(约公元前3500年至公元前3100年)是西亚的铜石并用时代文化，主要分布在美索不达米亚地区，是考古学上苏美尔从氏族公社向文明时代过渡的第二个时期，苏美尔开始进入文明时代。这一时期铜器大量出现，陶器制作普遍使用陶轮，能制造彩陶。阶级分化越来越明显。乌鲁克文化产生了奠定苏美尔文明传统的三项成就，即塔庙式的神庙建筑、圆柱形的印章和文字的发明。译者注。

9. 基于这些理由("发展亲密性"被认为是同步的证据)，伊森把这些早期材料(迈科普)追溯至公元前2300年至公元前1900年，晚一些的材料(新斯沃博德纳亚)追溯至公元前2100年至公元前1700年。

10. 迈科普陶器也在康斯坦丁诺夫斯科定居点遗址、康斯坦丁诺夫斯科Ⅷ 3/9(和银珠宝一起)以及顿河下游穆希恩(Mukhin)Ⅱ 5/16都有出土(Kijashko, 1994)；库马-马尼齐(Kuma-Manych)低地也有记载(Shishlina, 2007, Fig. 18, 3)(这些坟墓的年表见Rassamakin, 2004a, 162 f. Fig. 121)。再往西，有可能是从高加索进口的甚至有橙色外表肩部有图案抛光或阴刻装饰的棱纹低颈罐在萨马拉山谷的索科罗夫(Sokolovo)Ⅰ 6/4、兹沃季罗夫卡(Zhivotilovka)和巴甫洛格勒(Pavlograd)Ⅰ 8/3有报道(Rassamakin, 2004a, 127 f. Fig. 102, 9-12)。拉萨马金发现的ⅢC群组(后者坟墓所属)可与特里波利耶C2通过进口彩陶相互关联起来(Rassamakin, 2004a, 126)。

11. 据科里涅夫斯基和雷泽普金(Rezepkin, 2008, 114)现有约69个日期。而且，从顿河下游拉兹多尔斯科遗址第7级(那里发现了典型的迈科普陶器)的碳样品(IGAN-723)也指向了公元前4千纪的下半叶(Kremenetski 1997, 40)。

12. 从德涅普罗夫斯卡亚12/5-8-12(OxA-4707，人骨；Korenevskij, 2004, Table 11；Trifonov, 2004)、巴图林斯卡亚(OxA-4709, Zaitseva and van Geel, 2007)、到塞雷金斯科(Ki-14226，陶器；Korenevskij and Rezepkin, 2008)。此外，布里列娃和埃里克(2011)报道了乌尔亚普定居点的动物骨骼样品的放射性碳测量值。4个样品来自2个坑和2个陶器和骨头堆，校准范围在公

元前3900年至公元前2900年之间。

13. 所有遗址位于库班河南部：乌尔亚普（Brileva and Erlikh, 2001）、塞雷金斯科 54-63（Dneprovskij, 1991）、克拉斯诺达尔水库沿岸遗址契什胡、皮哈古加佩、哥罗德斯科耶、普什库耶哈布尔和皮塞库普（Lovpache and Ditler, 1988；Rezepkin and Lyonnet, 2007）以及瓦什希图的遗址（Korenevski and Dneprovskij, 2003）。

14. 乌尔亚普两个土房地板和几个坑的残片在梅欧蒂安（Meotian）坟冢下被出土（Brileva and Erlikh, 2011）。

15. 皮塞库普的炉灶、垃圾坑和大坑考察发现了其他容器和大量花岗石鞍形石磨的残片，但没发现建筑物。该遗址完整容器集中可能意味着还有未被识别的坑灶和容器碎片（Lovpache and Ditler, 1988, 105）。

16. 在塞雷金斯科发现了一个直径36厘米的大口陶瓷坛，在乌尔亚普发现了一个大口陶瓷坛的碎片（Dneprovskij and Korenevskij, 1996, 6；Brileva and Erlikh, 2011）。

17. 在高加索地区也发现了类似的建筑遗迹，例如在新斯沃博德纳亚（Rezepkin, 2008）、乌斯季德泽古塔（Nechitajlo, 2006a）和加尔居加耶 1（Korenevskij, 1995）。加尔居加耶 1 由一组分散的住宅组成，彼此相距 12~20 米（Korenevskij, 1995, 79）。

18. 集体埋葬的例子包括皮希布（Psyb）（一个石棺有七具骨架；Teshev, 1986）和沃兹德维兹恩斯卡亚（4 具蹲姿骷髅，随葬品有几个大铜器；Veselovskij, 1902, 47）。

19. 例如，在奥列尼耶 1/11、2/30 和 2/34（Gej, 2008, 183）以及新科孙斯科卡亚（Kondrashev and Rezepkin, 1988）。

20. 前面的特征仅见于库班河南部坟墓中，例如在车尔尼雪夫 II 10/2、1/4（Bianki and Dneprovskij, 1988）、乌尔亚普 17/7（Bianki and Dneprovskij, 1988, 75 f.）和沃兹德维兹恩斯卡亚（Veselovskij, 1902, Pl. 2）。拉斯韦特（Rassvet）3/1 发现了在地面上建造的带有粗石墙的坟墓（见 Korenevskij,

2008b,11,Fig.51,1)。石墙、木框架和卵石地板也见于山前坟场,例如在克拉迪 11C/9(Rezepkin, 2000, 42 f., Pl. 7, 1)、莫斯托夫斯卡亚(Mostovskaja)(Korenevskij, 2008b, 10 f. Fig. 14, 1)、巴姆特坟冢 3(Munchaev, 1994, Pl. 44, 8)、基什佩克(Kishpek)1/2(Chechenov, 1984, 173 f. Fig. 12)和基什佩克 2/3(Chechenov, 1984, 181, Fig. 16)。

21. 有一个可能的例外是皮希布的石墓(Teshev, 1986)。高加索中部木材和石头建造的墓葬和石框墓(在基什佩克、切格姆、纳尔奇克)见贝特罗佐夫(Betrozov)和纳戈耶夫(Nagoev, 1984)及切切诺夫(Chechenov, 1970, 1984)。在克拉迪(Rezepkin, 2000; Veselovskij, 1901)和科斯特罗夫斯卡亚(Kostromskaja)(Dneprovskij et al., 1995)发掘出了支石墓。

22. 不同的姿势很少见,例如在季马绍夫斯克墓 15 有一具躺卧蜷腿的尸骸(Kaminskij, 1993)。

23. 在亚斯特雷波夫斯基耶和奥列尼耶(Gej, 2008)出土了垫子,在丰坦(Fontan)(Munchaev, 1975, 267)和亚斯特雷波夫斯基耶(Gej, 2008)发现了石堆。

24. 在亚斯特雷波夫斯基耶(Gej, 2008, 179 f.)、奥布谢泰斯特维诺Ⅱ和瓦什希图 1(Korenevskij and Dneprovskij, 2003, 90 f.)。高加索中部地区类似的如库达胡尔特遗址,见科里涅夫斯基等(2008, 127)。

25. 可能也有不带坟墩的坟墓,例如在瓦什希图 1(Korenevskij and Dneprovskij, 2003)。

26. 亚斯特雷波夫斯基耶的坟冢高度为 2.3 米(Gej, 2008, 179),属于中等大小的坟墓。非常大的坟冢有伊诺泽因特塞沃墓(高 7 米;Korenevskij and Petrenko, 1982),扎曼库尔坟冢 1(高 6 米;Korenevskij and Rostunov, 2004, 154);纳尔奇克和迈科普的墓非常罕见(后者高 11 米,直径约 100 米;Korenevskij, 2005b)。

27. 高加索中部地区发现了扩大坟墓但不是为了新的埋葬的证据。布鲁特(Brut)和扎曼库尔(Zamankul)的大型坟冢在两层和五层之间,其巨大的石护岸是在最后的扩建之后才建成的（Korenevskij and Rostunov, 2004; Korenevskij, 2005b）。在库达胡尔特（Kudakhurt），科里涅夫斯基等（2008）观察到了数次修建行为，包括修建土层、坑、石护岸等。

28. 在山脚发现了更大的坟冢，例如在新斯沃博德纳亚/克拉迪发现了约30个坟冢（Rezepkin, 2000），在乌斯季德泽古塔发现了17个（Munchaev, 1975, 228-241）。

29. 反复被挖、盗空和损坏的坟墓很常见。有些显然是在迈科普时期被打开，例如布鲁特坟冢3（Korenevskij and Rostunov, 2004, 153）。

30. 高加索西部和中部山麓地区更多的豪华坟墓（切格姆Ⅰ5/3、基什佩克Ⅱ1/1、伊诺泽因特塞沃、库达胡尔特、克拉迪30/1）见贝特罗佐夫和纳戈耶夫（1984）、科里涅夫斯基（1981）、切切诺夫（1974）、科里涅夫斯基和彼得连科（1982）、科里涅夫斯基等（2008）和雷泽普金（2000）。

31. 根据韦谢洛夫斯基的原始田野考察报告描述[Veselovskij, 1897(1997)]；报告包括一个非常粗糙的图纸。这个尸骨的位置不同寻常，但谢拉特（1997a, 387）提出了一个有趣的想法：仰卧位的原因在他看来是为了在葬礼期间展示精美的衣服和装饰品。

32. 据化学分析这是铅丹（四氧化铅，Pb_3O_4）[Veselovskij, 1897(1997)]，铅丹是在铅矿床中形成的稀有矿物，也可以通过加热铅矿[例如来自碳酸铅（白铅或氧化铅 $PbCO_3$）和氧化铅或黄铅 PbO]在氧化条件下达到48℃时获得。如果吸入、摄入或通过皮肤吸收是会中毒的。

33. 关于金属容器的综合摘要见科里涅夫斯基（1988, Fig. 4, Fig. 6）。

34. 在所有的房间中共回收了5500颗珠子，包括40多颗绿松石珠和超过780颗红宝石珠（Piotrovskij, 1998, 244 f.）。

35. 大锅和碗，扁斧和轴孔斧，匕首，凿子，锥子和一把铜剑，一把石锤斧，一把火石匕首，石器工具（磨石，研磨调色板），火石箭头，数百个小珠子和金戒指，岩石水晶，金和银，两个铜狗小雕像，银针，两个铜"叉"，一个瓦罐。

36. 葬有几具尸骨的坟墓被发掘，例如，在克拉迪 31/5（儿童和成人，性别不知；Rezepkin，2000），迈科普（3 名成年人），纳尔奇克（2 名成年人），扎曼库尔（1 名成年女性，1 名男性；Korenevskij and Rostunov，2004）。对于个别的坟墓，见克拉迪 28/1（一名 22~25 岁间的男性）和克拉迪 30/1（一名 30 岁女性）（Rezepkin，2000）。

37. 在皮哈古加佩（Spasovskij，2008）发现了马骨。在加尔居加耶，确定了马和两种不同种类的驴（蒙古野驴和驴）的骨骼（Korenevskij，2004，Table 15）。蒙古或亚洲野生驴（也称为中亚野驴）居住在从北高加索到第聂伯间的广阔地区（见 Clutton-Brock，1992，Fig. 2.9，可能是以前的野驴分布地区），从未被驯化（见 Clutton-Brock，1992，37）。关于第二个马科动物（驴）有两种可能性。如果确实是驴科动物（驯化驴），它一定是从西南亚引进（西南亚公元前约 3200 年的驯化驴证据来自乌鲁克-瓦尔卡、阿尔斯兰泰佩和哈塞克土丘；参见 Boessneck et al.，1984，Bökönyi，1983，589；Boessneck and von den Driesch，1992，68）。然而，似乎更可能的是，这种动物实际上是欧洲野生驴，现在是全新世早期和中期的北部黑海地区灭绝的物种，见斯帕索夫和伊利耶夫（2002，317）。为了在玛雅基的后 4 千纪遗址中鉴定马属动物，见第六章。

38. 涅日斯卡亚（Nezhinskaja）5/13 发现的容器上的植物遗存被鉴定为紫草（Korenevskij，2003，283），一种具有药理学性质的野生植物。在巴图林斯卡亚坟冢 3 又发现了骨制渔叉（Sharafutdinova，1980，19；Trifonov，1991，Fig. 6，31）。

39. 来自塞雷金斯科的大口陶瓷坛边缘直径为 35 厘米，而波尔谢泰金斯科的巨大开口陶瓷坛的轮辋直径达到 60~120 厘米。

40. 高加索中部地区的多林斯科定居点也观察到类似的储存坑（Kruglov and Podgaetskij，1941，157）。

41. 在北高加索的其他地区，例如在加尔居加耶 1（Korenevskij，1993a，1995）和乌斯季德泽古塔（Nechitajlo，2006a，67），鞍形石磨也很常见。

42. 位于住宅中心的圆形火坑在高加索中部地区的居住点很常见，例如在卢戈沃(Lugovoe)，多林斯科和加尔居加耶 1(Munchaev, 1961, 42 f; Magomedov, 2007, 157; Korenevskij, 2004, Fig. 11, 5)。

43. 参见里昂斯(Lyons)和 D'安德里亚(D'Andrea)(2003, 524)："泥炉的使用在公元前 4 千纪无处不在，在民族志学看来泥炉主要用于烘焙二倍体和四倍体小麦、大麦、小米和高粱粉制作的发酵能力较差的面包团。"

44. 类似的黏土器物也在北高加索其他地区的许多地方出土。在捷列克河谷的加尔居加耶 1 遗址、卢戈沃和波尔谢泰金斯科的房屋内(Korenevskij, 1995, 55-58)。在亚里科诺夫斯科的一个黏土锥体与木炭一起在一个坑中被发现(Korenevskij, 1998, 105)。这些器物很多重量超过 1 千克(对于加尔居加耶，参见 Korenevskij, 1995, 55, 57)。此外，它们显然经常成对出现(参见 Korenevskij 1995, 55 f.)。在叙利亚北部的乌鲁克晚期遗址发现了开口的类似圆锥形黏土物，例如，在泰尔哈兹纳(Tell Hazna)Ⅰ(Munchaev and Merpert, 1994, Fig. 29, 9)和哈布巴卡比拉(Habuba Kabira)(Strommenger, 1980, Fig. 37)。

45. 库拉-阿拉克斯文化也是公元前 3400 年至公元前 2000 年左右的跨高加索文明，该文明主要包括现在的南高加索(格鲁吉亚西部)、伊朗西北部、高加索东北部、土耳其东部，远至叙利亚。约公元前 3000 年传播到高加索北部。文化的名称源于库拉和阿拉克斯河谷。译者注。

46. 对于旧世界棉花(G. arboreum)的驯化，参见莫尔赫拉特等(Moulherat et al., 2002)。在梅赫尔格尔(Mehrgarh)，一束棉纤维被保存在一个可追溯到公元前 7 千纪的坟墓的铜珠内；另一个最早的棉纤维遗迹在南部俾路支省莫克兰地区的夏希土姆普(Shahi Tump)公元前 4 千年坟墓的一颗红宝石珠内被发现(Moulherat et al., 2002, 1439)。棉花纤维和棉织物的痕迹也在约旦东部的德胡维拉(Dhuweila)被发现(Betts et al., 1994)，这是一个可追溯到公元前 4 千纪的遗址。然而，根据莫尔赫拉特等(2002, 1439)德胡维拉棉花很可能不是当地种植，而是从另一个生态区进口。

47. 在扎格罗斯山脉附近的科曼莎(Kermanshah)附近的泰佩萨拉布(Tepe Sarab),山羊和绵羊的比例在公元前4千纪的上半叶发生了急剧变化,绵羊受到青睐,而与早期相比,绵羊的宰杀模式表明更多的动物可以长到成年(McCorriston, 1997, 521)。佩恩(1988, 105)观察到在公元前4千纪末期,美索不达米亚南部低地的放牧策略发生了变化;布坤伊(Bökönyi, 1983, 592 f.)认识到在上幼发拉底河上的阿尔斯兰泰佩,在公元前4千纪中期,绵羊数量从第七层到第八层突然增加。

48. 在哈塞克土丘,例如,公羊占绝大多数,绵羊明显大于新石器时代这个地区的这个物种,更像赫梯时代的高大羊种(Boessneck and von den Driesch, 1992, 67)。

49. 经加权织机的锥形纺锤是安纳托利亚所有地方特有的(例如,在阿尔兰斯泰佩;Frangipane et al., 2009, 12-15, Fig. 9;另见第七章)。锥形纺锤的分布区域向西延伸到巴尔干地区和喀尔巴阡山脉以东地区(特里波利耶见 Videiko and Burdo, 2004b, 532;Kosakivskij, 2003)。

50. 参见福尔莫佐夫(Formozov)和切尔内赫(Chernykh)(1964, 104),他们提到北高加索[例如尼兹纳亚什罗夫卡(Nizhnaja Shilovka)]的旧石器时代和新石器时代遗址的黑曜石起源于卡巴尔迪诺-巴尔卡里亚(Kabardino-Balkaria)的巴克桑(Baksan),而公元前5千纪的黑曜石遗址,如梅绍科(Meshoko)和斯卡拉(Skala),则来自南高加索。

51. 类似的箭头也出现在如哥罗德斯科耶的定居点(Rezepkin and Lyonnet, 2007, Fig. 8, 2)和皮塞库普(Lovpache and Ditler, 1988, Pl. XX, 7.8)。一组箭头在北高加索其他地区的坟墓中出土,例如在沙斯卡亚/新斯沃博德嫩斯科(Novosvobodnaja)(7个箭头;Veselovskij, 1901)、克拉迪 4/1 (12个箭头;Rezepkin, 2000, 52, Pl. 24, 2)和伊诺泽因特塞沃(Inozemtsevo)(9个箭头;Korenevskij and Petrenko, 1982)。

52. 由罕见的观赏性岩石制成的吊坠石(最可能是平衡锤;参见 Bobokhyan, 2010)只在山前的沙斯卡亚被发现(Popova, 1963, 40)。

53. 这些石器的长度为 20~25 厘米。文物来自库班河下游地区，包括季马谢夫斯卡亚（Trifonov，1991，Fig. 6，33）和腾金斯卡亚 1/6（Korenevskij，2008b，Fig. 17，2）。北高加索其他地区的类似文物（孙扎 3/1、14/1、21/5，乌斯季德泽古塔 13/1，迈科普和莫斯托夫斯卡亚 3/1）见科里涅夫斯基（2008b，14 f.）。科里涅夫斯基把这些北高加索文物与南高加索和西伊朗的兽首联系起来似乎很有说服力。

54. 在沙斯卡亚坟冢 1 附在一个金耳环的天青石小吊坠在穿孔时被打破但被补好了（镶上了金帽）。这种修复可能表明穿孔发生在这样一个地方：那里这样的小件器物非常昂贵，值得修理，可能就在沙斯卡亚。

55. 杰姆代特奈斯尔时期岩石水晶印章上的工具印记显示，通过使用尖锐的工具，而不是通过轮切割的微切削技术制造了小雕刻（Sax and Meeks，1994）。

56. 高加索中部地区的陶工也使用碎贝壳，例如在多林斯科（Popova，1963，23）。

57. 从乌斯季德泽古塔定居点发现的添加了粗矿物的陶瓷制品是通过旋转成型的（参见 Nechitajlo，2006b，144）。

58. 伽布里斯坦 II 的两个陶轮残片据报道来自陶器作坊，可追溯到公元前 4 千纪第一季度（Majidzadeh，1989，Pl. 33）。

59. 在上幼发拉底河上游，大规模生产的开口碗出现在公元前 4 千纪的第二个季度（中乌鲁克时期），例如在阿尔斯兰泰佩 VII（Trufelli，1997，16）。

60. 主要原因是，如果底部较厚，圆形容器就可以在陶轮上抛掷，然后刮削成形（Hodges，1964，29；更多例子见 Mahias，1993，164）。然而，用两步法制造北高加索容器的间接论据却提供了两个部件（颈部和身体）分开成型生产铜容器的模式（Ryndina，2005，129）。这个概念似乎可能从陶器转移到金属容器。另见坎托洛维奇（Kantorovic）和马斯洛夫（Maslov）（2008，160）关于斯塔夫罗波尔地区的马林斯卡亚坟墓的罐子，这些罐子的颈部都是单独制作再添加到罐身上。

61. 在高加索中部地区的库达胡尔特，见科里涅夫斯基等（2008a，137）。

62. 对于巴基斯坦的类似序列，见赖伊（Rye，1981，Fig. 12）。

63. 见 http：//www.asia.si.edu/exhibitions/current/takingshapevideo/takingshapevideo.htm。

64. 例如在巴布亚新几内亚（May and Hickson，2002）、巴基斯坦（Dels and Kenoyer，1991，66，with references），或泰国和菲律宾（Longacre et al.，2000）。

65. 对于其他更为不寻常的使用圆底容器塑性，见马希亚（Mahias，1993，l64）。

66. 比较上幼发拉底河公元前4千纪遗址的陶器；在阿尔斯兰泰佩Ⅶ，到了公元前4千纪的第二个季度，陶轮只是用来制作大中罐的边缘和颈部。只有在公元前4千纪后期，在ⅥA层，才出现大量陶轮生产的圆锥碗（Trufelli，1994，252）。参见哈奇内比（Laneri and di Pilato，2000）。在北高加索，平底罐和平底碗也用陶轮制造（卢戈沃、巴姆特、克拉迪31/5底部的印记；Bobrinskij and Munchaev，1966，Fig.2；Korenevskij，2008a，Pl.B，2）。然而，这些陶瓷可能属于迈科普末期。韦林肯特（Velikent）Ⅱ型陶器底部也有类似的印记。后者显示，陶轮塑形的陶器在公元前4千纪后期已经和传统的早期库拉-阿拉克斯手工陶器在达吉斯坦和阿塞拜疆东北部生产了（Magomedov，2007，52）。

67. 这种技术类似于乌鲁克晚期的"预留釉"，尽管乌鲁克的容器并没有抛光。在哈塞克土丘的"预留釉"实验显示，当在陶轮上转动容器时，用芦苇叶擦拭湿釉可以达到最佳效果（Hermans，1992，107）。

68. 见吉布森和伍兹（1997，251）："将碳沉积在容器表面上以使其变黑的技术。"比较米勒（1985，231）。

69. 纳图哈耶夫斯卡亚1和3、皮哈古加佩、陶耶哈布尔和契什胡、季马谢夫斯基、克拉斯诺格瓦尔德耶斯科、瓦什希图和塞雷金斯科（Kaminskij 1993；Rezepkin and Poplevko，2006，114；Rezepkin，2004b，429；Rezepkin，2004a，99；Nekhaev，1986；Dneprovskij，1991；Korenevskij and Dneprovskij，2003；Shishlov and Fedorenko，2006，207；Shishlov

et. al., 2009)。

70. 这种设施最早是在美索不达米亚北部哈苏纳(Hassuna)时期的X层的亚里姆泰佩(Yarim Tepe)Ⅰ遗址被发现(Hansen Streily, 2000)。

71. 可追溯到公元前3300年的一个窑在泰佩希萨的南山挖掘出来(Pigott et al., 1982, 217)。

72. 参见科里涅夫斯基(1999, 6)关于多林斯科群组陶器底部的陶工标记。

73. 这种陶器在中乌鲁克时期的美索不达米亚北部和安纳托利亚东部是非常常见的,如在泰尔布拉克、泰佩高拉Ⅺ和阿尔兰斯泰佩Ⅶ(Trufelli, 1994)。在安纳托利亚和高加索地区,在公元前4千纪末期陶工的标记几乎消失了(例如,在阿尔兰斯泰佩ⅥA,南高加索的库拉-阿拉克斯时期的地点以及北高加索西部的皮塞库普群组)(Trufelli, 1994;Korenevskij, 1999, 10 f.)。

74. 秘鲁沿海的莫切(Moche)陶器可以提供考古比较。大约10%普通陶器的颈部有标记。通过和秘鲁中部山脉现代陶瓷生产进行民族志学类比,唐南(1971)认为这些标记是作为标识,在陶匠们分享工作区域和商店以及一起烧制时,用于识别每个陶匠的产品,并在销售之前避免混乱。

75. 奥兹和奥兹(1993, 172 f.)观察到,在泰尔布拉克地区TW区的乌鲁克中期层中发现了类似的带有标记的容器。标记的容器主要是大罐和砂锅。发掘者认为"可能这样的符号表示数量或商品;或者两者兼有——甚至可能是'制度',或者是这些的组合"。

76. 一种没有烧透、带有火烧斑和灰色的精美瓷器有记录记载,如在奥布谢泰斯特维诺Ⅱ(Sorokina and Orlovskaja, 1993)和车尔尼雪夫Ⅱ 1/1(Bianki and Dneprovskij, 1988, 75)。

77. 圆底容器适合用来装水,因为它们具有最大的暴露表面,因此可以让液体冷却(Mahias, 1993, 166)。

78. 皮哈古加佩和契什胡、季马谢夫斯基、陶耶哈布尔、塞雷金斯科、克拉斯诺格瓦尔德耶斯科和纳图哈耶夫斯卡亚坟冢1和3(Rezepkin and Poplevko, 2006, 114;Rezepkin, 2004b, 429;Rezepkin, 2004a, 99;Kaminskij,

1993，17；Dneprovskij and Korenevskij，1996，6；Nekhaev，1986，246；Shishlov and Fedorenko，2006，207；Shishlov et al.，2009）。

79. 乌尔亚普 10/2，3 个圆柱形的陶珠（Bianki and Dneprovskij，1988）；乌尔亚普墓 5，陶珠（Eskina，1996）；奥布谢泰斯特维诺 II 1/1/9，2 个白色的糊珠（Sorokina and Orlovskaja，1993，232）。据报道，高加索山脉西部和中部地区山前遗址也发现了陶珠，例如，在科斯特罗夫斯卡亚遗址发现了约 500 颗小珠（Veselovskij，1900c；Popova，1963，Pl. XXIII），在克拉迪 11/9 发现了约 50 颗白色圆柱形陶珠和 7 个圆柱形的黑色陶珠（Rezepkin，2000，43），在克拉迪 31/5 发现了约 20 颗陶芯银珠（Rezepkin，2000，63）；巴姆特坟冢 6 的一个坟墓中发现了约 400 颗陶珠（Munchaev，1961，140，Fig. 49），切格姆 II 21/5 的 7 颗珠子（Betrozov and Nagoev，1984，49）和伊诺泽因特塞沃的几颗白色小陶珠（Korenevskij，2004，47，Fig. 88，13；Korenevskij and Petrenko，1982，106）。

80. 然而，对斯塔夫罗波尔东北草原[曼吉基内（Mandzhikiny）1，15/4，苏恩达-托尔加（Zunda-Tolga）1 2/2 和沙拉克哈尔孙（Sharakhalsun）6 5/7]的彩陶珠检查证实珠粒实际上是由黏土和石头制成的（Shortland et al.，2007）。

81. 在高拉 XIX - XVI，白色陶珠很常见（Tobler，1950，192）。

82. 例如，苏萨的镶嵌匾和豪猪俑（Le Brun，1971，Fig. 70，23；Le Brun，1978，Fig. 41，17 and Pl. 21，2）；动物形状的护身符和印章、彩陶小圆珠、双锥形花纹和圆柱形珠子以及玫瑰花珠在泰尔布拉克的"眼庙"结构中被发现（Mallowan，1947；159，Pl. XVI，XVII，XXVII）。在美索不达米亚南部[乌尔（Ur）、卡法迦（Khafajah）]和叙利亚[杰贝尔阿鲁达（Jebel Aruda）]的遗址发现了可追溯到公元前 4 千纪的小件彩陶器皿（Moorey，1994，173；van Driel and van Driel-Murray，1983，7）。前面提到的苏萨 17B 发现的豪猪俑与马拉蒂亚平原阿尔兰斯泰佩 VI A 储藏室 A 340 发现的几乎一模一样（Frangipane，1997，Fig. 19）。在安纳托利亚中部阿里萨的铜石并用时代层中发现了具有浅蓝绿色的发光小珠（von der Osten，1937，100，Fig. 101）。来自泰尔布拉克的一颗珠子已经进行了光谱检测；见斯通（Stone）和托马斯（Thomas，1956，42）。

83. 见 http：//aragats. net/field-projects/gegharot-fortress："79 cylindrical and discoidal beads made of white paste"。此外，阿米拉尼斯的戈拉（Amiranis Gora）的库拉-阿拉克斯遗址的坟墓还包含"玻璃珠"和"玻璃状"陶珠（Miron and Orthmann，1995，67）。

84. 位于库班河下游约 100 千米处。

85. 在大高加索的中部，例如在马尔卡（Malka）、巴克桑（Baksan）和切格姆（Chegem）河的山谷。

86. 美索不达米亚也在使用含镍混合铜。最近的研究似乎支持了乌鲁克时期美索不达米亚的铜产自安纳托利亚的假化（Begemanna and Schmitt-Strecker，2009，21-23）：公元前 4 千纪美索不达米亚铜器物中的铅同位素组成指向铜矿床在安纳托利亚中部和东北部。关于安纳托利亚东部的铜矿石另见特德斯科（Tedesco，2007，319，note 5）和帕尔米耶里等（Palmieri et al.，1993）。

87. 此外，在伊拉克北部辛贾尔（Sinjar）平原一个可以追溯到哈苏纳和哈拉夫时期（碳-14 测定可以追溯到公元前 6 千纪早期）的遗址——亚里姆泰佩（Yarim Tepe）Ⅰ和Ⅱ——出土了多块孔雀石和小件铜器（Merpert and Munchaev，1977）。有些铜器含铁量高达 10%（Schoop，1995，22）。

88. 稍晚是伽布里斯坦的一个冶金车间，那里发现了一个沾满碎渣的坩埚碎片和大约 20 千克重呈坚果状的孔雀石碎片，孔雀石放在一个大碗里（Majidzadeh，1979）。来自伽布里斯坦Ⅱ、锡亚克Ⅲ4-5 和希萨 IB（见 Matthews and Fazeli，2004；64；Helwing，2005，42，47）及其相似的陶罐把前一个遗址追溯到了公元前 4 千纪早期。来自阿尔斯兰泰佩Ⅶ的矿渣饼中含有砷、铅、镍和锑的金属颗粒，可以追溯到公元前 4 千纪的第二季度（Yener，2000，57）。

89. 见豪普特曼（Hauptmann，2000，142）。至少在黎凡特，这种操作对公元前 5 千纪晚期和公元前 4 千纪早期的冶炼技术来说显然是平常的。在瓦迪菲丹（Wadi Fidan）4（约旦费南）的定居点发现的炉渣坩埚碎片、金属颗粒和大量再加工和粉碎的炉渣经放射性碳测定可追溯至公元前 3500 年至公元前 3100 年(Hauptmann, 2007, 136-140)。

90. 旧世界最早的银制文物大概是土耳其东南部的多姆兹泰佩(Domuztepe)的两颗纯天然白银珠子,一个可以追溯到公元前 6 千纪中期的哈拉夫(Halaf)时期的遗址(Carter et al., 2003)。在公元前 4 千纪的上半叶,中亚和西南亚的银制品和铅黄变得普遍。中亚地区见卡拉德佩(Kara-depe)3 号遗址(纳马兹加Ⅱ时期的银珠,公元前 4 千纪的第二季度)(Masson and Merpert, 1982, 28),伊恩根利德佩(Ingynli-depe)(铅黄文物,公元前 4 千纪的上半叶)(Thornton, 2009, 49 f.),萨拉兹姆(Sarazm)Ⅰ-Ⅱ(墓 1 的 22 颗银珠,墓 4 的一个小银杯,墓 5 的 24 颗银珠,公元前 4 千纪的中下半叶)(Isakov, 1996, 5 f.)。伊朗见泰佩锡亚尔克Ⅲ(两个银纽扣,公元前 4 千纪早中期)(Ghirshman, 1938, 54, Pl. LXXXV, 1740; Pernicka et al., 1998, 123; Pernicka, 2004a)、阿里斯曼(公元前 4 千纪中期的铅黄)(Pernicka, 2004b)和苏萨Ⅱ(公元前 4 千纪下半叶的银制物,Tallon, 1978, 263, No. 1159-1160)。北美索不达米亚见泰尔布拉克(公元前 4 千纪中期的银珠)(Emberling and McDonald, 2002);南美索不达米亚参见乌鲁克-瓦尔卡(van Ess and Pedde, 1992)。安纳托利亚见法特马卡勒奇克(Fatmalı Kalecik)(公元前 4 千纪初期的铅黄)(Hess et al., 1998),哈吉内比(Hacınebi)A 阶段(两个从婴儿罐葬中发现的银耳环,公元前 4 千纪早期)(Stein et al., 1996, 96)。科鲁曲泰佩(Korucutepe)B(约公元前 3000 年坟墓中的许多银制品)(van Loon, 1978, 11, Brandt, 1978)。南高加索参见索于丘布拉丘(公元前 4 千纪第二季度的珠子)(Akhundov and Makhmudova, 2008, 64, 67 f.),克瓦特海勒比(Kvatskhelebi)(来自墓 2 和墓 7 的银螺旋,公元前 4 千纪后期)(Glonti et al., 2008, 157, 160)。黎凡特和埃及的文物则较晚,例如那些来自比布鲁斯(Byblos)墓地和公元前 4 千纪下半叶涅伽达(Naqada)时期坟墓的文物(Prag, 1978)。

91. 一个罕见的例外是来自克拉迪 31/5 的铜锤,含有 30% 的铅(Galibin,

1991，61）。

92. 灰吹法始于公元前 4 千纪早期。法特马卡勒奇克的欧贝德晚期／乌鲁克早期文化层已经出土了最早的铅黄证据（Hess et al.，1998）。大致同时代的是在伊恩根利德佩发现的铅黄文物（见 Thornton，2009，49 f.：矿渣、金属颗粒、模具和铅黄表明铜基合金、铅和银的较大规模生产以及大轴孔斧等铸造物的生产）。据报道，公元前 4 千纪晚期的阿里斯曼 C 区和 D 区（与锡亚尔克 IV 同时期，Steiniger，2011，89 f.）以及铜石并用时代的阿尔兰斯泰佩（Hess et al.，1998，65）发现了铅黄文物和疑似灰吹炉床。乌鲁克晚期遗址南哈布巴卡比拉（Habuba Kabira）的铅黄文物则提供了北美索不达米亚使用灰吹法的证据。

93. 克拉迪见伽利宾（1991），库达胡尔特见科里涅夫斯基等（2008）。器物含有 10%～50% 的银。在公元前 4 千纪末期萨克里西（格鲁吉亚）的金矿中已经采用金矿石粉碎、细磨和提取初级金的技术（Stöllner et al.，2008）。

94. 对于伊朗高原上的第一批黄金文物，参见桑顿（2009，49）："最近在尼沙布尔（Nishapur）附近一个名叫泰佩伯耶（Tepe Borj）的纳马兹加（Namazga）序列遗址发掘发现了和纳马兹加 I 层陶器相关的最早的伊朗金器（Garajian pers. comm, 2007）。"（把纳马兹加 I 追溯至公元前 4800 年至公元前 4000 年参见 Kohl，1992，155。）高拉 XI 的金饰可能是同时代的（Rothman，2002，Table A. 10；Tobler，1950，193）。黄金文物在公元前 4 千纪很普遍，例如在伊朗[塞吉尔丹和锡亚尔克的小金珠，阿里斯曼 B 区的金线和金片，苏萨 II 的金豺雕像和镶金吊坠；见 Muscarella（2003，17），Chegini et. al.（2004，211），Benoit（2004，182，Fig. 4，9，10 and 11）]，在中亚（萨拉兹姆和卡拉德佩 3 的金珠；Isakov，1992，Fig. 3，14；Masson and Merpert，1982，28），在阿塞拜疆（Akhundov and Makhmudova，2008，63 f.），北美索不达米亚（泰佩高拉 XI-VIII 层坟墓中的众多金饰，来自泰尔布拉克 TW 区乌鲁克中期层的中部黄金和珠宝宝藏；见 Rothman，2002，65，Table A. 10；Emberling and McDonald，2002）和在黎凡特[在纳哈尔盖纳（Nahal Qanah），见

Gopher et al. ,1990]。

95. 塞利姆哈诺夫(Selimkhanov, 1960; also see Popova, 1963)对韦谢洛夫斯基在迈科普、科斯特罗夫斯卡亚、沃兹德维兹恩斯卡亚和新斯沃博德纳亚坟冢发掘出来的20件重铜工具和武器进行了光谱分析。由切尔内赫(1966)出版的数据集包含了来自库班地区的67件文物。科里涅夫斯基(1984)发表了对中部高加索地区基什佩克、莱钦卡耶(Lechinkaj)、切格姆和纳尔奇克坟冢的77件物品的分析(其中44件含镍)。克拉迪铜器的化学成分分析数据已经由伽利宾(1991)发表。

96. 关于伊朗参见桑顿(2010); 土库曼斯坦库苏特(Koushut)阿诺(Anau) IA 时期(约公元前4500年至公元前4200年)的砷铜见桑顿(2009, 48, with references)。内盖夫北部阿布马塔(Abu Matar)矿渣中富含砷的铜颗粒可以追溯到公元前4200年至公元前4000年,见舒加(Shugar, 1998, 2003)。

97. 例如在泰佩叶海亚 VB(约公元前3600年至公元前3400年)(Thornton et al., 2002)、高拉Ⅺ(约公元前4000年; Tobler, 1950, 212)、土林泰佩(公元前4千纪开始; Müller-Karpe, 1994, 25f.)和南高加索的泰克胡特(Table in Akhundov, 2004)与莱拉泰佩(Akhundov, 2007b, Table 1)。此外,对上美索不达米亚遗址的矿渣研究表明公元前4千纪期间见证了铜从纯铜转变为含铜量降低(96%~97%)另含杂质(铁、镍、砷和铅)的金属。这种新的原料显然是通过冶炼铜矿获得的(Riederer, 1994)。

98. 最早的证据表明,铜砷镍合金可以追溯到公元前5千纪末期。对塔尔伊布利斯带矿渣坩埚碎片的研究确定了高浓度的镍(Pigott, 1999a, 110-112)。铜镍砷合物的主要矿床位于安纳托利亚的埃尔加尼马登(Ergani Maden)和伊朗的塔尔梅希(Talmessi)(Hauptmann, 2007, 297 f.)。

99. 同时代的文物源于高拉Ⅺ(Tobler, 1950, 212, Pl. XCⅧ, 1)。来自高拉Ⅺ的铜浸渍含有3.49%的砷和1.63%的镍(Tobler, 1950, 212, Pl. XCⅧ, 1)。

100. 在阿尔斯兰泰佩Ⅶ和Ⅵ、土林泰佩、哈塞克土丘、纳哈尔米什马尔

（Palmieri et al.，1999，141；Yalçın，2008，23；Schmitt-Strecker et al.，1992；Hauptmann，2007，297）。

101. 唯一的例外是乌萨托沃一个坟墓中的两件文物；见第六章。

102. 来自泰佩希萨冶炼炉渣的原子吸收分析表明铜砷合金是在该遗址冶炼期间生产的。所有样品砷含量很高（0.3%～1.8%），其中一种炉渣含有镍（0.3%）和砷（Pigott et al.，1982）。在阿尔斯兰泰佩进行的实验证明砷合金可以通过把砷矿物[如二硫化二砷（As_2S_2）]和从矿石中冶炼的铜一起熔化来成功制备（Palmieri et al.，1993，597）。后一种技术的考古证据可由诺尔孙泰佩公元前4千纪层的文物提供。含有砷和锑的矿石在一所建筑物内被发现（矿石可能来自遥远的地区，阿塞拜疆是疑似原产地）。含砷矿物质与不含砷和锑的炉渣相关（Zwicker，1980，17）。这些观察结果被解释为通过向熔融的纯铜中加入含砷矿物质来有意制备砷铜的证据（Zwicker，1980；Palmieri et al.，1993，576）。

103. 苏萨Ⅱ/ⅢA的铜铅合金可追溯到公元前4千纪（Tallon，1987，318；Malfoy and Menu，1987，362，Table F；Benoit，2004，188）。

104. 例如乌鲁克Ⅳ的狮子雕像含9%的铅（Heinrich，1936，25，47，Pl. 13a；Braun-Holzinger，1984，No.1）和阿尔斯兰泰佩ⅥA的吊坠含9.7%的铅（Palmieri et al.，1999，145，Fig. 7a）。

105. 含有48%铜和38%银的凿子（编号159-50）及含7%铜和68%银的弯针（编号159-2728）参见伽利宾（1991）；含有50%铜和50%银的狗雕像见莱恩迪娜（2005，130-133）。

106. 3颗含有约30%银和7%金的珠子（Akhundov and Makhmudova，2008，67-68）。

107. 例如在乌鲁克瓦尔卡（乌克兰晚期的铜箭头含有40%～65%的银）（Pernicka，1993，314 f.，Fig. 16，W. 18725m）和阿尔兰斯泰佩ⅥB（在公元前3千纪初期的"皇家陵墓"中发现了28件铜器，大部分含银约50%）（Frangipane et al.，2001，130）。

108. 到目前为止，北高加索地区没有发现这种模具。来自顿河下游（康斯坦丁诺夫斯科）和第聂伯（韦尔科纳亚马耶夫卡）的轴孔斧的黏土模具参见第五章。

109. 例如犹太人沙漠纳哈尔米什马尔宝藏中的物品(Tadmor et al., 1995)；杰姆代特奈斯尔时期乌鲁克-瓦尔卡的塞梅尔丰德帕XVI$_2$遗址发现了一个铜狮雕像和一个躺在天青石滚印上的牛科动物银雕像(Braun-Holzinger, 1984)；公元前3300年至公元前3100年苏萨Ⅱ遗址发现了一件犬状金吊坠、一件小银犬和头像别针(Benoit, 2004, 187, Fig. 4, Fig. 13；Tallon, 1987, No. 1161-1162)。在土库曼斯坦南部可追溯到纳马兹加Ⅲ期间（约公元前4千纪末）的遗址已经使用失蜡技术(Terekhova, 1981, 317)。

110. 退火技术至少在伊朗西部锡亚尔克Ⅱ时期约公元前5千纪的遗址得到了证实(Moorey, 1985, 39)。

111. 公元前4千纪，在伊朗高原和美索不达米亚北部已经使用捶打黄金制作金线和金箔。在阿里斯曼B区发现了一些金片和金线，它们可以追溯到锡亚尔克Ⅲ(Chegini et al., 2004, 211)。金箔玫瑰花在乌鲁克早期和中期的高拉Ⅹ-Ⅷ坟墓中被发现(Tobler, 1950, Pl. LⅧ, LⅨ)。

112. 关于戒指参见科里涅夫斯基(Korenevskij)(2004, Fig. 90, 2~5)和金箔参见科里涅夫斯基(Korenevskij)(2004, Fig. 90, 8, Fig. 99, 5)。珠子形状包括小盘珠（生产相同的小环珠方法见Echt et al., 1991, 650, Fig. 7）、具有棱纹表面的小实心珠、球形或双锥形的空心珠和素面或刻面或棱纹表面的空心珠(Korenevskij, 2004, Fig. 90)。

113. "焊缝"，参见莫雷(1985, 88)。另见埃希特等(Echt et al., 1991, 649, 653)。

114. 类似的技术参见如卡拉德佩3号遗址一个儿童坟墓出土的文物（石膏芯金箔大珠子；Masson and Merpert, 1982, 28)、从索于丘不拉丘坟冢1/2006出土的文物（石膏芯银珠；Akhundov and Makhmudovna, 2008, 64)和泰佩锡亚尔克Ⅳ.1（沥青芯的双锥形银珠；Ghirshman, 1938, 125, Pl. ⅩⅩⅩ, 1；

Stöllner et al.，2004，Cat. No. 134）。在北部美索不达米亚则没有这种沥青芯或石膏芯的做法，但是这种技术显然在那里用来制作其他金箔制品，例如从泰佩高拉Ⅹ的114号墓的狼首小物件，可追溯到公元前4千纪初期，由金箔覆盖在沥青核心上（Tobler，1950，92 Fig. 65）；沥青核心的金箔山羊是埃安纳地区塞梅尔丰德帕ⅩⅥ₂遗址的一部分，可追溯到杰姆代特奈斯尔时期（Braun-Holzinger，1984）。

115. 类似的"伎俩"古罗马时期也用来处理低银含量的银币。

116. 出土扁斧的遗址有：陶耶哈布尔/契什胡附近的克拉斯诺达尔水库沿岸一个受损的坟墓出土了扁斧（Rezepkin，2000，71 f.，Pl. 77，3），克拉斯诺格瓦尔德耶斯科（Munchaev，1994，Fig. 54，9），泰姆于克 1（Korenevskij，2004，53），沃兹德维兹恩斯卡亚墓 2（Veselovskij，1902，Fig. 79）和皮塞库普墓 2（Lovpache，1985，Pl. Ⅳ）。北高加索其他地区的类似物见蒙查耶夫（1994，Pl. 54）。带柄匕首在皮塞库普、季马谢夫斯基、克拉斯诺格瓦尔德耶斯科、泰姆于克Ⅱ1/1、车尔尼雪夫Ⅱ1/1和新科孙斯卡亚2/19出土（Trifonov，1991，Fig. 6，15-17；Lovpache，1985，Pl. Ⅳ，5；Munchaev，1994，Fig. 53，9；Bianki and Dneprovskij，1988，75，Fig. 3，6 and 7；Rezepkin，2000，74，Pl. 82，6）。

117. 对于北高加索其他地区（纳尔奇克、克拉迪和迈科普）的类似文物参见蒙查耶夫（1994，Pl. 54）和科里涅夫斯基（2004，Fig. 81，8）。

118. 参见科里涅夫斯基（2008b，13），他将这种类型描述为"古老的"，并认为它主要是在最早的群组中发现。

119. 关于轴孔斧的例子参见蒙查耶夫（1994，Pl. 47）。"烙接"矛头在山麓遗址有非常接近的类似物（例如在普塞巴耶斯卡亚和沙斯卡亚；Popova，1963，Pl. Ⅺ；Veselovskij，1901，Pl. Ⅳ，49）；锄头在扎曼库尔、迈科普和加尔居加耶（Korenevskij and Rostunov，2004，Fig. 7，4；Veselovskij，1900a，Fig. 34；Korenevskij，1995，Fig. 85）有类似发现。这个时期一个代表性的但罕见的铜工具——镐尚未在亚速海-库班地区见诸报道（例如高加索中部地

173

区莱钦卡耶的标本）。镐在南高加索和伊朗西部被发现（概述见 Batchaev and Korenevskij，1980）。在第聂伯山谷的韦列米耶发现了一个相同的镐。这个显然产自高加索的铜器含有砷和镍，并且可以追溯到公元前 4 千纪初期（特里波利耶 B2 阶段）（见 Ryndina，2003，15，Fig. 3，1）。

120. 这些文物在克拉迪 31/3 遗址有非常相似的文物（Rezepkin，2000，Pl. 54，13）。

121. 公元前 5 千纪最早的小长扁斧在梅尔辛 XVI（约公元前 5000 年；Yalçın，2000a）、苏萨 I（公元前 4200 年至公元前 3800 年；Tallon，1987，Fig. 48）、阿尔帕奇亚（扰乱层，可能是欧贝德时期或更晚；Schoop，1995，20，100）及泰佩高拉XII和XI（公元前 4200 年至公元前 4000 年；Tobler，1950，213，Pl. XCVIII，a，1.2）被发现。然而，这些文物与北高加索的扁斧没有直接关系。

122. 狭长扁斧是另一种在公元前第 4 千纪和公元前第 3 千纪被广泛应用的工具，分布于安纳托利亚东部、中部和西部（见第七章），显然也在伊朗西部（Se Girdan，Muscarella，2003，Fig. 5）和南高加索（Martirosjan and Mnatsakanjan，1973）。

123. 桑顿（2009，23，note 2）认为希萨 I 的带柄匕首可追溯到 A 阶段和 B 阶段："虽然施密特把它们描述为希萨 IC，但是有匕首陪葬的墓葬（见 Schmidt，1937，82-83）特别简陋，仅有希萨 I A-B 型的陶器。而且埋得很深（在基准面下方 6.75 米）。除了在锡亚尔克和其他地方公元前 5 千纪后期的铜基匕首得到证实外，这些现象让我觉得这些墓葬事实上可能早于公元前约 4000 年"。

124. 其他可追溯到公元前 5 千纪的小刀片包括泰克胡特（Masson and Metrpert，1982，122 ff.，Pl. XLVIII，11）和朱尔泰佩 I 出土的文物（Masson and Metrpert，1982，Pl. XLII，19；参见 Kavtaradze，1999）。

125. 北高加索匕首似乎不太可能源自东南欧最早的匕首（Bodrogkeresztur；见第六章），因为所有其他金属类型显然产自中东。

126. 根据穆勒–卡普（Müller-Karpe，2002，138）的说法，他们非常类似于美索不达米亚南部欧贝德晚期黏土模型。对于黏土轴孔斧，参见莫雷（1969，133，

with references；1994，256）。

127. 南高加索地区不知产地的文物与迈科普时期的轴孔斧相似，见科里涅夫斯基（2008a，96，Abb. 11，1）。

128. 这些器物与北高加索其他地区的器物比较见蒙查耶夫（1994）。

129. 在乌尔斯基 5/5 和陶耶哈布尔/契什胡附近一个被毁的坟墓（Trifonov，1991，Fig. 6；Rezepkin，2000，71 f.，Pl. 77，2）。

130. 此外，可追溯到公元前 4 千纪的铜碟（"铜镜"）在科佩特山麓的遗址被发现，例如在伊尔金利德佩Ⅳ（Solovyova et al.，1994，33，Fig. 1，6），哥休尔 1（Masson and Metrpert，1982，Pl. Ⅷ，18. 19）以及苏萨Ⅰ（Tallon，1987，290，Nos. 1230，1231）。

131. 库班地区的发掘工作发现了 115 个公元前 3 千纪早期有整辆货车或其零件陪葬的坟墓（新季托罗夫斯卡亚文化）（Gej，2004，177）。库班墓群中每 8 个坟墓中有一个拥有一辆木质马车，但是在黑海西北部亚姆纳雅文化的 2156 个坟墓中只发现了 17 辆货车（Turetskij，2004，195 f.）。

132. 带有轮毂的泥轮最可能是纺轮（参见本章标题为"纺织工艺"部分）。

133. 在康德拉谢夫和雷泽普金（1988）的原始出版物中，该遗址的名称是"斯塔罗姆沙斯托夫斯卡亚"（在克拉斯诺达尔）。后来，雷泽普金发表了同样的发现叫"新科孙斯卡亚"（Rezepkin，2000，74，Pl. 81，6；2005，235）。后一名称也用于本研究。

134. 这些容器是黏土添加贝壳粉塑形、手工制成，并具有典型的黑色抛光表面和器形（Kondrashev and Rezepkin，1988，93，Fig. 2，8.9）。

135. 科里涅夫斯基（2004，99，note 3）指出新科孙斯卡亚的文物保存状态糟糕，并对它们是否能确实代表了货车遗存表示怀疑。

136. 美索不达米亚公元前3000 年的四轮车证据包括在乌鲁克-瓦尔卡的乌鲁克晚期和杰姆代特奈斯尔时期泥板上刻有的马车图样（见 Bakker et al.，1999，778，Fig. 2，with references）。在阿尔斯兰泰佩ⅥA 庙 B 走廊 796 的墙上画两头牛，有一车夫驾着其中一头（Frangipane，1997，64，Abb. 15），这幅画肯定描绘的是杆轭牵引系统，但不清楚这些牲畜是否拉了一个犁、雪橇还是一个轮式车辆(壁画的下半部分没有保留下来)。当代的欧洲证据，参见谢拉特(2006，with references)。

137. 在印度河谷和土库曼斯坦，这种黏土模型在公元前3千纪初期的遗址出土的更多。几乎相同的有两头牛和一个杆轭牵引系统的两轮车黏土模型来自格鲁吉亚库拉-阿拉克斯时期的巴达尼(Badaani)遗址(Mirzchulawa 2001, 254)和亚美尼亚的阿里奇(Arich)遗址(见 Khachatryan 1975, 73, Fig. 35 and 37)，两者都很可能追溯到公元前3千纪初期，以及阿尔兰斯泰佩 EB Ⅲ层(Frangipane, 1993, 88)(2400—2100 BC)。

138. 在纳尔奇克、基什佩克、伊帕托沃的墓195、佐洛塔里夫卡 25/7；见科里涅夫斯基等(2007, 105)、科里涅夫斯基和卡尔梅科夫(2006)及切切诺夫(1970, 115 ff.；1984, 211-220)。

139. 见厄尔(1997, 74)：控制财富是非常问题的；随着价值的增加，往成熟网络外走私货物以及在公认的工艺品店之外生产假货的压力越来越大。同时，由于通货膨胀或文化破坏，价值可能会不稳定。

140. 关于"宴会"的定义见迪特勒(2001, 67)：[A]以食物和饮料消费为主的公共仪式活动形式。

141. 由于准备工作和埋葬仪式持续时间长，死者尸体的保存看起来至关重要。沙斯卡亚和迈科普豪华坟墓中有两种大量的含汞矿物质(硫化汞和朱砂)和铅(四氧化铅和铅丹)[Alexandrovskaja et al., 2000, 111, Table 3; Veselovskij, 1897(1997), 44]。砷、铅和汞通过使酶系统失活来延缓软组织中的衰变过程(由于它们在活体中具有相同的作用，这些金属矿物质通过皮肤吸入或吸收时毒性很强)，它们也被用于木乃伊化(见 Aufderheide, 2004, 50 f.)。似乎有可能在北高加索辰砂和朱砂不但因为其充满活力的红色受到青睐，还因为它们能减缓腐烂的进程。

142. 在新斯沃博德纳亚、巴姆特和伊诺泽因特塞沃(见 Iljukov, 1979; Korenevskij and Petrenko, 1982, Fig. 8, 11. 13. 14)。伊柳科夫(Iljukov)提

出,"叉"是用来从大锅中取出肉。另见戴维森(Davidson, 1999, 152)关于凯尔特人的战士筵席,涉及使用大锅煮肉和取肉叉。

143. 但可能不是啤酒。传统的自制啤酒是用稻草从坛中吸取,而不是用杯子喝,因为未经过滤的饮料表面覆盖着一层发酵物(见 Katz and Voigt, 1986, 29)。插图参见卡茨(Katz)和福格特(Voigt)[1986, Fig. 6a(当代肯尼亚的饮酒场景), Fig. 7(从乌尔王朝早期的皇家陵墓出土的天青石瓶封印), Fig. 10(从泰佩高拉出土的公元前4000年的封印)]。

144. 有趣的是,酿酒酵母菌(涉及食品发酵的酵母菌)的遗传多样性表明大多数酵母菌株起源于西南亚(Legras et al., 2007)。最早的葡萄酒化学证据是库拉盆地公元前6千纪早期舒拉维里斯戈拉(Shulaveris)遗址(McGovern, 2003, 75)和北扎格罗斯山脉公元前5400年至公元前5000年哈吉菲鲁兹泰佩(Hajji Firuz Tepe)遗址陶器上的酒酸残留物(McGovern et al., 1996a)。乌鲁克晚期的葡萄酒残留物在乌鲁克-瓦尔卡的陶器器皿上被确认(一种特征鲜明的罐嘴下垂的罐子;见 Badler et al., 1996),另见伊朗西部的乌鲁克晚期相关遗址(如苏萨和戈丁泰佩 V)(梨形罐和罐嘴下垂的罐子;McGovern et al., 1997; McGovern and Michel, 1996)。另见巴纳德等(Barnard et al., 2011)来自亚美尼亚阿里尼的葡萄酒残留物可追溯到公元前4000年。这些结果与欧亚葡萄藤的遗传背景研究一致,这表明了两个驯化地区,其中一个在西南亚(另一个在西部地中海)(Arroyo-García et al., 2006)。啤酒最早的间接证据为先前提到的约公元前4000年泰佩高拉一个有饮酒图的封印(Katz and Voigt, 1986, Fig. 10)。啤酒的化学证据(草酸钙形式或陶片上的"啤酒石")在戈丁泰佩的乌鲁克晚期层有发现(Michel et al., 1992)。

145. 最早的蜂蜜发酵饮料化学证据见麦戈文等(McGovern et al., 2004)。

146. 亚历山大罗夫斯卡亚等(2000)已经确定,马内奇草原苏恩达-托尔加(Zunda-Tolga)地下墓穴中的红色颜料源自3个不同的朱砂矿床:顿涅茨河谷、里海沿岸和车臣。

147. 如果我们仅考虑这种由羊毛棉混纺而成的片状编织物本身，那么这种红色颜料与中亚的联系似乎就不那么特别。此外，几个北高加索坟墓发现了可能来自中亚的石头饰品。铅丹、辰砂和橙汞矿有剧毒，可以通过皮肤吸收。

148. 石雕、冲压或滚印对北高加索社会来说都是陌生的。来自安全分层的最早滚印来自上幼发拉底河的泰尔谢赫哈桑（Sheikh Hassan）的第10层和苏萨附近的沙拉法巴德（Sharafabad）的文物，两者均属于乌鲁克中期（Akkermans and Schwartz，2003，196；Pittman，1994，25，with references）。泰尔巴拉克滚印印章的外观也可追溯到乌鲁克中期，在该遗址采用乌鲁克风格陶器之前：滚印印章和传统印章一起出现在传声 HS1 层 5 上；在 TW 区可以发现传统印章到滚印印章的逐渐变化。在乌鲁克其他遗址也发生了同样的逐渐变化（Felli，2000，415）。对于乌鲁克瓦尔卡最早的滚印印章见伯默尔（Boehmer，1999）。

149. 虽然他也承认美索不达米亚乌鲁克时期艺术和风格的某种"影响"（Korenevskij，2001，46）。另见马逊（Masson，1997，80），他承认狮子贴是进口的，但他认为银杯是在北高加索当地制造，上面的狮子像只是模仿外来模型。

150. 科里涅夫斯基（2001，49）认为杯子上描绘的所有动物都有可能产自北高加索地区本地，这基本是错误的。他还暗示，即使它们没有在实际生活中见过这些动物，北高加索的工匠们仍然能够画出来（因为这些动物肯定是在迈科普文化中的"故乡"，位于近东）。然而，在我看来，这些动物画的写实风格表明他们的创作者并没有简单地复制传统模式，而肯定在这些动物的自然栖息地对它们进行了长期细致的观察。

151. 现在欧洲野牛和野马已经灭绝，但它们的骨头在迈科普时期的定居点被发现（参见本章的"库班河下游的农牧民"一节）。

152. 科里涅夫斯基（2001，47）把该动物辨认为野生驴是不对的，见乌尔波曼和乌尔波曼（2010，243 f.）。单件马骨头在高加索南部和安纳托利亚东部的以下史前遗址有发现：在亚美尼亚和阿塞拜疆公元前 5 千纪的泰胡特和阿利科梅克泰佩希（Kushnareva，1997，174）以及上幼发拉底河公元前 4 千纪诺尔孙泰佩、图林泰佩、泰佩齐克、阿尔兰斯泰佩和德基尔门泰佩（Bökönyi，1991）。库什那列娃（Kushnareva，1997，174）和布坤伊（1991）假定野马自全新世开始时在西南亚和南高加索地区消失，因此全新世遗址的马骨头属于家畜。然而，最近的证据表明，在全新世期间，野马居住在安纳托利亚中部[例如，来自恰塔霍于克（Çatalhöyük）和阿西克里（Aşıklı）的新石器时代骨骼]，以及它们在公元前 4000 年之前在安纳托利亚东部缺失是由于缺乏调查（Vila，2006，119）。支持野马在高加索以南地区居住的证据有伊朗北部高原几个早期史前遗址发现的马骨，例如公元前 6 千纪的遗址泰佩扎格（Tepe Zaghe）和加兹温（Qazvin）平原的公元前 4 千纪遗址伽布里斯坦（Mashkour，2003，133-135）。

153. 关于狮子过去和现在的活动范围参见 http：//lynx. uio. no/lynx/catsgportal/cat-website/catfolk/asaleofi. htm。

154. 在乌尔波曼·M 和乌尔波曼·H（2010，245），在亚美尼亚申加维特（Shengavit）的史前遗址也发现了一只鹅喉羚。该物种没有在安纳托利亚骨骼群中发现。

155. 其中，欧洲盘羊不是真正的野生羊物种，而是早期驯养羊的野性后代（见 Hiendleder et al.，1998，119）。Ovis musimon/orientalis 具有 $2n = 54$ 染色体核型，Ovis ammon $2n=56$，东方盘羊有 $2n=58$。

156. 现在欧洲盘羊的分布仅限于科西嘉岛和撒丁岛。亚洲野生盘羊仍然生活在扎格罗斯山脉、安纳托利亚山区，还有一些在小高加索地区森林稀少的地区。乌尔波曼·M 和乌尔波曼·H（2010，246）强调，该物种扩散到大高加索及其以外地区的范围受到覆盖着茂密森林的广大地区的阻碍。东方盘羊居住在亚洲内陆南部，羱羊居住在亚洲内陆北部地区。

157. 令人瞩目的是，银器上的动物似乎戴着项圈。猎豹不会被囚禁，但是它们可以很容易被人类驯服和豢养。驯服的猎豹像狗，也可以像猎鹰那样训练来狩猎。驯服猎豹的最早证据来自埃及公元前 2 千纪中期的浮雕，前伊斯兰的波斯历史时期记载了猎豹出现在"皇家狩猎"中，到了中世纪（Allsen）在伊朗就变得很普遍了（2006，73-82）。

158. 在乌尔的美索不达米亚早期王朝的皇家公墓也发现了类似带须公牛（Tosi and Wardak，1972，16，Fig. 2 a）；绘有健壮公牛的碗显示这是拉尔萨时期的文物，在公元前 2000 年至公元前 1800 年（Tosi and Wardak，1972，15，Fig. 5a，11）。

159. 具有古代采矿痕迹的小矿床也位于科尔曼山脉的亚兹德（Yazd）和科尔曼附近（靠近塔尔伊布利斯遗址）（Schoop，1995，68）。

160. 在黎凡特在 PPNB 时期（公元前 8 千纪）使用绿松石参见史库柏（1995，68）。然而，黎凡特的 PPNB 遗址的绿松石最有可能来自西奈（Sinai），而不是中亚。绿松石珠在美索不达米亚北部公元前第 7 千纪和公元前第 6 千纪的遗址是罕见的（见 Schoop，1995，68 f；Weisgerber，2004，70）。此外，这个地区的供应显然是在哈拉夫时期之后中断（Schoop，1995，69）。

161. 在公元前 4 千纪的下半叶，绿松石在中亚广泛流传；绿松石珠在哥休尔德佩 1（哥休尔阶段；Müller-Karpe，1984，62，Fig. 24，5）、阿尔滕泰佩 10 的一个豪华坟墓（纳马兹加 III 时期；Masson，1981，67），以及萨拉兹姆的墓 5（公元前 3600 年至公元前 3000 年；Isakov，1992）。

162. 沙里索科塔的 129 个样品源自查盖（Chagai）、萨里桑（Sar-i Sang）以及一个可能位于帕米尔山脉的沉积矿（通过原子吸收光谱学对器物和矿物样品进行化学痕迹证明；Casanova，1992；Delmas and Casanova，1990）。

163. 美索不达米亚最早发现的文物珠子来自亚里姆泰佩（Yarim Tepe）I 层 8（哈苏纳时期）、萨马拉（萨马拉中期）和泰尔阿尔帕契亚（哈拉夫时期）（Schoop，1995，71 f.）；印巴地区最早的青金石文物是来自梅赫尔格尔，可追溯到公元前 6 千纪（Barthelemy de Saizieu and Casanova，1993，17）；中亚和北伊朗的早期发现来自塔佩扎哥（Tappeh Zagheh）的坟墓以及安诺（Anau）北部山谷的定居点（5300—4200 BC；Fazeli，2004，195；Kurbansakhatov，1987，91，Fig. 44，1）。

164. 另外 20 世纪 90 年代撒马尔罕（Samarkand）大学在茹科夫（Zhukov）有一次发

掘(L. Kircho, personal communication, November, 2010)。

165. 在乌鲁克和杰姆代特奈斯尔期间,美索不达米亚的天青石几乎不见踪迹(罕见的文物来自乌鲁克瓦尔卡、泰罗和布拉克的杰姆代特奈斯尔层;Moorey,1994,78,88 f.)。

166. 需要强调的是与绿松石和青金石相比,玛瑙经常在二次沉积物中被发现,可以沿着河床轻松收集鹅卵石(见 Barthelemy de Saizieu and Casanova,1993,17)。因此,用于制造小物件(如珠子)的红宝石供应既不与本地沉积矿关联,也不与艰苦的采石场关联。用于制作优质大珠子的重达1千克的石核可以通过挖井从地下获得;旧世界最重要的玛瑙矿位于印度西部的古吉拉特邦(Gujarat)(见 Insoll and Bhan,2001)。

167. 在公元前5千纪和公元前4千纪之交,在中东地区已经普遍使用玛瑙和岩石水晶(PPNB 时期、哈苏那和哈拉夫时期的玛瑙使用,参见 Schoop,1995,70)。在梅赫尔格尔发掘了珠宝、青金石和绿松石珠的加工作坊,第三期(约公元前5千纪晚期和公元前4千纪的上半叶)(Samzun,1988,126)。单一的玛瑙珠出现在阿塞拜疆的阿里克梅克泰佩希(Alikemek Tepsi)(公元前5千纪晚期欧贝德相关陶瓷的背景下;见 Kiguradze and Sagona,2003,89)、土库曼斯坦的哥休尔泰佩(哥休尔层发现了数颗珠宝;Müller-Karpe,1984,Fig.24,9–17),以及坎大哈附近的蒙迪加克Ⅱ(纳马兹加Ⅲ同时期的两颗小珠,Casal,1960,241 No.7)。由几种珍贵材料制成的珠子藏品很常见:卡拉德佩3(纳马兹加Ⅱ期间)的一个儿童坟墓中发现了249颗由绿松石、红宝石、青金石和黄金制作的珠子(Masson and Merpert,1982,28);萨拉兹姆二世(纳马兹加Ⅲ时期)的坟墓发现了大量的银、金、红宝石、琉璃岩和绿松石珠(Isakov,1992);锡亚尔克的第四层可追溯到4千纪末,有金、银、青金石、石英、贝壳、红宝石和岩石水晶做的复杂首饰(Ghirshman,1938,Pl.XXX,1;Benoit,2004,Fig.11);泰尔布拉克 TW 区16级(乌鲁克中期)的藏品包括360颗贵金属和石珠子,主要是红宝石,还有黄金、银、青金石、紫水晶和岩石水晶(Emberling and McDonald,2002)。对于美索不达米亚北部的其他遗址见罗斯曼(2002)(高拉 XI–XA

的坟墓)、马修斯(Matthews)和法则利(Fazeli)(2004,71)[格拉伊莱希(Grai Resh)的玛瑙、青金石和黄金珠子]。对于乌鲁克瓦尔卡的水晶和玛瑙作坊见韦尔斯伯格(Weisberger,2004,72)。

168. 安塔基亚(Antakya)平原的考古调查期间,布拉德伍德(Braidwood)和布莱德伍德(1960)首次确认了糠面陶瓷("Amuq F 时期")。

169. 在 1956—1960 年,在乌齐泰佩(Uch Tepe)出土了首批"莱拉泰佩文化"文物,后来在泰尔曼肯德和德乌本迪(Dyubendi)又有出土。1984—1990 年对莱拉泰佩遗址进行了发掘。2004—2006 年,在阿克斯塔法(Akstafa)地区沿着巴库-杰伊罕管道线在博尤克·凯西克(Boyuk Kesik)、索尤克·布拉格(Soyuq Bulaq)和波伊卢(Poylu)的抢救性发掘发现了更多类似材料(Akhundov, 2007a; Akhundov and Makhmudova, 2008)。在安纳托利亚东部和伊朗西北部的高地也确认了类似的材料(Marro, 2007)。来自布约克科锡克的碳-14 日期(Müseyibli, 2007, 150 f.):5 个木炭样品的值在公元前 3900 年至公元前 3600 年之间[来自贝里克迪比(Berikldeebi)的碳-14 日期也在同一范围内;参见 Kiguradze 和 Sagona, 2003, 注 1]。

170. 公元前 5 千纪的遗址[如高德兹奥(Godedzor)和朱尔泰佩(Kjul Tepe)]只发现了几件金属器物和加工残留物。公元前 5 千纪阿拉克斯盆地已经开始使用砷铜,例如在朱尔泰佩和泰胡特(Tekhut)。来自朱尔泰佩的两件器物砷含量分别为 1.14%和 1.15%,但是大多数来自泰胡特的分析对象的砷含量都达到 5%(见 Akhundov, 2004)。来自阿拉克斯盆地的冶金技术可能在公元前 4 千纪向北传播到中库拉盆地的河谷(Chataigner, 1995, 129, with references)。在阿米拉尼斯戈拉(Amiranis Gora)和巴巴德尔维希(Baba Dervish)Ⅱ(Kavtaradze, 1999, 74)的公元前 4 千纪末期遗址发掘的作坊中发现了马蹄形火炉、陶瓷器皿中的木炭、黏土风口、炉渣和黏土模具。

171. 之前认为"乌鲁克扩张"与公元前 4 千纪末的乌鲁克晚期有关,最近的研究认为"乌鲁克扩张"是一个非常渐进的过程,它始于公元前约 3700 年,由小群移民与当地原住民进行互动(见 Rothman, 2004, 93, with references)。

172. 库拉-阿拉克斯遗址的分布(例如,Rothman, 2005, Fig. 2)与公元前 4 千纪初上美索不达米亚扩张的遗址分布(例如,Marro,2007,Map 1)的比较。

173. 来自乌斯季德泽古塔一个带扁三角头的骨针(Munchaev,1994,Pl. 48,52)与从土库曼斯坦西部苏姆巴尔(Sumbar)山谷的帕克海Ⅱ公墓的铜针非常相似(SWT-Ⅶ时期,公元前4千纪的第一个季度;Thornton,2009,49,Fig. 2.17)。

174. 萨拉兹姆Ⅰ、梅赫尔格尔和卡拉德佩2-3的天青石(见本章的"长途贸易");萨拉兹姆Ⅰ(Kircho,personal communication,November,2010)和梅赫尔格尔Ⅲ的彩陶(Samzun,1988);伊尔金利德佩(公元前4千纪上半叶;Kircho,personal communication,November,2010),安诺Ⅱ(纳马兹加Ⅱ时期;Masson and Merpert,1982,Pl. XV,19)和蒙迪加克Ⅰ-5的"手袋"砝码(Casal,1961,Fig. 135,4)。见阿列克欣(Alekshin,1973),他认为这些特殊物件是用来称粮食的(它们在青铜器时期仍在使用)。

175. 对于纳马兹加Ⅲ的日期确认参见马逊(1981,81-85)。碳-14日期可用于哥休尔1和阿尔泰恩德佩,并将纳马兹加Ⅱ(Yalangach)的日期追溯到约公元前3810年,将纳马兹加Ⅲ早期的年代推算到约公元前3410年到公元前3240年间。

176. 与北高加索坟墓的差异包括使用石板或泥砖衬砌(相反,北高加索陵墓围有鹅卵石或木头),南部坟墓中陶器稀少以及葬礼宴残余(如坟墓附近的陶片、柴火、木炭和动物骨头)相对稀缺。

177. 高加索主脉有两个主要的垭口,分别是阿兰之门和里海之门,具体在奥塞梯(Osetia)的达里尔(Dariel)和达吉斯坦的德尔本特(Derbent)。历史资料显示,这两个通道便于通行,至少对入侵的北方游牧民族来说如此。希罗多德(Ⅳ,12)认为,西米里(Cimmerian)族人沿着黑海沿岸来到了锡诺普;然而,西徐亚人则通过德尔本特经里海一侧来到伊朗。由于达里尔和德尔本特都受到游牧民族的严重威胁(Ball,2011,124),6世纪匈牙利的入侵迫使波斯投入了大量的精力来防卫这两个通道。

178. 米赛伊布利(Müseyibli,2005,136)认为这些做法起源于库拉山谷。

第五章 黑海北岸草原

引言

田野考古

对布格河南岸和顿河下游之间铜石并用时代遗址的密集田野考古调查始于20世纪50年代。沿海地区公元前4千纪遗址最早的并有较好记录的田野调查是对第聂伯河下游佐洛塔亚巴尔卡(Zolotaja Balka)及奥索科罗夫卡(Osokorovka)两地(Rassamakin, 2004a, 94 f.; Rybalova, 1960)以及莫洛奇纳雅新皮利波夫卡(Molochnaja Novopilippovka)的坟冢进行的考察。[1]此外,在第聂伯河下游卡霍夫卡(Kakhovka)附近,因修建大型水库而进行的抢救性发掘中,基辅考古研究院的卡霍夫卡小组考察了米哈伊洛夫卡(Mikhajlovka)的定居点,在这个重要的遗址中发现了公元前4千纪和公元前3千纪早期的3个地层学序列(Lagodovskaja et. al., 1962; Korobkova and Shaposhnikova, 2005)。[2]在顿河三角洲,罗斯托夫大学和罗斯托夫博物馆在20世纪60年代发掘了科耶苏格(Kojsug)的多个坟冢以及利文特索夫卡(Liventsovka)的一个定居点(Maksimenko, 1973; Bratchenko,

1969）。20世纪70年代和80年代在大草原开始修建大规模的水利灌溉工程，密集的抢救性考古发掘随之开展起来。在这个"坟冢考古的黄金时代"（Gej，1999），在乌克兰、俄罗斯南部和伏尔塔瓦河流域每年都发掘了数千个铜石并用时代和青铜时代的古墓。随着第聂伯河下游卡霍夫卡水库的竣工，20世纪60年代至70年代考古工作的重心转移到了克里米亚北部，因为那里要修建从第聂伯河到刻赤（Kerch）的"北克里米亚水渠"用来灌溉北部半岛的干旱地区。塞维罗-克里姆斯卡亚（Severo-Krymskaja）考古队于1963年在里索沃（Risovoe）及坦科沃（Tankovoe），1965年在多林卡（Dolinka），1978年在博加切夫卡（Bogachevka）和策林诺（Tselinnoe）发掘了公元前4千纪的遗址[Shchepinskij and Cherepanova，1969；Shchepinskij，1983（2002）；Kolotukhin，2008，128 f.；Gening and Korpusova，1989]。20世纪70年代到80年代，卡霍夫卡水库地区主要的考古工作转入内陆。两队考古人员，一队在叶夫多基莫夫（Evdokimov）带领下在克拉斯诺孜纳门斯卡雅（Krasnoznamenskaja）进行；另一队在古比谢夫（Kubyshev）的带领下在赫孙斯卡雅（Khersonskaja）进行。两队人员在第聂伯河下游两岸同时发掘。前者于1978年在奥布罗耶（Obloj），1984年在斯卡多夫斯科（Skadovsk），1989年在玛拉雅阿列桑德罗夫卡（Malaja Aleksandrovka）发现了公元前4千纪的古墓；后者则于1971年在第一康斯坦丁诺夫卡（Pervokonstantinovka），1978年在新沃伦特索夫卡（Novovorontsovka），1979—1980年在沃尔昌斯科

(Volchanskoe),1981年在韦利卡亚亚历山大罗夫卡(Velikaja Aleksandrovka),1983年在多林斯科(Dolinskoe)发掘了铜石并用时代的墓葬[这些遗址的田野发掘由希洛夫(Shilov)和多洛非夫(Dorofeev)指导完成]。[3]20世纪90年代后,田野调查的强度急转直下。[4]实际上,自20世纪50年代开始的在黑海北岸草原田野考古发现的几乎所有坟冢古墓仍未公之于众。[5](图5.1)

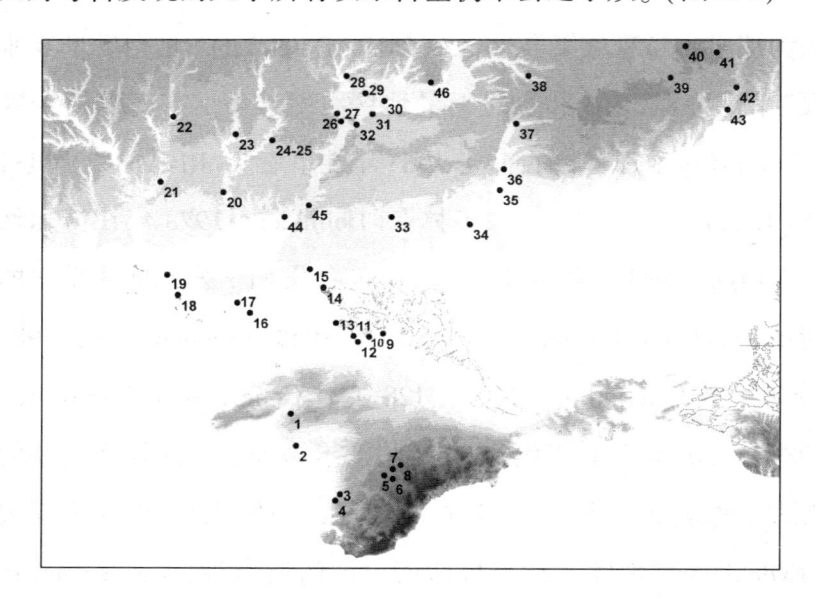

图5.1 黑海北岸主要遗址

梗概

第一个关于黑海北岸草原铜石并用时代的综述出现在20世纪70年代。在捷列金(Telegin,1973)和丹尼连科(Danilenko,1974)的专题研究中,他们把第二次世界大战后20年内积累的田野考古资料用解释框架进行了梳理。两个研究者都

第五章　黑海北岸草原

从简单的假设出发，认为反映在考古记录中的灿烂物质文化是沿着两条独立的线索发展的。其中一条是大草原沿海地区的遗址群("亚速海-黑海序列")，这条线与高加索及欧洲东南部的农耕文明紧密相连。另一条线则是毗邻森林草原的内陆地区。捷列金和丹尼连科认为"德莱夫涅亚姆纳亚"（Drevnejamnaja）或"斯莱德尼斯托格-贾姆纳亚"（Srednij Stog-Jamnaja）序列，要么是源自当地新石器传统，要么由里海地区的移民引入。[6]

正如拉萨马金（2004a，4）指出，随着"黄金时代"抢救性发掘出大量新证据，这种过于简单的模式很快就过时了。在捷列金和丹尼连科综述20年后，有人试图把新数据融入现有解释框架中，但是这种分类非但没把问题解释清楚，反而增加了困惑（见Rsssamakin，2004a，1-12）。自20世纪80年代末以来拉萨马金对40年内大规模抢救性发掘积累的所有材料进行了全面而严谨的研究，旧观念才最终得以破除。[7]拉萨马金摒弃了过去双文化模式，他根据墓葬的基本特点，如尸骨的位置、墓室的形状以及坟冢的修建方式等，把它们分成多个不同的"葬俗"。一方面他的重新评估清晰一致，旨在建立一个新的年表体系；另一方面他还为草原铜石并用时代的新概念框架奠定了基础。

草原游牧民族骑马的形象在以前讨论的传统模式中起到了一个核心但不相称的角色。丹尼连科认为游牧迁徙、马背骑行以及马的军事用途相结合是铜石并用时代黑海北岸草原地带的原动力（Danilenko and Shmaglij，1972；Danilenko，1974，92-106）。[8]然而，尚没有令人信服的考古学或动物考古学证据表明

187

公元前4千纪已经出现驯化马（见本章"草原农业"一节）。此外，多个研究者指出欧亚草原地区游牧生活最早的确切考古证据可以追溯到公元前1千纪初（Khazanov，1994，94；Kuzmina，1994，1996，1997，2003；Otchir-Goriaeva，2002），然而其他学者则倾向于驯化马最早出现在公元前3千纪（Shishlina and Hiebert，1998；Shishlina，2003）。无论如何，断定欧亚草原的游牧生活方式（如民族志学描述的那样）是对草原干燥环境的一种普遍适应而且也适用于史前时代，这是错误的。有趣的是北美平原的考古也出现了类似黑海草原的情况（Wylie，1988）。主流看法认为平原上的史前居民就像人们刚接触他们的时候一样以捕猎为生，这种观点基于这样一个假设：干燥的草原环境下要维持定栖的农业经济是不可能的。但是，考古研究显示实际上原住民的流动捕猎生活方式是因为后来骑马的引入才发展起来，之前有很长一段时间是农业传统（Wylie，1988，142）。

年表

布格河南岸和顿河下游间是草原地带，那里的定居点遗址鲜有确切的地层可考，并且该地区的相对年表主要靠从森林草原地带特里波利耶（Tripolie）文化进口的彩陶来对照。特里波利耶C1时期的陶片在米哈伊洛夫卡的底层被发现。中间层的底层发现了3块特里波利耶晚期（C2）卡斯伯罗夫齐（Kasperovtsy）群组的彩陶片，可能是从布格河南岸上游进口（Korobkova and Shaposhnikova，2005，64）。此外，在一些铜石并用时代的坟墓中发现有侧身屈体的尸骨以及特里波利耶晚期的器皿，如 Ljubimovka 23/4, Ordzhonikidze "Zvadskie mogily" 9/10, Velikaja Alexandrovka 1/23, Vishnevatoe 2/4, Volchanskoe 1/21。尸骨呈屈身仰卧或伸展位的坟墓只能通过间接手段推断其年代，因为特里波利耶晚期遗址中也发现了这些坟墓特有的器物。叫作塞雷孜列夫卡(Serezlievka)的陶俑在尸骨呈伸展位的坟墓中被发现，与布格河南岸桑德拉基(Sandraki)特里波利耶晚期定居点遗址的第二层类似(Rassamakin, 2004c)。此外，形状特别的骨珠是尸骨呈伸展位坟墓的特征之一，在萨多沃(Sadovoe)的乌萨托沃(Usatovo)墓群的一个坟墓中也有出现(Maljukevich and Petrenko, 1993)。[9]

对沿海平原的铜石并用时代进行放射性碳断代还在起步阶段。对米哈伊洛夫卡Ⅰ号遗址3号结构出土的动物骨样进行放射性碳测定显示是在公元前4千纪的上半叶(Kotova and Videiko, 2004, Table 6)。米哈伊洛夫卡Ⅱ出土的动物骨头和骨制工具样品则可追溯到公元前4000年的最后几个世纪(Kotova and Spitsyna, 2003)。[10]此外，顿河下游拉兹多尔斯科(Razdorskoe)层7的木炭样品确定校准范围在公元前3400年至公元前2900年之间，该定居点遗址远离沿海地区，但是其陶瓷材质与沿海遗址的材质相似(Kremenetski, 1997, 40)。对奥列霍夫-塔拉索瓦莫吉拉(Orekhov-Tarasova mogila)6号墓人类遗骨提取物进行放射性碳测定发现校准范围也在同一个年代范围(Govedarica et al., 2006)。

黑海与欧洲、近东以及亚洲的早期文明

分散的社区

亚速海以及黑海北岸平原的考古记录对墓葬遗址情有独钟。如果从坟丘的分布和选址来看，平原上铜石并用时代的人更喜欢逐水而居。[11]当然，黑海大草原不是沙漠，即使在最偏远的地方小规模的定栖社区都可以找到足够的水源（Otchir-Goriaeva，2002）。与分水岭地区干燥单一的草原相比，这里河流冲积形成的平原和河谷简直就是绿洲，水草肥美，物产丰富，因此这些地方能吸引人类定居也不足为奇了。但也有例外，在克里米亚东部盐湖边干旱不宜居的地方也发现了坟墓。然而，历史记录显示，浅水湖的盐化以及港湾的淤积仅发生在公元前2千纪之后。在公元前4千纪，坟冢选址可能都靠近半咸水深河口和淡水大湖泊的岸边，那里水草丰美，生活着大量的食草动物、候鸟、鱼类和野生大型蹄类动物（Shchepinskij and Cherepanova，1969，16 f.；Shchepinskij，1983，6 f.）。

出土的定居点遗址坐落在河畔高地和山坡上，其特征是文化层薄，施工痕迹不明显。米哈伊洛夫卡遗址坐落在第聂伯河下游左边支流波德波尔纳亚河（Podpolnaja）高高的右岸附近一座小山上。该遗址守着冲积平原的腹地，并且可以进出冲积平原的森林和草地。米哈伊洛夫卡的发掘出土了整个定居点区域。公元前4千纪下半叶米哈伊洛夫卡Ⅱ的遗址面积约为0.4公顷（Korobkova and Shaposhnikova，2005）。同一时期的另两个遗址分别位于在卡利米乌斯河岸边的拉孜多尔诺（Razdolnoe）以及顿河下游河右岸利文特索夫卡Ⅰ（Shaposhnikova，1970；Bratchenko，1969）。拉孜多尔诺居住点占地约0.75公顷。利文特索夫卡Ⅰ以及拉孜多尔诺并没发现任何家居结构的痕迹，而米哈伊洛夫卡则仅仅出土了少量的建筑遗存。[12]所有米哈伊洛夫卡的文物都位于面向河岸、沿山坡边缘的狭长地带（图5.2）。

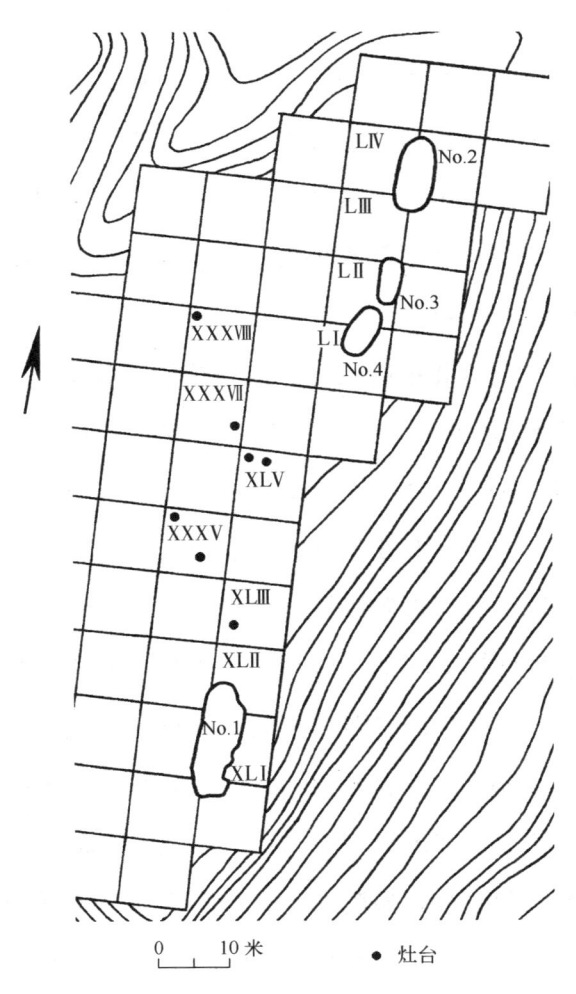

图5.2 米哈伊洛夫卡Ⅰ居住点的平面分布

米哈伊洛夫卡Ⅰ遗址的房屋地面以及米哈伊洛夫卡Ⅱ的下半截在地表约0.4米以下,而米哈伊洛夫卡Ⅱ的上半截则仅仅只有地面结构(Korobkova and Shaposhnikova,2005,30 f.)。米哈伊洛夫卡最底层的建筑在整个村庄区域被发掘出来。这个阶段共有4个结构——发掘区南面有一个大房子(房1),北面50米开外有一个大房子和两个小房子。两组房子中间有炉灶和灰坑。住房是长椭圆形篱笆抹灰结构,地表下沉,面积约60平方米。房子的洼地填满了过火材料,可能是烧毁崩塌的墙壁和屋顶。在房1正中有一直径为1米的圆形抹泥石灶台。房2也出土了一个结构类似但较小的灶台(Korobkova and Shaposhnikova,2005,30-34)。

米哈伊洛夫卡Ⅱ定居点有一个建筑群,其中有5个当代建筑,北面约50米处还有另一结构。房屋平面图为椭圆形,建筑面积为50~70平方米(图5.3)。地面有数个抹灰层。每个房子中央都有一个直径0.5米的圆形黏土灶台。此外,在房1和房2中还发现了碾磨设施以及穹顶烤炉。一些住宅内有方形黏土墩座墙。地面被烧塌的泥墙和屋顶掩埋。其中至少有两个房屋结构(房1和房7)是立即重建的。在房子附近发现了一个室外做饭区,包括数个灶台,可能是供公众做饭用(Korobkova and Shaposhnikova,2005,34-38,Fig. 10)。此外,发掘后分析发现至少有两个燧石敲制区,其中有大量的原始石器、石刀片以及石芯(房1附近发现了573件标本,房3附近也有一小堆)。在建筑群中间还发现了11件石器文物,上面带有金属加工的痕迹，这为米哈伊洛夫卡Ⅱ的金属加工提供了证据（Korobkova and Shaposhnikova，2005，271-275）。

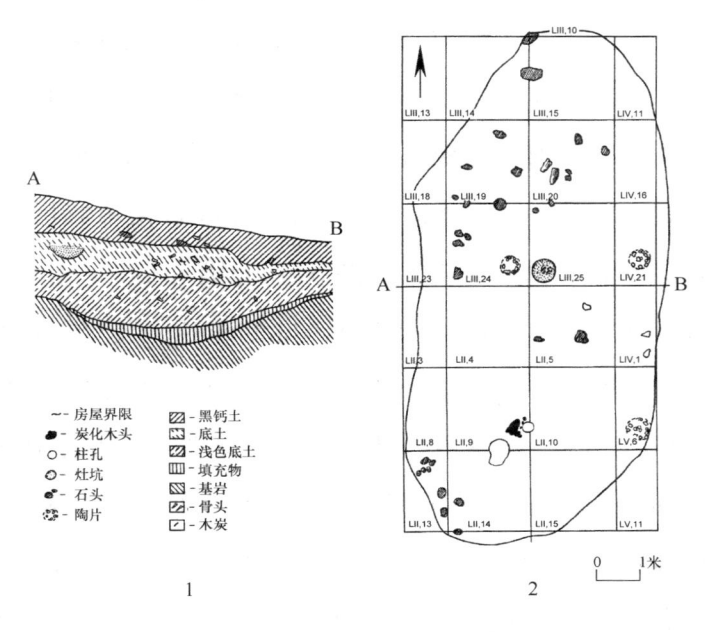

图5.3 米哈伊洛夫卡Ⅰ房屋2

总之，这些定居点的证据表明铜石并用时代草原社区规模小且分散。若干家庭组成的定居点规模小、居住时间短、沿河而居，并可出入冲积平原。房屋结构简易，建材为树枝、黏土和芦苇，但是显然是作为永久舒适的住宅来用的，里面有灶台、烤炉、碾磨石以及黏土台。做饭以及原材料加工等活动在房屋之间进行。鉴于民族志学的证据，吉尔曼（Gilman，1987，548）认为"地坑房"的出现是一个非常重要的迹象，意味着居住是有季节性的。因此，不能排除米哈伊洛夫卡这样的定居点是双季节定居系统中的过冬场所。

公元前4千纪黑海北岸的土葬形式多为简易墓坑，尸骨呈屈体或伸展位（图5.4和图5.5）。较为罕见的埋葬形式是将死者放在地表石棺或木棺中（图5.7）。[13]显然，在不同地理区域都有特有的死者埋葬体位（Rassamakin，2004a，Figs 3~11）。因古尔河（Ingul）、因古列茨河（Ingulets）以及第聂伯河下游的坟墓最不统一，尸骨呈屈体，体位既有仰卧（佐洛塔雅巴尔卡，马拉亚亚历山大罗夫卡1/8）（图5.4）也有左侧卧[卡利诺夫卡（Kalinovka）4/11，茹比莫夫卡（Ljubimovka）23/4]。伸展体位的尸骨集中在卡霍夫卡水库沿岸[新沃伦特索夫卡（Novo-vorontsovka）1/8、奥索科罗夫卡（Osokorovka）、佩尔沃马耶夫卡（Pervomaevka）、卡门卡第聂伯罗夫斯卡亚（Kamenka Dneprovskaja）14/2]（图5.5）。卡尔基尼茨基（Karkinitskij）湾沿岸附近以及克里米亚北部地区坟墓的尸骨则是典型的屈体左侧卧姿[斯卡多夫斯克（Skadovsk）1/6，多林斯科（Dolinskoe）1/32，特塞林诺（Tselinnoe）6/12]，而在亚速海沿岸和莫洛奇纳亚及卡利米乌斯河谷则是伸展体位埋葬占主导[例如，在尤里夫卡（Jurevka）6/7、新皮里波伏卡（Novopilippovka）、维诺格拉德诺（Vinogradnoe）、新安德烈夫卡（Novoandreevka）4/2、维什涅瓦托（Vishnevatoe）2/2]。顿河下游的坟墓则兼有屈腿仰卧[穆辛（Mukhin）Ⅱ]和伸展仰卧[科耶苏格（Kojsug）组Ⅱ，坟冢7]。最后，死者屈腿右侧卧姿的坟墓遍布整个沿海地区（图5.6）。

第五章 黑海北岸草原

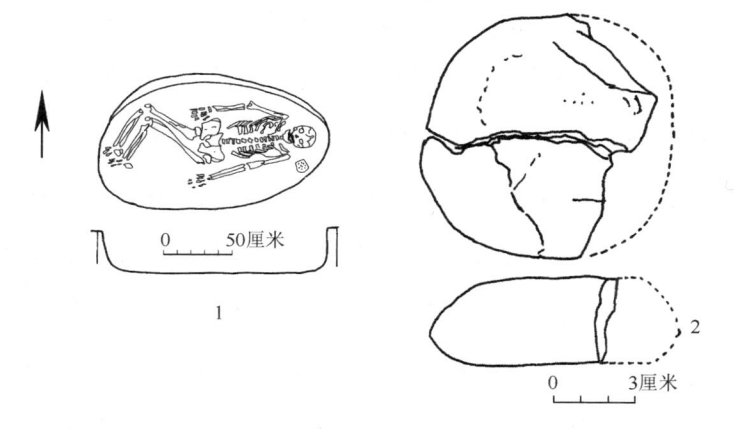

图 5.4 亚历山大罗夫卡 1/8 坟墓 I（2—赭石）

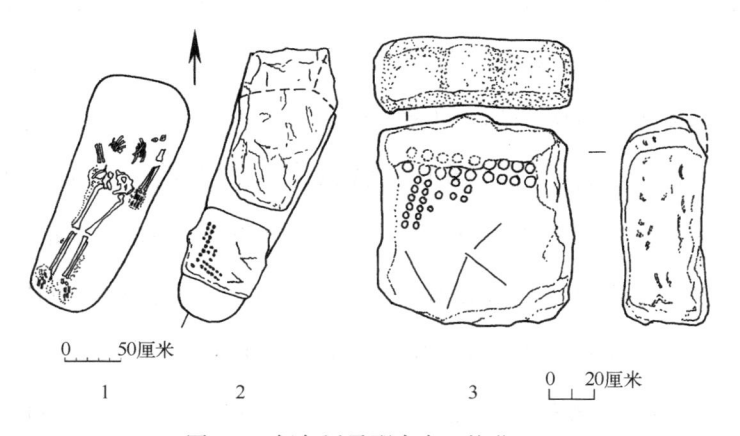

图 5.5 佩尔沃马耶夫卡 1 坟墓 2/2

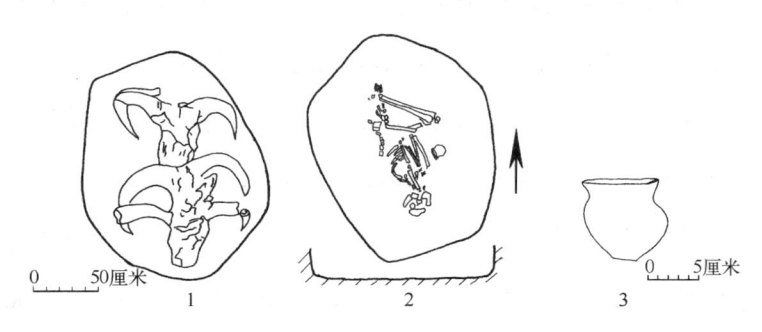

图 5.6 沃尔昌斯科 I 坟墓 1/16

死者身上通常撒有赭石粉，颜料多少不一，有的痕迹稀疏，有的厚达几厘米。[14]很多坟墓有成形的赭石粉（图5.4）。长达15厘米的大块赭石粉主要洒在伸展仰卧尸骨身边（卡门卡第聂伯罗夫斯卡亚14/2），而在屈体尸骨墓中，小赭石块则较为常见（例如在马拉雅亚历山大罗夫卡1/7）(Rassamakin, 2004a, 34, 41, 53; 2004b, 17, 95, 176, Pl. 315, 2.3)。有些墓坑封有石板、巨石或是石梁，上面还有石堆和土丘。[15]几个"初始"坟墓通常共用一个坟丘。[16]很多坟冢周围有环形壕沟以及大块直立石板围成的石圈（图5.8）。[17]坟丘下的火烧痕迹（灰烬、木炭）、陶片以及动物碎骨证实了葬礼时的食物消费。[18]通常有1~3座坟冢在河岸的高台上排成一列。[19]

墓中随葬品很少。部分死者戴有小件饰物，如简易的铜饰、小骨珠和小石珠。工具、武器、盆罐以及泥俑非常罕见。单个坟墓的随葬品有燧石片、箭头、石锤、石碾盘、轴孔石锤以及小罐。有人指出在墓中随葬陶器是受森林草原村落社会的影响而发展起来的(Rassamakin, 1999, 60)。值得注意的是，草原墓葬中发现的器皿通常是舶来品，而当地风格的陶器通常是在宴会遗址中被发现（见 Rassamakin, 2000, about Kvitjana pottery sherds in remains of feasting）。一个惊人的厚葬例子是奥列霍夫-塔拉索瓦莫吉拉（Orekhov-Tarasova mogila）6号墓，其中一具儿童的尸体穿戴有若干带铜箔的皮革制品，包括胸饰（或束腰外衣）、一个手镯及一条腰带(Rassamakin, 2004b, 11)（图5.14, 5）。

墓葬相关的大型牛科动物头骨在数个案例中都曾见诸报道。在沃尔昌斯科(Volchanskoe)1/16，一具屈体右侧躺卧的成人尸骨上盖着3块带角的大牛头骨(Rassamakin，2004b，140)(图5.6)。在奥泽诺4号坟冢中的2号墓附近发现了5块牛科动物头骨，在奥尔德佐尼基得泽(Ordzhonikidze)"切尔纳雅莫吉拉"(Chernaja mogila)3/10的儿童尸骨身边放有5块不带角大头骨(Rassamakin，2004b，50；Nikolova and Rassamakin，1985，39；2004b，50，Pl.150)。这些动物头骨的出现表明社交聚会上有大型动物牺牲以及大量肉类的分发(见Davis and Payne，1993，21)。动物头骨代表着葬礼背景下一些重要活动的罕见展示。茹比莫夫卡14号坟冢(墓7)的葬俗也不同一般，墓里有一具屈腿左侧卧姿的成年尸骨(Rassamakin，2004b，122)，古老的地表上建有一具石棺，棺上盖有一个小土丘和一个庞大的石壳，并围有一大圈石板(图5.7)。这座古坟高3米，直径28米，可能是铜石并用时代草原最大的历史遗迹(图5.8)。茹比莫夫卡的墓并没有被盗，但是石棺盖下面除了两个大罐碎片外，并没有其他随葬品。

因此，除了尸体姿势以及一些细微区别外，沿海平原的葬俗非常统一。常见的有丧礼宴、石头结构、在一个墓或若干墓前建一小坟冢。草原居民的这些葬俗和库班河下游(见第四章)以及德涅斯特河下游(见第六章)河谷的村落社会一样。但是，后两个地方一些宏伟夸张的坟冢建筑对黑海北岸平原的葬俗来说有些陌生。黑海草原的坟墓围着小圈直立石

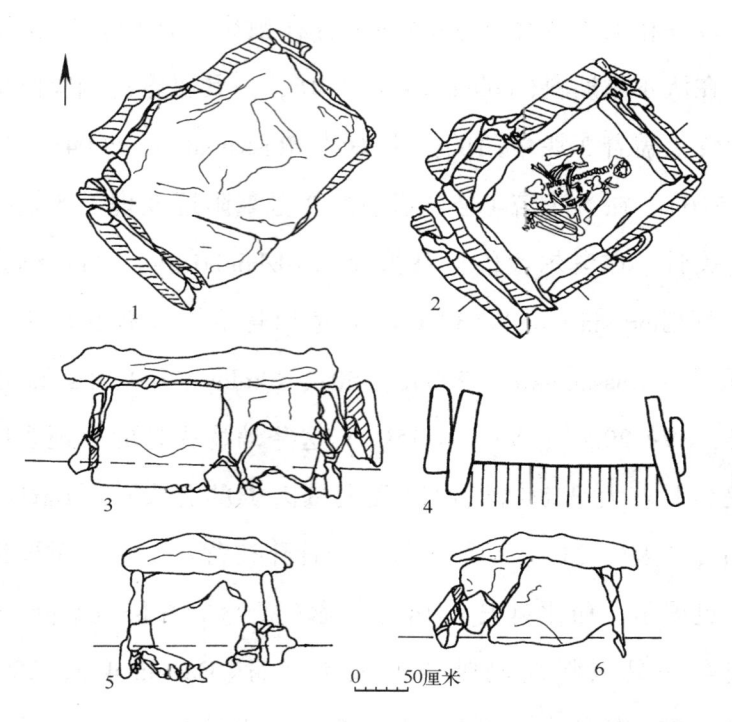

图 5.7　茹比莫夫卡坟冢 14 坟墓 7

板，而不是石头堆成的宽数米、直径达 40 米的大型护岸；死者被葬在狭小的墓坑或小棺材中，随葬品仅有一些小器物，墓室既不大也不是巨石墓，更没有异域贵重物品陪葬。坟丘规模不大，可能是因为社区规模小且分散，找人修建坟墓的可能性不大，没法与人口密度大的乌萨托沃和迈科普相比。此外，如果对待死者的方式体现了社会制度和生活价值观的话，那么黑海沿岸平原的居民维持的是一种相当平均主义的精神。财富的积累在这些小群体的成员中可能已经发生，但是公开炫富在当时的社会显然是不合适的。

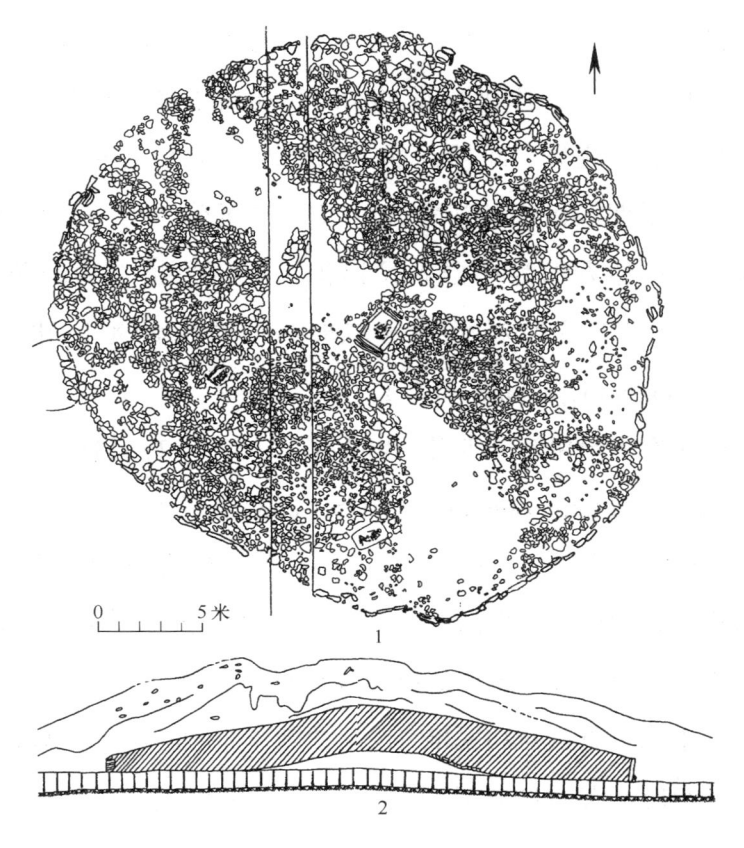

图5.8 茹比莫夫卡坟冢14

草原农业

游牧民族开发利用黑海和亚速海北岸天然草原距今已近3000年。因此很容易认为悠久的游牧传统是由生态因素决定的，并且会把这种看法延伸到史前时期。的确，与森林草原地带的农民相比，草原耕者要面对更多的困难。尽管黑海北岸草原的年降水量、生长期以及土壤肥沃度都适合种植谷物，但是这里地势空旷，干风肆虐，蒸发量大，干旱常不期而至。低湿度造成作物减产，休耕裸露在外的耕地由于缺少保护，一经风雨侵蚀就会流失。此外，草原上肥沃但是厚重的黑土不易耕作，而早期农民们的耕种技术又过于简单。[20]但是，甚至草原最干旱的地方都为小群农民提供了定栖种植谷物的条件，正如19世纪俄罗斯农民对伏尔加马内奇河的殖民化一样（Otchir-Goriaeva，2002，117-121）。

除了在米哈伊洛夫卡Ⅱ（Bibikov，1962，12）（Fig. 5.9，1；Korobkova and Shaposhnikova，2005，253）发现了两把锄头和一件带"镰刀"光泽的燧石刀片外，草原地区的考古记录中并没有农耕工具和植物考古微痕分析。[21]对米哈伊洛夫卡带有谷物痕迹的陶片研究发现该遗址的居民种植谷类和豆类，主要有二粒小麦、黍和苦野豌豆（Pashkevich，2000，Table 5；Pashkevich，2003，291）。[22]品种结构和森林草原地区很接近，但是黍类谷物在草原地区外很少种植（Janushevich et al.，1993）。黍（Panicum miliaceum）是一种夏季耐旱植物，如今还是干旱地区最重要的主食之一（Pashkevich，1997，267；Emendack et al.，2005）。[23]黍不仅耐旱，生长周期也非常短，从播种到收获仅用60天，这些特性可能使黍成为那些季节性迁徙的采收小群体的首选。由于缺乏更多的具体证据，布格河南岸以及顿河下游之间地区在公元前4千纪晚期的农耕技术仍是个谜。

草原气候冬季漫长、寒冷干燥，6月则是丰雨季，春季可能有利播种。可能是为了降低干旱以及水土侵蚀的风险，草原地区选择耐旱物种、混合种植、谷物和豆类轮种。此外，耕地频繁变迁（也是一种"草原轮作"）的需要也可以解释定居时间短、社区规模小的原因。

储藏设施或者大型储藏容器并没有在草原的定居点遗址中见诸报道。用于储藏的大陶瓷容器以及这些容器的生产可能都没有普及。在米哈伊洛夫卡Ⅱ房1中出土了一个土台，可能是作为墩座墙用来存放芦苇编织的储藏箱（Korobkova and Shaposhnikova，2005，35 f.；cf. Dhavalikar，1995）。在米哈伊洛夫卡Ⅱ房2的做饭区发现了碾磨设施，并且在鞍形石磨中发现了微痕，谷物加工因此也得以证实（Korobkova and Shaposhnikova，2005，253，116，Fig. 56，2～4.6）（图5.9，4～6）。日常做饭都是在露天灶台中进行，灶台是一个黏土拍制而成的圆形平台，坐落在住宅区的中央。在米哈伊洛夫卡Ⅱ房1还发现了一个穹顶烤炉（见Korobkova and Shaposhnikova，2005，36）。

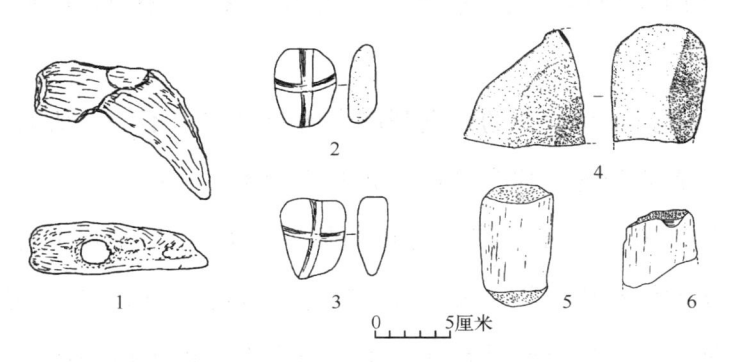

图5.9　卡门卡第聂伯罗夫斯卡亚2(1)墓12/2以及米哈伊洛夫卡Ⅱ定居点(2~6)

1—鹿角；2~6—石头

遗憾的是，来自米哈伊洛夫卡第2层和第3层的动物区系材料并没有单独研究过。该群组现有的资料只有物种比例以及个头大小。牛是最多的家畜，其次是小型反刍动物和猪（Bibikova and Shevchenko，1962）。米哈伊洛夫卡Ⅰ的绵羊和Ⅱ-Ⅲ的绵羊个头大小相似，但是比德涅斯特河的卢卡（Luka Vrublevetskaja）特里波利耶遗址 A 发现的公元前5千纪晚期的绵羊要大得多。比比科娃（Bibikova）和舍甫琴科（Shevchenko，1962）认为这种不一致性表明这是两个绵羊品种，但是仅凭这种观察就断定米哈伊洛夫卡已经出现羊毛羊为时尚早。尽管以现有的动物区系资料不可能区分放牧的不同形式，但是在干旱的草原环境下依赖动物似乎是很重要的缓解风险的策略。前面已有提及，19世纪伏尔加马内奇草原的农业殖民者并不能生产剩余的谷物用来销售，尽管他们可以开发高效的捕鱼和养牛策略。常年放牧，冬季圈养，再加上密集捕鱼，这样就有足够的农产品用来销售，因此也带来了惊人的繁荣（Otchir-Goriaeva，2002）。

放牧在干旱草原的开发利用中所起的作用不一，从圈养定栖混合农业到纯游牧畜牧业所起的作用不尽相同。但是，单一的放牧是公元前4千纪黑海草原居民可行的经济形式吗？答案在于如何利用动物。大部分动物作为肉源，只有在屠宰后才可以使用，这样就必须在动物生长速度放慢前加以淘汰。留着大量"没有收益"的动物，如没有繁殖力的成年个体，特别是在草原漫长而寒冷的冬季，似乎是不可行的，而且也不经济。

因此，在这种纯粹"食肉"利用模式下，蓄养大群动物而且要在不同季节不同牧场之间循环迁徙似乎不大可能。[24]然而，随着牧民掌握了挤奶和奶类加工技术后，这种情形发生了巨大的改变。[25]奶可以加工成有用的食物并且可以储存，挤奶技术使得饲养大量成年母畜有利可图。密集的牛奶加工技术似乎是温带地区畜牧业大力发展最重要的前提条件。因此，上述问题的答案至今还是否定的，除非发现特有的乳制品加工证据。

米哈伊洛夫卡Ⅲ的动物群组发现了很多被猎杀的大型哺乳类动物骨头，捕杀这些猎物既可以食肉还可以利用兽皮，其中有野猪、赤鹿、马、野驴、野牛和羚羊。生活在湿地环境的几个物种，像水獭、海狸、水鼠，主要是为了获取它们的皮毛（Bibikova and Shevchenko，1962）。此外，在米哈伊洛夫卡住宅遗址的灶台旁还发现了大量的珠蚌壳以及鱼鳞。经动物区系学研究辨认，其中有几种大型淡水鱼，主要是鲇鱼和梭子鱼（Lagodovskaja et al.，1962，175）。狩猎和捕鱼工具，如箭头、石网坠以及一个骨制渔叉碎片在该遗址的中低层被发现（Korobkova and Shaposhnikova，2005，Tables 3 and 9，Fig. 59，9~10）（图5.9，2~3）。

米哈伊洛夫卡动物群组的物种结构显示该遗址的居民不仅开发冲积平原的森林和芦苇荡，而且还开发干旱草原。马科动物（马以及较少见的亚洲野驴）被猎杀最多（Lagodovskaja et al.，1962，Table 4）。[26]马骨数量的增多是否意味着该物种在米哈伊

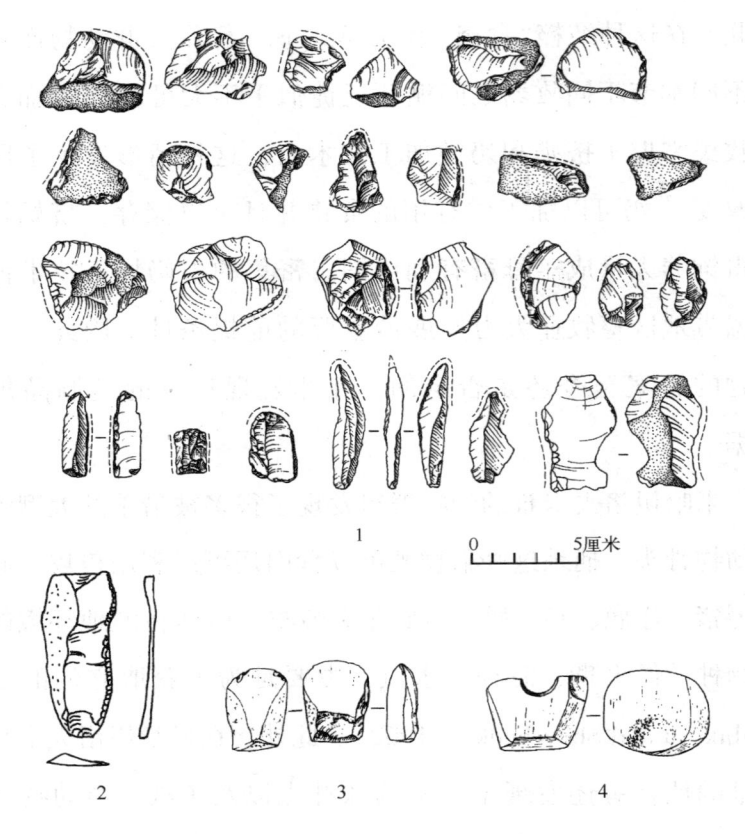

图 5.10 米哈伊洛夫卡Ⅱ出土的石器文物(1,3,4)以及
维诺加拉德诺 3/15 出土的石器文物(2)

1,2—燧石;3,4—为石头

洛夫卡已被驯化？尽管米哈伊洛夫卡的马骨并没有在马的驯化讨论中重点提及，但是第聂伯河中游森林草原地区德瑞夫卡遗址发现的动物群组曾是数个动物考古学研究的对象，但是结果却相互矛盾（见 Levine，1990，2005，with references）。[27] 最近，莱文（Levine，1990）基于马牙得出的年龄和性别数据推断，大部分德瑞夫卡的马死去时年龄在 5~8 岁之间，作为驮兽，正处

第五章　黑海北岸草原

在生长速度急剧下降，但是繁殖力最旺盛的时候。驯化马来食肉或是干活是不可能活到这个年纪的。9∶1的公母马比例也反驳了这些动物是家畜的论断。正如莱文（1990，378 f.）指出，后者表明捕猎时采用了追踪策略，以捕杀单身群体和年轻的成年雄性个体为主。

哈萨克斯坦北部波泰（Botai）遗址附近一个公元前4千纪中期遗址的养马证据显得更有说服力。土壤微观形态学和化学分析得以通过其特定形态分辨含有马粪的土壤（French and Kousoulakou，2003），同时陶器上的残留物也表明挤马奶的可能性很大（Outram et al.，2009）。然而，不能因为哈萨克斯坦北部马的频频出现就认为公元前4千纪整个欧亚草原也是如此。

看起来很可能野生资源的季节性利用在草原社区的生活中起到了很重要的作用。动物群组和栖息地都指向这点。吉尔曼（1987）注意到民族志学记录中穴居的出现几乎总是与季节性迁徙相关。例如，北美北方草原一些以水牛和农业为生的居民修建了带有地坑房的永久居住点，并在附近种植庄稼。当庄稼长到平膝高的时候，他们就迁徙到草原开始狩猎，并在夏末回到定居点收割庄稼。冬天，部分成员再次来到狩猎点，狩猎点通常坐落在避风的森林河谷（Gilman，1987，545）。不能排除的是黑海北岸平原上的生存经济同样涉及复杂的季节性迁徙以便利用野生资源。

生产技术

石器

米哈伊洛夫卡定居点的居民使用当地产的灰黑色劣质燧石。很显然，他们是在河床里采集结节状的原材料（Korobkova and Shaposhnikova，2005，101）。米哈伊洛夫卡Ⅰ-Ⅱ发现的燧石群组包括大量的石结节、石芯以及加工废墟。燧石敲击基本上采用一种简易的核心技术，通过直接硬敲击来分离不规则的原始石器（Korobkova and Shaposhnikova，2005，101）（图5.10，1）。通常石器要加工至少两次才能成型（Korobkova and Shaposhnikova，2005，Figs 48~50）。

研究发现，米哈伊洛夫卡Ⅱ燧石群组中有森林草原的沃林地区进口的单件优质燧石文物（Korobkova and Shaposhnikova，2005，101）。这种材料是通过交易网络以长石片的形式从草原部落进口的（见第七章）。该遗址还出土了从顿涅茨引进的浅灰色燧石做成的工具（Lagodovskaja et al.，1962，115）。来自顿涅茨岭的优质燧石属于公元前5千纪晚期最显著的交易商品。在原产地发现了许多采石场和专门的燧石加工区，那里还留有大量的加工废品和半成品，而在相距甚远的几个遗址中也发现了成堆的规则长石片、修整后的三角尖、备好的石芯以及石结节，这表明当时有一个长途贸易网络存在（Rassamakin，1999，103；2002a，49）。很显然，在公元前4千纪大石片的生产和流通停止了，但是燧石矿的开采还在继续，顿涅茨燧石在米哈伊洛夫卡的出现就证明了这点。米哈伊洛夫卡Ⅱ遗址发现了大量用来碾磨、压碎、击打食材和矿物质的粗制石器工具（Korobkova and Shaposhnikova，2005，113 f. Figs 54~58)（图5.10，3~4）。但是，轴孔抛光石器工具非常罕见。[28]

在沿海地区和第聂伯河下游河谷的数座坟冢中发现了由泥灰岩、玛瑙、无烟煤/黑玉制作的黑白小珠子。在普里莫尔斯科Ⅱ的墓4/2中发现了浅色的泥灰岩珠子(Rassamakin，2004b，139，Pl. 432，5)。在维诺格拉德诺（Vinogradnoe）3/41，沃尔昌斯科1/21以及契卡洛夫斯卡亚（Chkalovskaja）3/19墓的死者胸口发现了白色小珠子（贝壳）和黑色小珠子（无烟煤或玛瑙）（Rassamakin，1987，37；Nikolova and Rassamakin，1985，Fig. 4，8；Rassamakin，2004b，15，140，Pl. 37，5，Pl. 436，6）。此外，在科耶苏格的"拉杜特卡"（Radutka）坟冢24号墓发现了一颗独特的褐煤大黑珠，呈半圆形，带有阴刻装饰，另外还发现了三颗圆柱形黑玛瑙小珠子，一颗白色的珠子可能是骨珠（Maksimenko，1973，254，Fig. 3，6）。这些典型的黑白小串珠与在西北部沿海乌萨托沃时期墓中发现的珠子非常相似（见第六章）。当地草原社区生产石珠子看起来也有可能，但是没有任何加工废墟的信息。

陶器

在第聂伯河和顿河下游之间的草原地区，陶工喜欢往泥胎里添加贝壳粉和沙子（Korobkova and Shaposhnikova，2005，50，57；Rassamakin，2004a，65，105）。这种"贝壳陶瓷"在黑海北岸地区历史悠久。它的起源至今仍不清楚，但肯定不属于乌克兰和巴尔干半岛森林草原地区村落社会最早的陶器技术。另外，这种泥坯是否因为某种潜在的或是实际的好处使其成为唯一使用的材料也不得而知。贝壳粉作为原材料可以增加黏土的可塑性，在干燥和烧制过程中容易收缩定型（Stimmell et al.，1982）。此外，贝壳陶瓷与砂陶相比更硬、更耐用（Feathers，2006，111）。然而，掺加贝壳粉会给烧制带来很大的问题。当温度超过600℃时，容器壁里的贝壳粉会分解成石灰（氧化钙）。石灰会吸收湿气而膨胀，导致容器壁破损（石灰爆裂），或是在表面形成小裂纹甚至整个容器解体（Feathers，2006，92）。因此，含有贝壳粉作为原材料的泥坯必须在不会解体的温度下烧制。如果在低氧条件下烧制，开裂的风险会降低，而且温度可以提高到800℃（Feathers，2006，119）。在800℃以下明火烧制带贝壳粉的泥坯容器，并且最后加以烟熏（用牛粪、锯末以及草加以闷熄）可能就是草原地区陶工最常用的烧制技术。陶罐的斑驳深色表面，颜色呈黑褐色、灰色和黑色以及碎片内芯呈典型深色都支持这一假设。窑烧的证据则没有。

草原群组中典型的尖底器皿可能是旋转拍打成型的。[29] 米哈伊洛夫卡Ⅱ的平底陶器也是手工旋转成型的（Korobkova and Shaposhnikov，2005，58）。草原社会器皿多数为糙面器皿或表面基本光滑的器皿。器皿的装饰仅限于颈部和肩部，其中有阴刻纹饰、压印纹饰和粘贴纹饰（Korobkova and Shaposhnikova, 2005, Figs 24~25, 27~31; Rassamakin, 2004a, 191）。绳纹是这个时期的标志，在米哈伊洛夫卡的遗址中非常普遍（Korobkova and Shaposhnikova, 2005, 59 f., 62, Fig. 28, Fig. 29, Fig. 31）。尽管绳纹的起源尚不清楚，但是出现时间开始有了答案。最近，在第聂伯河中游地区的米洛波里耶（Miropolie）遗址发现了进口的"毛毛虫"绳纹陶片，时间可追溯到特里波利耶B2阶段的早期，或是公元前4000年前后（Rassamakin, 2002a, 50; Tsvek and Rassamakin, 2002; 2005, 187-190）。这些陶片是可确定年代的最早绳纹文物（Tsvek and Rassamakin, 2002, 241 f.）。"真正的"或是发展后的绳纹在接下来的时期才出现，在伽尔布孜恩（Garbuzyn）特里波利耶晚期B2-C1遗址出土的进口绳纹器皿就是证明（Tsvek and Rassamakin, 2002, 241 f.）。

已经公布的陶瓷证据尚不足以把定居点和墓葬中的陶器器皿归类为陶瓷器皿。一种以平底罐和大口杯为代表的疑似瓷器出现在整个沿海地区，也就是说在因古列茨河下游流域、第聂伯河下游两岸以及亚速海西海岸（图5.11）。器皿是由带有贝壳粉的粗制泥坯塑形，并在低温下烧制而成，呈棕色或灰色斑点。这组陶器器形不多，几乎清一色是棱纹罐，颈部低、宽、外翻，表面光滑。组装陶器，如环形底座、腿、嘴、盖子、耳和手柄则没有发现。这种瓷器可能与特里波利耶文化的陶器传统相关(Rassamakin, 1999, 114)。

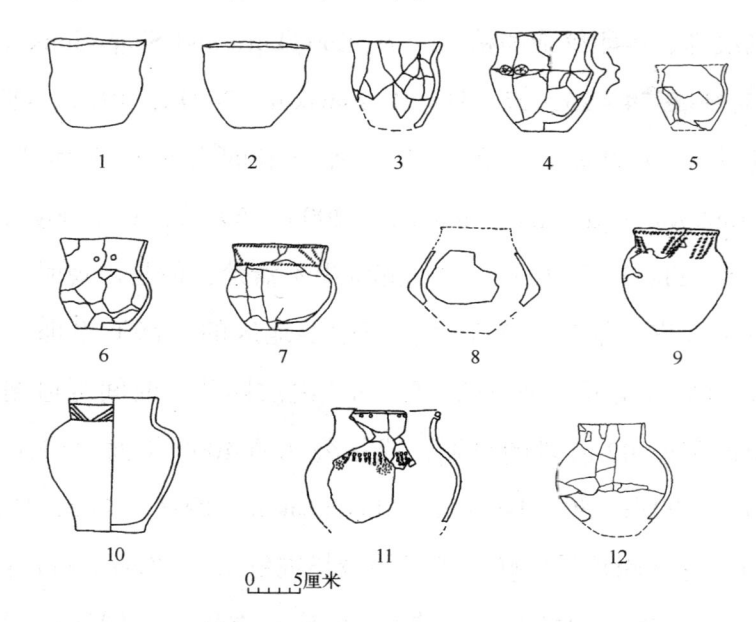

图 5.11 来自下列坟墓的平底陶器

1,2—沃尔昌斯科Ⅰ1/21；3—维诺加拉德诺14/1；4—普里莫斯科11/2；5—佐洛塔亚巴尔卡；6—奥索科洛夫卡，墓12；7—奥布罗伊2/4；8,11—科娃列夫卡Ⅶ1/2；9—奥泽诺4/3；10—卡利诺夫卡Ⅱ4/8；12—马拉亚亚历山大罗夫卡

另一种器皿则在克里米亚以及第聂伯河下游和莫洛奇纳河之间的部分地区被发现(图 5.12)。这些器皿的一些特征，如圆底、球状胎、薄壁以及深灰色抛光表面，都不是为人所熟知的草原地区的陶器传统。它们通常被认为是模仿北高加索的陶器，而不是从那里进口，因为泥坯中常有贝壳添加物，器形也稍有不同(Rassamakin, 2004a, 129)。

还有一种疑似陶瓷，罐底略尖，罐体呈蛋形，颈部低宽，由掺有贝壳粉的粗泥坯塑形，烧制质量一般，表面呈

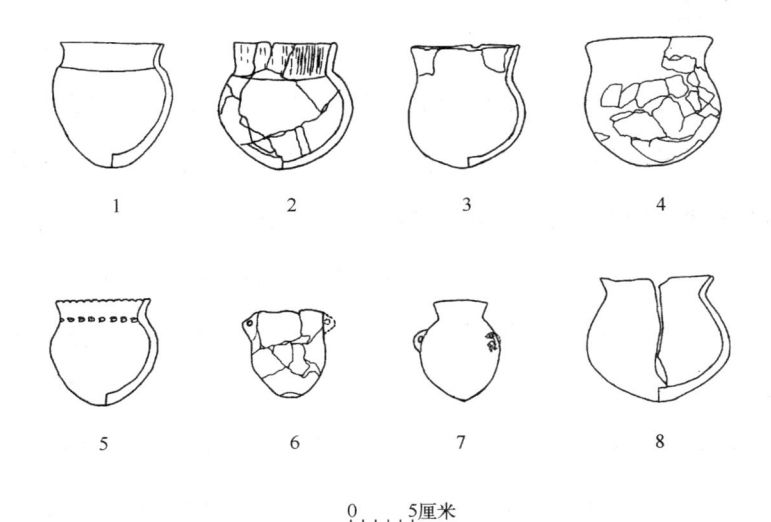

图 5.12　来自下列坟墓的圆底陶器

1—瓦希列夫卡 2/10；2，3—卡门卡第聂伯罗夫斯卡亚 8/12；4，7—斯卡多夫斯克；

5—新皮利波夫卡、阿克曼 Ⅰ11/3；6—维诺加拉德诺 2/4；8—茹比莫夫卡 7/5

深色(如克维特纳亚, 康斯坦丁诺夫卡和列宾风格的器皿; 见 Rassamakin, 1999, 83-87, 117, 125, Fig. 3.21, Fig. 3.45, Fig. 3.46)。这种器皿的特征系带齿工具、棍子和绳子做出来的丰富印纹、颈尾的凸纹以及阴刻线纹(Korobkova and Shaposhnikova, 2005, 59 f., Fig. 27), 风格似乎是模仿编篮技术。这种陶瓷自然是从草原居民自己的陶器制作传统发展而来。[30]令人惊讶的是草原地区的陶器不仅没有组装陶器、特定的形状和尺寸, 而且三种陶瓷的器形特别有限, 基本属于常见的中等尺寸的粗陶罐。

金属

20世纪60年代切尔内赫（Chernykh）通过光谱分析发现，史前时期东欧地区基本有两种铜：纯铜和高砷铜。切尔内赫认为这两种金属都产自外地，是通过远途贸易从南高加索地区和巴尔干半岛等远距离的地方获得（Chernykh，1992，151 f.，Fig. 3）。这种解释模式对黑海北岸草原地区而言普遍适用（见Černych，2003，34，for discussion and references）。然而，草原地区并非完全没有铜矿和砷矿。自然铜、优质铜氧化物（蓝铜矿、孔雀石）、铜硫化物（如黄铜矿）以及含砷矿物在顿涅茨盆地，如巴姆特河谷都可以采集到（Černych，2003，50 ff.；Tatarinov，1977，193；Klochko et al.，1999）。[3] 巴姆特河谷在公元前2千纪期间是斯鲁巴纳亚（Srubnaja）文化重要的采矿地和冶炼中心。对铜矿产地进行挖掘和考察出土了这个时期的露天矿场、坑道以及矿渣堆（Tatarinov，1977；Černych，2003，51）。矿山附近斯鲁巴纳亚文化聚落点发现了碎石和碾石工具、一个熔炉、矿渣以及坩埚碎片（Tatarinov，1977）。另外，不能排除开矿始于更早的时期，因为来自巴姆特矿的矿石化学成分和公元前3千纪贾姆纳亚（Jamnaja）、卡塔克姆布（Catacomb）和克米-奥巴（Kemi-Oba）文化使用的非合金铜一致（Klochko，1994，142）。公元前4千纪期间是否已经开始使用仍不得而知。

沿海地区的考古记录中尚未发现铜石并用时期的熔炼设备

和设施，但有可能是对聚落点遗址研究不足造成的。通过微痕分析在近海地区发现了用于粉碎和研磨矿石的石锤，该石锤是在萨马拉（Samara）河谷（第聂伯的左支流）一个公元前4千纪的坟墓中发现的（Černych，2003，50，Fig. 12，1~2）（图5.13）。这些工具和一个渣化坩埚以及一个铸模相关联（Rassamakin，2004b，31，Pl. 89~91）。此外，模具、渣化坩埚和一个疑似鼓风机在顿河下游康斯坦丁诺夫斯科一个公元前4千纪晚期的聚落点发现（Kijashko，1994，57，Fig. 35，1~5）。[32]

对文物进行频谱分析发现文物以非合金铜器物为主。莱恩迪娜（Ryndina，1998，171 f.）分析发现第聂伯地区的铜文物中约有2/3无显著添加物，其余则含有少量砷。与此类似，克里米亚北部多林卡古墓出土的2件金属器物：1件轴孔斧和1个"叉子"都是非合金铜铸造，另有3件器物则含砷（Korenevskij，1974，24）。因此，尽管砷铜在草原地区的使用已经毫无疑问，但是当地冶炼工是否经常制备铜砷合金尚不清楚。偏爱纯铜绝对是草原地区的当地特色，因为非合金铜不是黑海草原西部乌萨托沃或是东部迈科普冶金术的特征。

从公元前5千纪中期开始，草原地区不断涌现当地生产的铜器，后期冶炼工掌握了铜熔化技术和小件金属物件的铸造技术，例如吊坠和手镯的预制（Ryndina，1998，161，166 f.，168，170，181）。复杂的铸造术，如用陶范加工带轴孔的大件器物只是在公元前4千纪晚期才开始在草原地区使用。例如，双陶范在沿海地区外的两个地区得到了证实。在顿河下游地区

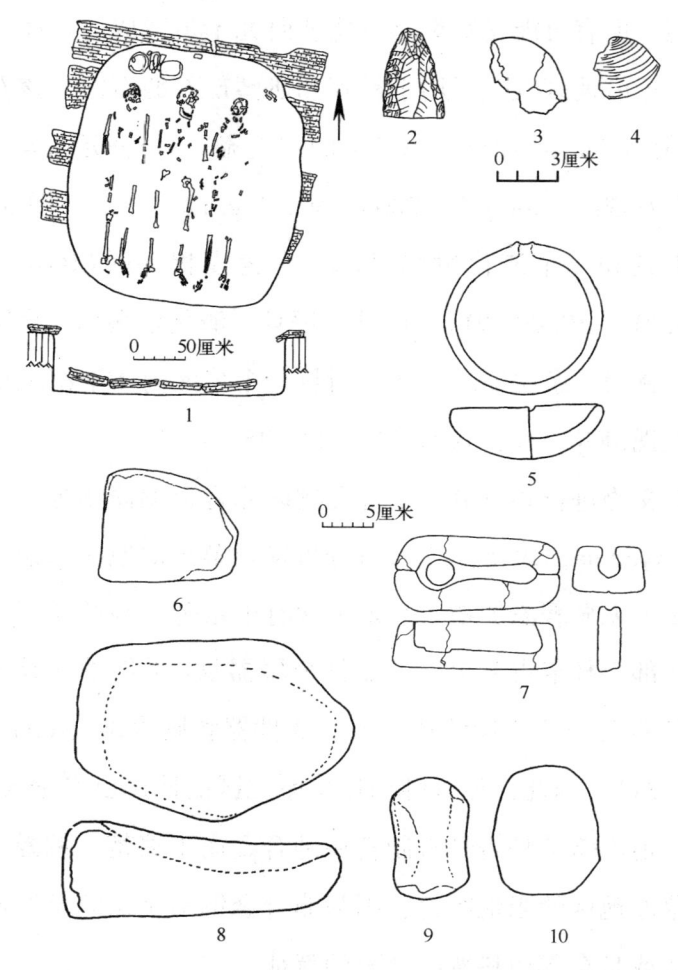

图 5.13 维尔科纳亚马耶夫卡Ⅻ坟墓 2/10

1—平面图；2—燧石；3，5，7—黏土；4—贝壳；6，8—砂岩；9—石头；10—花岗石

康斯坦丁诺夫斯科聚落点发现了用于加工轴孔斧的坩埚和双陶范碎片（Kijashko，1994，57 f.，Fig. 35，1~4）。此外，在萨马拉河维尔科纳雅马耶夫卡（Verkhnaja Maevka）Ⅻ，2/10 的墓中发现了用于加工轴孔斧的全套铸造设备，包括带嘴坩埚和双壳

陶范(Rassamakin,2004b,31)(见图5.13)。[33]

沿海地区的证据则要更模糊些。克里米亚辛菲罗波尔(Simferopol)附近的佐洛托耶(Zolotoj)墓中发现了两种不同的加工轴孔斧用的双壳模具(Nechitajlo,1987,18;Černych,2003,Fig.3,24)。然而,墓的年代无从考证。沿海地区发现的一些大型铸造器物的化学成分也指向它们是当地生产的。例如,前面提到的两件在多林卡发现的文物(轴孔斧和叉子)是非合金铜制作的,这完全不是高加索地区的冶金特点(见第四章)。斧子显然是在一个双壳模具中铸造的,而叉子则是用失蜡技术制造的(见图5.21)。

铜片和铜线是公元前4千纪草原地区金属加工的基本产品。对第聂伯河和萨马拉河地区的墓葬铜文物进行金相分析发现,铜片是预先铸造成型,并通过冷捶打和淬火加工而成(Ryndina,1998,174 f.,178)。铜线则是从铜片上切下细条,并通过冷捶打和淬火而成(Ryndina,1998,177)。金属片和金属线进一步通过切割、弯曲和轧制,加工成小件饰品。这些技术与特里波利耶时期森林草原地区的金工技术非常相似(Ryndina,1998,174 f.,with references)。毫无疑问小件铜器物件是由当地加工生产的。一方面,莱恩迪娜(1998,178)认为这些器物品质低劣,这是产自草原当地的线索之一。此外,对米哈伊洛夫卡Ⅱ遗址的石器工具进行使用痕迹分析发现金工工具的存在,这些工具基本上用于小件饰物的加工,有石锤、抛光石和小石砧(Korobkova and Shaposhnikova,2005,121)。[34]

黑海北部草原地区的金属文物主要是简易的小件饰品（见图 5.14）。[35]小件器物中最多的是铜线轧成的螺线。[36]较为少见的是轧制的铜片管珠和铜箔。一些铜箔里的皮革残留物表明它们曾经被用来装饰衣服和皮带（Rassamakin，2004b，11）。[37]其他用于装饰皮革的小物件有所谓的"U"形针（图 5.14，1）。[38]管珠和螺线在特里波利耶 B2 到 C2 的金工中非常流行（Ryndina 1998，74 f., with references）。[39]但是，铜箔和"U"形针代表了草原当地的一种装饰形式（Ryndina，1998，175）。

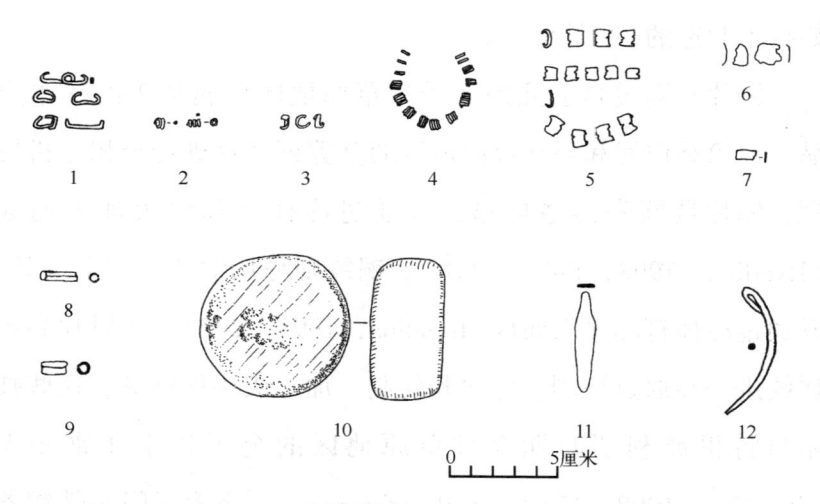

图 5.14　来自下列坟墓的铜器文物：新皮利波夫卡、阿克曼 I 13/7(1)、卡门卡第聂伯罗夫斯卡亚 2 12/2(2，7，8)、奥索科洛夫卡 II，坟墓 7(3)、维什涅瓦托 2/2(4)、奥列霍夫-塔拉索瓦莫吉拉(5)、新沃伦特索夫卡 1/8(6)、卡门卡第聂伯罗夫斯卡亚 8/12(9)、科耶苏格 II 5/24(11)以及沃尔昌斯科 11/21(12)；来自米哈伊洛夫卡 II 定居点遗址的一个石铁砧(10)

在米哈伊洛夫卡Ⅱ（Korobkova and Shaposhnikova，2005，121）、谢尔吉夫卡（Sergeevka）1/2以及卡门卡第聂伯罗夫斯卡亚（Kamenka Dneprovskaja）12/2发现了铜锥子（Rassamakin，2004a，13）。然而，大件铜器文物在草原地区则很少见。平斧和匕首缺失，唯一较大的看起来具有一定一致性的铜器工具是轴孔斧（见Korenevskij，1974）。[40]其中只有一件文物（来自克里米亚北部多林卡的斧子）产自一个确定的有年代可考的环境（Kolotukhin，2008）（图5.21，3）。有必要强调多林卡的轴孔斧、来自草原内陆奥廖尔（Orel）和萨马拉河谷的铸造模具及其狭长的刀片与高加索地区的样式截然不同。[41]

总而言之，维尔科纳亚马耶夫卡的墓葬可以让我们窥探到黑海草原居民使用的最先进的冶金技术。它表明一些黑海北岸的草原地区社会已经开始搜集、存储、准备、混合并熔化铜和铜矿石。这些社会的工匠们已经熟练掌握了处理液态金属的概念和技巧。他们能够制备黏土熔化坩埚以及大型轴孔工具的模具，同时能够把大量铜熔化并倒入模具中预制，然后通过捶打成型。这些技巧的掌握自然需要长时间的学习以及熟练工匠们和学徒之间密切的互动才行。这种复杂金工传统的考古证据仅限于顿河下游、奥廖尔和萨马拉河谷，可能还包括克里米亚。

与此相反，金工技术系统非常简单，涉及把金属作为胶固材料进行处理，也就是说通过切割、轧制、弯曲和抛光把金属片和金属线加工成带红色光泽的铜箔。整个草原地区发现的大量文物都可以证明这种技术系统（Rassamakin，2004a，

Fig. 56a)。[42]敲打、切割以及弯曲不一定就意味着观念的调整和先进的技术。来自黑海北岸地区的卷管珠、贴花、U形针以及螺线和美国东北部古风期晚期和伍德兰时期居民用进口原生铜制作的金属器物惊人相似。[43]在早期交往阶段（17世纪中叶），这些原住民并没有自己的熔炼和铸造传统，他们从使用当地产的铜转向使用欧洲进口的金属，并参照进口水壶的样子，通过不是很成熟的切割、淬火和弯曲技术进行再加工，生产出一样的日用品或传统饰物（Ehrhardt，2005，108-119）。

交通工具

新亚历山大罗夫卡1号遗址6号坟冢位于第聂伯河右侧支流，发掘该坟冢时发现了数个公元前4千纪的坟墓。16号主墓中有成人遗骨一具，伸展仰卧，有一赭石圆柱陪葬。该墓位于公元前4千纪的下半叶，附近的一个坟坑里发现了一个"克维特亚纳"残损大容器。死者被安放在一个直立的木结构里，木结构由大木板框架和小木块捆绑而成（见Rassamakin，2004b，40，Pl. 11）。发据者科瓦列娃（Kovaleva）认为木制结构是一个带盖的车斗（kibitka）（见Gej，2004，187，references）。[44]但是，车轮的缺失让人对她的假设表示怀疑。直立木棺是伸展尸骨墓葬群的特征。因此把新亚历山大罗夫卡的木结构解读成木棺的可能性很大（Rassamakin，2004a，27 f.，Fig. 23）。

只有一个公元前4千纪晚期的古墓出土了木制车轮。1983年，亚速海博物馆在马内奇河的左岸科尔的里（Koldyri）1号古墓进行了发掘。[45] 14号坟冢7号墓有一具成人尸骨，屈腿左侧躺卧，双手放于面前。死者戴有一金饰。在墓的最上方，墓坑变宽，形成一个平宽的"壁架"，上面放着木车车轮。其中3个保存完好，直径约0.80米（Rassamakin，2002a，51）。车轮极有可能属于一个两轴的载重木制马车，堪比公元前3千纪的贾姆纳亚文化的典型车辆。

公元前4千纪下半叶，顿河下游地区深受北高加索技术影响而发展起来（见本章"结语"一节），而且车辆技术似乎也从高加索山麓传到了这里。考古记录显示，黑海北岸地区在公元前3千纪的上半叶车辆才得到普及。草原地区轮车交通的普及可能是一个"再创造"（有感于第二章"技术革新"一节中的"再发明"），而且肯定极大提高了草原居民的移动能力。[46]除了技术和社会因素，越来越便利的货运和客运交通工具可能对公元前3千纪草原生活方式和生计的急剧变化起到了关键性的作用。

住宅建筑

米哈伊洛夫卡Ⅰ出土了平面分布为椭圆形的4个建筑物的证据（见图5.2），但没发现柱坑。住宅的泥地板在一层厚0.40米的烧毁的芦苇、灰烬和烧土下被发现。在发掘者看来，这些废墟意味着这些建筑物由茅草屋顶和抹灰芦苇墙构成（Korobkova and Shaposhnikova，2005，30-38）。[47]草皮可能也用于黑海北岸草原的建筑当中，因为草皮砖（草皮切块）在无法获取木头和石材的地方是很方便的建筑材料。草皮结构在考古记录中是出了名的难以辨认,这或许可以解释草原地区聚落点建筑遗址的几乎完全缺失。

米哈伊洛夫卡提供了地坑结构证据(见 Korobkova and Shaposhnikova, 2005, 30 f.)。关于"地坑房"传统有不同的解释。[48]例如,为了让住宅达到必要的高度,但又缺乏木材(尤其是可以用来作支柱的树干),修房时就需要把地面挖深 0.3~0.5 米(Dhavalikar, 1995)。[49]此外,地坑结构可以在开阔的草原环境里提供过冬场所。相比地面结构,地坑房在保温方面更有优势,因为地坑房很少受刮风和气温变化的影响,而且还可以利用地热(Gilman, 1987, 452)。[50]然而,地下结构和矩形地上住宅相比也有几大劣势。最大的问题是损坏快,维护成本高。因为地下住所隔湿差,木材容易腐化,使用不久就会受虫蚀损害(McGuire and Schiffer, 1983, 291)。此外,一般来说地坑房只有平面图呈圆形的单房结构,因为要在地下修建矩形的相邻房子难度很大(Gilman, 1987, 557)。当出于生活需要,要对房子进行分隔并修建相邻结构用于存储和满足不同的家庭活动时,地下建筑的这种特性便成了一大制约。与此相反,地上建筑很容易就可以建成矩形并连在一起。的确,民族志学记录表明,地下建筑几乎无一例外用作双季节居住系统的冬季住所(Gilman, 1987, 541 f.)。例如,农民种植作物后可以离开地坑房,然后再回来收割、储存和越冬(Gilman, 1987, 553)。

社会习俗和远途交往

与其西部森林草原地区的邻居相比,黑海北岸草原铜石并用社会并没有生产和使用人畜泥俑,也没有家居器物的模型(例如,住宅、器皿、家具等)。唯一的例外是所谓的"塞雷孜列夫卡式"小塑像。这些抽象的人类代表在南布格河和第聂伯河右岸的墓中被发现,墓里有屈腿左侧卧姿的尸骨和伸展位尸骨(Rassamakin, 2004c, Fig. 5, Table 3)(图5.15)。[51]小塑像精致的泥身、装饰,以及用泥土表现人类身躯的想法对草原社会的物质文化来说是陌生的,或许是从森林草原传统中演变而来(Rassamakin, 2004c)。塞雷孜列夫卡式塑像让人想起乌萨托沃文化的塑像。这些塑像多与殡葬习俗主要是儿童墓葬有关,敖德萨和德涅斯特河下游地区也有类似的习俗(见第六章)。

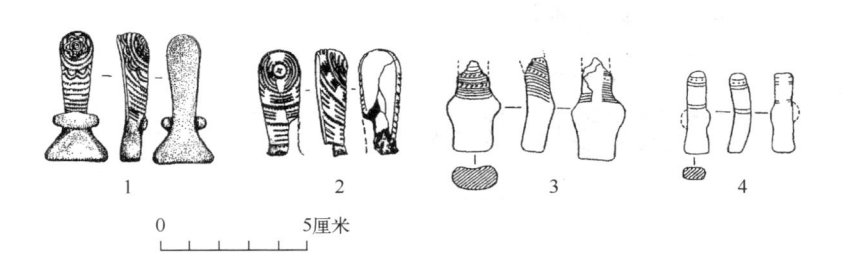

图 5.15 来自新亚历克塞耶夫卡 6/15(1,2)以及巴拉托夫卡 1/17(3,4)坟墓的陶俑

黑海与欧洲、近东以及亚洲的早期文明

　　黑海北岸社会用大石板加工成人类身体的大致轮廓，用来盖在死者的坟墓上。[52]也有带动物图案的直立石板。例如，因古列茨河沿岸韦利卡亚亚历山大罗夫卡1号坟冢的主墓围有一圈直立的石板，其中两块保存完好的石板上有染成红色的动物浮雕（一动物貌似野猪，它的一侧是两个体型略小的狗，另一侧是一牛科动物）(Rassamakin, 2004b, 127, 153)（图5.16）。唯一与这些浮雕相似的是乌萨托沃Ⅰ-11的一块石碑上的狗图案和乌萨托沃Ⅰ-3的两块有动物画像的直立石板，貌似马(Patokova, 1979, 47, Fig. 19, 7 and Fig. 25)。

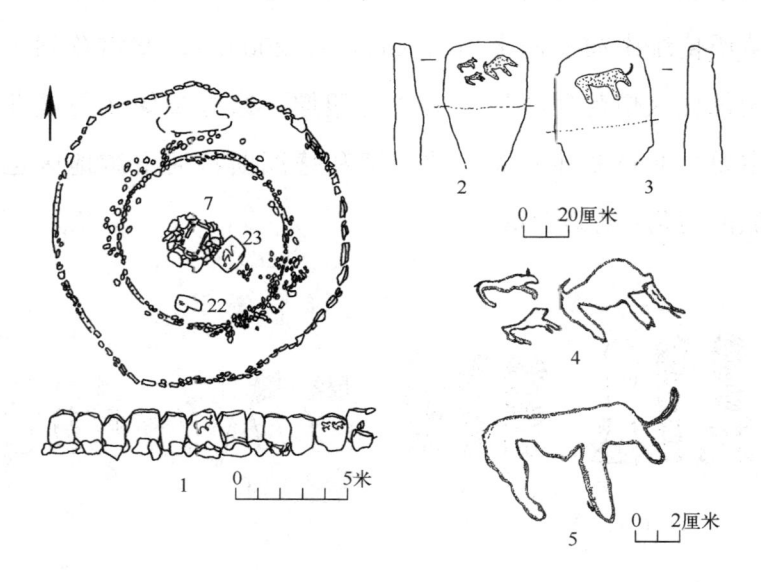

图5.16　韦利卡亚亚历山大罗夫卡坟冢1

　　石墓建筑在公元前4千纪的下半叶达到巅峰。除了以前保留的碎石环和石堆等传统做法外还增加了棺材、石柱以及直立大石板圈。[53]普遍的解释认为东欧的墓葬是发生在草原文化环境里的一种"发明"(评论见 Rassamakin,2002a,60-66)。尽管实际情况可能如此,但是如此大规模又如此复杂的大型陵墓建筑的发展是不可能孤立的。[54]曼苏拉(2005a,334)注意到坟墓的首次出现碰巧发生在公元前5千纪晚期和公元前4千纪早期森林草原地区农民与他们的草原邻居交往开始频繁的时候,从森林草原地区进口的陶器和金属文物就是证据。他认为这些大型陵园的建筑是一种受森林草原农民的意识形态影响下的传承。他把这些墓葬古迹看成是向农业过渡的"转换工具"。与此类似,布拉德利(Bradley,1998,11,63)观察到中石器时代北欧狩猎采集人开始种植谷物的时间和死者墓碑出现的时间重合。布拉德利(1998,33 f.)认为这些陵墓的修建有悖狩猎采集人的想法和观念,他们认为人和自然并不对立,人的特殊社会意义在于自然场所而不在人造结构里。

然而,殡葬领域的陵墓和农业传播到欧洲边缘地区是怎么发生关联的?谢拉特(1990,149)认为种植作物与狩猎采收相比,对劳动力的要求和生计的安排不一样。要想长期种植作物并取得成功需要维持在一个固定的社区和场所,中欧(最早是近东)的村落定居模式正好可以保证这种持续性。北欧刚"转型"的狩猎者由于缺少稳定的大社区,墓葬纪念碑就成了永久性和持续性的表达方式。[55]这种解释令人信服,可能也适用于东南欧草原边界的农耕世界。陵墓一旦出现在社会习俗中,它就会不断改变自然环境并把它变成人为景观。这种说法特别适用于辽阔的草原地区，而且不能排除强烈的领地意识和土地所有权是墓冢传统的结果而不是原因。

如果陪葬品是墓主生前使用过的遗物，那么黑海沿海平原居民用以区分社会差别和价值的材料和器物非常有限。把身体涂成红色不仅在丧葬仪式中发挥了核心作用，可能在日常生活中也是如此。因此，优质颜料（尤其是赭石和朱砂）可能是贵重物品和社会财富。优质赭石可以从伊久姆斯基（Izyumskij）矿中获得，而大型朱砂矿则位于顿涅茨河谷。[56]另一种叫"玫瑰赭石"的颜料可能是一种更具社会价值的稀有材料，在墓中发现时呈块状、圆柱状和"条状"（Rassamakin，2004a，34，41，53-55）（图5.4，2）。科瓦列娃（Rassamakin，2004a，34）则认为这种物质是人工在赭石里加入白色高岭土而形成。但是，这实际上是种自然物质的可能性更大，一种非纯高岭土因为氧化铁变成了粉红。

草原居民用骨头、石头和铜加工一些非常简易的个人饰品，如用黑白小石珠做成的项链和各种装饰有发亮红铜贴花的皮革物件（护胸甲、手镯、腰带）。有些死者穿着胸前和腰部饰有大量小珠子的衣服，例如，顿河三角洲的科耶苏格5/18，马克锡门科（Maksimenko，1973，252）。另外一种典型的当地饰物是肋骨制作的X形串珠（图5.17）。[57]进口的外地商品，如森林草原农民制作的彩陶和产自沃伦的燧石，在第聂伯河和顿河之间的地区偶有发现（图5.18）。[58]草原居民还偶尔从北高加索获得盆罐和金银铜制品。[59]

224

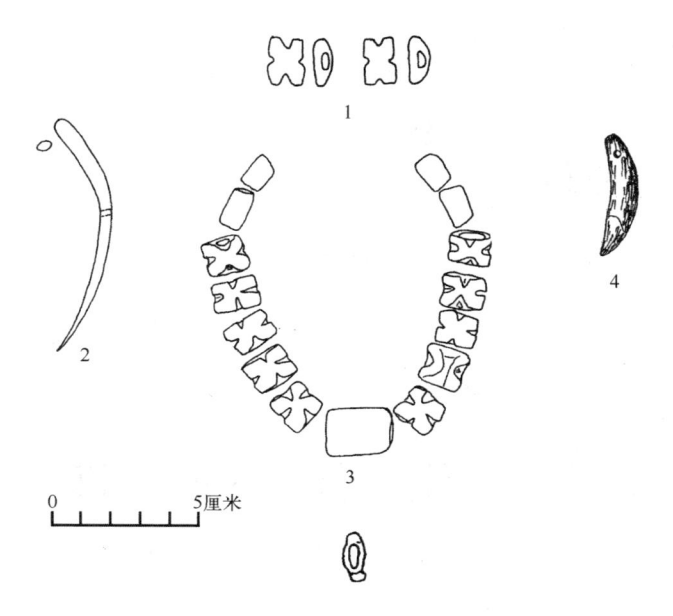

图 5.17　来自坟墓维诺加拉德诺 2/2(1)、科耶苏格Ⅱ 5/18(2)、维什涅瓦托 2/2(3)以及纳塔什诺 13/4(4)的骨饰品和兽牙

结语

公元前 4 千纪末，黑海北岸平原出现了一种新的墓葬形式。这些叫作支沃的洛沃(Zhivotilovo)式的坟墓广泛分布在顿河和南布格河之间的整个地区、亚速海沿岸、克里米亚北部、第聂伯河下游，以及第聂伯河和萨马拉区域(Rassamakin, 2004a, 209, Fig. 11; Kovaleva, 1991)。它们形成了墓葬仪式和文物上的关联群体，而且和北高加索地区以及东南欧地区的墓葬群组不同。[60] 这些坟墓的地层学位置也支持这样的说法，即它们取代了草原地区历史悠久的丧葬传统。拉萨马金(1999,

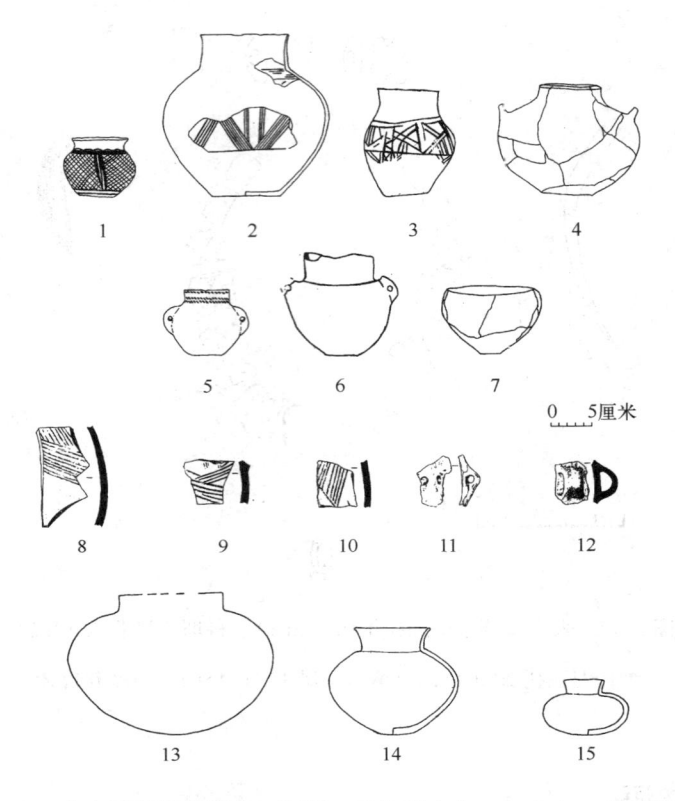

黑海与欧洲、近东以及亚洲的早期文明

图5.18 来自下列坟墓的进口陶器：茹比莫夫卡23/4(1)、韦利卡亚亚历山大罗夫卡1/23(2)、维什涅瓦托2/4(3)/沃尔昌斯科Ⅰ1/21(4)、新亚历克塞耶夫卡(5)、沃尔昌斯科Ⅱ1/6(6)、沃尔昌斯科11/30(7)、亚历山大罗夫卡1/2(13)、奥尔德佐尼基得泽、契卡洛夫斯卡亚群组3/32(14)和多林斯科1/38(15)以及米哈伊洛夫卡Ⅱ定居点(8~12)

97；2004a，209)甚至猜测草原地区被特里波利耶晚期和迈科普农耕文化所"殖民"。有可能支沃的洛沃群体在高加索和东南欧之间起到了一个中介作用。但是，似乎这和互动并没有在很大程度上改变草原地区的技术实践。只有高加索边界社会直接接触到了北高加索社会高度娴熟的技术传统。

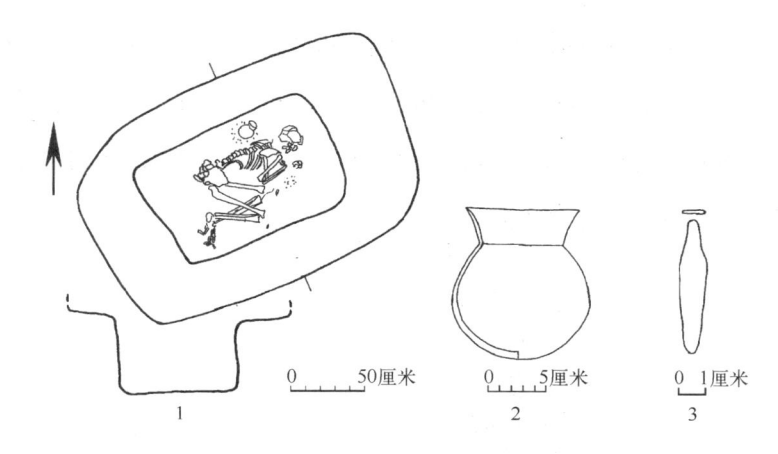

图 5.19 顿河下游科耶苏格坟墓 5/24

1—平面图；2—陶器；3—铜器

首先，顿河下游的居民发展了各种"当地"传统，他们一方面引进产品（陶器、铜器和贵金属首饰），另一方面在烹饪、金工、陶瓷和交通工具等领域采用自己的传统（图 5.19）。[61]此外，克里米亚半岛社会似乎也接受了一些北高加索物质文化的元素。遗憾的是，我们对这个关键区域知之甚少。在克里米亚南部丘陵地带的数个聚落点和古墓发掘出土了陶器，这些陶器让人联想到高加索风格（Ivanova et al., 2005, 144）（图 5.20）。[62]在巴拉克拉瓦（Balaklava）偶然发现的一把轴孔斧，其形状和化学成分与迈科普时期的斧子非常相似（Korenevskij, 1974）。在克里米亚北部草原，里索沃和策林诺的墓中发现了与迈科普文化相关的器皿，如球胎低颈的陶罐和钟形烧杯（Rassamakin,

2004b，Pl. 445，2 and Pl. 450，2)。一些丧葬习俗元素也显然源自高加索地区。例如，在维利诺(Vilino)出土了一具彩绘石棺和一个鹅卵石铺地的坟墓(1980年出土，墓3和墓4；Khrapunov，1992；Nechitajlo，1987，20)。另一具彩绘石棺在多林卡被发现(坟冢1，墓3)，一些金属随葬品带有明显的高加索痕迹(Kolotukhin，2008)(图5.21)。

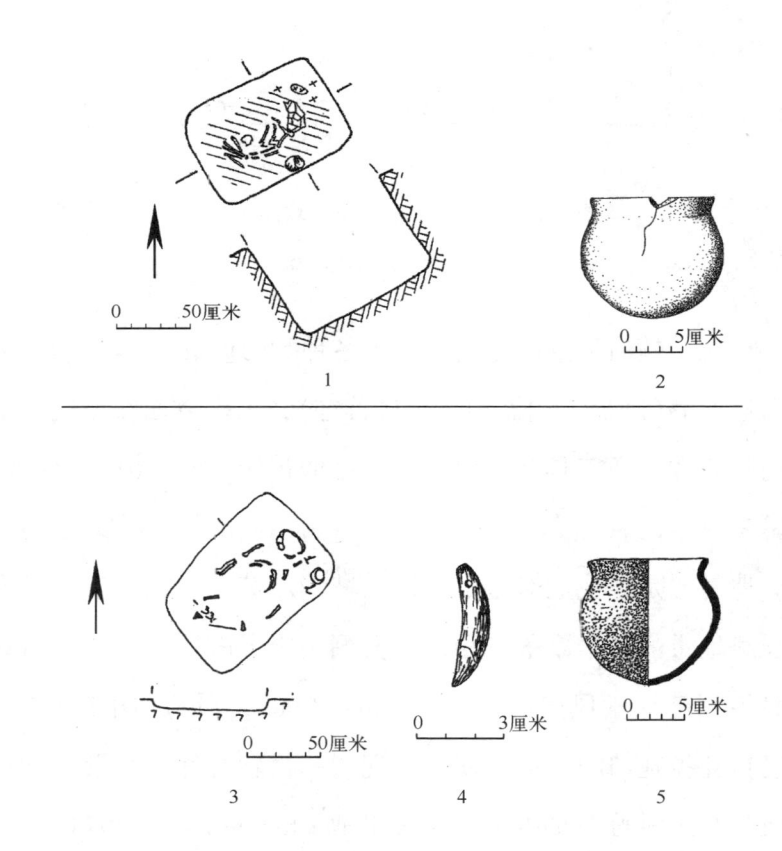

图5.20 契什滕科坟墓1/11(1，2)以及克里米亚纳塔什诺13/4(3~5)

第五章　黑海北岸草原

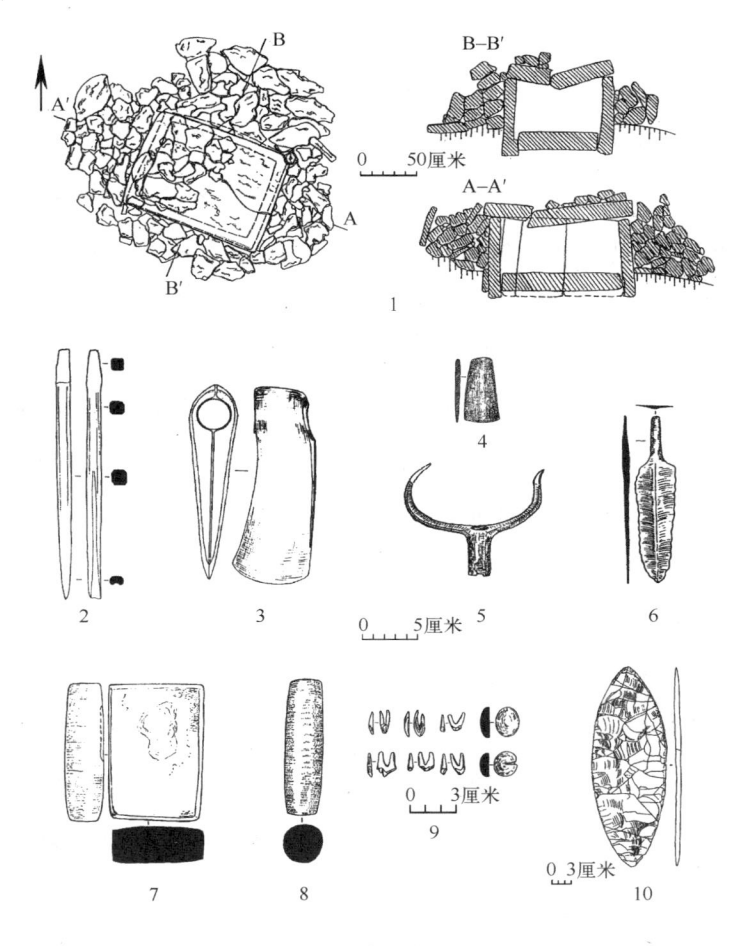

图5.21　多林卡坟墓3

1—平面图；2，3，4，5，6—铜器；7，8—石头；9—兽牙和兽骨；10—燧石

注　释

1. 如果没有特别注明，信息均来自J. 拉萨马金（2004b）的目录。
2. 来自米哈伊洛夫卡最底层的陶瓷与来自奥索科洛夫卡（墓12和墓7）、佐洛塔亚巴尔卡、格鲁谢夫卡（Grushevka）坟冢2和新皮利波夫卡附近阿克曼的坟冢

13 的陶瓷有关联（Lagodovskaja et al., 1962, 34 f.）。

3. 其他田野考察（主要和灌溉工程有关的抢救发掘）包括，从西向东，1983 年由尼基京（Nikitin）带领的尼可拉耶夫斯基（Nikolaevskij）地理博物馆的卡里诺夫卡（Kalinovka）考察队在因古尔（Ingul）进行了考察（未公开；见 Rassamakin, 2004b, 128 f.）；1972 年兹别诺维奇（Zbenovich）在斯卡多夫斯克（Skadovsk）附近的新亚历克塞耶夫卡（Novoalexeevka）进行了发掘（未公开；见 Rassamakin, 2004b 116 f., 162）；1981 年至 1982 年拉萨马金率队在莫洛奇纳维亚的维诺加拉德诺（Vinogradnoe）开展了田野考古工作，这次考察作为基辅考古学研究所的扎波罗佐斯卡亚（Zaporozhskana）考察队的一部分（Rassamakin, 1987）；以及 1976 年由贝尔亚耶夫（Beljaev）率队在卡利米乌斯（Kalmius）的普里莫斯科（Primorskoe）进行了挖掘，这是基辅考古学院顿涅茨卡考察工作的一部分（未发表；见 Rassamakin, 2004b, 138, 159）。

4. 奥泽诺（Ozernoe）由叶夫多基莫夫和库普里（Kuprij）在 1994 年进行发掘（与赫尔松地区的灌溉有关）（Rassamakin, 2004b, 116, 145；Rassamakin and Evdokimov, 2010）；来自扎波里扎（Zaporyzha）文明方向的萨玛尔（Samar）和安东诺夫（Antonov）于 1996 年在维什涅瓦托（Vishnevatoe）对坟冢进行了发掘（未发表；见 Rassamakin, 2004b, 10, 139）。

5. 罕见的例外是维诺加拉德诺（Rassamakin, 1987, 1988）、1963 年北克里米亚的发掘（Shchepinskij and Cherepanova, 1969），以及北克里米亚（Koltukhov and Toshchev, 1998；Kolotukhin and Toshchev, 2000）的一些抢救发掘。本研究中使用的数据来自拉萨马金（Rassamakin, 2004b）的目录。

6. 全面讨论见拉萨马金（1999；2004a, 1-12）。

7. 拉萨马金（1988, 1993, 1994, 1999, 2002a, 2004a）。

8. 丹尼连科（1974, 93-106）认为，"马头杖"、在德瑞夫卡（Dereivka）和列宾（Repin）发现的许多马骨、骨制器物（他认为是贴腮）以及假定基于畜牧的经济是公元前 5 千纪草原游牧民族兴起的明显标志。与此矛盾的说法参见莱文（Levine，2005，7-11）和迪茨（Dietz，1992）。

9. 草原的沿海地区：维什涅瓦托（Vishnevatoe）2/2、新安德烈夫卡（Novoandreevka）4/2，维诺加拉德诺 2/2 和唐科沃（Tankovoe）9/15 都有这些骨珠的报道。

10. 中层的骨样品取自广场 14/ XXXⅡ［Ki-8012，(4710±80) BP］和 17/LⅡ［Ki-8186，(4480±70) BP］和［Ki-8010，(4750±80) BP］。Ki-8012 是从层Ⅱ下部取得的，而 Ki-8186 和 Ki-8010 来自上部。

11. 莫洛奇纳亚和第聂伯之间草原的坟墓数量在公元前 3 千纪缓慢增加（Otroschenko and Boltrik，1982）。而在 2 千纪早期，远离河流的地方坟墓数量明显增加（Mnogovalikovaja，被认为是定栖的考古文化）。奥特罗申科（Otroschenko）和博尔特里科（Boltrik）将这种模式解释为人口增加的证据，并将定居生活方式扩展到不那么好客的环境中去。

12. 在克里米亚南部海岸对系列贝冢进行了调查（Burov，1995）。贝冢包含海洋软体动物（主要是贻贝，很少有牡蛎和帽贝）、哺乳动物和鱼骨、火石工具和几个块陶片。位于拉斯皮（Laspi）的贝冢包括许多用来开贝壳的燧石锥（Telegin and Kotova，2006）。贝壳的年代测定是有问题的（见 Wechler，2001，127）。古尔苏夫（Gursuf）确定了一个碳-14 日期，但没有关于样本性质的确切信息（Burov，1995，321）。在拉斯皮发现的绳纹陶器与乌克兰沿海地区公元前 4 千纪遗址发现的绳纹陶瓷类似（Telegin and Kotova，2006）。

13. 石棺在康斯坦丁诺夫斯科 14/7、新沃伦特索夫卡 1/8、佐洛塔亚巴尔卡、巴拉托夫卡 1/16 和 1/17、斯塔罗格罗泽诺(1/28b，1/11，1/8) 及索科罗夫卡 1/6 和 1/6a 都有发现。在乌萨托沃群组遗址尚没发现石棺，而北高加索地区的石棺是完全不一样的(见第四章)。

14. 赭石在拉萨马金群组ⅢC 的坟墓中是不常见的(尸骸屈体放在右侧)；见拉

萨马金(2004a, 58)。

15. 石板在以下墓址中使用：瓦希列夫卡(Vasilevka) 2/10(Rassamakin, 2004b, 138, Pl. 432)、奥列霍夫(Orekhov)的墓6(Rassmakin, 2004b, 11, Pl. 23)、阿克曼Ⅰ坟冢13(Rassamakin, 2004b, 13, Pl. 31)、奥索科洛夫卡(Osokolovka)的墓7(Rassamakin, 2004b, 53, Pl. 165)、维什涅瓦托 2/4(Rassamakin, 2004b, 139, Pl. 433)、索科洛夫卡(Sokolovka) 1/6 和 1/6a(Rassamakin, 2004b, 97, Pl. 319)；沃尔昌斯科11/21 和沃尔昌斯科1/5 发现了木材的使用(Rassamakin, 2004b, 140-141, Pl. 348)。斯塔罗格罗泽诺(Starogorozheno)1/8 和奥尔德佐尼基得泽(Ordzhonikidze)墓 3/19 的坟墓上覆盖有石堆(Rassamakin, 2004a, Fig. 40, 5; Rassamakin, 2004b Pl. 412)。此外，除了常见的沟渠和石棺外，ⅢC 墓群(尸骸屈体放在右侧)可能还有壁架和地下墓穴，如维诺加拉德诺 2/14、沃尔昌斯科Ⅰ1/30 和沃尔昌斯科Ⅱ1/6 (Rassamakin, 2004a, Fig. 47)。

16. 仪式的具体细节有微小的差异，例如坟墓的数量、石圈出现的频率、沟渠以及丧礼宴的残余。

17. 例如，瓦希列夫卡坟冢2有一个直径9米的直立石板圈(长达2米)(Rassamakin, 2004b, 8, Pl. 16)；韦利卡亚亚历山大罗夫卡1/24 坟冢1 和卡利诺夫卡坟冢4有一个相似的直径为10米的石圈(Rassamakin, 2004b, Pl. 400, 409)；奥尔德佐尼基得泽 3/19 有一个不规则的石圈和一个石堆(Rassamakin, 2004a, Fig. 40, 5)；卡门卡德涅普罗夫斯卡亚坟冢8、谢尔吉夫卡(Sergeevka)Ⅱ坟冢1、瓦希列夫卡坟冢1、维诺加拉德诺坟冢14 和坟冢20(Rassamakin, 2004a, Fig. 13, 3.4.5, Fig. 41, 1.2)。

18. 例如在瓦希列夫卡坟冢2(Rassamakin, 2004b, 8 f. Pl. 16; 请参阅 Rassamakin, 2004a, 25, 40, 45, 51 f., 54)。坟墓附近克维特亚纳(Kvitjana)类型的大器皿碎片见拉萨马金(2004a, 67 f. Fig. 55)。

19. 例如，茹比莫夫卡、阿克曼和维诺加拉德诺的遗址，其中包含 2~3 个可以追溯到公元前 4 千纪的墓穴（Rassamakin，2004b，13 f.，15 f.，121 f.）。

20. 北黑海平原的土壤层主要包括黑土；在南部的一些干旱地区发现了棕色栗钙土土壤和盐渍土壤（Ievlev，1991，21）。然而，河谷较松软的土壤地带相比流域地带的黑土更适合于耕作。

21. 卡门卡德涅普罗夫斯卡亚 12/2 发现了鹿角"钺"（Rassamakin，2004a，117，Fig.95，8）。

22. 基于对米哈伊洛夫卡 I 陶片的研究（米哈伊洛夫卡 I 有 2461 块陶片；米哈伊洛夫卡 II 有 3629 块陶片）。另外，据比比科夫（1962，12），在米哈伊洛夫卡发现了一种带有润饰和镰刀光泽的镰刀。

23. 见巴什克维奇（Pashkevich，1997，267）："普通小米是传统游牧部落中首选的主食，游牧民族看中小米的特殊品质——播种量小、生长周期短而且耐旱"。位于维什涅瓦托 2/4 的支沃的洛沃（Zhivotilovo）-沃尔昌斯科群组的一个坟墓带有从特里波利耶晚期进口的卡斯佩罗夫茨（Kasperovtsy）类型器皿，上面带有大麦壳、小米和二粒小麦籽粒的印痕（Rassamakin，1999，97）。

24. 此外，安戈尔德（1980，176）认为，这种食物采集模式实际上不如狩猎。经营干旱不育草原的主要问题是防止过度使用，过度使用会导致生物多样性下降、条件恶化和侵蚀。牧场轮休和调整动物的数量可以减少过度使用。饲养大群肉类（和羊毛）动物只有在市场经济中才有意义，如前面提及的殖民者例子，或者利用其他二次产品（例如，在冻原驯养驯鹿可以使用肉、牛奶和劳力；参见安戈尔德，1980，186-188）。

25. 见安戈尔德（1980，176）："如果从人口运载能力的角度看，牛奶畜牧业可能是对不适宜耕种的草原最高效的利用"。

26. 在米哈伊洛夫卡发现了 104 块马骨碎片（共有 1160 块兽骨）（Bibikova and Shevchenko，1962）。动物群组中发现的大量马骨并不是动物群组驯化的可靠证据。大量的马骨也出现在多瑙河三角洲以北的草原遗址，例如在博尔赫拉德-阿尔德尼（Bolgrad-Aldeni）和特里波利耶 A 群组遗址发现了马骨，可追溯至公元前 5 世纪中期，马骨分别占所有动物骨骼的 2% 和 16%（Videiko，1994. 14 f.）。

27. 把德瑞夫卡追溯到特里波利耶 C2 时期见拉萨马金（2004，192，with references）。

28. 米哈伊洛夫卡 II 发现了一把锤斧的碎片，在康斯坦丁诺夫斯科的坟墓中发现了一个石镐头，而在卡门卡德涅普罗夫斯卡亚和基奇卡斯（Kichkas）的墓中发现了石锤（Korobkova and Shaposhnikova，2005，Fig. 58，3；Rassamakin，2004b，160，Pl. 482；Rassamakin，2004d）。

29. 帕拉古塔（Palaguta，1998）认为公元前 5 千纪晚期"库库泰尼 C 陶器"的尖底罐在森林草原区地区是盘筑拍打制成。这种特殊的添加了贝壳粉的陶器起源于乌克兰南部的草原地区，最初由特里波利耶早中晚期的社区引进，然后本地化（见 Tsvek and Rassamakin，2002，236-238）。

30. 它的起源与东南欧陶瓷传统的东扩无关，东南欧的陶瓷传统主要基于盘筑法或版筑法来制造平底容器（参见第三章）。

31. 进一步的沉积位于第聂伯河中游奥列霍沃-保罗格勒（Orekhovo-Pavlograd）（Klochko，1994，143，151）。

32. 韦尔科纳亚马耶夫卡（Verkhnaja Maevka）和康斯坦丁诺夫斯科都不在沿海地区。

33. 制备矿石的工具、铜的冶炼、斧预成型铸造和斧的最后完成。据切尔内赫（2003，46），所述坩埚和模具的体积相匹配。

34. 参看捶击工具，如韦尔科纳亚马耶夫卡 2/10 的石锤和砧（Rassamakin，2004b，Pl. 91，2.3）。

35. 与公元前 5 千纪的铜加工没有什么不同（见Cernych，2003. 34）。

36. 通常在有伸展骨架的坟墓里。新皮利波夫卡/阿克曼 13/7（铜线小螺旋；Rassamakin, 2004b, 14, Pl. 32, 5），维什涅瓦托 2/2（铜线小螺旋；Rassamakin, 2004b, 10, Pl. 20, 3），奥索科洛夫卡 7（非常小的金属丝；Rassamakin, 2004b, 53, Pl. 165, 3），卡门卡德涅普罗夫斯卡亚 14/2（小铜螺旋；Rassamakin, 2004b 17, Pl. 43, 2），茹比莫夫卡墓群 I 3/1（Rassamakin, 2004b, 18, Pl. 44, 4），斯卡多夫斯克 1/6（铜螺旋；Rassamakin, 2004b, 120, Pl. 374, 3, 6）。

37. 轧制管珠在以下遗址被发现：茹比莫夫卡 I 3/1（Rassamakin, 2004b 18, Pl. 44, 7）、卡门卡德涅普罗夫斯卡亚 8/12（Rassamakin, 2004b, Pl. 455, 2）和奥布罗伊 2/24（Rassamakin, 2004b, 101, Pl. 329, 3）；轧制铜贴在新沃伦特索夫卡 1/8 被发现（小片铜片；Rassamakin, 2004b, 53, Pl. 163, 2）。皮革遗存在奥列霍夫-塔拉索 莫吉拉墓 6 被发现（小孩墓中有 44 个铜片粘贴在皮革护胸、皮带和手镯上；Rassamakin, 2004b, 11, Pl. 23）。所有物件在第聂伯河和萨马拉流域有相应的发现（Rassamakin, 2004a, Fig. 56a）。

38. 新皮利波夫卡 13/7（Rassamakin, 2004b, 14, Pl. 32, 5）。

39. 特别是第聂伯河中游索菲艾夫卡（Sofievka）群组的墓地中（见 Dergachev and Manzura, 1991）。

40. 罗斯托夫-维托列特诺（Rostov-Vertoletnoe）1/7 发现的平斧可能是从高加索进口（Zhitnikov and Zherebilov, 2005, Fig. 2, 4）。

41. 值得注意的是，多林卡的斧头不含砷（Korenevskij, 1974, Appendix）。北高加索地区没有发现非合金铜轴孔斧（见第四章）。草原特有的轴孔斧的另一个代表是在乌曼西部的泽维尼戈罗德卡偶然发现的（Černych 2003, Fig. 2, 2）。相比之下，与巴拉克拉瓦、韦里奇涅德涅普夫斯科和斯塔卡发现的文物含砷，它们的形状与迈科普时期的高加索轴孔斧相似（Korenevskij, 1974,

16，21，Fig. 3，5，Fig. 6，6. 15 and Appendix)，可能是从高加索进口的。

42. 科罗布科娃声称在米哈伊洛夫卡 II 确定了一个金属加工区域。靠近房屋群的中央她观察到了 11 件带有使用痕迹的石器工具。坩埚熔炼、金属颗粒、模具或矿渣等证据并不存在(Korobkova and Shaposhnikova，2005，271-275)。

43. 在北美考古文化的分类中，北美的古风时期(Archaic period)或"中印第安时期"指公元前 8000 年至公元前 2000 年间的前哥伦布文化阶段，该阶段的特点是通过采集坚果、种子和贝类维持生计，该阶段随着定栖农业的开始而结束；伍德兰期(Woodland Period)指美国中东部地区前哥伦布时期的古代美洲原住民文化，位于约公元前 1 千纪阶段。译者注。

44. 由于这种木结构的大小和构造与贾姆纳亚文化数个车辆类似，格杰(2004，187)同意将其解释为车斗。

45. 该坟冢位于曼绮左岸的巴格耶夫斯基(罗斯托夫区)，离海岸不到 100 千米，由贝泽帕利带领发掘。结果未发表；莫斯科俄罗斯科学院考古研究所的档案保存了一份实地报告(见 Gej，2004，186)。

46. 这辆货车是不是移动式家庭的再发明？公元前 3 千纪最大的一个车辆有一个长约 240 厘米、宽约 200 厘米的车厢(Gej，2004，182)。据推测这种大型货车是作为住宅使用的；历史记录似乎支持这一假设(Gej，2004，185)。然而，没有公元前 3 千纪使用货车作为住宅的确切考古证据。

47. 虽然米哈伊洛夫卡第二层发现了大量黏土拍打房屋地板和灶台的证据，但是它们所属住房的建筑原则仍然不清楚，可能是因为它们都毁于大火。

48. 关于全球地坑房的分布图见吉尔曼(1987，Fig. 1)。吉尔曼(1987，541)在她的跨文化研究中指出："在坑结构中总是存在 3 个条件：使用坑结构的季节天气不热；最低限度地采用双季节定居模式；使用坑结构居住时依赖贮藏食物。"

49. 达瓦利卡(1995)指出，在印度西部的马哈拉斯特拉邦，只有买不起柱子的穷人才住在坑结构里。

50. 见吉尔曼(1987,542):"明尼苏达大学地下空间中心的研究人员(1979)发现,通过传导的热损失在地坑结构中比在上述任何一种地面模型中都少。……地下结构可以利用恒定的土壤温度,而且用来保持恒温所需的能量更少。"

51. 例如在亚历山德罗夫卡 1/11、巴拉托夫卡 1/17(儿童坟墓)以及奥尔德佐尼基得泽附近的几个坟冢(其中还有儿童坟墓)。只有两个小雕像在第聂伯河东部的新亚历克塞耶夫卡 6/15(儿童墓)和早泽诺(Zaozernoe)(Rassamakin, 2004c)被发现。

52. 在奥列霍夫墓 6(Rassamakin, 2004b, 11, Pl. 23)和佩尔沃马耶夫卡 12/2(Rassamakin, 2004b, 16 f. Pl. 40)。人形石板在公元前 3 千纪期间变得更普遍(见 Tsimidanov, 2003)。

53. 公元前约 4 千纪中期在多瑙河和布格河南部之间区域出现了巨石特征(见 Teslenko, 2007, 77 f., with references)。在康斯坦丁诺夫斯科、新沃伦特索夫卡、斯塔列高罗兹诺、佐洛塔亚巴尔卡、茹比莫夫卡 14/7 和多林卡(Rassamakin, 2004a, Fig. 22, 5, Fig. 33; 2004b, Pl. 382; Kolotukhin, 2008)中发掘了石棺和木棺。

54. 拉萨马金(1999)认为巨石建筑是由于与森林草原区的农耕社区接触造成的。

55. 纪念碑是活动村庄的象征(Sherratt, 1990, 149)。

56. 赭石和朱砂的化学特性是可能的(参见 Popelka-Filcoff et al., 2008),但当时尚未用于黑海北岸草原的文物。在北高加索地区沙斯卡亚的韦谢洛夫斯基发掘的红色颜料是朱砂,可能起源于顿巴斯(Donbass)(Alexandrovskaja et al.,2000)。

57. 这样的骨珠串佩戴在腰部或挂在两侧;在维什涅瓦托 2/2(Rassamakin, 2004b, 10, 139)、新安德列夫卡 4/2、维诺加拉德诺 2/3(腰部和肩部)和 3/41(紧身裤)(Rassamakin, 1987, Fig. 1, 7.9)和唐科沃 9/15(颅骨和肩膀上方围有35颗珠子，Shchepinskij and Cherepanova，1969，199，Fig. 75）的遗址都有见诸报道。

58. 进口彩陶包括在米哈伊洛夫卡Ⅱ8号房屋中发现的特里波利耶晚期双耳细颈彩绘大酒罐的3块碎片（Korobkova and Shaposhnikova，2005，64）以及茹比莫夫卡23/4、韦利卡亚亚历山大罗夫卡1/23、维什涅瓦托2/4的单件陶器（见图5.18）和奥列霍夫-塔拉索瓦莫吉拉9/10（Rassamakin，2004a，Fig. 101，3）发现的单件陶器。

59. 来自黑海北岸高加索地区的进口陶器包括在索科洛夫卡坟冢1发现的一个小型球形罐（高12.5厘米），带有短颈、红黄色和抛光表面（Rassamakin，2004b，178，Pl. 521）；来自米哈伊洛夫卡Ⅰ的陶片（Nechitajlo，1984，127 f.）；来自顿河三角洲科耶苏格5/18和5/24的灰红色抛光烧制罐子（Maksimenko，1973）。此外，几件铜器可能是从北高加索进口：在第聂伯下游偶然发现了一把带柄双肋匕首，与高加索中部发现的文物类似（Nechitajlo，1991，38，Fig. 10，1）；巴拉克拉瓦偶然发现的轴孔斧形状相当于迈科普时期的高加索斧（Korenevskij，1974，16，Fig. 3，5）；来自亚速海岸附近扎莫兹诺（Zamozhnoe）一个坟墓出土的焊接矛头（Telegin，1973，128）。另一件疑似从北高加索地区进口的器物是来自撒拉马山谷布拉克霍夫卡3/9的匕首，其中显然含有镍[尽管据涅奇塔洛（Nechitajlo）说，器形不是北高加索地区的特征]（Nechitajlo，1991，38.；Rassamakin，2004a，72，with references）。据报道，金银饰品仅在顿河下游地区被发现，例如在科尔迪里发现了一枚金戒指（Rassamakin，2002a，51）。

60. 像大型方形坑、骨架蜷缩右侧躺卧以及双手置于面前的特征[如巴甫洛格勒（Pavlograd）Ⅰ8/3；Rassamakin，2004a，Fig. 48，10]表明这些坟墓与北高加索有关。从北高加索和特里波利耶进口的物品见拉萨马金（1999，92-97）；"弯曲"针见拉萨马金（2001）。

61. 在拉兹多尔斯科(Razdorskoe)第6层(Kijashko, 1994, Fig. 7, 11)和康斯坦丁诺夫斯科(Kijashko, 1994, Fig. 23, 6~8)中发现了炉灶。

62. 顿斯科(Donskoe)1/9、辛菲罗波尔斯科(Simferopolskoe)6/6、辛菲罗波尔水库定居点4(Ivanova et al., 2005, 144)、契什滕科(Chistenkoe)1/11(Koltukhov and Toshchev, 1998, 48 f., Fig. 24, 9)、贝洛(Beloe)3/13(Toshchev, 1998, 37, Fig. 18, 10)、乌格洛沃(Uglovoe)(Koltukhov and Vdovichenko, 1997, 18, Fig. 12, 5)和纳塔什诺(Natashino)13/4(Kolotukhin and Toshchev, 2000, 200, Fig. 135, 7)。

第六章　黑海西岸湿地

引言

田野考古

布格河南部和多瑙河之间区域公元前4千纪遗址的系统考古工作始于20世纪20年代，在博尔腾科(Boltenko)的带领下对乌萨托沃-博尔绍库亚尔尼克(Usatovo-Bolshoj Kujalnik)进行了发掘。[1]博尔腾科给这个遗址出土的文物起名"乌萨托沃文化"。

20世纪60年代，帕托科娃(Patokova)重启了对博尔绍库亚尔尼克坟冢和平墓的考古发掘，后来兹别诺维奇(Zbenovich)也加入发掘工作(Patokova, 1979)。1984—1985年彼得连科(Petrenko)对坟冢进行了进一步发掘。[2]乌萨托沃文化考察的另一个重要遗址在离德涅斯特河河口不远的玛雅基(Majaki)。兹别诺维奇分别在1964—1965年和1970年对那里的一个定居点进行了发掘，而另一个同时代的坟冢和平墓则由帕托科娃在1974—1975年进行了发掘(Zbenovich, 1971; Patokova, 1980; Patokova et al., 1989)。彼得连科在1986年对定居点和坟冢进行了进一步的挖掘。[3]乌萨托沃和玛雅基是布格河南部和多瑙河之间沿海区域迄今为止唯一两个进行过考古发掘的公元前4千纪定居点遗址。

黑海西北部地区的大部分数据来自墓葬群。墓葬遗址集中在德涅斯特河下游，并向西分布在德涅斯特河和多瑙河三角洲之间。[4]该地区铜石并用时代坟冢的科学发掘直到第二次世界大战后才密集起来。1959年在土多洛沃（Tudorovo）（Meljukova，1962）以及1961年在萨拉塔（Sarata）（Zbenovich，1974），数个古墓重见天日。到了20世纪60年代，随着干旱草原地区灌溉系统的开工建设，大规模的抢救发掘工作随即展开。发掘开始于德涅斯特河与多瑙河之间区域["布德沙克（Budshak）草原"]，后来扩展到草原的其他地区。规模最大的考古工程是"德涅斯特-多瑙河抢救考古发掘"，考察于1963年开始，由什马格利耶（Shmaglij）带领。1964—1968年间，考察集中在多瑙河左岸的干旱草原。发掘工作在博尔赫拉德（Bolgrad）（Subbotin and Shmaglij，1970），奥格罗德诺（Ogorodnoe）（Subbotin et al.，1970），涅鲁沙耶（Nerushaj），巴什塔诺夫卡（Bashtanovka），格鲁博科（Glubokoe）以及博里索夫卡（Borisovka）（Shmaglij and Chernjakov，1970）等遗址进行。[5] 1977—1985年间，约有20个乌萨托沃坟冢在萨瑟克（Sasyk）和哈德孜德尔湖（Khadzhider Lakes）被发掘，这些坟冢在若夫季贾（Zhovtij Jar）形成了一个中等规模的墓地（Subbotin and Petrenko，1994）。

田野考古在20世纪80年代继续进行，但规模有所减小，主要集中在德涅斯特河下游地区。乌萨托沃时期的墓葬于

1980—1984 年在塔拉克里亚（Taraklia）2（Dergachev and Manzura 1991，47-50）以及 1987—1989 年在泰莫夫卡（Ternovka）的斯罗博德泽亚（Slobodzea）（Agulnikov and Savva，2004）重见天日。在现在的海岸，敖德萨考古博物馆于 1990 年在萨多沃（Sadovoe）（Maljukevich and Petrenko，1993），1993 年在亚力山大罗夫卡（Alexandrovka）（Videiko and Burdo，2004b，389 f.）进行了发掘。德涅斯特河和布格河南部的河间区域几乎仍未发掘，除了在卡塔支诺（Katarzhino）和萨尔茨（Zalts）的几个乌萨托沃时期的墓之外，这些墓由敖德萨考古遗址保护中心在 1990—1991 年进行了考察（Ivanova et al.，2005）（图 6.1）。[6]

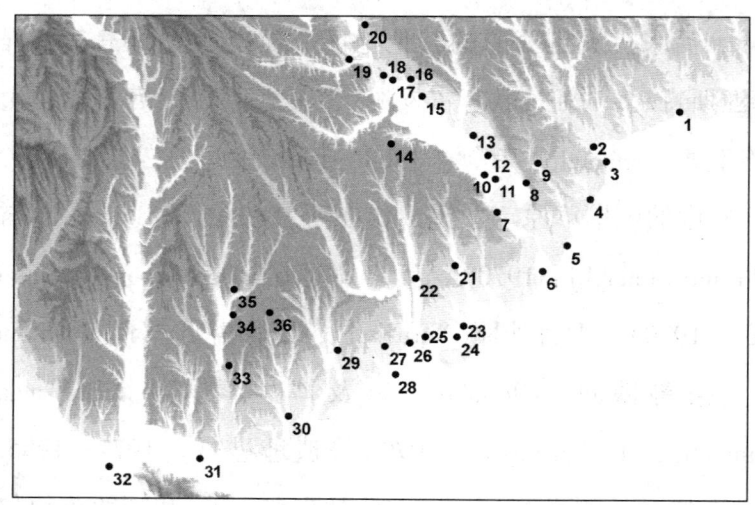

图 6.1 乌萨托沃群组主要遗址

多瑙河三角洲南部多布罗加（Dobrudzha）草原大部尚未考察。切尔纳沃德-德鲁尔索菲亚（Cernavoda-Dealul Sofia）主要遗址的发掘考古工作在 1954 年和 1970 年断断续续地开展。山上由3个独立的定居点区域构成：一个公元前4千纪早期的遗址在西坡（切尔纳沃德Ⅰ），一个稍晚的公元前4千纪的居住点在山顶（切尔纳沃德Ⅲ）以及一个几乎完全被破坏的公元前3千纪的遗址在山脚（切尔纳沃德Ⅱ）（Morintz and Roman 1968，46）（图6.2）。山顶遗址发现了系列特征鲜明的文物，如槽纹陶器、管耳容器以及独首类人俑。这些发现被认为界定了"切尔纳沃德Ⅲ期文化"（Roman，2001，with references）。

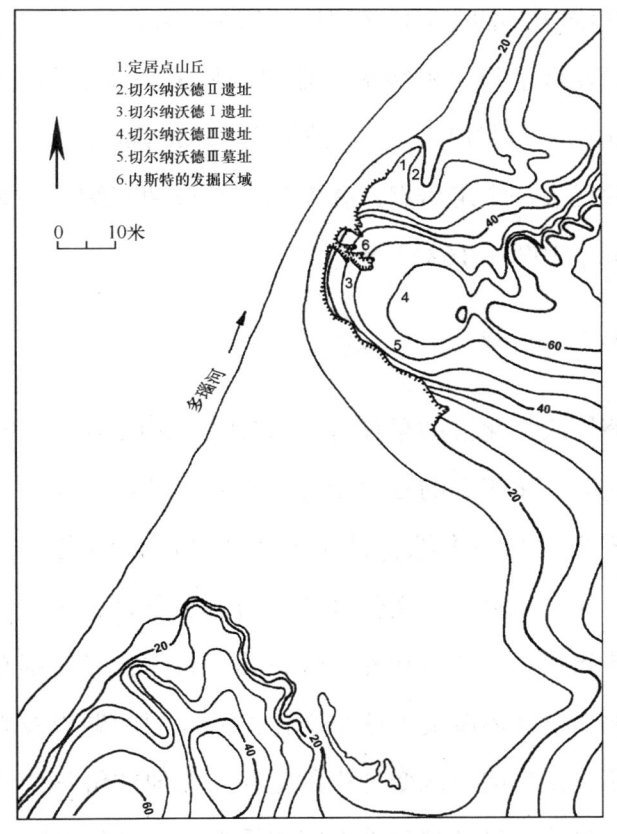

图6.2 切尔纳沃德-德鲁尔索菲亚遗址

本插图系原文插图

类似文物在西海岸的一些遗址也有发现。例如，在多瑙河右岸奥尔洛夫卡（Orlovka）附近的罗马人古堡出土了铜石并用时代的陶器，包括与切尔纳沃德Ⅲ和乌萨托沃文化相近的一些陶片（Bondar and Petrenko，2005）。此外，发掘杜兰库拉克湖岛（Lake Durankulak）遗址的坟丘时发现了切尔纳沃德Ⅲ地层（Draganov，1990）。[7]坟丘附近的一个墓地共有17个可以追溯到公元前4千纪晚期的小坟冢（Todorova，2002，50）。[8]最近，在卡尔诺巴特（Karnobat）附近德拉甘特锡（Dragantsi）进行的抢救性发掘时发现了与切尔纳沃德Ⅲ陶器相关的住宅和坑（Gergova et al.，2010）。再往南，在罗波塔莫河（Ropotamo）河口水下考古时，发现了一个定居点，并发现了类似切尔纳沃德Ⅲ的文物（Draganov，1990，162）（图6.3）。

梗概

乌萨托沃文化群的早期综述在帕塞克（Passek，1949）关于特里波利耶文化年表的专著中曾有提及。然而，关于该铜石并用时代现象的第一本综合性研究著作则由兹别诺维奇在1974年发表。他对乌萨托沃文化群的定居点和墓地、小件文物和陶器、经济和社会、年表和外部联系等资料进行了概括总结。此外，兹别诺维奇还解决了这个文化群的起源问题以及它们在特里波利耶文化晚期当地变种中的地位。[9]在他的解释模式中，德涅斯特河中游人口过剩使得人们向下游草原地区迁徙。随着移民在经济和物质文化上融入干旱的草原环境，并和当地居民互

图 6.3　黑海西海岸公元前 4 千纪遗址

动，特征鲜明的乌萨托沃文化群随之出现和形成（Zbenovich，1974，147-150）。

　　兹别诺维奇之后，还没有人尝试对新的田野考古证据进行总结和评估。[10]然而，对于乌萨托沃文化群的理解通过和黑海西南海岸其他史前文化群的比较已经有了很大的提高。曼苏拉（1990）对乌萨托沃文化和当地之前考古群组之间的关系进行了研究，他认为乌萨托沃的物质文化以及葬俗是在两种不同传统文化（即特里波利耶文化和切尔纳沃德Ⅰ期文化）的影响下出现的。在他看来，这种文化交叉授粉的例子有：黑土坟丘和平墓并存，接下来的石圈和石堆以及大型墓地和豪华坟墓的出现。这些演变与人们从特里波利耶核心区域迁出有关，这种说法并没有受到过真正的质疑。[11] 彼得连科（1989，20）把乌萨托沃文化的出现看成是"特里波利耶文化的流散"，曼苏拉（2005a，332）则把这过程想象成"真正的迁徙"以及"特里波利耶社区向草原的大规模外迁"。

目前还没有关于切尔纳沃德Ⅲ期文化的综述，只有1968年莫林茨（Morintz）和罗曼首次发表了关于考古发现的概述。[12] 尽管切尔纳沃德Ⅲ期的同名遗址位于黑海附近，但它显然不属于沿海地区的现象。主流解释认为这是以喀尔巴阡山盆地为中心的一个大型"文化区"的外围变种（Maran，2004a，266，with references）。大部分研究者认为切尔纳沃德Ⅲ发现的文物（尤其是槽纹黑陶）不是源自黑海西北部地区而是巴尔干北部的陶器传统。[13] 曼苏拉（2003）认为它们是从巴尔干内部向东扩张而出现的，并承认其中的一些特征可能源自喀尔巴阡山盆地（Manzura 2003, 333 f.）。

年表

在季利古尔(Tiligul)河和多瑙河河间地的铜石并用时代坟墓根据其葬俗和文物标本被分成几类，而对较大型坟冢的地层学考察则提供了年代序列。这些墓中遗骸呈屈腿侧卧，随葬品寥寥无几，并建有坟冢。通过墓中的外来彩陶可以比较可靠地把它们追溯到特里波利耶 C1 时期(Manzura, 1990, 184 f.)。[14] 这些墓群从地层学上要早于乌萨托沃时期。[15]乌萨托沃文化通过在定居点和墓葬中发现的彩陶可以与特里波利耶年表发生联系，而且比较可靠，因此也与东南欧的年表联系在了一起。这些彩陶与德涅斯特河中游特里波利耶晚期维科瓦丁茨(Vykhvatintsy)和卡斯佩罗夫茨(Kasperovtsy)或戈罗迪内什蒂(Gorodineşti)的陶器非常相似(Petrenko, 1991)。[16]萨多沃墓地(Sadovoe)33 号墓出土的骨质串珠，可作为建立乌萨托沃类型遗址(Usatovo-type sites)与北黑海区域年代学关联的关键依据。这些饰物在铜石并用时代(约公元前 4500 年至公元前 3500 年)采用"伸展"葬式(extended position)的墓葬群中存在完全一致的对应标本(见第五章)。

1954—1962 年、1967—1968 年和 1970 年在切尔纳沃德的考古发掘中，发现了 3 个独特的群组(切尔纳沃德Ⅰ、Ⅱ、Ⅲ)。基于这个证据，发掘者们设想该遗址先后有 3 个年表阶段，其中第三阶段(切尔纳沃德Ⅲ)可以追溯到青铜时代中期(Berciu, 1960, 77)。莫林茨和罗曼(1968, 125)首先认为这些证据表明这些文物并不相互关联，也不属于同一个文化。此外，他们还注意到切尔纳沃德Ⅲ与切尔纳沃德Ⅰ文物的相似性，并提出切尔纳沃德Ⅱ是3个遗址中最晚的一个（Morintz and Roman，1968，47）。切尔纳沃德Ⅲ文物的很多特征，包括器形、槽纹装饰、塑像都表明它与喀尔巴阡山盆地巴登波莱拉兹（Baden-Boleráz）时期的文物紧密相关（Roman，2001）。相比之下，它们与黑海西北沿海发现的物质文化的相似点很弱（见本章"乌萨托沃、森林草原和多瑙河"一节）。

乌萨托沃文化群少数几个遗址有放射性碳日期。乌萨托沃遗址本身仅有一个从平墓中获取的木炭样本的日期，校准值约在公元前3000年（盲样检测，Gimbutas，1973，185）。来自玛雅基遗址探沟的第一个木炭样本由谢蒙特索夫等（Semyontsov et al.，1969）、[17]奎塔（Quitta）与科尔（Kohl，1968）以及金布塔斯（Gimbutas，1973）进行了分析。1986年再次发掘后有了同一个探沟的填充物新样本（Videiko and Petrenko，2003，119；Petrenko and Kovaljukh，2003，106）。[18]玛雅基遗址所有检测物的校准值都指向公元前4千纪的最后几个世纪。唯一可以确定的是乌萨托沃时期的放射性碳日期是在亚历山大罗夫卡的墓中获得。[19]墓35和墓22的墓盖样本的校准值在公元前4千纪中期（Petrenko and Kovaljukh，2003）。

黑海西海岸切尔纳沃德Ⅲ遗址并没有通过碳–14直接断代（见Boyadzhiev，1992，15）。多瑙河下游南部霍特尼特萨-沃多帕达（Hotnitsa-Vodopada）的切尔纳沃德Ⅰ遗址的6个放射性碳日期中的最早日期约为公元前 3600 年，而喀尔巴阡盆地巴登-波莱拉兹时期的放射性碳和树木年代表明切尔纳沃德Ⅲ期位于公元前 3600 年到公元前 3000 年之间（Ilčeva，2001；Maran，1998，501 f., with references；Wild et al., 2002；参见 the summary and updated chronology in Horváth et al., 2008）。

村落、墓葬群以及新石器时代聚落传统的变迁

定居点

关于布格河南部与多瑙河三角洲之间区域的史前定居点信息非常有限。但是，人们可以从坟冢墓地的地理位置和大小来推测这些"消失"的定居点的特征，这些墓地大部分只由几个坟墓构成。[20]墓址显示，定居点依水而建，规模不大，居住时间也较短。[21]这种不稳定性可能是由多瑙河和季利古尔河之间干旱草原的环境条件所决定：草原地区的低湿度导致农作物产量低，因此需要频繁更换耕地，与森林草原相比，休耕期也更长。因此，环境限制了长期居住的可能性以及社会群体的大小。

一些居住点遗址占据了防御位置，建在悬崖、高地的边缘和山上。例如，奥尔洛夫卡遗址就坐落在多瑙河左岸一座天然险固的山上，守着卡尔塔尔湖（Kartal）和卡古尔（Kagul）之间的道路以及河边的一个主要浅滩（Patokova et al., 1989, 84；Bondar and Petrenko, 2005；Bruyako et al., 2005）。乌萨托沃文化的主要遗址坐落在哈德支贝耶湖（Khadzhibej）西岸一个高

地边缘。在很多方面，乌萨托沃是草原的例外。据估计，这个受损严重的遗址原来占地约有 6 公顷。考察期间，表面发现文物占地 4.7 公顷（Patokova，1979）（图 6.4）。[22] 深达 0.5 米的文化层也表明该遗址层曾使用了很长时间。

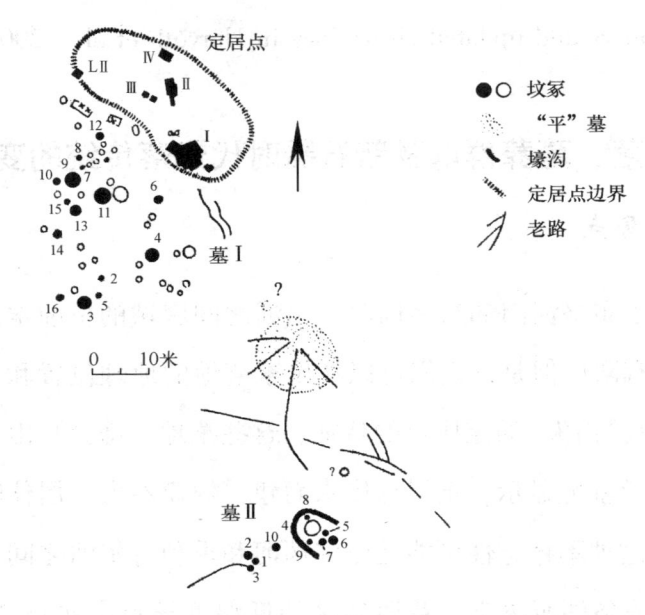

图 6.4 乌萨托沃定居点和墓地平面分布

乌萨托沃的石堆和石子路被解读为墙脚和住宅地面（Patokova，1979，15）。在 1932—1933 年的发掘中，在遗址东南边缘的 I 区发现了有石堆和石子路的三座住宅废墟。住宅排成一列，每间相距 15~20 米。平面图呈矩形或"T"字形，面积为 35~40 平方米（Patokova et al.，1989）（图 6.5）。

在乌萨托沃中心 II 区又发现了石堆和数个垃圾坑（平面图见 Patokova et al.，1989，Fig. 31）。尽管遗址外围的建筑较为

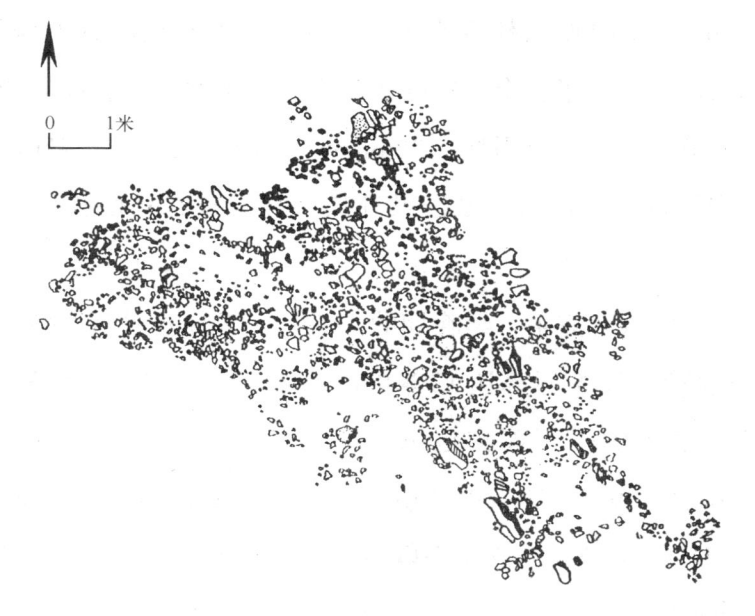

图 6.5　乌萨托沃 I 区房屋 1 平面分布

分散，中心地带的建筑则更大、更密集。其中 II 区的一个建筑结构长 14 米，宽至少 6 米。在同一区域，考古发掘时发现了几条让人不解的"走廊"（壕沟），一直挖到石灰岩基岩。据帕托科娃，原始资料显示建筑物废墟（例如，石墙的墙根）就紧邻走廊。她认为这是为了挖沟开采石灰石用来作砌墙的建筑材料，类似于中欧新石器时代线纹陶文化房屋旁的黏土沟（Patokova et al., 1989, 88）。后来，这些壕沟就用来堆积垃圾。最后，在乌萨托沃 III 区发现了碎石灰石和石墙墙根等房屋痕迹。这所住宅的内部有一个靠墙的石头平台和一排大型容器（Patokova et al., 1989, 88 f.）。

乌萨托沃房屋的大小表明家庭规模不大，不像更早的特里波利耶 B-C1 时期森林草原地区的社区，那些社区有大房子，里面可能曾居住了一个大家庭或几个近亲家庭，还有独立的炉灶、储藏设施以及家用炊具(Bibikov, 1965, 52)。有特殊功能的房屋结构，如作坊以及公共建筑，并没有在乌萨托沃见诸报道。

另一个公元前4千纪晚期的中心——玛雅基村落，坐落在德涅斯特河河口附近高达 12 米的高地上。遗址周围被几条横截面呈 V 字形的平行壕沟包围。壕沟宽约 5 米，深达 3~4 米 (Zbenovich, 1974, 23-30, Figs 8~10; Petrenko and Kovaljukh, 2003, 106)。村落坐落在壕沟以南的一个岬角上，那里已经被河水完全摧毁。但是，壕沟里的地层显示人们曾长期持续居住在这里。沟内底层填满了一次性烧毁的房屋废墟，但是上层则是厚厚一层长期形成的灰烬沉积物。沉积物中发现了大量带有过火痕迹的动物骨头、陶片、泥俑碎片、敲打过的石头碎片以及许多损毁的石制和骨制工具(Patokova et al., 1989, 91)。此外，沟内填充物还发现了大量烧毁的房屋废墟。木头和树枝上的痕迹显示玛雅基的房屋是用抹灰篱笆墙技术建造的，就像森林草原地带传统的特里波利耶房子(Patokova et al., 1989, 92)。

多瑙河南部的居住遗址一般都沿湖、河口和汇流处、河岸高地以及在季节性洪水泛滥地区的山上(Roman, 2001; Draganov, 1990)。例如，切尔纳沃德同名的遗址就坐落在多瑙河的一条支流汇流处的山顶上，占地约 2.5 公顷(图 6.2)。居住层厚达 2 米，包括有 5 个地层学层(Roman, 2011)。据发掘者描述，建筑物为泥地、抹灰篱笆墙，面积大（Berciu et al., 1959，99-103；Morintz and Roman, 1968，92）。但是，房屋的平面图或是房屋的图片尚未公布。最近，在卡尔诺巴特附近德拉甘特锡的抢救性发掘出土了数个房屋结构的证据，平面图为矩形，面积约为 5 米×8 米（Gergova et al., 2010）。

葬俗

黑海西北岸草原的传统丧葬习俗是在一个狭长的浅坑里土葬。超过60%的死者呈屈腿左侧躺卧状，通常双肘屈起，双手置于面前（Patokova et al., 1989，94）（图6.6和图6.7）。[23]给尸身涂上赭石颜料是很重要的葬俗。在德涅斯特河谷约一半的坟墓以及布德扎克（Budzhak）草原2/3的坟墓都有相关报道（Patokova et al., 1989，97）。在玛雅基的许多坟墓中都发现了有机覆盖物的遗存，骨头上的彩色图案以及尸体强烈弯曲的姿势表明死者是用布包裹起来或是用染色了的（黑、紫）布条加以固定（Patokova et al., 1989，75）。墓室通常只有一具尸体，尸体姿势不是解剖位置的很罕见。例如，在乌萨托沃 I-5 号坟冢，后颅骨在离头盖骨稍远的地方发现（Patokova, 1979，52）。几乎所有的墓葬都有随葬品。

葬礼结束后，墓坑通常用石板封上，有时会用木结构或木桩支撑（例如，土多洛沃和乌萨托沃 I-12 墓；Meljukova, 1962；Patokova, 1979，69）（图6.9）。还有的会用一张大芦苇席盖在墓坑上，墓坑上架有交叉木梁，或是墓坑仅用泥土或石

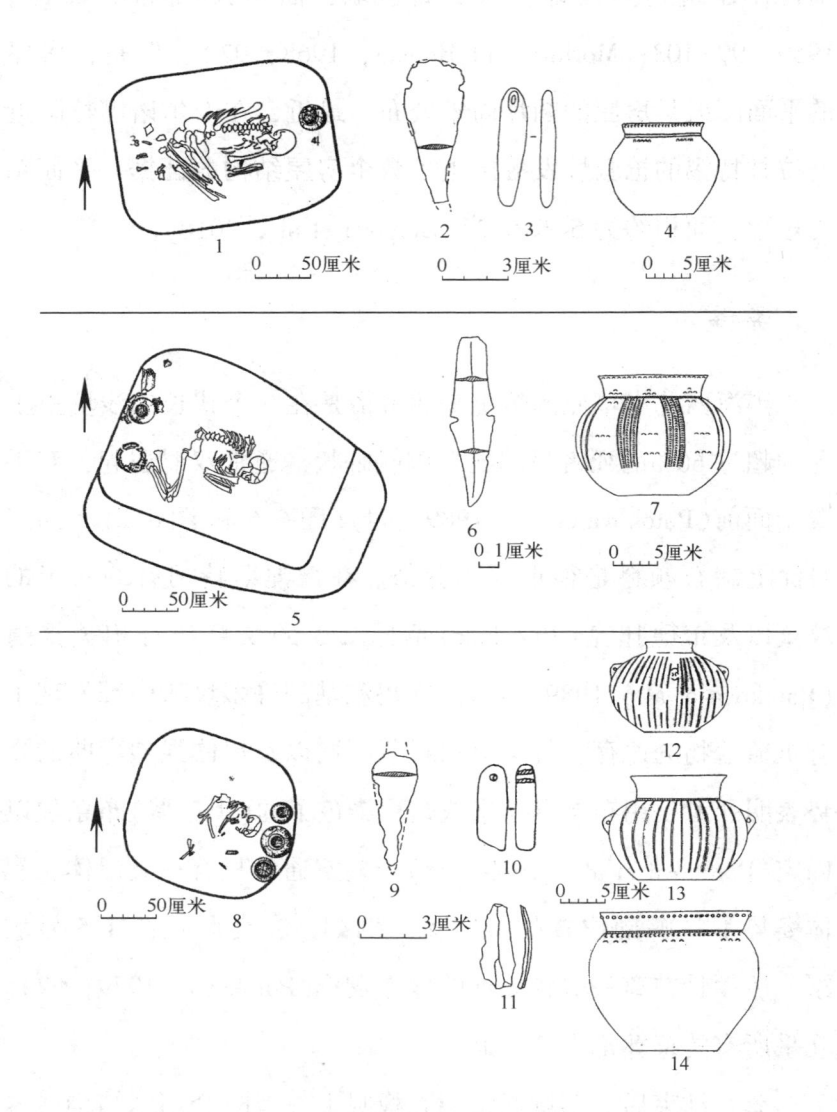

黑海与欧洲、近东以及亚洲的早期文明

图 6.6 玛雅基墓地带铜匕首的坟墓

1~4—玛雅基墓 1/3；5~7—玛雅基墓Ⅳ/3；8~14—玛雅基墓 5/1；2，6，9—铜器；3，10—石器；11—燧石；4，7，12，13，14—陶器

第六章 黑海西岸湿地

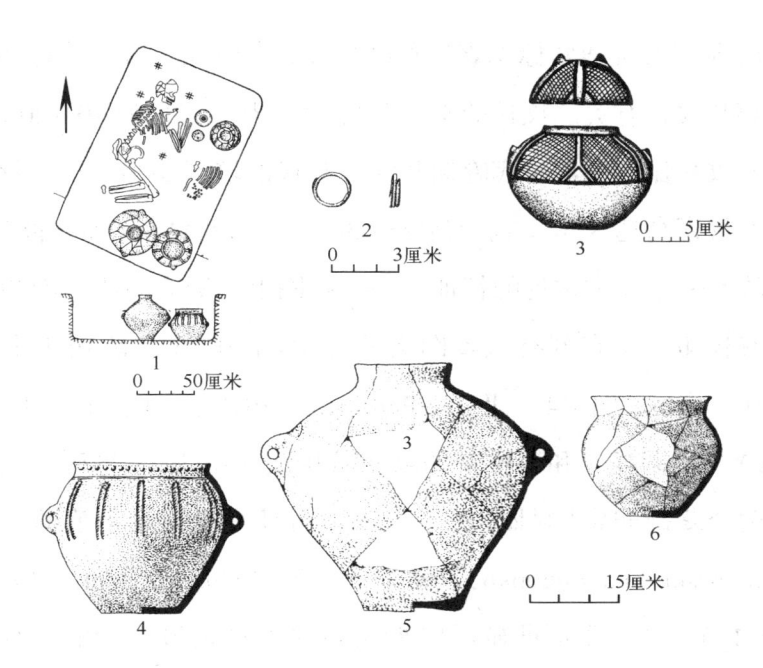

图 6.7 普尔卡里坟墓 2/7

1—平面图；2—银器；3，4，5，6—陶器

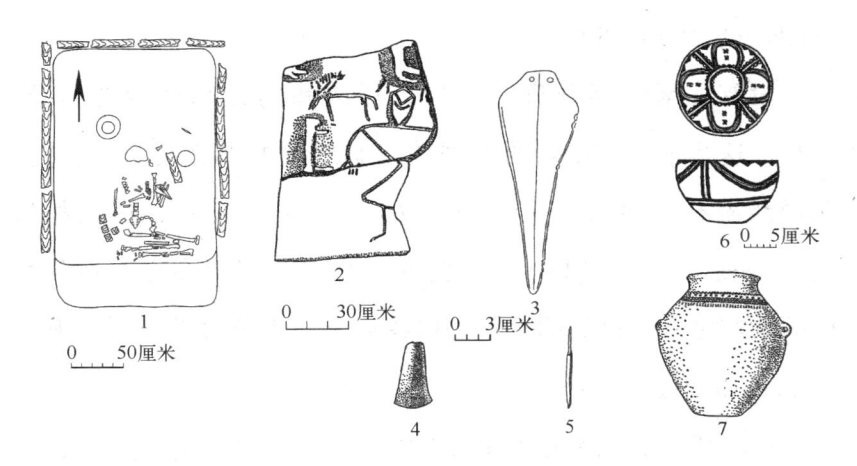

图 6.8 乌萨托沃 I 坟冢 3 的中央坟墓

1—平面图；2—石器；3，4，5—铜器；6，7—陶器

255

头填满。[24]石堆通常标志着坟墓已封好。乌萨托沃时期的许多坟墓都与坟丘有关。坟丘的平均高度为1米,直径为10~20米,这些坟丘比青铜器时代晚期和铁器时代的坟冢要小。只有特别大的坟冢高达3米,直径达25~30米。[25]石头结构(如石圈)就是坟冢一个非常常见的特征。一些石圈上会竖有石板,石板上带有杯印,还有刻有人畜图案的纪念"石碑"(乌萨托沃Ⅰ-3,Ⅰ-9,Ⅰ-11,Ⅰ-14,Ⅱ-3;Patokova,1979)(图6.8和图6.9)。[26]乌萨托沃和玛雅基的坟冢被排成3组12个墓碑,其中一两个墓碑非常"显眼",不仅大,而且一般与豪华墓葬有关(Zinkovskij and Petrenko,1987,Fig. 7;Patokova et al.,1989,Fig. 17)。地层学证据显示中央坟墓并不总是最古老的。有些是等该遗址上其他葬礼和礼仪活动全部结束后,"主"坟才开挖,并最终建起一个带有石圈的土坟(如乌萨托沃坟冢Ⅱ-2;Patokova,1979,82)。

没有坟冢的墓群只有在乌萨托沃和玛雅基进行考察过。但是,这些平坟和冢墓的区别并没有想象的那么明显。首先,两者都盖有石堆或石板,并且都与直立石板、坑和灶相关(Patokova,1979,135 f.)。[27]此外,很多坟冢建在数个古代挖掘的坟坑之上,这表明坟丘的修建通常在平墓墓葬之后才开始(Patokova et al.,1989,94)。[28]

乌萨托沃的坟冢和平坟都与礼仪活动的遗存有关。最常见的有留有木炭的壁炉、陶片以及烧过的动物骨头(Patokova,1979,89)。在奥格罗德诺坟冢1的16号墓中发现了一个直径达

第六章 黑海西岸湿地

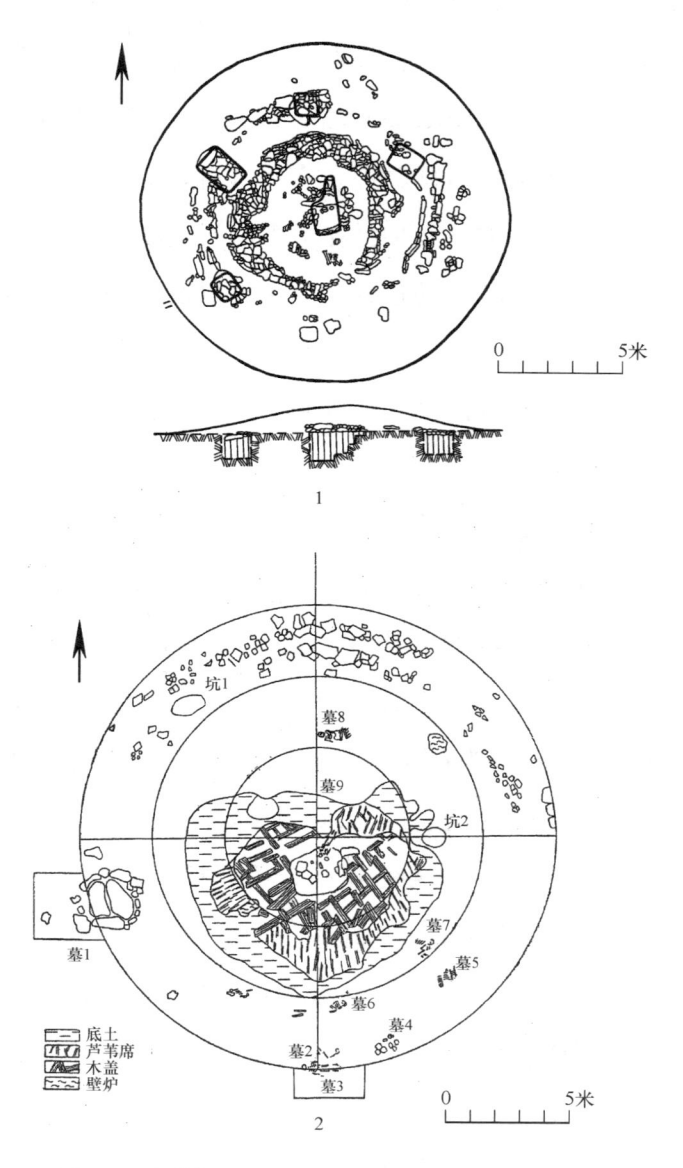

图 6.9 乌萨托沃Ⅱ坟冢2(1)和土多洛沃坟冢1(2)

50厘米的灰层，有可能是个壁炉，而土多洛沃坟冢的中心墓则有两个更大的壁炉，里面有灰烬、烧过的动物骨头和粗陶器碎片（Subbotin et al., 1970, 136；Meljukova, 1962, 77）（图6.9）。较为罕见的是所谓的"仪式坑"。有些坑有疑似葬礼宴的残留物或者曾用作烹饪设施。例如，在土多洛沃坟冢中发现了两个这样的坑，里面有陶片、动物骨头、灰烬以及有烟熏痕迹的石头（Meljukova, 1962）。[29]在普尔卡里的1号坟冢中，一个与主坟葬礼有关的坑里有两头牛、一匹马、一只绵羊或山羊的骨头（Jarovoj, 1990, 215）。由此可见这是一场豪华葬礼宴的残留物，在葬礼宴上至少宰杀了4头价值不菲的牲口，肉被分发给大型宴会上的来宾。与此类似，在萨多沃坟冢外围的坑里也有数头大型有蹄类动物的头骨（Videiko and Burdo, 2004b, 284）。

另一种坑是"祭祀坑"，通常在坟冢石头护岸的下方。在乌萨托沃 I-11 的石头护岸下发现了3个这样的坑，用石板盖着，每个坑都有两个完整的器皿。而坟冢 II-1 下面则有一个巨型浅坑，里面有一个碎人俑和一个迷你杯子（Patokova, 1979, 65, 78）。坟冢 II-2 也有一个矩形坑，里面有1块赭石、4个容器、4个人俑和5颗人牙（Patokova, 1979, 81）。至于这些祭祀坑是不是用来代替坟墓（如儿童的坟墓）或是纪念宴会留下的，由于尸骨已经完全分解无从得知。

西北岸草原的另一个葬俗是有动物尸骨。例如，在土多洛沃土坟下的古老层发现了一具涂了赭色的完整狗骨架。在萨多沃的坟冢下发现了两具狗骨架（Meljukova, 1962, 77；Videiko and Burdo，2004b，284）。在普尔卡里墓1/21一个涂抹了白土的木盖上也发现了一具完整的狗骨架，而在墓室里则有一只全羊放在死者前（Jarovoj，1990，62 ff.）。在萨拉托墓的附近也出土了一具无头绵羊骨架（Zbenovich，1974，125）。坟墓附近或坟墓里出现解剖方位的全羊和狗骨架表明葬礼上有祭祀活动。此外，动物骨头上的赭色痕迹表明了动物牺牲和肉类消费的重要象征作用。例如，在乌萨托沃 I-12 坟冢有一个直径 1 米、深 0.5 米的大坑，里面发现了带有烧痕的石头和木炭，这与涂有赭色的羊骨有关（Patokova，1979，70 f.）。与此类似，在玛雅基墓 8/4 的填埋物中也发现了涂有红色颜料的马骨、羊骨和牛骨，与陶片混杂在一起（Patokova et al.，1989，68）。

大多数墓发现了 1~7 件陶器，通常是罐和碗。有机物残留表明至少有些锅具盛有食物和饮料（见 Jarovoj，1990，Appendix 6）。但是，显然并不是所有墓中的容器都用来盛放食物。乌萨托沃坟冢 II-2 的 1 号墓发现的一只碗就是用来盛放红色矿物质颜料的（Patokova，1979，80，Fig. 32，10）。工具以及一些个人饰品，如铜锥子和骨锥子、燧石片、泥俑、骨珠和骨吊坠、动物牙齿以及石头都是非常常见的随葬品。较为罕见的是动物骨头，可能是放在墓中供奉死者。[30]这样的丧葬方式在平墓和坟冢中都有发现。[31]尽管大部分墓看似简单一致，但有少数几个与众不同，因其非典型的建筑和罕见的随葬品。乌萨托沃坟冢 I-12 是离居住遗址最近的一个，围有一圈直径达 11 米的碎石。石环中间立着一块带有杯印的石碑。坟冢的主墓——1 号墓上面有石堆。墓里有一具成年男性的蜷缩骨架、数件铜器（平斧、短剑、锥子、凿子）、2个银制螺旋、一把嵌有7颗燧石的镰刀、1件火石片、2个双耳绳纹罐、1个漆纹杯子（Patokova，1979，66 ff.）。乌萨托沃最宏伟的建筑则是坟冢 I-11。主墓有一巨型石穹顶，直径达14米，四周围着石板。3块高1.5~2.7米的大石碑立在石圈的西南方向，其中一块带有狗浮雕。坟冢高2.1米，石头护岸直径达42米。可惜墓室已被洗劫一空，只剩下几块人骨和当代的陶片（Patokova，1979，61 ff.）。[32]

另一个非同寻常的墓是普尔卡里（Purkary）的墓1/21。之所以突出是因为它不仅仅外观宏伟，而且墓室陈设与众不同。尸骨呈蜷缩状，上面有赭色颜料，并有数件随葬品。尸骨前（上面已经提到过）有一具无首小绵羊或是山羊的骨架。尸骨周围都放着大块赭石、2个银制螺旋环、2把短剑、1个凿子、1把斧头、1支铜锥子、10颗嵌在木柄上的镰刀嵌片、约200颗黑白石珠和骨珠（一种头饰）、1块火石片、1把鹿角锄头、彩陶（1个杯子和1个带盖的罐子）以及3个素面大罐（图6.10至图6.12）。墓坑封有双层木盖，盖上涂有白土，前文提及的完整狗骨架就放在上面。一个大祭祀坑与葬礼有关，里面有一匹年轻的马、两头牛、一只羊的骨头、数块人骨和陶片。在墓葬区的西边有4个大炉灶，直径2.5米，数块烧过的动物骨头碎片和陶片。墓上立有一高达3米、直径40米的大型坟冢。坟冢周围有3米宽的碎石护岸（Jarovoj，1990，62 ff.）。

多瑙河南岸杜兰库拉克（Durankulak）发现了公元前4千纪

第六章 黑海西岸湿地

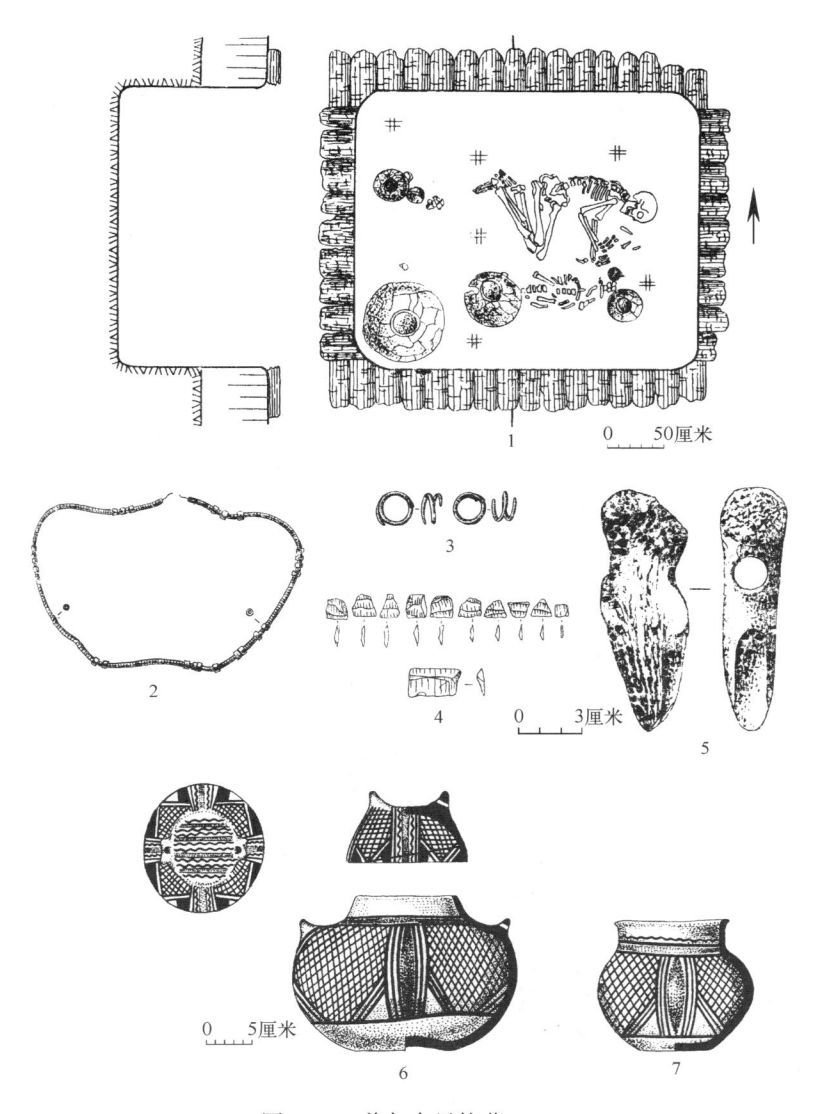

图 6.10 普尔卡里坟墓 1/21

1—平面分布；2—石器和骨头；3—银器；4—硅石；5—鹿角；6，7—陶器

261

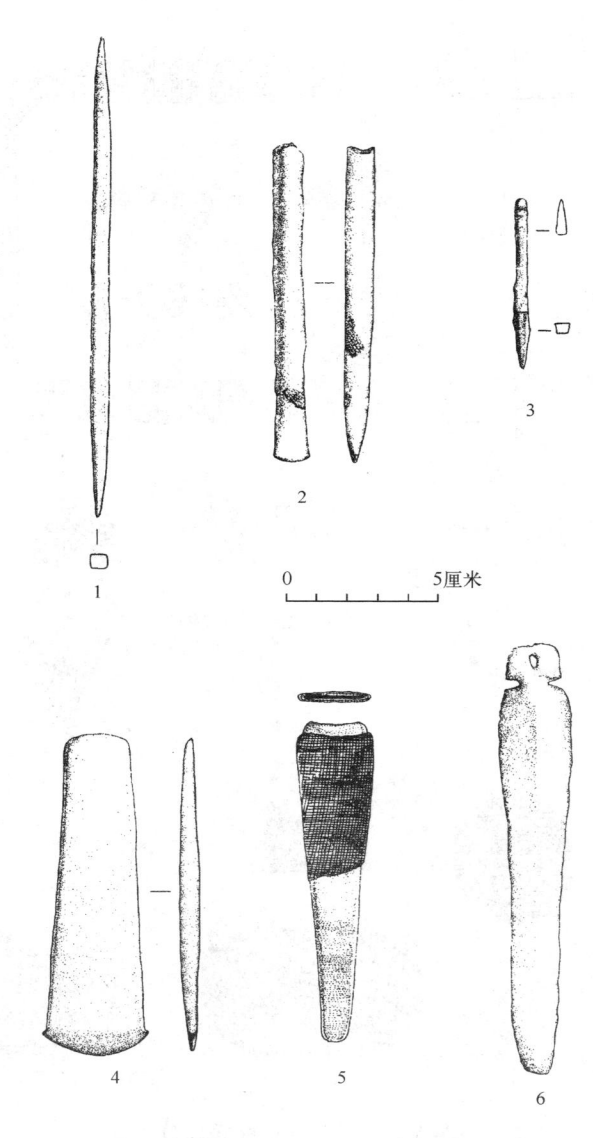

图 6.11 普尔卡里坟墓 1/21(续上图)铜器工具和武器

第六章　黑海西岸湿地

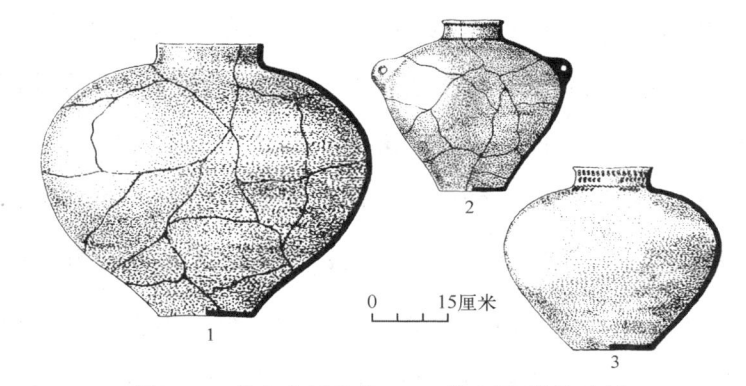

图6.12　普尔卡里坟墓1/21（续上图）陶瓷大罐

下半叶的坟墓。在发掘一座公元前6千纪晚期到公元前5千纪的大型墓葬时发现了17个稍晚的坟墓。据发掘者说，坟墓可能是受损严重的小坟丘（Todorova，2002，50；Vajsov，2002，159-176）。其中一座（墓1126）围有碎石，而另一座（墓982）则有乌萨托沃类型的铜制短剑（Todorova，2002，50）（图6.13）。[33]曼苏拉（2005b）所言不假，大部分这些出土文物（除了墓982之外）可能早于乌萨托沃时期。

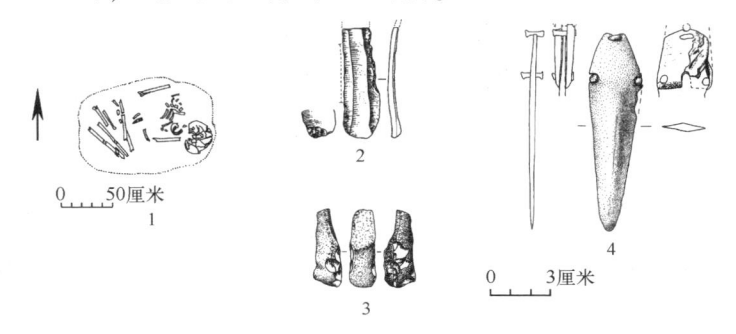

图6.13　杜兰库拉克坟墓982

1—平面分布；2，4—燧石；3—铜器和骨头

总而言之，乌萨托沃时期主导的模式是：社会群体规模小，往往沿河湖而居，村落居住时间短，流动性大。这种模式使得乌萨托沃与其他特里波利耶晚期群体区分开来，而且这种模式可能是由草原干旱的生态环境造成的。19世纪俄罗斯农民迁居里海西部伏尔加马内奇平原可以对了解干旱草原环境农业殖民本质提供一些有价值的参考，尽管这不一定合适。这些农民居住在一两个农场的围居区内，这些住所都没有形成村落。在殖民过程中，政府基本不参与管理，新的围居区不断冒出来，旧的则慢慢荒芜（Otchir-Goriaeva，2002，119）。这样一种殖民模式是不太可能留下一丝考古记录的。出人意料的是，史前居住周期长、规模大的核心村落竟然在两种情况下发展了起来。乌萨托沃的墓地有350多个坟墓，而玛雅基定居点则有一个约有100个坟墓的墓地（Patokova，1989，79，92）。需要强调的是大型定居点和墓地并没有在之前或之后的时期内出现。乌萨托沃显然代表了一个中央群体，其特殊地位在一系列发现了非凡随葬品的大型坟冢中可见一斑。

黑海西北部葬俗中值得关注的是葬礼宴的重要性。宴会往往带有社会责任，在众多宴会场合中，葬礼常用来重申和扩大宗族势力（Hayden，2009，34-36）。海登（2009，32）是这样描绘阿卡族的丧礼宴习俗的：阿卡族中，复杂程度和不平等程度相对较低，参加葬礼的人从20人到1000多人；用到的器皿可能会有20个到700多个，宰杀的牲口从1头中等大小的猪到5头水牛和7头猪。若是豪华葬礼，还会有礼物（给司仪银子，给宗族支持者肉）和丰富的酒水（Clarke，1998，115，135）。与豪华葬礼相比，穷人家则只给做棺材的工匠和殓尸人准备足够的食物。总的来说，每家都会尽其所能举办一场尽可能大的葬礼宴。

草原治理

作物栽培、畜牧业以及野生资源开发

黑海西北沿岸地区的年降水量足以满足旱作农耕。在19世纪的上半叶，多瑙河与德涅斯特河之间区域的殖民者种植谷物取得成功并有盈余用于出口（Brandes，1993，230-233）。但是，由于风雨侵蚀、蒸发量大、干旱频发，该地区一直不是主要的粮食种植区，直到苏联时期开始大规模的现代化灌溉系统建设才有所改观。[34]公元前4千纪和公元前5千纪期间，从西南和西北渗入草原地区的农耕社区可能需要调整耕作方法来适应那里的干旱环境。植物考古学证据表明草原农民很显然和森林草原居民一样种植同样的作物（见Janushevich et al.，1993）。然而，随着传统作物耕作向沿海草原扩张之后，耕地需要更频繁地轮作，休耕期变长，有些作物的重要性也相应地发生了改变，抗旱物种（如小米和二粒小麦等）变得更为重要。乌萨托沃遗址的植物学证据主要包括陶器和墙面抹灰上的谷物和谷壳痕迹。现在还没有植物学的酶切图谱报道。[35]对乌萨托沃和玛雅基的谷物和谷壳的印痕研究发现了二粒小麦、面包小麦、无

壳六排大麦、小米、豌豆、紫云英和疑似燕麦的谷粒（Patokova et al., 1989, 118）。[36]此外，玛雅基发现了一粒小麦（Kuzminova and Petrenko, 1989）。普尔卡里墓中确认的植物物种包括一粒小麦、二粒小麦、面包小麦、大麦、小米、燕麦、豌豆，以及几种杂草和野生植物（Jarovoj, 1990, 259 f.）。[37]因此，源自西南亚的传统作物组合：带壳小麦和莜麦、大麦和豆类，沿海干旱草原的农民也在种。[38]此外，他们还熟悉中亚一个生长周期短的作物——黍（Pashkevich, 1997, 266; Kuzminov and Petrenko, 1989, 119）。[39]这种谷类植物显然从公元前5千纪早期开始就已经在黑海西部地区种植，直到青铜器时代依旧是主要品种（Marinova, 2006, 77; Jarovoj, 1990, 89）。[40]小米耐旱和季节性干旱，耐贫瘠的土壤又耐热，而且生长周期又短。种子痕迹鉴定还发现了起源于中亚的另一种植物——大麻，大麻可以追溯到森林草原地区的特里波利耶B时期的遗址（Janushevich et al., 1993, Fig. 4）。[41]尽管乌萨托沃遗址尚未发现大麻，但是大麻对该地区的居民来说应该是很熟悉的。

破土、犁沟或用手锄穴播（手锄由鹿角部件和木制手柄组成）是森林草原地区和草原地区的常见做法（图6.14）。[42]在普尔卡里1/21，乌萨托沃II-1和玛雅基4/1、3/7的墓葬中都发现了小鹿角锄，而几十个鹿角锄碎片来自乌萨托沃和玛雅基的定居点（Jarovoj, 1990, Fig. 27, 7; Patokova, 1979, 105, Fig. 31, 6; Patokova et al., 1989, Fig. 19, 13, Fig. 20, 13; Zbenovich, 1974, 60 f., 64）。最初测得的鹿角长度为25~30厘米(Zbenovich，1974，64)。对特里波利耶遗址发现的类似鹿角锄头进行微痕分析表明，这些工具确实用于土壤耕作，而且实验表明，它们的效率两倍于一个简单的挖棍(Korobkova，1975)。

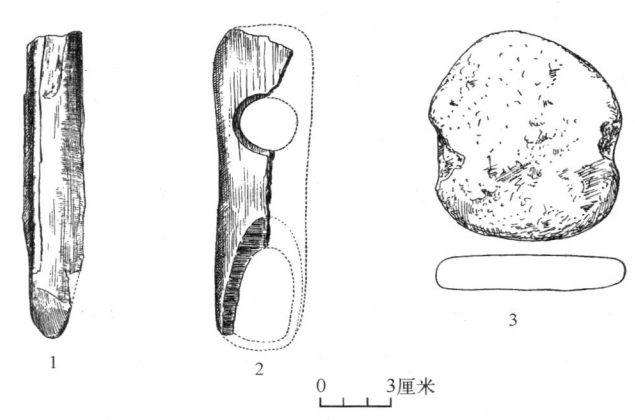

图6.14　玛雅基定居点(1，2)和乌萨托沃定居点(3)
发现的锄头和石头网坠

另一种具有代表性的工具是镰刀。乌萨托沃时期的农民使用一种形状独特的镰刀，由一个木柄和梯形燧石嵌件组成。[43]在普尔卡里1/21的陪葬品中发现了9件这种细石器嵌片和一把鹿角锄(见图6.10，4)。鹿角锄微痕分析发现这些嵌片是用来割草的(Jarovoj，1990，217；Petrenko et al.，1994，43)。[44]

黑海西海岸的河岸和湖畔芦苇丛生、森林茂密、湿地草甸密布，在旱季里不仅提供了丰富的狩猎、捕鱼和采收资源，同时也为食草家畜提供了丰富的草料。动物遗骸表明乌萨托沃时期农民养牛、绵羊和山羊，但不养猪。其中羊骨在乌萨托沃和玛雅基动物群中占主导地位(Patokova，1979，Table 4；

Patokova et al., 1989, Table 8)。尽管如此，牛作为肉类来源仍比小型反刍动物的比重要大，可能在这些定居点中占据了哺乳动物肉类消耗量的 40%~60%（Patokova，1979，Table 4）。乌萨托沃发现了一些猪骨，但是帕托科娃等（1989，120）认为它们是从一个较晚时期的定居层入侵的。在玛雅基的大型动物群组发现了超过 1 万块动物骨头，但没有一块猪骨头（Zbenovich，1971）。因此，乌萨托沃的畜牧业相比特里波利耶晚期的其他群体较为突出，其他群体主要养牛，但猪是第二大重要肉类来源（Tsalkin，1970，Appendix 4-5；Kruts，2002）。

乌萨托沃和玛雅基遗址动物群组里小型反刍动物非常普遍，而猪没有，这被认为是农业体系对草原环境的适应，同时也是游牧经济的一个特定迹象。但是，养猪与放牧生活的关系不是那么简单。养猪是饲料供应的问题，因而主要与环境而不是经济有关。民族志的例子表明，在有橡树林的环境下（那里可以养一些觅食性的动物），猪的数量很多，而且它们可以季节性地被赶到偏远的林地。相比之下，草原上的居民只养几头猪，因为猪不吃草，所以不太容易在草原环境下喂养（Otchir-Goriaeva，2002，125）。此外，不养猪也可能是一个文化选择。看来，乌萨托沃没有养猪是通过饲养数量较多的小型反刍动物来弥补，而牛的比例与森林草原地区类似。玛雅基和乌萨托沃的动物群提出的另一个问题是动物作为专门的食品和热量来源进行开发。60%以上的小型反刍动物和45%的牛在成年前就被宰杀（Patokova et al.，1989，122 f.）。这种年龄分布表明饲养动物主要是为了肉，牛可能还用来获取牛奶和用来耕作。第聂伯河中游马耶达内斯科（Majdanetskoe）遗址发现的一个带乳房的奶牛泥俑表明，特里波利耶 C1 期间已经有挤牛奶的做法（Videiko and Burdo，2004a，192）。而乌萨托沃发现的一个泥塑牛科动物背上的彩绘装饰可能代表驮兽的鞍（Gusev，1998，16 f.，Fig. 2，3）。[45]丧葬背景下大量马骨的存在以及马骨与家畜骨头的联系（参见本章"葬俗"一节）表明人们对这种动物的特殊态度。然而，乌萨托沃利用马的具体形式仍不清楚，因为没有直接的动物考古学证据能表明它的地位。

在切尔纳沃德-德鲁尔索菲亚Ⅲ动物群落中，牛骨的数量只是稍多于小型反刍动物的骨头（Susi，2001，Table 1）。与乌萨托沃相反，该动物群落中有 10%的猪骨，大多是年轻和亚成年个体。约 60%的牛和 40%的小型反刍动物在还未完全成年前就被宰杀（Susi，2001，65，Table 4）。没有动物考古学证据表明在切尔纳沃德Ⅲ时期有羊毛羊，尽管可以推断它们在喀尔巴阡盆地早期巴登文化中就已存在。后一区域的动物群数据表明在过渡到巴登时期人们选择饲养体型更大的羊品种（Bökönyi，1979，103 f.）。据贝内克对中欧和希腊之间广大区域公元前3500 年到公元前 3000 年期间遗址的观察，发现了一个新的绵羊品种的传播，该品种可能是原产于近东的一种羊毛羊（Benecke，1994，138；另见第八章）。

陶器和墙灰上的种子印痕表明沿河湖而居的群体采收野生苹果、梨和核桃（Kuzminova and Petrenko，1989）。乌萨托沃的居民猎杀马、野驴和赤鹿(图 6.15)。[46]在玛雅基的动物群中，大部分是大型有蹄类动物，主要是野驴和赤鹿，而野牛和野猪骨骼相对罕见(Zbenovich，1971)。

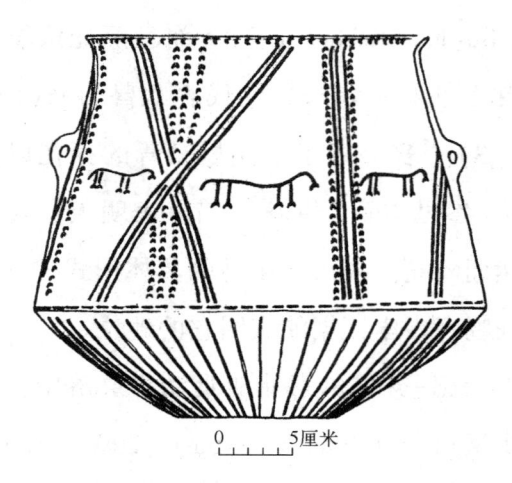

图 6.15　土多洛沃坟墓 1/1 绘有马像的陶器

乍一看，相比畜牧，狩猎似乎显得次要，因为野生动物骨数量非常少(占乌萨托沃所有动物骨骼的不到 10%)。[47]然而，正如帕托科娃等(1989，122)强调，大部分的骨头属于体积庞大的野生动物，它们提供了丰富的肉类(如野驴可能重达 300 千克以上)，并且通过狩猎获得的肉其实与羊肉数量不相上下。[48]

水产品在黑海西岸附近定居的一些社会群体的饮食中发挥了核心作用。大量的鱼骨和鱼鳞在玛雅基的探沟中被发现。在该遗址中，鱼骨占据了所有遗骨的 20%，玛雅基鱼肉的数量与野生动物或羊肉类数量不相上下(Zbenovich，1971；Patokova et al.,1989,123)。在黑海西北部的河口和港湾栖息着几大类迁徙物种。鲟鱼尤其多,它们在微咸水中育肥,春季洄游到上游产卵。出人意料的是,鲟鱼和鲤科家族的迁徙物种(鲟鱼、小体鲟和黑海斜齿鳊、鲤)一起仅仅占了玛雅基鱼骨群的15%。最多的是鲇鱼,一种生活在浅海水域和河流中的大型鱼类,占65.7%,被捕获的个体长40～270厘米不等。鲈鱼,一种栖息在沿海水域及河口的鱼,体长达85厘米,在鱼骨中占13.9%。淡水物种,如鲤鱼、鲟鱼等是最不常见的,占4.8%(Zbenovich,1974,Table 4)。综上所述,玛雅基居民主要是在德涅斯特河口捕鱼,也常年在河里捕捞脂肪丰富的大型鱼类,如鲇鱼、鲈鱼和鲤鱼。季节性捕捞洄游鱼类鲟鱼和黑海斜齿鳊是次要的。值得注意的是,没有小型海鱼,如鲱鱼和鳀鱼,也没有大型深海鱼群,如金枪鱼、鲣鱼和鲭鱼。物种组成很有说服力,表明玛雅基社会并没有海底捕捞。[49]

在乌萨托沃和玛雅基发现了大量的捕鱼工具(Patokova et al.,1989,98 ff.)。不同大小的骨钩标本证实了垂钓的存在(Zbenovich,1974,116)。一些骨钩,例如在乌萨托沃坟冢Ⅱ-3发现的4.7厘米长的骨钩是用来钓大鱼的(Patokova,1979,Fig.34,10)。网鱼技术则可以从坟冢Ⅰ-6的文物标本加以推断,那里发现了一种骨制工具,有痕迹表明是结网用的针(Patokova,1979,104,Fig.20,9)。此外,渔网的平石坠在乌萨托沃发现的所有石器中超过4%(Berezansky et al.,1994,13)(图6.14,3)。由于捕鱼方式取决于鱼的行为,民族志数据可以为捕鱼工具和某些鱼类的联系提供一些参考（Belcher，1994，131）。鲤鱼一般由网捕获，而鲇鱼则是用网和垂钓捕获（Belcher，1994，Table 10.2）。对于捕捞像洄游鱼类的高密度鱼群，渔民团队可以在春季鱼群到上游产卵时拦住潟湖入口，并在秋季返回时进行捕捞（Rose，1994，53，105）。

在玛雅基的探沟和乌萨托沃的文化层中发现了大量消费软体动物的证据（Patokova，1979，20；Zbenovich，1974，30）。已确定的软体动物物种有淡水类（珠蚌）、半咸水类（蛤类）和咸水类（鸟蛤、贻贝）（Zbenovich，1974，116）。在营养丰富的栖息地，像河口和浅湖，提着篮子就可以捡拾大量贝类（Waselkov，1987，96）。民族志学有在海边捡拾贝类并晒干的描述，而距离海边10千米外的定居点也有加工新鲜贝类的证据（Waselkov，1987，115）。[50]

综上所述，黑海西岸的村落社会采用的是东南欧传统的基于手工耕作的混合农业模式，种植耐寒、耐旱作物（二粒小麦、大麦、小米）；饲养反刍动物获取肉类或乳类。由于在西北海岸干旱草原环境下农业歉收的风险与森林草原地区相比要高，普遍认为饲养动物甚至专业化的"远程放牧"是乌萨托沃社会的经济基础（Zbenovich，1974，111-117；Petrenko，1989，118-124；Rassamakin，2007，454；Manzura，2005a，332 -" a pastoral culture of herding type"）。事实上，沿海地区的环境条件具有使用不同牧场的可能性，例如雨季可以在流域内的草地上放牧，旱季可以在河边草甸上放牧。然而，乌萨托沃时期专门的畜牧经济是如何发展起来仍然是一个未经证实的假说。

莫雷诺·加西亚(Moreno García,1999,172)指出在游牧实践中,互补生态区的存在不是农耕区域扩展的充分条件。相反,经济背景决定了专业化牧区的发展战略。在自然经济中,多余的动物会在冬天到来之前被宰杀。由于冬天圈养和牧场的季节变化所带来的问题,发展大型牧群如果仅仅为了直接的生存需要是不经济的,乌萨托沃时期很可能就是这种情况。[51]家畜中绵羊的比例比森林草原地区要来得高并不足以证明专业化(流动)放牧。一方面,需要强调肉羊养殖可能是为了适应环境,而不是为了经济上的考虑。因为绵羊对食物、水和气候条件的要求比牛要来得低(Khazanov,1994,49 f.)。此外,大量的小型反刍动物可以填补猪的空白。沿海居民似乎有可能通过集约利用野生资源,特别是河流和沿海环境的资源,而不是靠游牧畜牧业来缓冲生存风险。至少他们饮食中的一半肉类来自高脂肪的鱼类和大型野生有蹄类动物。

粮食储藏和食物制作

乌萨托沃遗址的主食储存在室内的大陶坛里。例如,在Ⅲ区的房子墙边发现了高约100厘米,最大直径为80厘米的大口陶瓷坛的坛底(Patokova et al.,1989,88 f.;Zbenovich,1974,83)。拉戈多夫斯卡亚(Lagodovskaja)遗址西北边缘的Ⅲ区发掘了10个有直壁的圆坑,直径90~130厘米,深70~100厘米,其中几个坑有生活垃圾,另几个则填有无菌土壤和石头（Patokova et al.，1989，89）。鉴于其形状规则、大小均匀，坑可能是挖出来作粮库用。民族志数据证明这些带稻草内衬的凹坑是用来长期储存谷物的，这种方式既廉价安全又简单（Adejumo and Raji，2007）。

脱壳谷物二粒小麦和小米是乌萨托沃时期种植的主要主食，它们通常以去壳小穗方式储藏。每天消费糙米谷物前要进行长时间的敲打、扬谷和碾磨（D'Andrea，2003；Sigaut，1996，418 f.）。二粒小麦谷物（乌萨托沃时期食用的主要小麦品种）可以在一个木制的臼内或鞍形石磨上碾成面粉。然而，鞍形石磨在乌萨托沃和玛雅基很少发现（Patokova et al.，1989，90，119），这可能表明当时粥更受欢迎，而非面包。在历史上，二粒小麦的确主要用来做粥，而小米通常用来做小米粥（在水或牛奶里加小米粉煮制成稀薄的谷物食品）（Thurmond，2006，20）。普尔卡里1/21和2/13发现了两个罐和一个带盖双耳彩陶，分别装有碳化小米粒、硬粒或面包小麦以及某些谷浆或面粉残留（见Jarovoj，1990，Appendix 6）。由于两个器皿都是细颈，适合装液体，因此残留物可能代表了两种谷物食品：稀粥或糊。

玛雅基发现了一个带有鱼类加工设施的大型室外场所（Zbenovich，1971；1974，25）。该遗址的一个沟渠内，发现了厚达40厘米的灰烬和数个1.5~5.5米长的椭圆形洼地，填满了木炭、烧过的动物骨头以及陶片。鱼刺和鱼鳞异常集中表明这些设施主要用于季节性清洗、烟熏与烘干大鲇鱼和鲟鱼，可能发生在春季或秋季。

复杂技术的出现

纺织技术

与其他特里波利耶晚期群组相比，乌萨托沃群组和坟墓发现的泥制纺轮非常少。沿海遗址的大部分纺轮呈双锥形，与森林草原社会的纺轮很像（Masson and Merpert，1982，Pl. LXXXIII）[52]。在乌萨托沃聚落点发现了直径为5~6厘米的圆盘形纺轮，纺轮是在陶片中发现的（Patokova et al.，1979，42 f.）。

纺坠在特里波利耶晚期群组中非常常见，立织机似乎是最重要的织布工具（如 Brinzeni III and Kosteshti IV；Kosakivskij，2003，63）。此外，在普鲁特河中游斯塔耶巴德拉孜（Starye Badrazhi）原地发现的82个锥形陶纺坠（Masson and Merpert，1982，220）表明纺织品是在综织机上生产的。乌萨托沃和玛雅基没有发现纺坠，但是纺织品和纺织品实物残余表明织机在这些遗址的使用（Patokova，1979，Fig. 11；Zbenovich，1974，82，Fig. 30，1；Jarovoj，1990，Fig. 27，2）。盆罐底部频繁发现粗纺织品印痕，印痕源自各种纹理的纺织品，例如，捻搓编织的垫子以及在织机上以平纹和斜纹技术编织的粗纺布、地毯和垫子。

石器技术

在南布格河下游流域与多瑙河之间的区域没有发现优质

燧石沉积物。乌萨托沃时期社会群体从河床上采集劣质的不透明灰色和黑色燧石结节。在玛雅基遗址的沟渠填充物中发现了大量的生产碎片（上千片）和约20个当地产的石核原料（Zbenovich，1971，195）。石头砸击技术简单，技术含量不高。石核技术，即通过直接砸击，把不规则的石片从未经加工的石核上分离出来，是乌萨托沃和玛雅基最常用的技术（Patokova，1979，22；Patokova et al.，1989，98）。用来制作微型石片的已制备好的锥形和菱形石核也有报道（Zbenovich，1974，56）（图6.16，18）。[53] 用来制作规则的优质长石片的工具非常罕见（Zbenovich，1974，56；Berezanska et al.，1994）（图6.16，6~9）。用来制作这些石片的原料是从德涅斯特河中游和沃林河进口而来，而且剥离技术比前文提到的常见砸击技术更为精细。很可能是沿海地区的社会群体通过和他们西北邻居交换获取了这些规则长石片成品（Patokova et al.，1989，98）。

德涅斯特河中游和沃林河流域优质燧石原料的集中开采始于特里波利耶中期（Chernysh，1967）。[54] 最有价值的燧石品种是"粉笔燧石"，一种半透明的黑灰色白斑优质石料。这种原材料的大石结节大量分布在沃林河中，非常容易获得，可以在河中采集石结节，或者在水下开采（Berezanska et al.，1994，10）。石核的预制在采石场附近，而砸击则是在特殊的工作坊里进行（Berezanska et al.，1994，11 f.；Skakun，2006）。特里波利耶中晚期，德涅斯特河中游和沃林河流域的居民发展了高水平的砸击技术。用拐杖或杠杆开料从长达25厘米的锥形大石核中

第六章 黑海西岸湿地

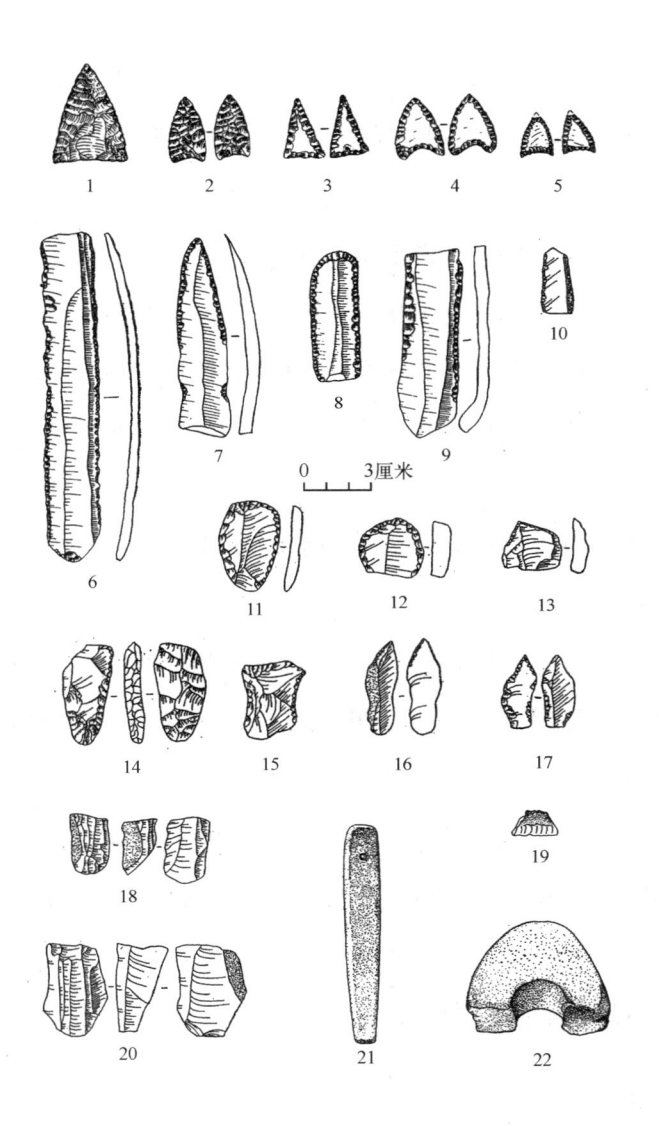

图 6.16 乌萨托沃定居点出土的燧石和石器文物(1~4，6~10，12~18，21，22)；乌萨托沃平墓地(5)以及玛雅基 Ⅲ/5(11)、苏克来亚坟冢 3(19)和土多洛沃坟冢 17(20)

277

剥离规则长石片代表了燧石加工的最高点，而且这样专业生产出来的产品远销各地（Videiko and Burdo，2004a，265）。生产这种用于交换的系列长石片，生产技术专业化且固定（见 Clark，1987）。在布格河与德涅斯特河之间数个特里波利耶晚期遗址的房子地底下储藏有进口的没有使用痕迹的长石片（Kushtan and Pichkur，2006）。[55]这些文物的囤积表明，它们不易获取，特别珍贵。进口石片表明乌萨托沃和玛雅基沿海居民参与这种专业化生产和供给系统，尽管沿海区域并没发现燧石的囤积。

地面石材工具的缺失意味着公元前4千纪期间石材加工的下降。地面石材文物在定居点较为罕见，在坟墓里几乎绝迹。珠饰制作在这个时期仍旧持续，但材料和形状仅限于小圆柱形和圆盘状的玛瑙、无烟煤、黑玉和石灰石的黑白珠子（Patokova et al.，1989，101 f.）。在普尔卡里 1/21 与 2/5、乌萨托沃 I-11以及亚历山大罗夫卡墓34发现了黑白相间的圆柱形珠子项链和头饰（Jarovoj，1990，64，91，Fig. 27，6 and Fig. 40，5；Patokova，1979，Fig. 24，5；Videiko and Burdo，2004a，390）。彩色石珠还没有从乌萨托沃进口。

陶器

乌萨托沃陶工最常用的泥坯含有贝壳粉和沙子（Zbenovich，1974，79）。由于高方解石成分在烧制过程中会带来很大的问题，因此贝壳的普遍使用让人觉得很意外。然而，费什

(Feathers，2006，111)已经证实贝壳纤维制成的容器比石英回火的容器更耐用，因为添加贝壳粉可以大大抑制开裂。这种优势可能至少部分解释了乌萨托沃社会更喜欢使用添加贝壳粉的陶器了。乌萨托沃时期较为少用的是一种不带任何疏松物料的精细黏土。[56]对乌萨托沃两件精美彩陶的化学成分分析表明所有的容器都烧自同一种很可能是产自当地的黏土(Patokova，1979，26)。

对乌萨托沃群组陶器目测可以发现，物件是用手工盘筑塑型，各个部分拼接而成：口沿、胎和底部(Patokova，1979，26)。通过对戈勒斯迪(Ghelǎeşti)和的尔古奥克纳博代(Tîrgu Ocna-Podei)两个库库泰尼 B 时期遗址的粗陶进行岩相分析进一步证实系手工制作。这两个遗址属于普鲁特和喀尔巴阡山之间同一时期的陶器传统(Ellis，1984)。埃利斯(Ellis，1987，Fig. 6，1)公布的切向薄片的颗粒取向是随机的，因此这些容器都极有可能由板拍塑形(Courty and Roux，1995，Table1)。乌萨托沃遗址发现的粗陶底部频繁出现了纺织印纹(Zbenovich，1974，98)，这意味着塑形是在垫子上从下到上进行的。有人认为特里波利耶中晚期的精美陶器是在陶轮上完成的，甚至是在陶轮上甩制的。一个砂岩板，上面有两个凹陷，其中一个带有呈旋转运动的痕迹，已经从特里波利耶 C1 时期位于德涅斯特河和普鲁特河上游之间区域的瓦尔瓦罗夫卡(Varvarovka) XV 发现(Ellis，1984，115；1987，Fig. 7.1，with references)。但是，这块板是否用于陶器塑形尚未有定论。埃利斯对戈勒斯迪和的尔古奥克纳博代的精美陶器进行显微组构研究证明容器薄胎部分云母粒子的对角线线性对准，作者认为这是在塑形时有相当大的机械压力施加到黏土块上造成的结果。埃利斯认为这些容器是在某种"转盘或简单的轮子"上生产出来的（Ellis, 1987, 179, Fig. 6）。吉布森（Gibson）和伍兹（Woods）（1997, 219）也提到细长颗粒（如云母板条）的对角线方向是轮抛制的证据（相比之下盘筑塑形会导致颗粒的水平走向）。这样看来，粗陶和细陶是用不同方法塑形的。但是，仅凭这些稀缺的数据就断定整个特里波利耶地区的制陶技术是不可能的。特里波利耶时期陶轮的使用只有通过一系列系统的显微组构研究才能确定。

乌萨托沃时期很多容器都有装饰。大部分陶器有黑色抛光表面以及用棍子、带齿工具或绳子刻划出来的装饰图案（Patokova, 1979, 27 f.）。更为精美的黑色抛光表面容器带有绳纹并填有白色膏状物（Patokova, 1979, 29）（图 6.17）。[57]一些更精细的陶器表面呈暗色甚至黑色，可能是故意烟熏之后，碳沉积在了容器表面。烟熏是通过烧结的时候阻止送风，比如用牛粪、木屑或草加以闷熄（Gibson and Woods, 1997, 251）。[58]

小部分精陶带有彩绘。随着公元前 5 千纪的结束，东南欧的彩绘技术逐渐消失，特里波利耶晚期群体，包括乌萨托沃，是最后几个保持这项传统的社会（图 6.18）。[59]乌萨托沃陶工使用的纯黑色或是黑红双色技术到目前为止还没有相关的研究。黑绘技术是公元前 6 千纪以来使用最广泛的技术，这种所谓的

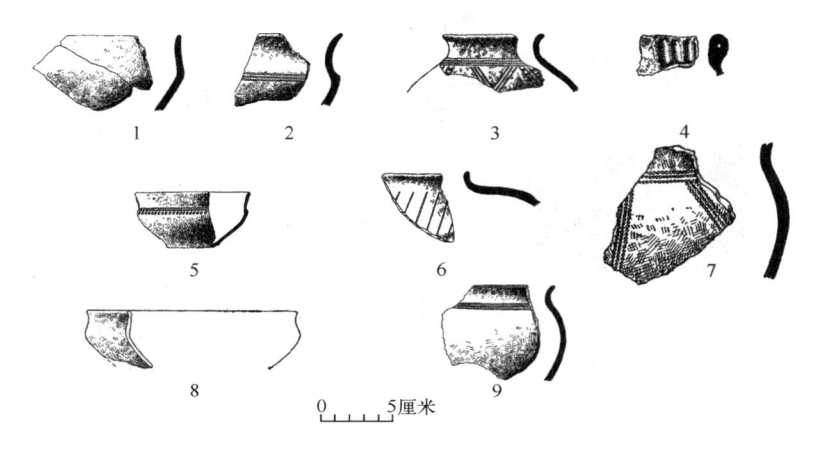

图 6.17　玛雅基定居点遗址出土的精美餐具

"铁还原技术"采用铁质黏土釉料或赭石颜料。黑色是在陶器烧结时通过三个步骤做到的：在氧化条件下进行烧结，最后进行短暂还原使容器表面变成深色，随后把陶器从火上取走进行再氧化。在最后阶段的再氧化时，没上色的容器表面迅速恢复其光泽，而更紧密的上色区域则还是深色（Noll et al., 1975, 602）。[60]通过在不同厚层上色，陶工可以创造出红黑双色图案（Noll et al., 1975, 610）。但是，也有迹象表明特里波利耶地区也用一种不同但更为简单的黑色或红黑双色上色方法。埃利斯证实普鲁特和喀尔巴阡山之间库库泰尼 B 时期遗址发现的黑色陶片中有锰矿（四氧化三锰）（Ellis, 1980, 228）。[61]这种化合物的存在表明了"锰黑"的使用，这是一种含有锰矿物质的黏土釉料，它在焙烧时氧化变黑，因此还原和再氧化的步骤也不需要了。[62]此外，使用锰黑技术可以确保最后的黑色，而还原铁会

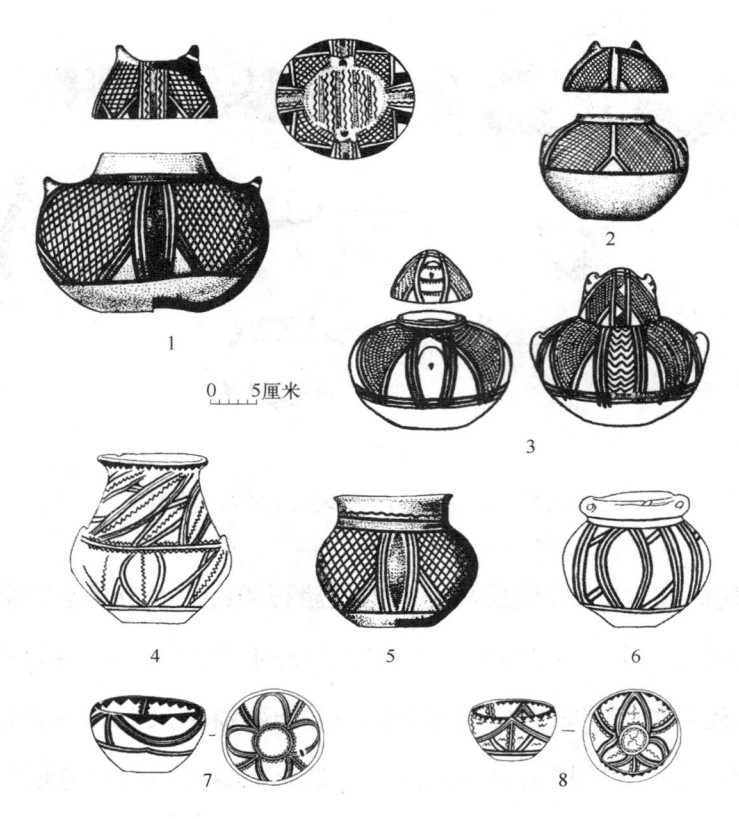

图 6.18 来自下列地方的彩绘餐具：普尔卡里 1/21（1，5）、普尔卡里 2/7（2）、博尔赫拉德坟冢 6（3）、乌萨托沃 I-11（4）、乌萨托沃 II-2（6）、乌萨托沃 I-3（7）以及乌萨托沃 II-1（8）

在褐色和黑色之间产生阴影。陶工可以通过在泥釉中添加细磨的含锰矿物制备锰黑，或者，如果条件允许，可以使用天然富锰稀土（Noll et al., 1975, Table 1）。需要强调的是"锰黑技术"就其原料、烧结条件以及工艺流程而言与铁还原技术差别很大。

可以肯定的是乌萨托沃时期的陶工是用明火烧制大部分陶

器。乌萨托沃陶器斑驳的表面以及其他特征都表明烧结时条件不断变化。偏爱使用贝壳粉作为疏松物料也支持明火烧制。贝壳中含有碳酸钙($CaCO_3$)，在温度超过约600℃时分解成石灰或氧化钙(CaO)，如果石灰不和其他材料重新组合成稳定的化合物，如高温钙铝酸盐（釉料），它在烧结后就会吸水、膨胀，然后陶体就会开裂（"石灰爆裂"）（Feathers，2006，92）。因此，添加了贝壳粉的陶坯不能在窑炉内高温烧制。但是，如果在烧结时，陶工限制了空气流通，那么他们就可以降低开裂的风险，甚至还可以把温度上升至800℃，因为二氧化碳的累积使碳酸钙的分解速度变慢（Feathers，2006，119）。或许这种做法可以解释为什么乌萨托沃含贝壳粉的陶器呈典型的暗棕色或灰棕色。

当然，并不是所有乌萨托沃的陶器都使用明火烧制。一些精美容器壁上有高温烧后的"裂纹"，甚至表面呈浅黄色或浅橙色，这些都表明了高级的烧结控制，而这只能在窑内做到（Patokova，1979，26）。保存完好的窑在乌萨托沃地区未见报道，玛雅基探沟内发现的带孔黏土砖可能是两腔室直焰窑炉栅的碎片（Patokova et al.，1989，91）。类似的窑从公元前5千纪下半叶开始在库库泰尼特里波利耶地区非常普遍（Comşa，1976）。[63]这种直焰窑在烧结时间、平均温度和燃料方面并不比明火效率高（Gosselain，1992，246，Fig.1；Pool，2000，71 f.）。但是，窑内烧结是最好的选择，因为控制好温度和空气对最后成品的质量至关重要。特里波利耶晚期精美的彩釉陶瓷显然就是这种情况，细泥坯易受温度急剧波动的影响，且容易破碎，而精心装饰的表面可能因无法控制烧制空气的变化而受损。[64]

综上所述，乌萨托沃时期主要的陶瓷是由粗泥坯添加沙子和贝壳粉制作而成，胎厚、表面光滑、低温烧制，颜色呈灰色和棕色。另一种陶器的泥坯中贝壳粉的含量较少，并含有更细的矿物质添加物，胎更薄，表面抛光呈暗色甚至深黑色，烧结质量好（有关概述见 Zbenovich，1974；Patokova，1979，26）（图 6.17）。

这两种中空的陶器中圆体罐占据了主导；另外，还有水壶（带有用来倒液体的垂直手柄）（Zbenovich，1974，Fig. 31，Fig. 32）。平底容器有圆形碗和各种形状的杯子，如"S"形大开碗和上部呈圆柱形的烧杯（Zbenovich，1974，Fig. 33，1~7，10~13）。陶器构成组件仅限于用来悬挂或固定盖子的耳挂，用来提或携带的垂直小手柄以及沿着倒水容器边缘装的单个垂直手柄（Dergachev，1980，Fig. 29，28；Maljukevich and Petrenko，1993，Fig. 5a）。嘴、脚、基座，或高脚都没发现。90%的陶片属于这两种"贝壳粉"的陶器。

乌萨托沃时期使用的另一种陶器是精美的彩绘餐具（图 6.18）。这些餐具都是由细磨黏土制成，胎相对薄，高温烧制，氧化彻底，表面上釉并抛光，呈红褐色或米色，并带有黑色或黑红彩绘（Zbenovich，1974，Fig. 34，Fig. 35）。至今尚不清楚这些餐具是在沿海定居点生产还是从德涅斯特河中游进口。具有当地特色的"贝壳黏土"和细黏土坯显然使用了同一种黏土原料(见 Patokova，1979，26)，这说明这些彩绘餐具是当地生产。此外，乌萨托沃墓 II-2，坑 6 发现的当地产 4 座人形塑像据报道也使用了彩绘餐具相同的黏土(Patokova et al.，1979，107)。乌萨托沃的彩绘图案和设计与德涅斯特河中游发现的一模一样，尽管有些细节只有乌萨托沃才有(如四脚彩绘陶器)，而且不同设计的比例有所不同(Dergachev，1980，106)。精美彩绘餐具的形状基本限于两种容器：罐和碗。中空形状包括几种颈部低宽的球形罐，例如，有些罐在罐体最宽部或罐口边缘有两个垂直手柄，有些罐在肩部有两个垂直穿刺小耳和一个盖子("特里波利耶晚期土罐")(Zbenovich，1974，Fig. 34，1~11)。平底形状的唯一例子是简单的圆形开口碗/杯子(Zbenovich，1974，Fig. 34，12. 14~5)。[65] 陶器构成组件的代表则是特殊的盖子、用来悬挂和固定盖子的凸耳、用来提起和携带的手柄以及四脚器皿(例如在玛雅基 2/5 和帕尔卡尼墓 91；Patokova et al.，1989，Fig. 21，14；Zbenovich 1974，Fig. 34，9)。这些精美彩绘陶器仅占陶片堆的 5%~10%。[66] 它们都是标准化的产品，涉及塑形、装饰和烧结等多个成熟的复杂技术。必须强调，窑烧彩绘陶器就人力、物力和时间而言成本很高(包括燃料和设备的维护、建窑和操作以及长时间重复使用等)。

多瑙河南部切尔纳沃德 III 的陶器是由两种基本的泥坯生产的：添加贝壳粉的粗泥和添加矿物质的细泥(Roman，2001)。切尔纳沃德 III 的常见陶器有阴刻、压印和粘贴上去的图案，与乌萨托沃的粗陶相似(虽然绳纹图案很少又很简单)(Manzura, 2002, 2003)。但是精陶符合一种非常不同的美感。彩绘陶器没有发现,容器简单的槽状和深色抛光表面显示金属非常有限(Morintz and Roman, 1968, Fig. 37)。[67]总的来说,陶器构成组件罕见,有些容器在容器口装了垂直带状宽手柄,在容器身体最宽的部分有两个垂直小手柄,在容器口下有管状耳(Morintz and Roman, 1968, Fig. 32, 1~6, 9.11, Fig. 36, 6.9, Fig. 37, 15)。中空形状的代表陶器是圆柱高颈孔口瓶("Sackgefäβe")和球胎最宽部装有两个手柄的罐子(土罐)(Manzura, 2003, Fig. 7)。平底容器包括简单的圆锥形和圆形的碗和杯子,一种典型半球状碗身、圆柱形颈部和碗口外翻的碗(Manzura, 2003, Fig. 7, 11.1~2, 12.1, 13.1~2)。

彩陶

彩陶文物在乌萨托沃的3个遗址都有报道。乌萨托沃本地的两个坟墓发现了梨形小彩陶珠。其中一个珠子于1936年从坟冢Ⅱ-2的1号墓的填埋物中出土,长约6毫米,宽约9毫米,不透明白色。第二个珠子为半透明,直径为7.5毫米,玫瑰色,于1984年在坟冢Ⅱ-8发现(Ostroverkhov and Petrenko, 1990; Patokova et al., 1989, 102)。奥斯特洛夫克娃(Ostroverkhov)对乌萨托沃发现的珠子进行光谱分析证实它们是由合成材料制成。乌萨托沃Ⅱ-2的白珠是由磷进行着色,可能是从磨细的骨头中获得(Ostroverkhov, 1985, 2005; Ostroverkhov and Petrenko，1990）。据进一步报道，泰诺夫卡(Ternovka)墓2/16发现了150颗"白膏"珠子(Agulnikov and Savva，2004，199 ff.)和埋在亚历山大罗夫卡墓34的孩子头部缀有"膏珠"(Videiko and Burdo，2004b，390）。[68]然而，这些"膏"为何物尚未被材料研究所证实。无论如何，这些珠子是土产还是从遥远的地方如北高加索进口仍不清楚。

有迹象表明特里波利耶晚期的其他群体也使用彩陶。在第聂伯河中游的索菲艾夫卡(Sofievka)特里波利耶晚期墓葬中出土的彩陶珠文物可能来自青铜器时代或铁器时代的沉积（比照Ostroverkhov，1985）。相反，德涅斯特河中游流域科特罗什卡(Ketroshika)发现的珠子可以确定源自公元前4千纪的下半叶，因为它们是在一个特里波利耶晚期彩绘罐内被发现的。这个被偶然发现的文物中包括73颗白膏小鼓珠（直径2~3毫米，厚1~1.5毫米）、196颗鹿牙珠和骨珠(Ostroverkhov and Petrenko，1990；Ostroverkhov，2005）。[69]但是，来自科特罗什卡的材质是否是彩陶尚未经材料研究所证实。

交通工具

特里波利耶遗址使用车辆的证据仅限于森林草原地区，并追溯至公元前4千纪上半叶。在特里波利耶B2和C1阶段的定居点频繁发现了带有畜首状突起的"滑雪板"小泥陶。在德涅斯特河地区就发现了50多件(Gusev，1998，Fig.4）。毫无疑问，这些泥陶物件系畜力牵引的雪橇，由车斗、车架、木制滑板和一个单畜的轴驱动系统组成。这种简易雪橇一个可能的功能是短距离运输——类似的交通工具在村落社会中很常见(Starkey,1989)。还有一种解释不那么明显,就是作为脱粒锤用,因为民族志学的例子中并没有滑板。然而,安德森等(2004,104)在实验中观察到把架子从硬地禾场上扬起时,木板可以明显促进装了大燧石片的脱粒爬犁的脱粒效果。脱粒爬犁是一个非常古老的农耕工具,其使用甚至可追溯到公元前8千纪(Anderson,1994,2003)。燧石文物上的磨损痕迹表明自公元前6千纪晚期以来黑海西海地区脱粒爬犁的使用(Skakun,1994;参阅 Gurova,2001)。[70]特里波利耶中期以后泥制雪橇模型消失。可比文物在乌萨托沃或特里波利耶晚期其他群体中没有出现。

特里波利耶中期森林草原地区另一件奇特的泥制品是形似牛科动物、腿上有水平穿孔的陶器(如 Videiko and Burdo,2004b,194)。[71]腿上的孔被认为是用来装木轴用的,尽管听起来合理,但是这样的重建还没有被完整的车轮图形证实。此外,类似的动物器皿也有发现,但是腿部没有穿孔(如 Videiko and Burdo,2004b,192)。这些文物表明,特里波利耶中期的社会熟悉轮轴原理。人们很容易假定对轮轴原理的熟悉以及与畜拉雪橇的知识相结合有可能导致德涅斯特河和第聂伯河中游流域轮式车辆的开发。梅瑞恩(Maran,2004b,437 f.)曾指出,畜力牵引运输,特别是重型货车可能对特里波利耶 C1 时期森林草原地区人口密度很大的"超级定居点"的生计至关重要。然而，特里波利耶带轮物件从来没有货车的样子。另外，木质四轮重型货车出现的一个先决条件是必须对合适的牵引系统（成对辕杆和轭系统）相当熟悉。[72]特里波利耶背景下成对牵引轭具系统的证据未见报道，而（轮式）动物形状的陶器一直只有畜首。因此，把这些物件解读为双轴牛拉货车值得商榷，如雪橇模型和轮式畜像在特里波利耶中期后消失了。特里波利耶晚期既没有货车实物的遗存也没有它们的代表。[73]

民宅

乌萨托沃遗址只有单独的地面建筑见诸报道。房屋结构简单、平面图为矩形和"T"形（见图6.5）。乌萨托沃的建筑是用石头和疑似泥土建造。没有发现柱孔。石基下部挖至基岩（Patokova et al.，1989，86）。类似的建筑在特里波利耶晚期森林草原地区也有发现，例如在德涅斯特河上游的兹瓦内茨晓布夫（Zhvanets-Shchobv）（Patokova et al.，1989，92）。根据帕托科娃等（1989，92），乌萨托沃大量使用石头是由其地理位置的地质条件决定的。乌萨托沃位于盛产优质石灰石的地方（那里实际上已被现代化的石灰石采石场严重破坏），那里优质建材就在地表下。

在玛雅基，抹灰篱笆建筑非常普遍。那里的探沟内发现了大量长达40厘米的墙体烧毁残片，上面还有篱笆的痕迹。房子墙壁肯定是用加了稻草的泥灰抹到15～20厘米厚的篱笆上（Patokova et al.，1989，90 ff.）。由于玛雅基建筑物的证据仅在探沟内发现，较大木柱的使用无法证实。抹灰篱笆建筑在特里波利耶晚期和切尔纳沃德Ⅲ遗址中很常见（Patokova et al., 1989, 92）。

炼铜和金属加工

采矿和矿石冶炼

由于没有数据分析，要讨论公元前4千纪黑海西岸遗址的金属产地非常困难。西南海岸的斯特兰贾山脉发现了铜矿。在公元前5千纪晚期，保加利亚沿海墓地里大多数的金属来自这些金属矿。向北可能沿着海路远达杜兰库拉克（Todorova, 2002, 127-158, map 5; Gale et al., 2000, 116-118; Pernicka et al., 1997, 132, Fig. 27）。有迹象表明，这些矿藏的金属供应一直持续到公元前4千纪，因为杜兰库拉克墓982发现的匕首的同位素组成与斯特兰贾山脉的铜矿相匹配（Grouplet 1, Pernicka et al., 1997, 105, Table 3）。

可以确定沿着多瑙河、德涅斯特河和南布格河下游流域草原上发现的所有金属都来自外地，因为该地区没有金属矿。最近的铜矿在德涅斯特河上游（如 Ivano-Zolote; Klochko et al., 1999）；更丰富的铜矿位于摩尔多瓦河（Moldova）、比斯特里察河（Bistriţa）和奥尔特（Olt）河上游流域的东喀尔巴阡山脉的北部（Ryndina, 1998, 31; Dergachev, 1998, 27 f.）。[74]

采矿和铜矿石冶炼始于公元前6千纪晚期的巴尔干地区

(Gale et al., 2003, 156-159, Table 10.1; Borić, 2009)。[75]巴尔干地区东部发现的公元前5千纪文物和坩埚残留物的化学成分显示氧化铜与硫化铜一起冶炼(Ryndina et al., 1999)。[76]公元前5千纪中期冶炼技术可能已经传到了喀尔巴阡山脉以东的特里波利耶地区。内兹维斯科(Nezvisko)(特里波利耶B1遗址)发现的一块不规则金属片可能代表的是一块未精炼的铜锭(Ryndina, 1962, 87 f.)。

公元前5千纪和公元前4千纪东巴尔干地区具体的冶炼技术仍然难以把握。在巴尔干地区的数个公元前5千纪定居点遗址发现了铜矿石和疑似炼炉。[77]在杜兰库拉克一个定居点土堆中的公元前5千纪层发现了一个"坑炉"。在第六层的房子4~10中发现的设施被认为是一个石灰坑，直径70厘米，深45厘米，由一个高25厘米的黏土边框包围。坑有烈火烧过的痕迹，还有一些烧过的材料，其中有一块系有铜球的骨头和一个被认为是鼓风口的泥制物件(Todorova, 1999, 242, Fig. 7.1)。[78]另一个疑似炼炉带有炉渣、铜球、氧化物和硫化物矿石及木炭，这是旧扎戈拉(Stara Zagora)小城建医院时抢救发掘一所铜石并用时代的房子时被发现的(Kokčhev, 1992)。[79]最近的研究发现了新证据，位于索佐波尔湾(Sozopol)西北部的阿卡拉的车伊里(Akladi Cheiri)(距斯特兰贾山脉铜矿不远)一个公元前5千纪晚期聚落点的冶炼活动。在该遗址发现了蓝铜矿和孔雀石、带铜球的渣化黏土容器、火炉、坩埚和铜锥子(Leshtakov et al., 2009; Leshtakov and Klasnakov, 2010, Fig. 2)。[80]

熔炼设备、铜矿物、矿渣、坩埚和鼓风口在乌萨托沃和切尔纳沃德Ⅲ期的文物中并没有，但也有一些微弱的选矿迹象。在科赫科瓦托（Kochkovatoe）30/2的一个墓中，发现了一具少年和一具婴儿的遗骨，另外，还发现了两块蛋形石头，带有金属氧化变绿的痕迹，可能曾用来破碎矿石或矿渣（Vanchugov et al.，1992，25 f. Fig. 7，4.5）。

综上所述，公元前5千纪期间，优质铜矿均在原产地开采，并运到定居点在坩埚中小批量冶炼。迄今为止，公元前4千纪冶炼活动的可对照证据还没有。我们很大程度上仍不知道这些简单的冶炼活动是否延续到了公元前4千纪或发生了改变。

合金炼制、熔炼和铸造

公元前4000年，黑海西岸草原的冶金工人开始生产高砷铜。非合金铜仍然是合金技术开始后几百年的主要原料。[81]但是，在公元前4千纪的下半叶，砷铜开始普及。[82]尽管从乌萨托沃Ⅰ-12、Ⅰ-13、坟冢3/2、玛雅基平坟12和13以及普尔卡里1/30发现的一些锥子已经用"纯铜"制造，所有大型工具和武器含砷量高达数个百分点（例如，普尔卡里1/21、土多洛沃和乌萨托沃所有的匕首、斧子和凿子）（见 Kamenskij，1990；Konkova，1979；Meljukova，1962，83，Table 1）。在杜兰库拉克墓984发现的匕首，年代为切尔纳沃德Ⅲ遗址，也是含砷铜制造（Todorova，2002，160）。

乌萨托沃的文物中还发现了两件含镍的砷铜器物：平斧和匕首。[83]两件文物都来自坟冢Ⅱ-9（Patokova，1979，58-61，Fig.23）。此外，一把含有0.1%镍的匕首在普尔卡里1/21（Kamenskij，1990，Table 1）被发现。这种"高镍合金"在黑海西部沿岸非常稀有。而此类铜是北高加索地区的冶金特点（见第四章），乌萨托沃和普尔卡里的文物有可能是从该地区进口的。乌萨托沃Ⅱ-9的平斧形状也支持该假设，因为它与特里波利耶晚期文物无相似之处（见Konkova，1979，170）。[84]

引进砷铜带来的最大技术变化很可能与新合金优异的铸造性能有关。铸造砷铜的优点让人开始试验不同的技术和器形，例如，带有中脉的长匕首的制造。[85]两种铸造技术已经在乌萨托沃的金属制品中得到了证实。简单的开模被用来预制小平斧和锥子，并且还可能用于预制简单的匕首（Konkova，1979，170）。较大的器物在更复杂的封闭的两半陶范中铸造。双壳类模具文物尚未见报道，尽管它们的使用已经被铸造接缝和垂直位置铸造斧子的事实所证实（Konkova，1979，169，174；Ryndina and Konkova，1982）。[86]亚历山大罗夫卡坟墓35发现了不同寻常的轴孔斧（Videiko and Burdo，2004a，390），如果它确实是当地产的话，就证实了型芯铸法的使用。[87]乌萨托沃出土的带炉渣痕迹直径为5厘米的匙形坩埚（Patokova，1979，42，Fig.54，1）可能已被用于熔化和浇铸少量金属。

金属加工

在特里波利耶B2阶段和C1阶段，热锤打加工和冷锤打加工已成为铜加工的标准操作技术。多数大型铜器都是先浇铸，然后在 600~900℃ 时锻造成型（Ryndina，1998，132，149）。[88]这看似不同寻常，因为热锤打不是先进的铜加工技术，甚至纯铜浇铸的器物一般也有足够的韧性可以用来冷塑形。然而，如基恩林（Kienlin）已经证明，如果铸造技术差，氧气摄入量和共晶氧化物[（Cu +Cu$_2$O）共熔]在冷却过程中可以降低铜的变形并给冷加工带来困难。积极的一面是共晶氧化物对浇铸器物的硬度有显著帮助，从而弥补冷锤打的硬化功能（Kienlin and Pernicka，2009，266）。基恩林认为在喀尔巴阡盆地公元前 4 千纪早期的斧锛是高温成形，原因很简单，它们即使没有经过冷锤打加工也足够坚硬。特里波利耶中期金属制品可能也是这种情形。

然而，随着特里波利耶晚期铜砷合金的广泛使用，大件铜器的铸造和锤打条件发生了变化。不像铜和氧化亚铜共熔，混合的铜砷氧化物可以显著增加浇铸预制品的冷加工性能，但是降低了其硬度（Kienlin and Pemicka，2009，265，269，with further references）。因此，随着砷铜的引进，冷加工对提高成品工具机械性能至关重要。由于金属加热，特别是高砷铜加热时，会带来中毒和爆炸等事故的风险（见第四章；比照 Lechtman，1996，502）。人们期待冷锤打能够迅速取代较早的做法。然而，事实并非如此。即使在广泛采用砷合金后，热加工似乎仍然存在。对普尔卡里和乌萨托沃系列砷器物的金相分析表明，成形仍然是在高温下进行，尽管温度范围在 400~600℃ 之间，这比以

294

前非合金铜的温度要低(Kamenskij，1990；Ryndina and Konkova，1982；Konkova，1979，169)。[89]只有一些工具的作业边缘是用冷加工进行硬化的，该技术在特里波利耶 B2 时期出现(Ryndina，1998，149)。[90]

生产金属片和金属线的技术是在特里波利耶早期阶段发展起来的(Ryndina，1998，Table 56)。没有证据表明，铜砷合金优良的延展性刺激了特里波利耶晚期的金工匠们开始铜板试验加工。金属片和金属线的加工及这个时期铸造工具的完成仅仅使用了非常基础的方法：切割、弯曲、轧制和钻孔。[91]切割、弯曲和轧制被用于制造小螺旋、管珠和贴花，而匕首则是钻孔后用铆钉连接到手柄上(Ryndina and Konkova，1982，33)。

在乌萨托沃发现的大匕首通过反偏析法镀了一层银，即在浇铸预制冷却过程中用砷进行富集(Ryndina and Konkova，1982，34 f.)(图 6.20)。虽然这个过程可能无法控制，但是银色显然非常让人着迷。有些文物显示甚至在创造过程中找到了一种可控的方法。根据莱恩迪娜和康科娃(Konkova)(1982，39)，乌托科诺索夫卡(Utkonosovka)长匕首使用了一种特殊的表面处理技术来实现其银色表面：为了确保加工出一个富含砷的表层，该文物的刀片用木炭、氧化砷和草木灰盖上，并加热到 350~450℃。[92]

乌萨托沃的数个坟墓发现了银螺旋环(图 6.19，10~14)。[93]我们没有任何线索可以知道这些器物的产地；化学成分显示它们是自然银或冶炼银(但不是灰皿提取的)。[94]乌萨托沃

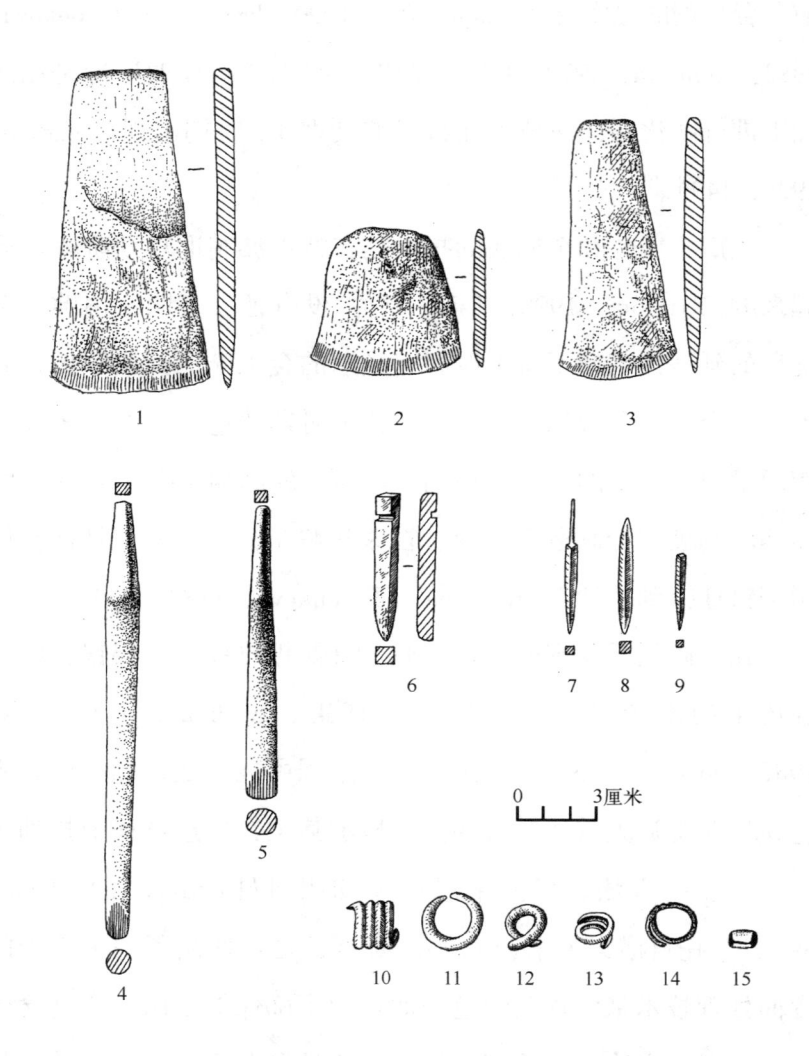

图6.19 乌萨托沃遗址群的金属文物,包括乌萨托沃 I-13(1, 4, 10~12)、乌萨托沃 II-3(2)、乌萨托沃 I-12(3, 5, 8)、土多洛沃(6)、乌萨托沃 I-3(7)、乌萨托沃 I-7(9)、苏克来亚坟冢3(13)、乌萨托沃 I-11(14) 以及乌萨托沃 I-15(15)、1~9, 15—铜器;10~14—银器

的螺旋环显然不是该地区最早的银器文物。数个小件银器和一件铜银合金制品在特里波利耶B2阶段至C1阶段见诸报道,时间可以追溯到公元前4千纪。例如,在发掘德涅斯特河中游的特里波利耶B2遗址时发现了一个含银80%、含铜20%的戒指(Ryndina,1962,86)。此外,在多瑙河三角洲北部湖区的特拉波夫卡(Trapovka)坟冢10墓14发现了一个银戒指(Rassamakin,2004b,133 f.,Pl. 422,3)。这座坟属于所谓的乌托科诺索夫卡(Utkonosovka)类型,可以和特里波利耶C1归为同一时期。[95]

金属器物一览

平斧、凿子和匕首是乌萨托沃期间沿海地带生产的大件铸造器具(图6.19)。[96]平斧系由东南欧当地金属加工(Zbenovich,1974,75)。在乌萨托沃的坟冢墓地发现了6把平斧(坟冢Ⅰ-3,Ⅰ-9,Ⅰ-12,Ⅰ-13,Ⅰ-14及Ⅱ-3),在亚历山大罗夫卡和普尔卡里发现了另外3个样本(Patokova,1979;Videiko and Burdo,2004b;390,Jarovoj,1990,Fig. 28)(Pl. 65,2)。凿子是乌萨托沃目录中唯一在特里波利耶晚期群组中没有类似物的工具。[97]据报道,乌萨托沃Ⅰ-12、Ⅰ-13,普尔卡里1/21和亚历山大罗夫卡墓35(Zbenovich,1974,Fig. 26;Videiko and Burdo,2004b,390;Jarovoj,1990,Fig. 28)发现了文物。除了亚历山大罗夫卡墓35发现的斧子外(Videiko and Burdo,2004b,390),轴孔铜具对乌萨托沃的工匠们来说是陌生的。[98]

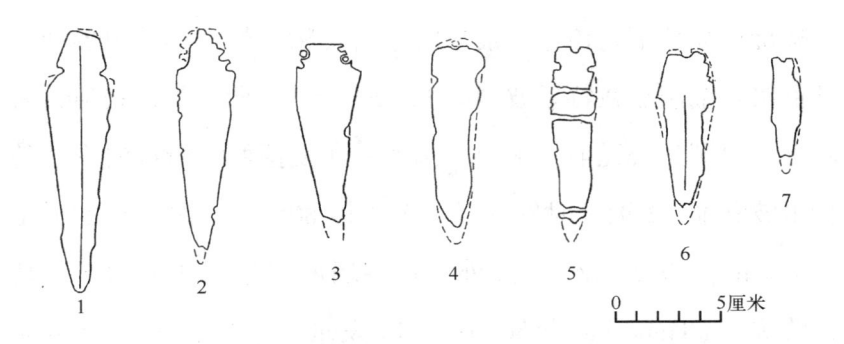

图 6.20 乌萨托沃 I 墓地(1~5)以及乌萨托沃定居点遗址(6，7)出土的铜匕首

当地工匠们生产两种类型的匕首（Zbenovich，1974，Fig. 28）。一种由短刀刃和骨制长柄或木制长柄构成，这种匕首在以下墓中都有出土：乌萨托沃墓，亚历山大罗夫卡墓 35，内鲁沙耶 9/82，玛雅基墓 1/5、I/3、Ⅳ/3，奥戈罗德诺坟冢 I/6，杜兰库拉克墓 982 以及在德拉甘特锡和切尔纳沃德Ⅲ遗址（Zinkovskij and Petrenko，1987，Fig. 8；Videiko and Burdo，2004b，390；Dergachev and Manzura，1991，Fig. 38，Fig. 39；Patokova et al.，1989，Fig. 21，5，Fig. 23，6，Fig. 24，14；Gergova et al.，2010，Fig. 3）（见图 6.6、图 6.13 和图 6.21）。第二种是长匕首，刀刃长度为 17~22 厘米，有明显的中脊，这种匕首在苏克来亚坟冢 3、乌萨托沃坟冢 I-1 和 I-3 都有出土（Dergachev and Manzura，1991，Fig. 47；Patokova et al.，1979，Fig. 16，2；Fig. 19，3）（见图 6.8）。这两种匕首都是"南方"传统的代表，其特征为三面基座和铆钉固定的柄部，在西安纳托利亚、东南欧和喀尔巴阡盆地都曾有发现。喀尔巴阡山脉以东

地区最早的匕首可以追溯到公元前 4 千纪，属于传播广泛的圆基类型（Bodrogkeresztúr；见 Vajsov，1993），[99]而铆接匕首出现在公元前 4 千纪的第二季度，从西安纳托利亚延伸到喀尔巴阡盆地。[100]

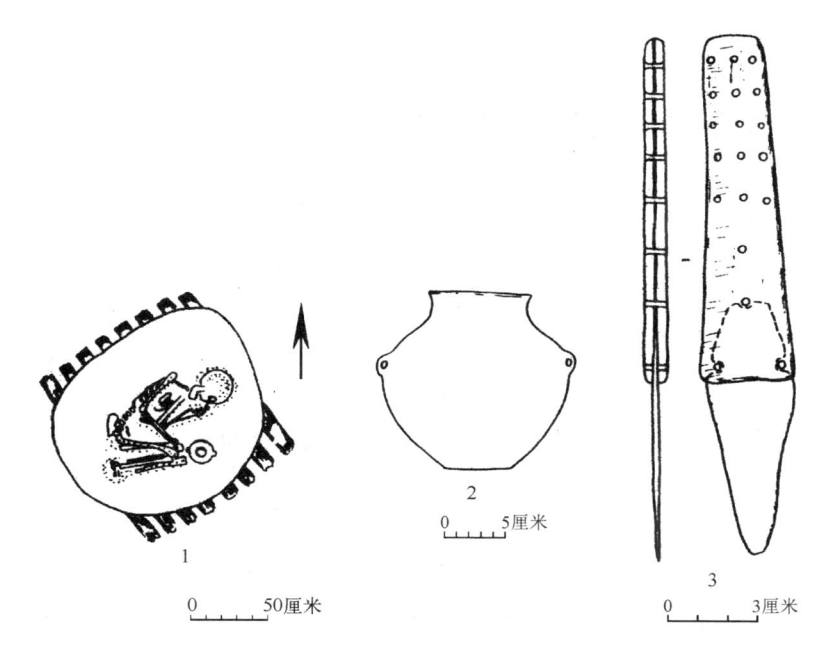

图 6.21　奥格罗德诺Ⅰ坟墓 1/16，陶瓷以及带骨制手柄的铜匕首

唯一的小件铸造工具是具有矩形截面的铜锥子（Zbenovich，1974，72）（见图 6.19，7~9）。珠子、发钗、俑等铸造饰品缺失。金属饰品通常比较罕见，仅限于由片和丝（见图 6.19，10~15）制造的非常简单的物件。铜箔轧制管在萨尔茨 4/4、乌萨托沃Ⅰ-15 坑 2、塔拉克里亚 2 10/2、罗什卡尼（Roshkani）文明 5/7 和普尔卡里 2/13 都有发现（Ivanova et al.，2005，Fig. 9，

4；Patokova，1979，75，109；Dergachev and Manzura，1991，Fig. 35，6，Fig. 44，3；Jarovoj，1990，98，Fig. 43，3）。此外，据报道在乌萨托沃坟冢Ⅱ-6墓4发现镶了铜箔的木制容器（Patokova et al.，1989，97，Fig. 34，31～32）。铜线和银线被塑造成小环和螺旋环（见图6.19）。[101]

社会习俗以及纪念碑式墓葬的出现

乌萨托沃和切尔纳沃德Ⅲ的沿海社团与欧洲东南部的农耕文化关系紧密。复杂的彩陶传统以及立体图案的创作习俗对北方草原和黑海东部来说是陌生的。

乌萨托沃的统一彩陶图案表明，沿海地区的陶工们有共同的规则、样式以及从设计库选取"合适"图案的能力。这样的设计传统也有可能用于有机物件的生产，如篮子、席子和织物，并具有一定文化归属、社会知识和社会能力的内涵。[102]像彩陶以及立体黏土图案的制造和使用起源于东南欧的农耕文化（参见Todorova，1986，Todorova and Vajsov，1993，for the sixth and fifth millennia BC in the east Balkans）。与特里波利耶晚期人俑和泥制模型呈总体下降的趋势一致，沿海地区的社团只生产非常有限的带有生活、农业内涵的泥制品。最常见的抽象人俑具有立方体的下部和上部，让人联想到人工阴茎（Zbenovich，1974，104，Fig. 38，1～4）。有些小人俑内封有赭红色的核心（Patokova et al.，1989，103）。人俑是葬俗之一，并主要与婴儿和孩童有关。[103]兽俑在乌萨托沃居住点曾见诸报道（Patokova，

1979，40)。

人体修饰和装饰可以从对待尸体的方式中推断。玛雅基和乌萨托沃的遗骸身上发现了骨骼上的绑带、条纹以及彩色斑点（Zinkovskij and Petrenko，1987)（图6.22)。显然死者的尸体下葬前涂上了黄色、红色、棕色、黑色和白色颜料。据观察，女性头骨面部和男性头骨的所有部位都涂有赭色图案。男性的头部很显然被剃过并涂有颜料，或头发编织成一个特殊的涂有赭色的辫子发型。赭石不仅用于身体彩绘，同时也用于与坟墓相关的兽骨以及人俑的核心（见Patokova et al.，1989，103)。虽然颜料的确切含义仍然难以捉摸，但民族志学观察认为在葬礼上赭红色可能用来代表血（Timm，1964)。祭祀用的颜料不仅用于死人，活人也用，这似乎合情合理。此外，沿海居民也喜爱对比鲜明的闪亮饰品，如铜环、银环和贴花，兽牙吊坠，石头、贝壳、彩陶、骨头和黏土制成的黑白色圆柱形珠子（见Zbenovich，1974，65)（图6.23)。

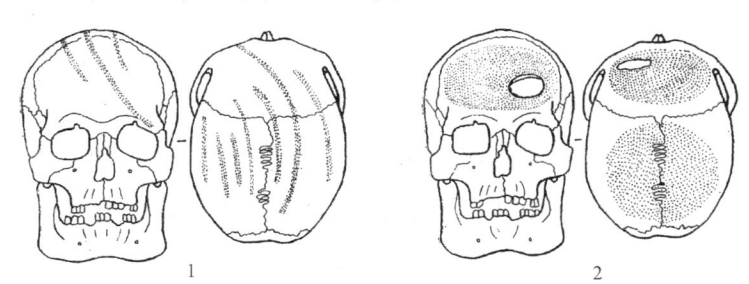

图6.22 乌萨托沃出土的带有红漆痕迹的男性头盖骨

在公元前4千纪的下半叶，武力（尤其是近身搏斗）在铜匕首的进一步传播中具有了新的意义。匕首是用于近距离刺伤和

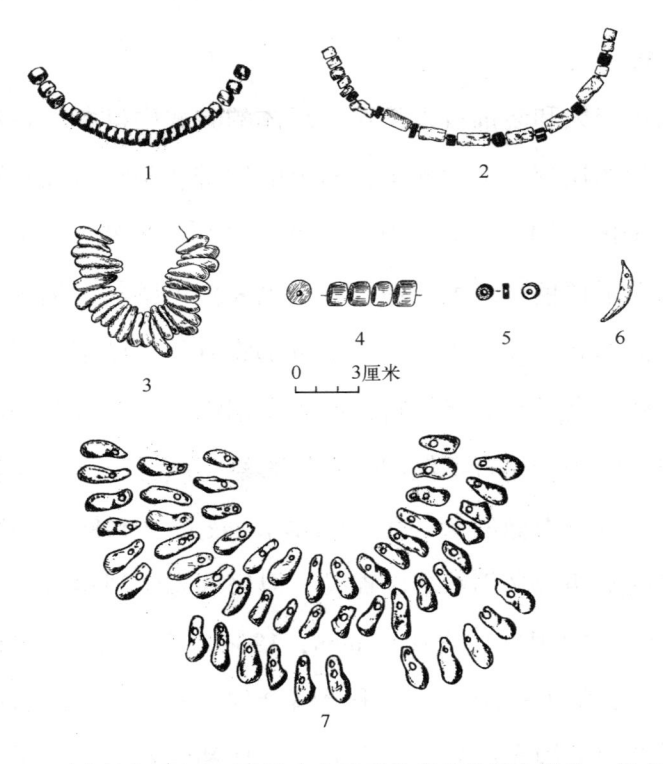

图6.23 玛雅基定居点(6)以及来自下列坟墓的珠子和吊坠：苏克来亚坟冢3(1)，乌萨托沃Ⅲ-1(2)、乌萨托沃Ⅰ-11(3)、乌萨托沃Ⅰ-7(4)、博尔赫拉德坟冢6(5)以及土多洛沃Ⅰ1/1(7)

1，2，4，5—石器；3，7—鹿牙；6—兽牙

切割的武器。与早期武器相比，匕首除了贴身防守和武力伤人外，没有直接的实用功能。因此，匕首可能与勇敢和人身攻击有关，镀银铜匕首和刀柄装饰可能是重要的地位标志。然而，把匕首作为一个完全男性化的象征是错误的，因为在女性墓葬中也发现了匕首，例如在涅鲁沙耶（Patokova et al., 1989, 97）。武力的实证，如锤子和斧头造成的多处头骨伤，在乌萨

托沃和玛雅基墓地有发现(图6.22,2)。[104]

坟丘的修建习俗出现在公元前4千纪早期黑海西北岸草原(Manzura,1990)。然而,葬礼宴和宏伟纪念碑的修建在乌萨托沃期间得到了前所未有的重视。动物牺牲、食品消费等祭祀活动的痕迹("祭祀坑"等)在乌萨托沃群组坟冢的发掘过程中能观察到。葬礼宴可能已经涉及游行、表演、戏剧性的牺牲祭祀和礼服,但是这些做法在考古记录上只留下模糊的痕迹。[105]

一些葬礼宴特别豪华。例如,在普尔卡里坟冢1,数头价值不菲的大型动物一次性被宰杀和消费,骨头沉积在坟墓附近的一个坑里(Jarovoj,1990,215)。此外,一些葬礼结束时还修建了一个庞大而复杂的墓葬纪念碑。石带和石圈,带有杯印的直立石板以及刻有人类和动物图案的纪念"石碑"在乌萨托沃的遗址中都有报道。

乌萨托沃坟冢 I-11 和普尔卡里坟冢1是公元前4千纪最奢华的墓碑之一。后者高约3米,围有一个由碎石组成的直径为40米的大石圈(Jarovoj,1990,62 ff.)。这个宏伟的纪念碑下的坟墓保存完好,随葬品有宰杀的动物、数件精美的容器、工具和装饰品。它与前面提到的凹坑和4个非常大的炉膛有关。

葬礼宴和庆典是社交以及展示"威望"的重要舞台,随葬品和贵重物品既旨在打动宾客也是对死者表示尊重(Hayden,2009,40 f.;另见第四章)。黑海西北沿岸村庄社会厚葬的做法显示财富积累是社会竞争的一部分。值得注意的是,在乌萨托沃大型中央社区的墓地与那些较小较不出名的社区墓地比，厚葬的坟墓和墓碑要多很多。例如，玛雅基坟墓，有两个小规模坟冢群，其中只有一个坟墓显得与众不同。[106]

乌萨托沃、森林草原和多瑙河

乌萨托沃时期黑海西北海岸居民的技术体系几乎没有布格河南岸和多瑙河之间沿海草原地区的影子。

事实上，早在乌萨托沃时期之前，这一地区的殖民史非常短暂（明晰的总结见曼苏拉，2005）。公元前5千纪中叶，农耕社会已经扩张到了干旱草原的边界。然而，没有任何考古记录证明沿海地区有人居住。公元前5千纪下半叶，横跨巴尔干、喀尔巴阡地区出现了一个庞大而活跃的贵重物品以及外来产品的交易网络，外界与草原地区的交流逐渐增多，这个时期在德涅斯特河与多瑙河三角洲之间的草原，出现了一些所谓苏沃罗沃（Suvorovo）组的零星坟墓，类似乌克兰南部的坟墓。显然，单个草原社区为获得心仪的外来物品，偶尔会从东面穿越该地区。尽管如此，该地区仍然人烟稀少。公元前4千纪的上半叶，形势发生了巨变，先前的边缘地区开始布满古坟。曼苏拉（2005，323）谈到了"教化阶段"，并强调，这些坟丘中发现的陶器材料类似多瑙河下游的切尔纳沃德I期的陶器群组。正是这个时候，庞大的坟墓建筑出现在了沿海草原地区。但是，此期间的居住点遗址尚未确定，而坟墓中陪葬品有限，复杂的制造技术证据也没有（部分出土文物可参见 Manzura et al.,

1995, Fig. 4)。

德尔加切夫(Dergachev)强调了乌萨托沃时期西北草原上出现的科技系统的唯一性。看起来很有可能是公元前4千纪晚期草原森林农耕地区的"殖民"农民把技术创新带到了这里。[107]无论在器形还是在装饰风格上,乌萨托沃组彩绘陶器与特里波利耶晚期组森林草原的陶器几乎一模一样(见Dergachev,1980, Fig. 37)。大部分的"厨房"陶器与德涅斯特河中游流域(维科瓦丁茨群组)的陶器相似,除了圆柱形烧杯外。[108]虽然乌萨托沃的"厨房"陶器装饰相比德涅斯特河中游流域的陶器更为常见,这两个地区陶器的基本技术和图案都是一样的。乌萨托沃的冶金技术在沿海草原地区没有发现更早的先例,而其特里波利耶的根源清晰可辨。最后,乌萨托沃遗址(其中有一个大型的长期永久居住点和一个大型墓地)墓地里发现了大量做工复杂的金属器物和进口材料(铜、燧石、异域物品),这在黑海草原地带是不同寻常的。

与外界的远途交往对于沿海村庄社会所发挥的作用有限。正如前面指出,黑海西北沿海地区的社区参与了铜锭(或铜矿产)和规则长燧石片的供应网络中。然而,这些外来商品源于物质文化和乌萨托沃紧密相关的文化群组。真正的"舶来品",即来自遥远地区和异域文化的器物和材料,在出土文物中依然非常罕见:从乌萨托沃的聚落点发现了一块辉锑矿,而在同一个遗址的坟冢I-4墓4的石桩下发现了琥珀珠,"珊瑚"珠在乌萨托沃、苏克来亚和亚历山大罗夫卡也有见诸报道

(Patokova, 1979, 49 f. Fig. 20, 8; Videiko and Burdo, 2004b, 216; Dergachev and Manzura, 1991, 71, Fig. 47, 12)。[109]像黑玛瑙、无烟煤、褐煤、矿物颜料可能是另一些异域商品，尽管目前对它们的产地尚没有系统的研究。

乌萨托沃社区与其东部邻居的来往似乎很少。来自第聂伯地区的骨珠在萨多沃的坟墓中被发现，来自黑海北部草原地区的一件容器在乌萨托沃的平墓2被发现(Maljukevich and Petrenko, 1993, Fig. 5; Patokova, 1979, 117 f., Fig. 43, 6)。此外，具有较高镍含量的铜器以及银和彩陶饰品可能从北高加索地区进口或复制高加索地区的原型(参见本章"合金炼制、熔炼和铸造"一节)。然而，源自高加索的陶器或贵重物品完全缺失表明这两个地区之间的交流要么微不足道要么只是偶发。乌萨托沃社区与多瑙河下游邻居的关系也非常淡薄。[110]例如，这两个地区的陶器几乎没有共同的特征也没有相互进口的迹象(Manzura, 2001)。只有少数抛光陶片和带有垂直浮雕"卷"以及容器口下有横向管道耳的器皿让人想起切尔纳沃德Ⅲ的陶器(见Patokova et al., 1989, 115; Petrenko, 1991, 75)。

综上所述，黑海西北岸社区的对外交往主要面向北部和西北部，也就是说特里波利耶晚期社区。与第聂伯河下游与亚速海岸草原地区的接触充其量只是零星的交往，而北高加索对乌萨托沃的技术或产品几乎没有任何影响。尤其引人注目的是在乌萨托沃并没有发现北高加索的轴孔斧和带柄匕首。相反，乌萨托沃的金属制品与欧洲东南部与西安纳托利亚的传统紧密相关。[111]看来西北海岸不是黑海东岸（通过扩展到西南亚）和喀尔巴阡盆地之间的纽带，而是一个横跨安纳托利亚中部、巴尔干西部以及巴尔干地区的大文化区的一个边远地带，对外联络甚少。

最后一个问题是关于公元前4千纪欧洲东南部和安纳托利亚之间的交往密切程度。尽管巴尔干地区（切尔纳沃德Ⅲ）与喀尔巴阡盆地（巴登-波莱拉兹）的物质文化惊人相似，但是它们与西安纳托利亚之间的联系仍然非常模糊。例如，特点鲜明的暗面抛光槽状陶器向南一直延伸到爱琴海岸（例如锡塔戈罗伊（Sitagroi）Ⅳ和迪克利塔什ⅢA（Dikili Tash）遗址；见Maran，1998，with discussion and references）。再往东南的安纳托利亚，公元前4千纪晚期社会及其物质文化在很大程度上尚未考察研究。[112]总之，公元前4千纪中晚期欧洲东南部和安纳托利亚之间的关系仍悬而未决，除非有安纳托利亚的新数据出现。

注　释

1. 最早的野外工作在1896—1900年间在苏克勒亚（Sukleja）、帕尔卡尼（Parkany）、克拉斯诺高卡（Krasnogorka）和泰尔诺夫卡（Ternovka）展开（见Zbenovich，1974，4）；1912—1913年间在（Zbenovich and Leskov，1969）的奥德斯基（Odesskij）坟冢开展。
2. 乌萨托沃发掘的结果总结直到1973年才由帕托科娃（1979）和帕托科娃等（1989）进行了总结。彼得连科的发掘成果尚未公布。
3. 这些活动的结果尚未公布。
4. 普鲁特和西莱特（Siret）山谷的遗址，例如福尔泰斯提（Folteşti）类型的定居点遗址以及陶器中带有特里波利耶晚期元素的坟冢（尤其是第聂伯-布格河间地中的哥罗德斯科-卡斯佩罗夫茨群组的元素）被认为是乌萨托沃群组的一部分，尽管大多数研究人员倾向于将它们单独分组（见 Manzura，1990，183；Patokova et al.，1989，83 f.）。

5. 进一步的发掘包括 1974 年在特拉波夫卡（Trapovka）进行的实地考察工作（见 Vanchugov et al.，1992，5），1976 年基辅考古研究所在雅斯基（Jasski）附近对一个坟冢进行了抢救性发掘（Petrenko and Alexeeva，1994），1978 年在普尔卡里附近由苏沃罗沃夫斯卡亚（Suvorovskaja）考察队进行的实地考察（Jarovoj，1990）。

6. 此外，在 1969 年，敖德萨大学在季利古尔湖（Tiligul）附近的科沙里（Koshary）发掘了一个坟冢（坟冢 3 号），发掘者认为该坟冢属乌萨托沃时期（Gudkova，1980）。然而，伊万诺娃等（2005，107）对该日期提出了质疑，认为应该属于较早的时期。

7. 德拉加诺夫报告说，在罗马尼亚多布罗加沿岸考察期间确定了几个切尔纳沃德Ⅲ的遗址（Draganov，1990，161）。

8. 1955 年在布拉利塔（Brailiţa）发掘一个建于公元前 5 千纪定居点的单个坟冢时，发现了一个坟墓（坟墓 20），其中有一具屈体骨架，还有乌萨托沃时期的随葬品：一个带有盖子、红色的彩绘双耳细颈罐；156 颗白色和黑色圆柱形珠和 3 件骨制品（Harţuchi and Dragomir，1957，141 f.）。这个坟墓里这些器物分布在最西端。

9. 文献中对于"特里波利耶晚期"的不同意思见德尔加切夫（Dergachev）和曼苏拉的总结（1991，5 f.）。一些研究人员用"特里波利耶晚期"来标记 C1 阶段，并将后来的群组作为一个不同于特里波利耶序列的独立文化。本研究中采用的是一个被更广泛接受的观点：特里波利耶的最晚一个时期（C2）（而特里波利耶 C1 和特里波利耶 B2 阶段被称为"特里波利耶中期"）。

10. 发掘遗址的地名词典由德尔加切夫和曼苏拉在 1991 年公布。

11. 但是，也有相反的意见，例如罗曼（2001，350）驳斥了迁移假说。

12. 关于巴登文化的两个会议论文集(Chropovský, 1973；Roman and Diamandi, 2001)涉及了有关切尔纳沃德Ⅲ文物的一个主要问题——多瑙河下游、喀尔巴阡盆地与爱琴海之间的关系。

13. 尼科洛娃(Nikolova)认为这种陶器传承了霍特尼察-沃多帕达(Hotnitsa-Vodopada)型的材料(Nikolova, 2001, 249；2008)。

14. 对这组遗址,不同研究人员的说法不一,有的称乌托科诺索夫卡(Utkonosovka),有的称哈德孜德尔(Khadzider),还有的称切尔纳沃德Ⅰ的比萨拉比亚(Bessarabian)变种。遗址群包括哈德孜德尔6/1、新科托夫斯科(Novokostovsk)、泰诺夫卡(Ternovka)2/16、克拉斯诺(Krasnoe)坟冢9、塔拉克里亚(Taraklia)坟冢18和尼可斯科(Nikolskoe)(Petrenko, 1991；Manzura, 1990, 184 f.)。在哈德孜德尔Ⅰ坟冢6的中央坟墓(Patokova et al., 1989, 123 f.)出土了一件彩陶。

15. 乌萨托沃坟墓的地层叠加已见诸报道。例如,布托里(Butory)和科尔姆斯克(Kholmskoe)的坟冢1(Chernjakov et al., 1986, 92；Alexeeva, 1992, 56)。

16. 过去乌萨托沃的断代靠在乌萨托沃坟冢出土的长匕首和安纳托利亚以及爱琴海公元前3千纪中期的匕首对照来决定(见Passek, 1949, 208-210)。然而,这种关联显然与碳-14断代相矛盾。

17. 参见兹别诺维奇(1971, 200)关于这个日期,用了探沟里一个炉灶的碳样本来断代。

18. 1986年彼得连科出土的木炭样品测定结果为KIGN-281[(4475±130)BP](据1950年)和KIGN-282[(4580±120)BP](Videiko and Petrenko, 2003, 119),来自探沟4(标记为1/1990)的木炭样品的测定日期为:Ki-9527[(4380±70)BP](Petrenko and Kovaljukh, 2003, 106)。

19. 科哈里Ⅲ坟冢3/6(Ki-11211)的人骨样品测定的日期为(4720±80)BP,或为公元前3690年至公元前3369年。然而,该墓的一块陶片和一块长燧石刀片则把该遗址和特里波利耶中期(B2-C1)而不是晚期联系起来,这样的话就是公元前4千纪的上半叶(见Ivanova et al., 2005, 107)。来自萨多沃1/29

和卡塔支诺Ⅰ1/10的人骨和木炭样品经基辅实验室检测，日期出人意料地早，但是卡塔支诺坟冢出土的文物测定的日期早于乌萨托沃，而萨多沃1/29则没有可以用来测定日期的文物（见Ivanova et al.，2005，109）。

20. 还有中型公墓，例如若夫季贾（Zhovtij Jar），其中包括13个坟冢，15座坟墓（Subbotin and Petrenko, 1994）。在普尔卡里发掘了4个坟冢与11座坟墓（Jarovoj，1990，213 f.）。

21. 在德涅斯特河下游斯罗博德泽亚（Slobodzea）、帕兰卡（Palanka）和加拉德尼茨（Gradenitsy）（Zbenovich，1974，6）发现了地表文物和居住遗迹。玛雅基和库亚尼克仍然是这个时期唯一发掘的居住遗址。

22. 考古遗址被石灰石采石场破坏。

23. 大约16%的骨骼呈屈体仰卧状，8%的呈屈体右侧卧，只有3%的骨骼处于伸展仰卧位（Patokova et al.，1989，94-96）。呈屈体仰卧状的，如乌萨托沃8个坟冢的骨骼（Patokova，1979，90）、卡塔支诺（Katarzhyno）1/10和2/1的尸骨（Ivanova et al.，2005，107，Fig. 23，3 and Fig. 28，2）、土多洛沃坟冢墓1（Meljukova，1962）和贾斯基4号和5号墓（Petrenko and Alexeeva，1994）。尸骨呈伸展状的见阿古尔尼科夫（Agulnikov）和萨伏娃（Savva）（2004，207；Nikolskoe 8/7）、万楚戈夫（Vanchugov）等（1992，25；科赫科瓦托30/2）和兹别诺维奇（1974，41；帕尔卡尼坟冢91和147）。然而，由于这样的坟墓通常没有随葬品，因此它们与乌萨托沃群组的联系完全基于地层观测。

24. 土多洛沃（Meljukova，1962）、普尔卡里（Jarovoj，1990，214）、贾斯基（Petrenko and Alexeeva，1994）、奥格罗德诺1/16（Subbotin et al.，1970，135）和玛雅基（Patokova et al.，1989，54）。

25. 更大型的坟冢是罕见的例外。乌萨托沃（乌萨托沃Ⅰ的11号坟冢）最高的坟丘高2.1米，直径40米（Patokova，1979，61 f.）。亚历山大罗夫卡的坟冢可能是乌萨托沃时期最壮观的土丘，直径达35米（Petrenko and Kovaljukh，2003，104）；位于普尔卡里坟冢1的墓21有一大石圈，直径为40米（见

Jarovoj, 1990, Fig. 17)。

26. 像卡塔支诺 2/1、贾斯基坟冢 6(Ivanova et al., 2005, 42, 106, Fig. 28)、帕卡尼坟冢 90(Dergachev and Manzura, 1991, 67, Fig. 45, 10)的竖立石圈非常罕见。

27. 这些平坟与德涅斯特中游维科瓦丁茨(Vykhvatintsy)墓地的坟墓非常相似(Zbenovich, 1974, 50 f.)。

28. 土坟通常包含 1~3 个墓室(乌萨托沃、普尔卡里),有时也有 5 个(萨多沃)。在贾斯基有一个例外,单个土坟丘里埋了 2 名成年人和 9 名儿童(Petrenko and Alexeeva, 1994)。

29. 另一个例子是在玛雅基坟冢 1 下面有一个 45 厘米深的坑,里面有木炭和陶片(Patokova et al., 1989, 54)。

30. 如在萨多沃的墓 33(Maijukevich and Petrenko, 1993)、亚历山大罗夫卡墓 35(Petrenko and Kovaljukh, 2003)和普尔卡里 2/13(Jarovj, 1990, 98, 215)。

31. 公墓大致同时代;见兹别诺维奇(1974, 132)。

32. 彼得连科于 1993 年对亚历山大罗夫卡的坟冢进行了发掘,该坟冢属于公元前 4 千纪的最大建筑,并且与乌萨托沃 I-11 的规模和特征非常相似。坟墓 35 在这个坟冢的中央,上面堆了一个 2 米高的石堆,里面有一具男性遗体、陶器、银螺旋环、鹿角锤、微型镰刀刀片、石锤、放在木板上的羊骨,铜器(刀、轴孔斧、两把平斧、一把凿子和两个锥子)。墓 34 是另一个儿童墓,包括一个带有黏土珠粒的头盖、一串黑玛瑙和白色珊瑚珠做的项链、雄鹿牙脚链、一个人俑和几个银戒指(Petrenko and Kovaljukh, 2003; Videiko and Burdo, 2004b, 389 f.)。

33. 曼苏拉(2005b, 52)将坟墓 1126 追溯到公元前 3 千纪的贾姆纳亚文化。

34. 根据兹别诺维奇(1974, 114)的说法,如果没有先进的机械工具对土壤覆盖层进行破土,草原厚重的黑土就不能进行耕种;可能的原则是对较松的土壤进行耕种,而黑土草原则被用于放牧。

35. 切尔纳沃德Ⅲ型遗址的古代植物学证据非常稀缺。在索菲亚遗址上发现的鹿角锄头和鞍形石磨表明了谷物作物的种植（Roman，2001，15；Berciu et al.，1959，99-103；Morintz and Roman，1968，92）。在德拉甘特锡附近的定居点焚烧的涂抹物中鉴定出小米种子的印记（Gergova et al.，2010，122）。

36. 在玛雅基和普尔卡里确定了自动脱粒的六倍体小麦的谷物印痕（面包小麦）（Patokova et al.，1989，118；Jarovoj，1990，259），这个说法应该谨慎对待，因为颗粒形状与四倍体品种重复，唯一的穗轴节为六倍体小麦提供了可靠的证据（见 Zohary and Hopf，2000，52 f.；van Zeist，2003，550；van Zeist，1999，360）。

37. 燕麦可能是杂草，并不是用来种植当粮食。

38. 斯卑尔脱小麦和脱壳大麦缺失。相比之下，森林草原地区的品种也主要以脱壳小麦（二粒小麦）为主，但脱壳大麦品种较为常见，小米比较少见（Janushevich，1978，61，Table 1，2；Janushevich，1984，267；Nikolova and Pashkevich，2003，89）。

39. 根据印痕数量，谷类中小米占绝大多数。

40. 关于小米的起源和传播见 Hunt 等（2008），Motuzaite-Matuzeviciute 等（2009），Crawford（2009），Lu 等（2009）和 Frachetti 等（2010）。最早种植粟的证据来自公元前 8 千纪的中国东北部，但从公元前 6 千纪开始就有了更多的证据。小米在公元前 5 千纪传到了中欧（不是本土的）（Motuzaite-Matuzeviciute et al.，2009，with references）。另见 The East-West Millet Project：http：//www.arch.cam.ac.uk/millet/。

41. 在摩尔多瓦和乌克兰的新石器时代遗址可能发现了大麻种子的印痕（公元前 6 千纪晚期）（如 Dancheny 1；Pashekevich，2003，289，Fig. 18.2；Larina，1999，89）。大麻原产于中亚和东亚，生长周期短。使用大麻纤维最早的证据来自中国北方新石器时代陶器上的绳纹，可以追溯到公元前 5 千纪和公元前 4 千纪早期（这个时期中国还没开始种植亚麻和棉花，但是不能排除这种绳子是由其他作物纤维如荨麻制作的）（Barber，1991，17；Fleming and Clarke，1998）。

42. 其他特里波利耶晚期群组提供了更多的尺寸更大、器形更多的这种工具样品(Patokova et al.，1989，119)。

43. 另一种镰刀包括一个长16～17厘米的刀片，刀刃经过修磨，是森林草原地区特里波利耶晚期群组的特征，如在特罗亚诺夫、索菲亚卡和克拉斯尼胡特尔(Krasnyj khutor)(见 Bibikov，1962，Fig. 6，1)。

44. 在亚历山大罗夫卡墓35中发现的7件器物可能属于类似的工具(Petrenko et al.，1994，Fig. 2；Petrenko and Kovaljukh，2003，106)。在玛雅基和乌萨托沃定居点发现的燧石薄片被解释为镰刀嵌片(Zbenovich，1971，195；Petrenko et al.，1994；Sapozhnikova and Sapozhnikov，1991)。

45. 关于旧世界最早的直接挤奶化学证据，可追溯到公元前7千纪和公元前6千纪，见埃弗谢德等(Evershed et al.，2008)，克雷格等(Craig et al.，2005)以及都德(Dudd)和埃弗谢德(1998)。埃弗谢德等(2008)对安纳托利亚23个遗址的2200个陶器进行了研究，结果表明对反刍动物进行挤奶在公元前7千纪至公元前5千纪期间已经普遍存在。鉴于巴登-波莱拉兹时期(公元前4千纪的下半叶)陶片上牛奶的确认参见克雷格等(2004)，公元前4千纪在沙兰恩湖(Lac de Chalain)和英国的遗址见雷格特(1999)和科普利等(Copley et al.，2003)。

46. 与其他种类的野生动物相比，该遗址的马匹数量明显更多(Patokova，1979，146，Table 4)，马骨比例很高并不足以证明驯化马匹的存在。相比之下，玛雅基提供了大量的驴骨(Zbenovich，1971，Table 2，1974，115)。

47. 然而，由于乌萨托沃的野牛和家牛并没有进行区分，野生动物的数量实际上可能会更高(Patokova et al.，1989，122)。

48. 两种火石箭头(Patokova，1979，22，Fig. 7)证明了这种主动狩猎技术的使用。

49. 一个有意思的比较提供了黑海早期希腊殖民的定居点。希腊早期主要的殖民地(如 Tyras，Niconia 和 Olbia)专门从事鱼类加工和贸易。令人瞩目的是，他们没有占据鱼类向中上游迁徙的有利地点，如史前希腊定居点就选址于浅滩和河口附近，显然依靠河鱼(见 Ascherson，1995，50 f.)。

50. 切尔纳沃德Ⅲ-索菲亚为野生资源的类似开发利用提供了证据。大约20%的骨头属于野生动物，主要是赤鹿、獐鹿、马、野牛和野猪。水生物种包括鲤鱼、梭鱼和大鲇鱼等淡水鱼以及软体动物，如珠蚌和鸟蛤（Susi，2001）。

51. 史前和早期历史时期的季节性迁移放牧是动物学研究争论的热点（见Clason，1998；Moreno Garcéa，1999；Arnold and Greenfield，2006；Valamoti，2007）。莫雷诺·加克法（Moreno Garcéa，1999，172）认为，不是环境条件，而是动物数量决定了两个环境互补的牧场之间季节性流动的必要性。冬季期间，饲养和圈养费用很高，因此动物的季节性变化是必要的。然而，如果没有挤奶和奶类加工，大多数用来维持生计的动物在成年之前或成年前后就被淘汰了。饲养大群牲畜需要进行冬季圈养和季节性迁徙，因此在引进乳类消费和保存（或市场肉类生产）之前，饲养大群牲畜似乎是不太可能且没有必要的。

52. 纺锤在以下遗址都见诸报道：帕尔卡尼1坟冢147发现了（一个黏土纺锤就在一具伸展仰卧尸骨旁，另有两个陶器、一只铜环和一个带珠子的银戒指；Passek，1949，206），乌萨托沃的一个定居点（双锥纺锤；Patokova，1979，42 f.）、乌萨托沃Ⅱ-2的墓3（一个双锥形黏土轮；Patokova，1979，81，Fig. 32，8）和玛雅基的探沟（几个双锥形黏土纺锤；Zbenovich，1974，33）。索菲亚也发现了纺锤（Roman，2001，Pl. 3，4）。

53. 在玛雅基的探沟（Zbenovich 1971，195）以及乌萨托沃、玛雅基、普尔卡里和亚历山大罗夫卡的坟墓中（Zbenovich，1974，60 f.，Fig. 23，30～38；Petrenko et al.，1994）都发现了梯形微石器工具。

54. 根据特斯维克（Tsvek）和莫夫昌（Movchan）（2005）的说法，在布格河以东基洛沃格勒（Kirovograd）地区，还有另一个燧石矿开采中心。

55. 这种长度为15～20厘米的规则刀片被碎成几段，用作刀具和镰刀嵌片。这种靠近优质火石产地的专业长刀片生产系统，大面积的供应交换，以及长规则刀片的专门剥取技术出现在特里波利耶C1阶段（Tsvek and Movchan，2005，66）。

56. 在乌萨托沃，88%的陶器属于添加了贝壳和砂子的普通器皿，12%属于精美的彩绘制品。在玛雅基，精美的陶瓷更为罕见：85%的陶片是黑色粗陶，10%是精细黑陶，只有5%属于黑色彩陶（Zbenovich，1971）。在德涅斯特河中游，彩陶的比例在有些遗址出土的文物中达到了50%~70%（Dergachev，1980，61）。

57. 在特里波利耶B2-C1期间已经开始用绳子装饰陶器，尽管它在公元前4千纪末期才普及成熟（Rassamakin，2002a，50）。谢拉特（1997a，425）提出了绳纹和大麻种植突出之间的联系。拉萨马金（1999，151）指出，在特里波利耶C1和C2时期的遗址，绳纹的使用和纺锤出现的频率变高。

58. 参见吉布森和伍兹（1997，236）：适当的还原仅在铁氧化物受到影响时才会发生，通常在相当长的时间内，而且温度超过850℃会发生。这不是明火条件下能做到的，只有在窑里才可能做到："在明火中，要完全还原生产陶瓷是不可能的，因为火内气流变化很快，不能长时间控制。"

59. 在喀尔巴阡山脉东部地区，彩陶的生产始于特里波利耶B期间，主要是三色（红、黑、白）设计；在特里波利耶C1时期，多色设计被单色（黑色）设计所取代。彩陶传统传播到喀尔巴阡山脉以东地区，最有可能是经特兰西瓦尼亚中部（Petreşti group）传过去；见埃利斯（1984，61）。

60. 诺尔等（Noll et al.，1975）表示，这种技术的使用始于哈拉夫时期，即公元前6000年前后，它出现在叙利亚北部、安纳托利亚和爱琴海。

61. 埃利斯（1984，120，with further references）提供了特里波利耶东部和北部地区黑陶中含锰的证据。

62. 这种技术显然比铁还原技术出现得晚，可能在公元前5000年前后出现。此时它在伊朗（Cheshme Ali）、安纳托利亚（Mersin）、色雷斯（Dikili Tash）、色萨利（Dimini）和阿提卡（Kitsos）（Noll et al.，1975，609，Fig.12）中被使用。

63. 在博德斯提（Bodeşti）（库库泰尼A时期遗址），加尔瓦内斯提维奇（Galvaneşti Vechi）（库库泰尼B时期遗址），兹瓦内茨晓布夫（Zhvanets-Shchovb）（特里波利耶C2时期遗址）。埃利斯注意到库库泰尼-特里波利耶

(Ellis, 1984, 59)彩绘陶器以及细土坯和窑烧的巧合。参见 Ellis(1984, Fig.8)：黑色漆的 X 射线二次分析显示矿物质红砂岩与锰矿石(Mn_3O_4)的存在,这表明烧结温度超过了 1000℃。

64. 波尔(Pool, 2000)描述的一个考古案例中,墨西哥韦拉克鲁斯(Veracruz)的图斯特拉斯(Tuxtlas)山脉的陶匠在经典时期(公元 200—900 年,墨西哥中部)用明火烧制粗陶,在窑炉中烧制精细的彩绘陶器。

65. 在坟墓中发现了一组典型的器皿,包括作为食物容器的罐子/双耳细颈,一个盛菜用的碗或杯子以及一个或数个带有绳纹的储存/烹饪粗陶容器(例如乌萨托沃 I-1/1、I-2/1、II-6、I-8/5、I-12/1、II-2/1；Patokova, 1979)。

66. 参见德尔加切夫(1980, 61, 126)：在德涅斯特河谷中上游,彩绘陶器在早期阶段(德尔加切夫和布林泽尼群组)出现的频率更高(占陶瓷群组的 50%~70%),但在后来的遗址,如哥罗德涅斯提(Gorodineşti)群组的茨维克洛夫茨(Tsviklovtsy)和兹韦纳钦(Zvenjachin)降到约 7%。沃林的特罗亚诺夫(Trojanov)群组,彩绘陶器占约 10%(Dergachev, 1980, 126)。

67. 据谢拉特(2003a, 417)解释,彩绘设计是篮子编织装饰的风格。在他看来,绘画的消失和黑色表面、槽状以及带状手柄的盛行是仿金属外形。因此,他认为后者的器表特征意味着新的服务和消费习惯的出现。

68. 据报道,在萨多沃,一个乌萨托沃时期的坟冢中的一个墓室还藏有白色珠子(Videiko and Burdo, 2004b, 284 f.)。

69. 在 1896 年至 1989 年间在苏克莱亚 3 号坟冢的一座坟墓中,有一个银螺旋环、一块带孔磨石、两颗兽牙、一把铜匕首、一把火石刀、一条珠子项链和一块"玻璃"渣(Passek, 1949, 206-208)。此外,奥斯特韦科夫(Ostroverkhov, 1997, 71)已经确定在乌萨托沃第二个公墓的坟冢 8 中发现的 40~50 岁的人头骨上的蓝色(1984 年的挖掘季未发表的结果)为"埃及蓝"。

70. 燧石文物的微痕研究证明了特里波利耶遗址和古美尼塔(Gumelniţa)群组使用了脱粒爬犁。微痕分析发现在特里波利耶 B2 遗址沃罗什洛夫卡(Videiko

and Burdo，2004a，141）和公元前 5 千纪末的杜兰库拉克（Skakun，1994）脱粒爬犁中嵌片的使用。

71. 还有腿上穿孔的微型动物雕像（Videiko and Burdo，2004b，194）。

72. 双轴载重货车仅有一头牛拉似乎不太可能，因为动物牵引的负荷基本取决于其重量（Spruytte，1983，98-105）。

73. 它们在坟墓中的缺失不是维护的问题，因为来自贾姆纳亚时期（公元前 3000 年）的许多木质货车都在同一个墓地里被发掘出来，甚至在特里波利耶晚期的墓地中出土（例如玛雅基 5/5，贾斯基 1/18 和 2/2，科尔姆斯克；见 Alexeeva，1992，99 ff.）。对于德涅斯特河中游特里波利耶晚期遗址的黏土车轮模型，例如在卡斯佩罗夫茨-哥罗德涅斯提群组的一个遗址［见 Korvin-Piotrovskij 和 Movsha（1999，Fig. 1）］。然而，几乎完全相同的器物在古美尼塔和库库泰尼 A 公元前 5 千纪的遗址中被发现（Dinu，1981），这些轮子最有可能是被用作纺轮。在康斯坦茨湖（Constance）附近的阿尔邦布莱切（Arbon Bleche）3，在一根带有纱线的木质主轴上发现了相同的轮子（De Capitani and Leuzinger，1998，Pl. 3，10）。

74. 切尔内赫（1970）对特里波利耶中期和晚期铜器的化学成分的差异进行了解释。他认为这表明了在公元前 4 千纪的下半叶，铜供应量向新存量的变化。他认为乌萨托沃的砷铜的普及表明原料起源于高加索（Chernykh，1970，26）。

75. 克拉西米尔·莱谢塔科夫（Krassimir Leshtakov）报道了在贾巴尔科沃（Jabalkovo）一个住宅中的铜矿石和矿渣，可追溯到公元前 6 千纪的第一季度（卡拉诺沃一世时期）（Leshtakov，2004，16）。在特兰西瓦尼亚、多瑙河峡谷、波斯尼亚中部和塞尔维亚东部的公元前 6 千纪晚期遗址发现的自然铜冷加工制造的铜珠和锥子，见波里奇（Borić，2009，note1）。在保加利亚公元前 6 千纪晚期遗址（在乌索和杜兰库拉克的墓 626）自然铜和孔雀石的使用见托多洛娃（Todorova）和瓦耶索夫（Vajsov）（2001，8）以及托多洛娃（1999，237）。最早的确切的冶炼证据来自贝洛沃德（Belovode）的矿渣，这是一个可以追溯到公元前6千纪中期的一个矿场（Borić, 2009）。根据巴尔干半岛东部和中部出土的证据，东欧的铜矿地下开采始于公元前5千纪的中期（Ottaway, 1994, 55-57, with references）。东南欧最古老的大型铸件是凿子和纯铜平斧，出现在公元前4700年至公元前4600年前后（见Todorova, 1999; 237, Fig. 4）。铸件在公元前4500年前后变得更加常见。第一个轴孔铜工具（锤-斧）出现在公元前4500年至公元前4300年前后；最古老的金器可追溯到同一时期（Ryndina, 2003; Todorova, 1999）。斧头和匕首的铸造始于公元前4500年至公元前3800年之间，显然与砷铜的引入有关。在接下来的时期，公元前3800年至公元前3000年，短宽平斧是主要的工具形式（Todorova, 1999, 1981）。

76. 对古美尼塔晚期遗址坩埚上的炉渣调查证实了氧化铜矿石和硫化矿石一起冶炼的过程（Ryndina and Ravich, 1996, 121）。另见莱恩迪娜等（1999, 1066）：对上述来自多尔诺斯拉夫（Dolnoslav）的坩埚上的残留物的分析使我们能够相信这和孔雀石与多金属硫化物矿石共炼有关。该过程不需要刻意为之，因为大多数铜矿床含有氧化物和硫化物的天然混合物（Craddock, 1995, 285; Lechtman and Klein, 1999, 499）。

77. 铜矿遗址文物另见Ottaway（1994, 56）。

78. 类似文物参见库欣（Cushing, 1894），泰勒科特（Tylecote）和默克尔（Merkel）（1985, 4）引用，关于"地坑"炉［坑有黏土衬里，是公元1300年普韦布洛（Puebleo）熔炉的复制品］的实验。在这种装置中，用自然通风在炭火中还原焙烧矿石来生产铜球。然而，由于杜兰库拉克遗址位于一个没有铜矿的地区，在4~10号房间的装置用来熔炼看似合理。季米特洛夫（in Todorova, 2002, 150）提出，铜以金属棒的形式流通并进口到杜兰库拉克。

79. 旧扎戈拉（Stara Zagora）遗址"Okruzhna bolnitsa"（地区医院）距离有名的艾布纳（Ay Bunar）铜石并用时代的铜矿约6千米，可追溯到卡拉诺沃V期（Maritsa）的第三阶段，或公元前4700年至公元前4600年。

80. 另外，来自色雷斯的多尔诺斯拉夫（Dolnoslav）和查塔尔卡（Chatalka）的带有残渣的容器是在相对较低的温度下加热的(约 800℃)。莱恩迪娜等(1999, 1066)将其解释为用来收集从熔炼炉(而不是熔炼坩埚)中流出的熔融金属的容器。然而,另一种解释是这些坩埚是用来冶炼优质氧化铜矿石,这在低温下是可能的;参见史库柏(1995, 40, with references)。在杜兰库拉克的 18-V 房子中发现了具有内渣的黏土坩埚(Todorova 1999, Fig. 8)。

81. 第一件砷铜文物追溯到从公元前 5 千纪到公元前 4 千纪的过渡期,例如来自哥罗德尼察(Gorodnitsa) II 含 2.35%砷的匕首(Ryndina, 1998, 146 n. 25)。这把匕首藏于特里波利耶 B2 时期一个定居点遗址的容器中,于 1825 年被发现。它与一种斧锛有关,可以追溯到公元前 5 千纪到公元前 4 千纪的过渡期(Videiko and Burdo, 2004b, 126 f.)。从现在的保加利亚偶然发现的一种含 1.8%砷的斧锛可追溯到同一时期[这种工具在博德罗格凯赖斯图尔(Bodrogkeresztur)时期的喀尔巴阡盆地非常普遍](Todorova, 1981)。另见切尔内赫(1978),他分析了保加利亚的系列铜基物件:虽然锤斧(Chernykh, 1978, Table II.8)是一种可追溯到公元前 5 千纪下半叶的工具,但不含砷,38 个斧锛中有 5 个含砷(Chernykh, 1978, Table II.7),这些斧锛是公元前 4 千纪第一季度的典型代表。在东南欧,砷铜在公元前 4 千纪的第二季度才普及。第聂伯中游塔尔扬基(Taljanki)和查帕耶夫卡(Chapaevka)的特里波利耶 C1 遗址的砷铜见莱恩迪娜(1998, 146)。巴尔干东部公元前 4 千纪第二季度的砷铜文物(如匕首和平斧)见瓦耶瓦耶索夫(Vajsov, 1993)和托多洛娃(Todorova, 1981)。对于安纳托利亚西部伊利皮纳尔(Ilıpınar)IV 的文物参见贝格曼等(Begemann et al., 1994)。

82. 对普尔卡里、土多洛夫、乌萨托沃和玛雅基(Kamenskij, 1990; Konkova, 1979; Meljukova, 1962; Zbenovich, 1974, Table 5)以及杜兰库拉克(Todorova, 2002, 160)出土的文物进行了化学分析。

83. 分别为 0.6%和 0.12%(见 Patokova, 1979, Table on p. 162, nos. 5 and 12)。

84. 据报道,在第聂伯河中游的韦莱米(Veremie)遗址还有另一件含砷镍文物,这是一个特里波利耶 B1-B2 时期的遗址(公元前 4200 年至公元前 3800 年)

(Ryndina, 1970, 21 f., Fig. 1, 3, with references; 1998, 140)。该物件的器形在东南欧肯定是外来的,而在高加索地区则有非常相似的物件[例如来自莱钦卡耶和五山城(Pjatigorsk)的镐,埃里温宝藏和塞吉尔丹;见第四章; Martirosjan and Mnatsakanjan, 1973, Fig. 47; Muscarella, 2003, Fig. 5];因此,它几乎肯定是进口的。这些文物在19世纪晚期的发掘中出土。

85. 铜的熔炼和铸造是在特里波利耶B1/B2时期(公元前5千纪和公元前4千纪之交),拉布洛纳(Iablona)和内兹维斯科(Nezvisko)出土的铸锭可以为证(Dergachev, 2002a, 80; Ryndina, 1961, 206 f.)。在巴尔干东部铸造开始得更早,约始于公元前5千纪中期(Todorova, 1999)。

86. 可能在封闭的二分体黏土模具中进行,如在特里波利耶C1时期遗址发现的一样(Ryndina, 1998, 139; Passek, 1949, 188; Videiko and Burdo, 2004b, 247)。

87. 公元前5千纪首次使用的传统技术(见 Ryndina 1998, 79, Table 24; Kienlin and Pernicka, 2009, 270)。

88. 关于区分热加工和冷加工退火的标准,参见斯科特(Scott, 1991, 7)和莱恩迪娜(1998, 17-20)。在巴尔干冶金术中的热加工塑形、冶炼及铸造一起始于公元前5千纪(Ryndina, 1998, 93; Ryndina and Ravich, 1996, 118)。通常不用冷锤打来成型,而仅用于硬化工作边缘。

89. 根据莱恩迪娜(1998, 188),在巴尔干地区公元前3千纪的遗址仍在用300~500℃时进行热加工,例如在贝雷科特斯卡(Bereketska)(尽管热加工不适用于砷铜——贝雷科特斯卡的器物有裂痕)。在第二季度,北高加索和喀尔巴阡盆地砷铜加工的技术流程得到了证实(铸造、冷锤打和退火成型,最后通过冷锤打使部分硬化)(Rydina et al., 2008, 208 f; Kienlin and Pernicka, 2009, 265;另见第四章)。

90. 来自普尔卡里的6个器物和乌萨托沃的一些匕首和斧子已经有冷加工过的作业边缘。来自乌萨托沃的所有锥子、来自乌萨托沃 I-3 和 II-3 的斧子、乌萨托沃 I-12 和 I-13 的凿子都是采用相同的流程制造,但没有最后的冷加工阶段(Konkova，1979，176)。类似的操作流程(通常没有最后的冷加工)在公元前4千纪的第一个季度期间在喀尔巴阡盆地被使用(见Kienlin and Pernicka，2009，265 f.)

91. 这些基本技术在公元前5千纪晚期的特里波利耶B时期出现(Ryndina，1961，206)。

92. 另一种诱导表面富集的方法可能是有意将物体放置在与盐水混合的湿砂中，如莱恩迪娜(2005，125)所示。

93. 在帕尔卡尼坟冢147的墓中发现了一个简易的带石珠子的银戒指(Passek，1949，Fig. 98，14；Dergachev and Manzura，1991，66 ff.，Fig. 46，11)；在苏克来亚坟冢3和普尔卡里2/7(Passek，1949，Fig. 99，8；Jarovoj，1990，92，217，Fig. 41，3)发现了单个螺旋银戒指；在普尔卡里1/21及亚历山大罗夫卡墓35和34发现了数对螺旋环(Dergachev and Manzura，1991，71，Fig. 47，11；Jarovoj，1990，62 ff.，217，Fig. 27，3；Petrenko and Kovaljukh，2003；Videiko and Burdo，2004b，390)。在乌萨托沃(Zbenovich，1974，74；Patokova，1976，57)共发现了15枚银戒指：乌萨托沃I-13中发现了11枚螺旋戒指，乌萨托沃I-6和I-11中发现了单个银戒指，在I-12发现了一对银戒指。在乌萨托沃发现的银线是通过锤击生产的金属线(Konkova，1979，175)。

94. 康科娃(1979)对乌萨托沃的5枚银戒指进行了分析，结果显示：3个器物不含铅；2个含有0.13%和0.15%的铅痕迹，高于铜器中的含量。克拉多克(Craddock，1995，213)认为含铅量低于0.5%表明金属不是灰吹法提炼的(通过灰吹过程从含铅铅矿中获得，见第四章)。因此，至少3个分析对象是由纯银制成的，另外2个含铅量较低的戒指并不一定能证实灰吹提炼法。克拉多克指出，由于天然银还可以含有浓度超过0.5%的铅。

95. 另外一个新月形银吊坠源于布格河南部科瓦列夫卡(Kovalevka)Ⅶ一个公元前4千纪的坟墓(乌斯季诺瓦莫吉拉(Ustinova mogila)，墓32)，但这个坟墓的确切日期仍然不确定(Rassamakin，2004b，130 f.，Pl. 415，2)。一个含有

35%银的铜银合金螺旋环从萨马拉山谷的泰尔尼（Terny）9/2 墓中出土，墓中还有一具呈伸展位的尸骨。莱恩迪娜认为，这些文物可以追溯到特里波利耶 C1 期间或更早的公元前 4 千纪，而拉萨马金则认为是特里波利耶 C2 时期（Rassamakin，2004b，36，Pl. 103，3；参阅 Rassamakin，2004a，148 f.）。

96. 在特里波利耶晚期群组中，只有乌萨托沃和索菲艾夫卡（Sofievka）有更大的金属文物群组。

97. 研究人员认为这种工具起源于北高加索地区（见 Zbenovich，1974，75）。

98. 在公元前 4 千纪期间，轴孔工具的消失是东南欧金属加工的一个普遍趋势（见 Kienlin and Pernicka，2009，270）。来自黑海西北沿岸的文物中未见北高加索类型的轴孔斧。亚历山大罗夫卡墓 35（Videiko and Burdo，2004b，390）出土了一把形状特别的轴孔斧，有可能来自外高加索。

99. 如来自哥罗德尼察Ⅱ的一把匕首由砷铜制成。匕首是在 1895 年的一次发掘时被发现，放在一个彩绘陶器内，另外还有一个亚斯洛达尼（Jaszladany）型斧头，可以追溯到公元前 5 千纪到公元前 4 千纪之交，或者特里波利耶 B2 时期（Videiko and Burdo，2004b，126 f.，with references）。

100. 蒙德湖（Mondsee）型匕首和三面铆钉匕首可追溯到公元前 3800 年至公元前 3500 年（从喀尔巴阡盆地和阿尔卑斯山脉出土的文物见 Matuschik，1998，213-238；从霍特尼察−沃多帕达（Hotnitsa-Vodopada）和巴尔干地区哈拉米耶斯卡（Haramijska dupka）出土的文物见 Vajsov，1993）。来自安纳托利亚西部伊兹尼克（Izinik）湖附近伊利皮纳尔（Ilıpınar）公墓的类似匕首可追溯到公元前 4 千纪的第二个季度的匕首，见 Roodenberg 和 Alpaslan-Roodenberg（2008）。

101. 德涅斯特河中游和上游其他特里波利耶晚期群组的金属制品目录见罗契柯（Klochko，1994，150）[对于含有"纯铜和砷铜"的茨维克洛夫茨（Tsviklovtsy）宝藏见 Videiko 和 Burdo，2004b，587]；德涅斯特河中游索菲艾夫卡（Sofievka）公墓的金属文物见德尔加切夫和曼苏拉（1991）。

102. 有关设计的详细讨论请参阅兹别诺维奇（1974，93 f.）。

103. 在玛雅基、乌萨托沃、亚历山大罗夫卡和泰尔诺夫卡 2(Zbenovich, 1971; Patokova, 1979; Agulnikov and Savva, 2004, 199 ff.; Videiko and Burdo, 2004b, 390)发现了人俑。多数人俑在婴儿和儿童墓中出土(玛雅基墓 3/2 和 5/2 以及"Complex Ⅴ"/12 和 8/7;在乌萨托沃平墓 2/5 和 5/5;在亚历山大罗夫卡墓 34;见 Patokova et al., 1989, 1979; Videiko and Burdo, 2004a, 390)。人俑还见于"祭祀坑"(例如,在坟冢 Ⅰ-2 和乌萨托沃平地公墓相关的一个儿童墓;Patokova, 1979, 106, 140)。在德涅斯特河中游维科瓦丁茨出土的 7 个俑中有 6 个(1 个是拨浪鼓)是在儿童和婴儿墓中被发现的(见 Dergachev and Manzura, 1991)。

104. 头部受伤在玛雅基和乌萨托沃数个以男性个体为主的坟墓中见诸报道。在玛雅基墓Ⅲ/5 合葬在一起的一男一女显然是被石锤打死的(Patokova et al., 1989, 80);来自玛雅基 5/2 的成年男性头部多处受伤(Zinkovskij and Petrenko, 1987)。埋在乌萨托沃 9/2 中的一名老者头部有两处受伤,有炎症痕迹;另外一名来自乌萨托沃 3/3 的 80 岁男性至少遭受三次颅骨外伤,可能是锤击所致。乌萨托沃坟冢墓地发现的颅骨骨折也很常见:墓 Ⅱ-5/2 的成年男性有一处愈合的颅骨损伤;一名发现于墓 Ⅱ-5/2 的年轻男性遭到锤击;来自墓 Ⅱ-9/2 的成年男性有一处大的颅骨骨折(Zinkovskij and Petrenko, 1987)。

105. 关于宴席表演请参阅米尔斯(2007)。

106. 坟冢 1 的修建需要大量的劳力;它位于公墓中央,是唯一一个带有木盖的坟墓。坟墓包含一名疑似遭受暴力而死的成年男子的骨骸(Patokova et al., 1989, 52 f.)。由于坟墓不完整,盗墓贼可能已经盗取了随葬品。

107. 非特里波利耶传统的元素很少,例如作为纪念碑的坟冢和一些陶器特征(带有 S 形和白色填充的压印装饰的碗,鲜见于森林草原的陶工;见 Dergachev, 1980, 106-107; Zbenovich, 1974, 103,将这些特征视为来自多瑙河下游的影响)。

108. 陶坯中的贝壳添加物不能作为"草原"影响的标志,因为添加贝壳已经是特里波利耶 B1-B2 阶段的陶瓷传统（见 Tsvek and Rassamakin，2002，233）。贝壳是所有特里波利耶晚期陶匠使用的加速干燥预防皱缩的材料（见 Dergachev，1980，55 n.**）。

109. 锑矿（一种用作黑眼妆的矿物）在 1921 年的一次发掘中被发现（Patokova，1979，151）。锑矿来源位于色雷斯和喀尔巴阡山脉（Videiko and Burdo，2004a，216）。

110. 即使在普鲁特与喀尔巴阡山脉之间福尔泰斯提（Folteşti）群组的文物中（它们与乌萨托沃密切相关，而且与多瑙河走廊具有良好的地理连接），与切尔纳沃德Ⅲ相似之处的证据也很罕见（Manzura，2001）。

111. 对于特里波利耶，参见莱恩迪娜（1998）；西安纳托利亚见罗登伯格（Roodenberg）和阿尔帕斯兰-罗登伯格（Alpaslan-Roodenberg）(2008)；对于中欧见斯特拉姆（Strahm，2010）。相比之下，公元前 3 千纪（贾姆纳亚时期）见证了高加索工具的广泛传播。

112. 尼科洛娃（Nikolova，2008）试图将伊兹尼克湖附近伊利皮纳尔Ⅳ公墓的陶器与保加利亚北部扬特拉（Jantra）山谷的霍特尼察-沃多帕达（Hotnitsa Vodopada）联系起来。这两个遗址都已经通过碳-14 测定为公元前 4 千纪的第二季度，因此比切尔纳沃德Ⅲ-波莱拉兹时期早了几个世纪。然而，由尼科洛娃审查的陶瓷材料并没有真正显示出任何密切的相似之处。

第七章　未知海岸：安纳托利亚海岸

引言

田野考古

安纳托利亚西海岸唯一系统的考古发掘是1951年和1954年在锡诺普半岛靠近代米尔吉村（Demirci）的科卡居兹土丘（Kocagöz Höyük）遗址，发掘由阿库加尔（Akurgal）和布德（Budde）带领。初步田野调查报告已公布（Akurgal，1956；Akurgal and Budde，1956；Erzen，1956）。[1]发掘人员发现遗址的一个地层有3个居住阶段，其中有红色釉彩器皿和器形类似特洛伊Ⅰ-Ⅱ的陶器。该层下还有一个更早的地层，可追溯至公元前3千纪上半叶。该层中发现了青铜时代的材料，但尚未发掘。伯尔尼（Burney，1956，184）在安卡拉大学对科卡居兹（Kocagöz）发现的陶瓷标本进行研究时注意到这个早期地层中有一块灰色抛光的陶片，并刻有线条和斑点线条。据他介绍，这个陶器不同于"铜石并用"时代的马尔泰佩（Maltepe）黑色抛光陶器（马尔泰佩遗址见 Burney，1956；以及本章注释5），尽管他没有就其可能所属年代发表评论。[2]

公元前4千纪人类在黑海西海岸居住的历史通过考古调查已经发现了一些证据。在代夫雷克－句克车贝（Devrek-Gökçebey）和宗古尔达克（Zonguldak）地区进行田野考察时，卡劳古兹（Karauǵuz）在距离海岸30千米的邦库克拉尔土丘（Boncuklar Höyük）和布尔丹土丘（Buldan Höyük）遗址发现并确认了铜石并用时代和青铜早期时代的陶器（Karauǵuz，2005，70；2006，329 f. Figs 1~6）。可惜，这些遗址在调查报告中鲜有提及。再往东到锡诺普半岛，那里已多次广泛调查过。[3] 20世纪50年代以来，该领域的研究人员只有多南（Doonan）团队试着进行了类似地中海考古项目全面而系统的调查（Doonan et al.，2001；Doonan，2004）。[4] 1997—1999年，锡诺普考古项目组（SRAP）在卡拉苏（Karasu）和代米尔奇山谷进行了深入而广泛的田野踏查。那里植被茂密，既需要细致的踏查，又需要在能见度低的地方采取粗略的方法，同时还要通过断面进行全景采样。SRAP项目一直持续到2000年后。但是，这项田野调查的结果还没有完全公布（见Doonan，2004；Bauer，2006）（图7.1）。

图7.1　黑海阿玛斯拉沿岸

锡诺普半岛的所有调查都得出了类似的观察结果。天然坡地和山丘上的遗址有数米具有早期史前时期特征的沉积层。数个铜石并用时代和早期青铜器时代的遗址已经得到确认。但由于缺少该地区的陶瓷序列，要确认它们的具体年代还有难度[最大的数据由易欣（Işın）于1998年公布]。此外，调查发现的陶瓷材料也几乎没有公布于众。其中一个最早的史前遗址在哈奇奥戈鲁（Hacıoğlu）附近的马尔泰佩，其年代可追溯至公元前5千纪。[5]伯尔尼（1956，183，Fig. 24）把在马尔泰佩发现的精美黑色抛光陶器和萨姆松地区的特色陶器进行了比照，而鲍尔（Bauer）（2007，232）把在马尔泰佩发现的牡蛎灰抛光瓷器和伊基孜泰佩（İkiztepe）与比约克居吕克（Büyük Güllücek）发现的所谓比约克卡亚（Büyükkaya）瓷器进行了比照。[6]此外，居吕阿夫鲁（Güllüavlu）的遗址发现了一种与伊基孜泰佩AA群组相似的陶片（Doonan et al., 2001, 116, Fig. 11）。[7]

克孜勒河（Kızılırmak）流域和耶希尔河（Yeşilırmak）三角洲平原是唯一已被相对较好研究过的沿海地区（图7.2）。那里自20世纪40年代以来已经开展了数次发掘。1940—1941年间，科克滕（Kökten）和奥兹居恰（Özgüç）调查了萨姆松附近的顿达尔泰佩（Dündartepe）和泰克库伊（Tekeköy）遗址以及卡瓦克（Kavak）附近的卡勒多鲁谷（Kaledoruğu）遗址（Kökten et al., 1945）。顿达尔泰佩位于萨姆松市东南边界梅尔特（Mert）河岸的斜坡上。三个探沟[一个在坡顶（B区），两个在铁路沿线（A区和C区）]发现了深埋的陶瓷沉积层，时间早于公元前3千纪。[8]泰克库伊的一个探沟，位于距萨姆松以东14千米耶希尔河三角洲平原边的一个小土墩，发现了类似的材料。然而，从这些出土标本在科克滕等的初步调查报告中几乎没有提到（1945年）。泰克库伊的早期地层明显受到了侵扰，来自不同时期的材料相互混杂（比照 Schoop，2005，307）。在对第三个遗址——顿达尔泰佩上游约40千米靠近卡瓦克的卡勒多鲁谷聚落点进行发掘时，也观察到了类似的地层情况（Kökten et al.，1945）。

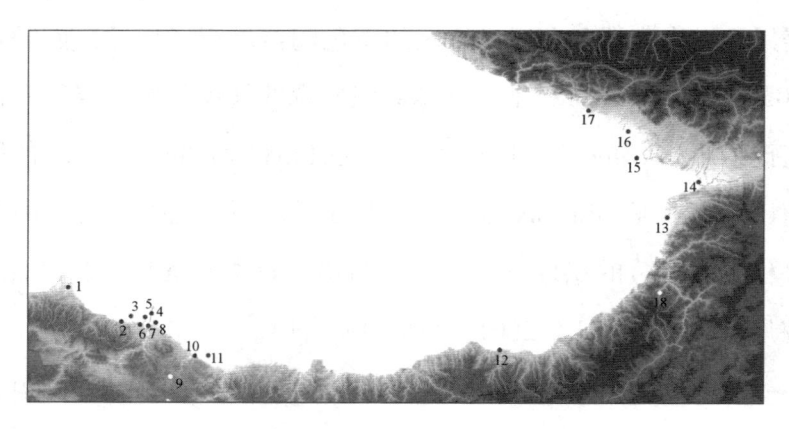

图7.2 安纳托利亚和高加索黑海沿岸主要遗址

在克孜勒河三角洲伊基孜泰佩遗址的发掘始于1974年并一直延续到现在。[9]伊基孜泰佩是黑海南岸有记载的最大史前遗址。它包括4个定居点土墩，其中只有土墩Ⅰ、土墩Ⅱ和土墩Ⅲ的居住史早于公元前3千纪（图7.3）。伊基孜泰佩的田野考察历史悠久，历经几次大的发掘。1974—1980年的第一阶段，史前遗迹的调查主要在两个区域进行——土墩Ⅱ（探沟B）以及

第七章 未知海岸：安纳托利亚海岸

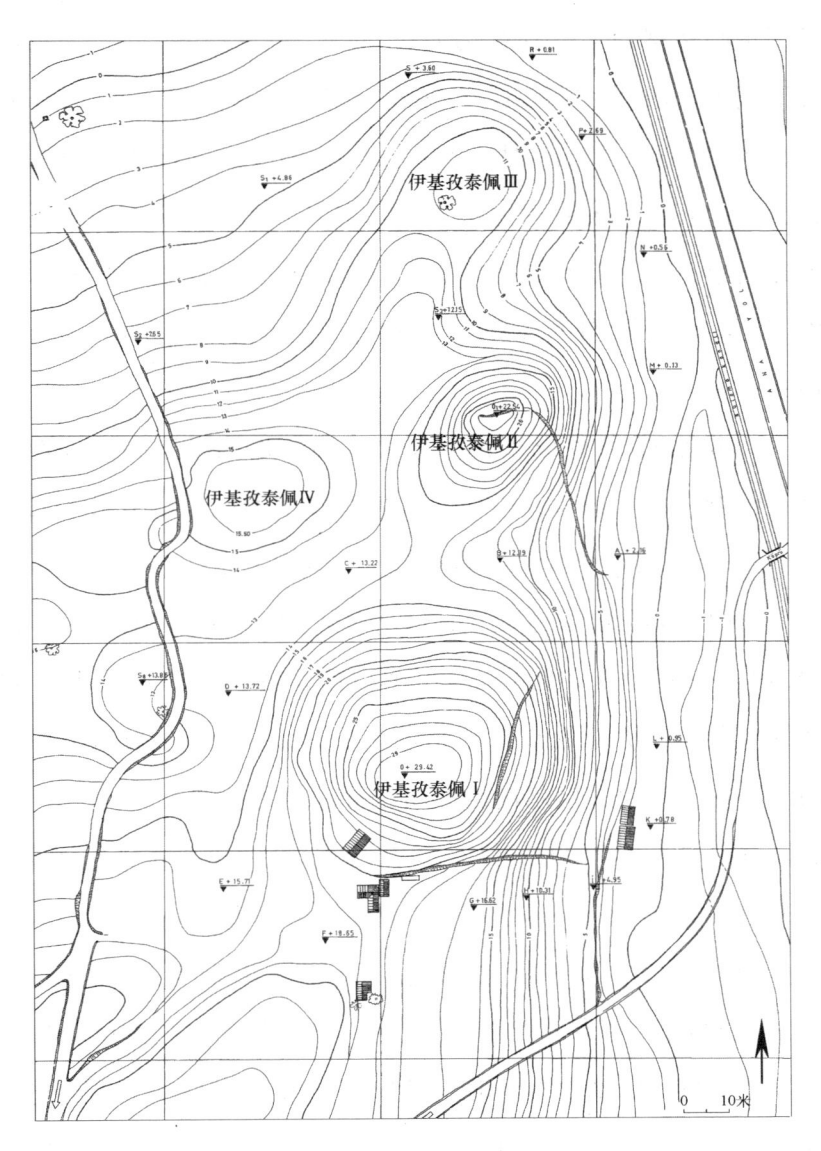

图 7.3 伊基孜泰佩遗址

本插图系原文插图

土墩Ⅱ与土墩Ⅰ之间的鞍形地带（探沟F）。[10] 1981—1993年，发掘重心转移到土墩Ⅰ（探沟D）。而在1993—1999年，考古队转移到了土墩Ⅲ（探沟L）。2000年以来，土墩Ⅰ（探沟M和探沟N）大部分已被清理。多数探沟发现了未受侵扰的地层沉积，里面有特色鲜明的陶器群组。然而，该遗址的居住史远非如此简单，探沟之间可能并没有直接的关系。此外，只有探沟B、探沟C和探沟F发掘的文物已经完整公布（Alkım et al., 1988，2003）。

20世纪40年代以来，中部海岸的三角洲平原和丘陵地带有了田野考察。1940—1941年，科克滕和奥兹居恰考察了巴夫拉（Bafra）、阿拉恰姆（Alaçam）、韦济尔克普吕（Vezirköprü）、哈夫扎（Havza）和拉迪克（Ladık）地区（Kökten et al., 1945）。1955年，伯尔尼（1956）收集了阿拉恰姆和巴夫拉附近几个遗址的陶器。在伊基孜泰佩开始发掘之前，阿尔金（Alkım）和他的团队在巴夫拉和恰尔尚巴（Çarşamba）平原开展了一个大范围的调查。[11] 20世纪90年代，多恩梅兹（Dönmez）在阿拉恰姆、巴夫拉、恰尔尚巴、泰尔梅（Terme）、艾瓦哲克（Ayvacık）、卡瓦克和阿萨尔奇克（Asarcık）地区进行了田野考察（Dönmez, 2001，2006）。所有的调查都证明有一个密集的定居点土墩网，其陶瓷材料与伊基孜泰佩群组发现的类似。然而，这些研究大部分仍未公布，早期遗址已出土的文物在初步报告中也鲜有说明。[12]

东庞廷山脉北侧的狭窄沿海地带几乎没有考察过。在特拉

第七章　未知海岸：安纳托利亚海岸

布宗考古博物馆展出的几个未公开的陶器和伯顿·贝瑞收藏的黄金珠宝据说来自同一城市附近，这表明该地区曾有人居住而且与沿海其他地方确实联系紧密（见第三章）。对科尔基斯和高加索地区沿海地带的研究指出了沿海社会的特质，但是这个公元前3千纪遗址的考古资料很难理解（见Pkhakadze，2000）。布扎尼亚（Bzhania，1967，1973）对阿布哈兹（Abkhazia）的初期研究阶段进行了总结，该阶段主要集中在洞穴遗址。其中最重要也是报道较多的一个遗址是沃伦特索夫斯卡亚（Vorontsovskaja）溶洞，距离海边22千米，由索洛韦夫（Solovev，1958）在1953—1954年进行了考察。沃伦特索夫斯卡亚发现的材料可能代表在阿布哈兹腹地一个早期（公元前5千纪）居住阶段，并与格鲁吉亚中东部锡安（Sioni）时期的遗址相似（Solovev，1958，141）。[13]阿布哈兹和科尔基斯海岸的几个史前遗址也进行了考察（Bzhanija，1966；Pkhakadze，1988，51）。其中，马查拉（Machara）第4层可追溯到锡安时期。据布扎尼亚（1966，118），在该层中找到的材料与的杜贝（Didube）的材料有相似之处，而放射性碳断代[LE-1347，（5762±90）BP]确定时间为公元前5千纪的上半叶（Pkhakadze，1991，55）。在第4层之上，发掘人员发现了一个断裂层，断裂层之后陶器发生了明显变化（Bzhanija，1966，122 f.）。"消失"阶段有的充斥着来自古米斯塔（Gumista）、伊斯帕尼（Ispani）（下层）以及皮恰里（Pichori）8[一组由哈卡泽（Pkhakadze）命名为"科尔基斯早期青铜时代文化"遗址]的材料（Pkhakadze，1993，4）。据放射性碳断代，其

331

中数个遗址的年代为公元前3千纪之交。[14]科尔基斯EBA的一个晚期阶段（可追溯到公元前3千纪的遗址）让人联想到格鲁吉亚东部比德尼（Bedeni）文化，其代表有皮恰里7、伊斯帕尼（上层）和奥查姆什尔（Ochamchire）（Pkhakadze 1991，59）。因此，尽管公元前5千纪和公元前3千纪的遗址众多，但是要从阿布哈兹和科尔基斯已经公布的资料中找到它们是公元前4千纪的证据似乎是不可能的。公元前4千纪的证据只有在格鲁吉亚内陆伊梅列季（Imereti）才有，对那里系列洞穴的发掘[萨梅莱基尔德（Samele khlde）、德祖德祖亚娜（Dzudzuana）、达科韦季（Darkveti）、泰特里（Tetri-Mgvime）等]发现了前库拉–阿拉克斯时期和库拉–阿拉克斯时期的居住层（Pkhakadze，1988）。

阿里萨（ALIŞAR）范式

安纳托利亚北岸唯一一个早于公元前3千纪的长期不受侵扰的地层遗址是在巴夫拉附近伊基孜泰佩的一个聚落点土墩。自从伊基孜泰佩发掘人员转移到这个沿海遗址后，对安纳托利亚中部的编年在20世纪30年代至60年代发展起来，要想理解他们的观点，有必要回顾下这个（错误）概念。1930—1932年，芝加哥东方研究所在约兹加特（Yozgat）附近的阿里萨土丘（Alişar Höyük）上发掘了一个探沟。该探沟深达基岩并有19层的长序列层。发掘者范德奥司滕（von der Osten）对各层的断代主要基于两个隐性的假设，即每个不同的群组代表一个独立的年代，而且阿里萨序列没有任何中断（下称"阿里萨范式"；见

Schoop，2005，66)。5M层可以通过老亚述时期的泥板与美索不达米亚的年表关联起来。由于该层可追溯至青铜时代中期，它下面(6M)的群组必定可追溯至青铜器时代早期。但是在6M下又发现了另外两个地层单位。上层(7-11M)材质显示其与特洛伊Ⅰ-Ⅱ有明显的相似之处，但是把它称为"EB"(英文Early Bronze Age的缩写，即青铜时代早期)就违背了阿里萨范例。下层单元(12-19M)明显早于特洛伊层，"铜石并用时代"似乎更适合它。特洛伊层(7-11M)介于铜石并用时代和青铜器时代早期却被称为铜时代是有些遗憾的(von der Osten，1937)。科克滕把这个令人困惑的术语用到了萨姆松附近的沿海遗址，该遗址由他在1940—1941年进行了发掘。

奥斯曼(Orthmann，1963)在他的论文中对安纳托利亚中部的编年提出了重要修正。他认为前特洛伊时期(铜石并用时代)并不存在。[15]他把阿里萨最早的一个阶段(层19-12M，范德奥司滕称为"铜石并用时代")断代为EBⅠ时期。这种断代法唯一可靠的论据是阿里萨的材质与东安纳托利亚(例如，在卡拉兹)的黑色抛光陶瓷具有相关性。阿里萨11-7M(范德奥司滕称为"铜时代")因而也被追溯至EBⅡ时期。这个简短的年表和其年表概念一起沿用到了20世纪70年代阿尔金在伊基孜泰佩发现的文物上。然而，在伊基孜泰佩土墩Ⅱ探沟B的底部出现了一个文化层，该层似乎早于阿里萨基层，因此也必定早于青铜器时代早期阶段(按奥斯曼所说)，发掘者认为该文化层为"铜石并用时代"。[16]由于术语和概念混乱不堪，伊基孜泰佩年表对该区域外的许多学者来说仍然是个谜也就不足为奇了。

从现代放射性碳断代法的角度看,范德奥司滕和奥斯曼所用的安纳托利亚中部编年系统的连续性和扩散性的隐性模式显然是不正确的。出人意料的是,"放射性碳革命"后的几十年里并没有人对此提出修正。厄兹多安(Özdoğan)(1991,218-220;1996)是第一个质疑把安纳托利亚中部定为EB I时期的人。他否定了阿里萨基层(19-12M)与幼发拉底河上游青铜器早期时代(卡拉兹)的相互关联,并强调了这两个地区黑红陶之间的明显区别。据厄兹多安观察,与安纳托利亚中部陶器非常相似的黑红陶在泰佩奇克(Tepecik)和阿尔斯兰泰佩(Arslantepe)VI A出土,同时出土的还有乌鲁克晚期特征的器皿。厄兹多安利用东安纳托利亚高地的这个相似物确定了安纳托利亚中部的年代序列并提出阿里萨基层与美索不达米亚的乌鲁克晚期属同一时期,可追溯到公元前4千纪的下半叶。此外,他强调,阿里萨基层2米厚的沉积层显然不止一个阶段,可能时间还要再往前推进很多。

阿里萨序列的更新必然意味着伊基孜泰佩定居点始于更早的时期。但是,伊基孜泰佩序列简单的往前推移并不能解决该遗址的年表问题。在伊基孜泰佩田野工作开始阶段,土墩 II 探沟 B 进行了发掘并发现了最长的地层层序,主要由3个地层单元构成。中间层(II)发现的陶器与比约克居吕克非常相似,后者据奥斯曼可追溯到EB I期间。该层充当了序列中一个固定的点。它下面的(I)阶段追溯至铜石并用时代,其上方的阶段追溯至 EB Ⅱ（Alkım et al., 1988, 195；参阅 Schoop, 2005, 316）。当发掘进行到遗址的其他区域时，新的序列曝光。然而，不出所料，出土的群组没有通过和探沟 B 的"关键序列"比对来确定年份。发掘人员严格遵守该范式的两个基本假设（比照 Schoop, 2005, 315）：后续阶段有一个通用序列，并且地层中断的可能性可以推断排除。文化层的断代是根据它们在独立探沟内的地层位置，而不是相互之间的关系。因此，在这个复杂遗址的长期调查过程中，特征完全不同的群组被归为同一时期，而相似的群组却定为不同的年代（表 7.1）。

泰森（Thissen, 1993）对顿达尔泰佩陶器进行了重新分析，并首先对伊基孜泰佩出土文物的年代提出了怀疑。他注意到阿尔金在 1974 年和 1975 年在伊基孜泰佩探沟 C 和探沟 F 发掘出来的陶器组与顿达尔泰佩材质表现出明确的隶属关系。另一方面，在伊基孜泰佩探沟 B 发现的材质与顿达尔泰佩则没有这种隶属关系。由于探沟 C 与探沟 F 和探沟 B 没有地层联系，要直接评估这两个不同群组的时间顺序是不可能的。泰森试图通过与来自其他地区（安纳托利亚和巴尔干地区爱琴海沿岸）的陶器进行比对来解决这个问题。他得出了一个结论：探沟 B 群组早于探沟 F 和探沟 C。他把后者定年为公元前 5 千纪晚期。[17]

史库柏（Schoop, 2005）在研究安纳托利亚铜石并用时代时把泰森的方法加以进一步发展。史库柏把阿尔金团队于 1974—1975 年在伊基孜泰佩发现的陶器群组放在了一个更大的安纳托

表7.1 伊基兹泰佩遗址地层年表序列

探沟 C (1974年)		探沟 B (1975—1978年)		探沟 F (1975年)		探沟 L (1993—1999年)		探沟 D-M-N (1974—1993年，2000年—)	
史库柏	阿尔金/比尔基	史库柏	阿尔金/比尔基	史库柏	阿尔金/比尔基	史库柏	阿尔金/比尔基	史库柏	阿尔金/比尔基
EH	EH			EH	EH	EH	EH	EH	EH
-	-		EBII	-	-	EBA (graves)	EBIII	EB (graves)	EBII, EBIII
-	-	CC	-	-	-	-	-	-	-
DD	EBII	Hiatus	EBI	EE	EBII	DD/EE	EBIII	DD/EE	EBII
		BB	Ch					BB	EBI
		AA							
		bedrock							

EH=藤梯文明早期；
EB=青铜器早期；
Ch=铜石并用时代；
AA、BB、CC、DD/EE=据史库柏（2005）的陶器群组。

利亚背景下加以考虑,并严格对比了类似的陶器以及可能的时间顺序位置。为了避免不同年表系统相互矛盾带来的混乱,他给这些群组设计了一些中立的术语。伊基孜泰佩最早的群组(AA)是在探沟 B 最古老的地层中被发现的(Alkım,1986)。该层位于基石上,上面盖着厚厚一层沙土。群组 AA 发现的陶器添加了矿物质,表面呈黑色、灰色和褐色。这些器皿的典型器形有锥形碗,上身直的棱纹碗,还有开口罐,罐身饰有打孔斑点的梯形图案、浮雕"波浪"纹及小凸起。双色器皿、白绘器皿和添加了有机质的器皿则是空白。群组 AA 在居韦尔琴卡亚希(Güvercinkayasi)有类似的陶器(如,刻线间的点图;Schoop,2005,329,Abb. 57,6),一个大约公元前 5 千纪的遗址。此外,它显然比比约克居吕克的陶器要早,后者最晚到公元前 5 千纪的第二季(Schoop,2005,330)。

在断层之后,探沟 B 中的地层层序还有一个沉积层,里面有不同的陶器群组(BB)(Alkım et al.,1988,Pl. XXV,XXVI,XXXIV)。黏土坯添加了有机质;有些容器有黑色外观和浅色内饰。典型的器形和装饰是棱纹碗:上部突出,牛角手柄,器表刻有纹饰、内部漆成白色。群组 BB 与比约克居吕克非常相似,例如,双色容器、牛角手柄、白漆。据史库柏(2005,329-332),与安纳托利亚其他地区相比较后发现,比约克居吕克的群组可以追溯到公元前 5 千纪的第二季度。此外,伊基孜泰佩的陶器群组 BB 在爱琴海东部蒂加尼(Tigani)遗址(第二阶段和第三阶段)也有类似的器皿,两者属于同一时期(Schoop,

2005, 329)。

探沟 B 序列中没有发现陶器群组 DD/EE, 在探沟 F 和探沟 C 中则有发现(Alkım et al., 1988, Pl. XLIX)(见图 7.6)。[18]黏土坯中含有矿物质、有机质和更罕见的贝壳。双色陶器变得更常见, 而薄壁高亮黑色表面是这个陶器群组的特征。群组 DD/EE 包括许多典型的器形和纹饰: 有阴刻纹饰的棱纹碗, 带有球形手柄、上翻耳柄、水平垂直双耳和白绘过的碗。群组 DD/EE 与探沟 B 序列没有直接的相关性。史库柏(2005, 320)把它和 BB 群组以及后来的 CC 群组(后述)的相似性进行了观察, 并得出结论 DD/EE 可能处在这两个陶器群组的中间位置。据安纳托利亚中部陶器群组 CC 中的相似物, 其最晚日期建议为公元前 3500 年。

伊基孜泰佩最后一个公元前 3 千纪之前的群组(CC)在探沟 B 被发现, 它被叠加在群组 BB 之上(Alkım et al., 1988, Pl. XII, 11, XIV, 13, XV, 3, 4)(见图 7.7)。这种陶器材质中, 粗精陶的区分、贝壳添加物以及颜色对比非常醒目。器形发生了显著变化, 装饰消失。口沿下的大耳柄以及弯曲成锐角的口沿是群组 CC 陶器的特征。这些陶器与阿里萨早期陶器有明显的相似之处, 尤其是双色器皿, 还有口沿弯曲以及口沿下带有大耳柄的大碗等(Schoop, 2005, 332)。安纳托利亚中部风格的双色陶器与幼发拉底河上游一些遗址发现的乌鲁克晚期进口陶瓷(见 Özdoğan, 1991, 218–220; 1996)的关联性显示群组 CC 的年份在公元前 3500 年前后或更晚。

在巴夫拉和萨姆松地区的数个遗址可以和上述伊基孜泰佩陶器序列相关联。群组 AA 的典型形状在泰克迪（Tekeköy）见诸报道（"波浪"浮雕和球形手柄，牛角手柄；Kökten et al.，1945，Pl. LXⅧ，5，Pl. LXIX，6）。群组 BB 的代表可能在顿达尔泰佩的 A 区和 G 区（Kökten et al.，1945，367；Schoop，2005，305）。来自这些探沟的陶器包括砂陶器Ⅲ：黑色、灰色和棕色抛光表面；白色填充的装饰和疑似牛角手柄（Thissen，1993，note 16；Kökten et al.，1945，Pl. LXⅢ，1-6）。群组 BB 的典型陶片（内部白漆、外部阴刻、牛角手柄）来自几个聚落点土墩的出土标本，如，希来克土丘（Şirlek Tepe），克来比斯土丘（Kelebeş Tepe），巴基尔德雷山丘（Bakırdere Tepesi），克孜勒冲积平原的泰迪居恩土丘（Tedigün Tepe）以及卡瓦克附近的阿伊土丘（Ay Tepe）（Dönmez 2006，95，Fig. 7，3.5-6，Fig. 8，1.3）。群组 DD/EE 在顿达尔泰佩 B 区（糠和贝壳粉添加物、白绘、棱纹碗、黑亮器表、黑红色陶器；见 Thissen 1993，213-215），在泰克迪（黑红双耳陶器；Kökten et al.，1945，Pl. LXⅧ，1，Pl. LXIX，1），以及在卡勒多格鲁（Kaledoğru）（白绘装饰的黑亮陶片；Kökten et al.，1945，Pl. LXⅦ，4）。和群组 DD/EE 类似的陶片在居克策波加兹（Gökçeboğaz）遗址表层也有发现（白绘装饰、黑红色陶器、水平双耳、球形手柄）（Burney，1956，Fig. 3.8.15~18）。

对伊基孜泰佩土墩Ⅰ和土墩Ⅱ（探沟 B）的植物遗存进行放射性碳测量的结果由埃尔金（Ergin）和居莱尔（Güler）（1985，

89)、阿尔金（1983，179）和厄兹巴坎（Özbakan）（1985，97）公布。可惜，年份和地层序列不一致。例如，同一地层的样本提供的年份可能相差2000年，而且下层的年份比序列上层的年份还要晚（有关注释请参见 Schoop，2005，321 f.）。唯一可靠和先进的碳-14 断代已用在了安纳托利亚中北部的恰迪尔土丘（Çadır Höyük）（Gorny et al.，2002，127，Table 2，Table 3）。其中一个地层发现的陶瓷与阿里萨 M14-12 的铜石并用时代群组类似，因此也就与伊基孜泰佩的 CC 群组类似，可以追溯到公元前4千纪中期的第二季度。[19]

民俗

核心村庄和小村落在锡诺普半岛和耶希尔河及克孜勒河下游辽阔平原的天然高地上都很常见。[20]长期定居显然是三角洲平原社会的传统之一，因为对该地区进行系统发掘调查发现，这里的定居点没有很深的地层沉积（Kökten et al.，1945；Alkım et al.，1988）。前文提到，黑海南岸公元前5千纪和公元前4千纪最大的遗址之一位于巴夫拉附近伊基孜泰佩沿岸的草原（见 Alkım et al.，1988，145）（图7.4）。[21]然而，即使在伊基孜泰佩，部分定居点也只是在特定时间被占用。

伊基孜泰佩最早的定居点（群组 AA）位于一个天然小山丘上（土墩Ⅱ）。占用层表面被沙子和淤泥无菌层覆盖，这表明村庄被遗弃后又被克孜勒河淹没（Alkım，1983，Plan Ⅲ；Schoop，2005，Fig.8.2）。使用中断后，土墩Ⅱ重新被占用（群

图 7.4 2007 年伊基孜泰佩土墩 I 大型探沟的北侧横截面

组 BB)。一个更晚的年表时期由三个土墩以及土墩 I 和土墩 II（群组 DD/EE）之间的鞍形地带构成。然而，这四个独立的区域是否同时被占用或是居住地在土墩之间迁移仍不清楚。已证实伊基孜泰佩（群组 CC）最晚的居住地在土墩 II。

公元前 4 千纪伊基孜泰佩的村庄（群组 DD/EE）由一居室的单独矩形房子组成。[22] 房与房之间有矩形大灶台，有的用屋顶结构封住（Bilgi，1992，Fig. 2；1999b，Plan 4；2001，33，Fig. 118a-b）。民族志学上这种几家公用的炉灶在当代土耳其东南部的村庄也能找到（Dodd et al.，2006，78，Fig. 7；Cutting，2006，235）。在考古记录上很难找到与伊基孜泰佩一样的超大灶台。类似的设施在安纳托利亚中北部博阿兹柯伊（Bogazköy）附近的恰姆利贝尔塔尔腊希（Çamlıbel Tarlası）遗址中也有发现，遗址的庭院中出土了一个灶台基座，面积

341

2米×2.3米，时间要稍晚于伊基孜泰佩（Schoop，2009，Fig. 54，Fig. 56）。

　　安纳托利亚黑海沿岸地区森林茂密，其民俗文化传统以木材建筑为主。传统木材建筑主要有两种基本常用技术。一是水平木材技术，这种技术利用木材的体积，而不是它的抗拉强度，并利用各种接头把木头加以咬合。相反，木材框架建筑则利用木头的抗拉强度，根据"柱梁原则"，即通过梁承重把重量转移到柱上（Vellinga et al.，2007，30）。这两个建筑原理在最近还被广泛应用在土耳其黑海地区的传统建筑中（图7.5）。[23]对伊基孜泰佩和顿达尔泰佩的过火房屋观察发现，至少这种木材建筑传统的一些元素在史前时期就开始使用了。伊基孜泰佩的发掘人员发现桩孔没有排列成行。此外，在许多情况下，发掘人员能够识别木材基础框架和带有木材印记的焚毁的涂抹碎片（Alkım，1983a）。阿尔金推测该房屋的墙壁被架设在木架上，建材主要为木材和泥土。鉴于有大量的过火泥土，可以推测使用木材框架抹灰篱笆墙或碎石的可能性比使用水平木材建筑的纯木结构更大（contra Bilgi，2001，33）。

　　伊基孜泰佩土墩Ⅰ和土墩Ⅲ的690多座墓穴已经进行了调查。其中绝大部分墓穴位于土墩Ⅰ的长期墓地，这些墓穴被阿尔金和比尔吉（Bilgi）的团队几乎完全发掘出来。[24]发掘人员把墓地追溯到EBⅡ-Ⅲ时期（Bilgi，2004b）。[25]然而，有人提出一些坟墓可能要追溯到公元前5千纪或公元前4千纪（Parzinger，1993）。里胥特（Lichter，2008）甚至把一组墓地群放在了一起，

第七章　未知海岸：安纳托利亚海岸

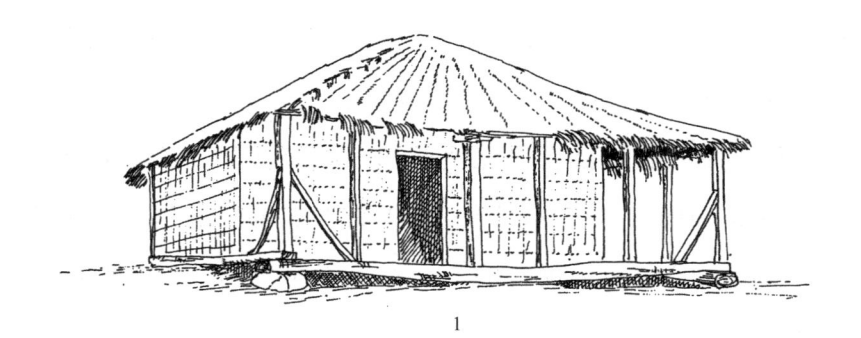

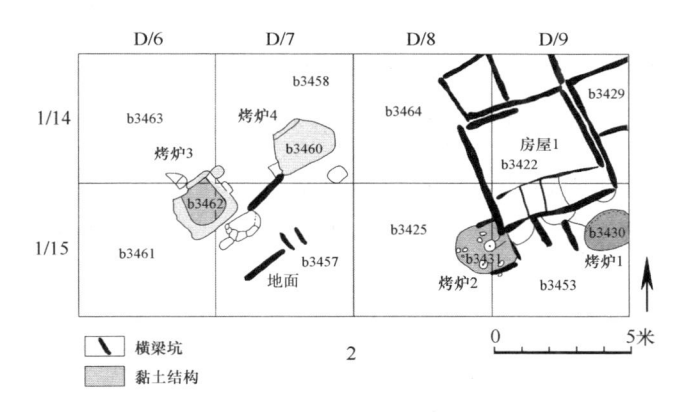

图7.5　安纳托利亚黑海沿岸的传统木屋(1)以及
伊基孜泰佩土墩Ⅲ、探沟L、第4层(2)的遗存

其中包括陶器以及其他他认为是铜石时代的典型物件(SK 71，74，425，574，347，581和246)。但是，伊基孜泰佩的土墩Ⅰ墓地远比里胥特认为的要复杂得多。首先，里胥特的"早期"墓群中一些坟墓(正如发掘人员认为那样)的确可追溯到公元前3千纪。例如，墓569有两个砷铜文明的矛头。这些器物和所有在伊基孜泰佩土墩Ⅰ坟墓中发现的100多个矛头显然都属于青铜时代风格。[26]它们与斯特罗纳赫(Stronach，1957)的风格4

和风格5相似,也就是说,方形或树叶状的刀刃,以及弯曲或带钩的柄脚,这种武器形状可追溯至公元前3千纪,可能起源于叙利亚并可能源自乌鲁克晚期和王朝时代早期的烙接矛头(Stronach,1957,113-117)。带矛头的坟墓以及那些有四螺旋、"象征物"、刀柄浇铸的复杂匕首以及铅制"环形偶像"的坟墓(这些与矛头多有关)应追溯到公元前3千纪。[27]

这些公元前3千纪的金属标本据称与DD/EE型陶器相关(见Bilgi,1990,Fig.20),但这种联系似乎与前面提出的DD/EE系公元前4千纪的说法相矛盾。然而,一些细节让人怀疑这些墓地与据称是在墓室中发现的陶器之间的关系。[28]墓地的地层关系复杂,部分已发掘区域地层侵扰严重(坟墓之间相互干扰见Alkım et al.,2003,Plan 21)。奇怪的是,在同一个25平方米发掘范围内且金属材质相似的坟墓高度差可达4米。[29]此外,坟墓被一个居住层侵入,居住层中有焚毁的房屋、完整器皿和其他家居用品,墓坑在发掘时根本没有得到证实(参见pictures of graves in Bilgi,2004b,Fig.12,Fig.13;2009,Fig.10)。发掘出坟墓的居住层发现了DD/EE型的材质(Bilgi,1992,Fig.17;1993,Fig.11;2002,Fig.12)。鉴于该地区长期受到墓葬活动的严重侵扰,墓坑没有被单独识别和发掘出来,居住层本身还有焚毁的房屋废墟,里面有完整的家居用品群组(参见Bilgi,2004a,Fig.9)。不能排除一些据称在墓中发现的器皿实际上属于居住层。[30]因此,尽管土墩I大部分坟墓可追溯到公元前3千纪这一点毋庸置疑,但是墓地确切的年代只有在发掘人员对地层的具体观察结果以及坟墓与其侵入的居住层出土的文物最终公布之后才会水落石出。

在伊基孜泰佩出土的大多数坟墓中，尸骨呈伸展仰卧位。这种葬俗对安纳托利亚史前遗址来说是不同寻常的。[31]尽管安纳托利亚中北部公元前3千纪之前的墓葬习俗证据罕见，但屈体位埋葬似乎已成为惯例。在阿里萨13M和18M，在恰姆利贝尔塔尔腊希，以及在安纳托利亚中北部阿拉卡土丘（Alacahöyük）的铜石并用时代层发现了公元前4千纪的屈体埋葬（von der Osten 1937, Fig. 35, Fig. 44; Koşay and Akok, 1966, Pl. 146; Schoop, 2010, 192, Fig. 50）。[32]屈体骨骼在安纳托利亚西部也有发现：例如，在安纳托利亚西北部伊兹尼克（Iznik）湖附近伊利皮纳尔（Ilıpınar），可追溯至公元前4千纪的上半叶；在布尔杜尔（Burdur）附近的库鲁恰伊（Kuruçay），可追溯至公元前4千纪晚期地层（Roodenberg and Alpaslan-Roodenberg, 2008; Duru, 2008, 133）。公元前3千纪，安纳托利亚的所有地方都流行屈体埋葬。[33]因此，以伸展仰卧位埋葬死者的习俗是黑海沿岸地区的特例。西海岸也发现了类似状况，沿海地区哈曼迦（Hamangia）和瓦尔纳（Varna）文化（公元前6千纪晚期和公元前5千纪）的墓地发现了伸展尸骨，这种做法明显有别于巴尔干新石器时代社会典型的屈体埋葬（Todorova, 1986, 195; Todorova and Vajsov, 1993, 224）。有人认为在黑海西岸"伸展位"埋葬的做法是石器时代之前的遗迹（Todorova and Vajsov, 1993, 224）。

食品、陶罐和金属

粮食获取

强降水和山区地貌是黑海南岸农业的主要不利因素。南岸没有安纳托利亚内陆典型的碗状洼地良田;沿海地带海拔低、极其狭窄,平整的宜耕农田非常有限。此外,频繁的暴雨导致本来就稀薄的坡地土层淋溶和酸化(Höhfeld, 1995, 112 f.)。[34]潮湿多雨的安纳托利亚海岸只有几个"干岛",位于山区岬角的雨影带或者有广阔的内陆作靠山,可以支撑安纳托利亚高原所熟悉的混合农业。[35]玉米(土耳其黑海沿岸不久前的传统主食)在海拔达1300米的地方种植。在17世纪玉米种植传入之前,这个地区的居民种植小米(黍)。小米在生长条件、适应贫瘠土壤的能力以及其他不利条件(如高湿度方面)与玉米非常相似(Hütteroth and Höhfeld, 2002, 108)。在经济作物普及之前,高地混合农业采用的是玉米种植与游牧畜牧业相结合的方式。每个家庭拥有4头或5头奶牛,初夏时节和牲畜一起从谷底村庄搬到亚伊拉(Yayla)(高山草甸)生产过冬用的黄油和奶酪(Simonian, 2007)。

安纳托利亚黑海沿岸的动植物证据仍不足以重建该地区的史前农耕技术。1974—1975年,范宰斯特(van Zeist)对伊基孜泰佩探沟B中发掘的植物遗存进行了研究(Alkım et al., 1988, Table 1)。这些样品与群组BB有关,但是没有其背景和性质的确切信息。样品主要包括带壳小麦（约 480 粒二粒小麦和几颗单粒小麦）、数颗脱粒小麦和带壳六列大麦。范宰斯特唯一确定的豆科植物是野豌豆。在 1980 年和 1981 年，范宰斯特得以进一步研究土墩Ⅰ、土墩Ⅱ和土墩Ⅲ的土壤样品（van Zeist，2003）。鹰嘴豆籽粒在与群组 AA 有关的一个样本中得以确认，而豌豆、扁豆和草豌豆（山鳖豆）在所有时期都有存在。苦苕子是最突出的豆科植物。此外，亚麻籽的出现已在报告中提及，但尚不能确定它是用来消费还是播种（van Zeist，2003）。1974 年在发掘探沟 B 时发现的极少数动物骨群组由泰卡雅（Tekkaya）和佩恩（Payne）进行了分析，其中包括牛、羊、猪骨（Alkım et al.，1988）。

　　黑海南岸的史前高地社区可能高度依赖季节性的可用野生资源，因为该地大部分环境条件使粮食种植没有保障。鉴于考古数据的空白，人们对高原地区利用的动植物物种只能推测。不久前，榛果（欧榛变种）和鱼还是该地区的脂肪来源。

　　来自伊基孜泰佩（一个位于海边和克孜勒河岸的遗址）的考古数据表明，当地居民从克孜勒河三角洲广袤的芦苇荡、河道、湖泊和洪溢林中利用野生食物。他们采食各种野生植物，包括无花果、葡萄、枸子、山楂、伏牛花、接骨木和黑莓（van Zeist，2003）。榛子的坚果壳在植物学微痕测试中却出人意料的罕见（van Zeist，2003，552）。探沟 B 中发现的骨骼小群组中有赤鹿、黇鹿和狍子，但大多数是野猪骨（Alkım et al.，1988）。而且，伊基孜泰佩的水筛样品中发现了鱼骨（Alkım et al.，2003，176）。这些结果并不意外，因为克孜勒河的湿地森林环境优异，至今仍然生活着野猪和成千上万的候鸟，而三角洲属于鲟鱼和黑海鲱鱼最重要的产卵地（Marushevsky，2003，162）。

食物储存和烹饪技术

伊基孜泰佩被焚毁的房屋中并没有发现任何储存坑、大口陶瓷坛或黏土储物箱等大型存储设备的迹象。此外，鞍形石磨这种安纳托利亚高原早期农业技术中常用的工具在伊基孜泰佩不见踪影。[36]我们有理由认为，在这个早期阶段，在安纳托利亚黑海沿岸的环境条件下产生了当地特有的食物存储和加工方法。在土耳其潮湿的黑海沿岸村庄，传统过冬用的主食储藏在屋外的存储结构里。长方形的木屋建在4个大树干上，用来存储干粮、蔬菜和果实（谷物、豆类、大麦、苹果和梨）（Simonian，2007，195）。鞍形石磨在伊基孜泰佩缺失的原因仍不得而知。

在伊基孜泰佩发掘出土了很多穹顶（蜂巢）黏土烤炉。穹顶烤炉在燃料使用和热量方面非常浪费；积极的一面是烹饪时能够维持高温，并能长时间保存热量。尽管只有烘焙发酵多孔厚面包时才需要穹顶烤炉，但它还可用于烹饪湿食或干热食物（Lyons and D'Andrea，2003，524）。因此，穹顶大烤炉的普及意味着已有酵母发酵和面包烘焙。

开口大罐或底部开有小口的大罐为黑海沿岸地区加工使用

乳制品提供了间接证据。这些罐属于伊基孜泰佩陶器群组 BB 和群组 DD/EE，在顿达尔泰佩也有发现（Kökten et al., 1945, Pl. LXV, 4; Schoop, 2005, Pl. 182, 10, Pl. 183, 22）（见图 7.6, 11）。类似的容器是安纳托利亚中西部公元前 5 千纪和前 4 千纪早期特有的陶器种类：例如，在恰迪尔土丘、比约克居吕克、库萨雷（Kuşsaray）、亚里卡亚（Yarıkkaya）、比策苏尔坦（Beycesultan）SC2 和库鲁恰伊（Kuruçay）6A 及 6（Schoop, 1998, 2005）。格伦梅拉（Columella）在他的农业专著中这样描述酸奶制作时用到的底部开有小口的容器：在新罐的底部钻一个小孔，并用小木棍塞住，加入新鲜的羊奶；加入一束绿色调味料……5 天后，把塞子拔掉，沥干乳清，再封上，过 3 天，再沥干……再过 2 天，再沥干，再封上，最后加盐调味。这种产品现在很稳定，而且容器在使用前加以密封（引自 Thurmond, 2006, 192）。史库柏（1998）则认为，这些特殊的安纳托利亚罐子是用来制备黄油或存储酥油的，并把乳品保存技术的发展与公元前 6 千纪晚期安纳托利亚高地的殖民化联系起来。[37]

纺织

顿达尔泰佩和伊基孜泰佩史前遗址的居民使用黏土纺轮和立织机。公元前 4 千纪早期的纺轮在顿达尔泰佩山顶探沟（Kökten et al., 1945, 374）以及在伊基孜泰佩探沟 C 和探沟 F 中有过报道（Alkım et al., 1988, Pl. 13, Pl. LV, 2）。锥形泥纺坠在两个遗址中都是常见标本。在伊基孜泰佩，纺坠在原始位

349

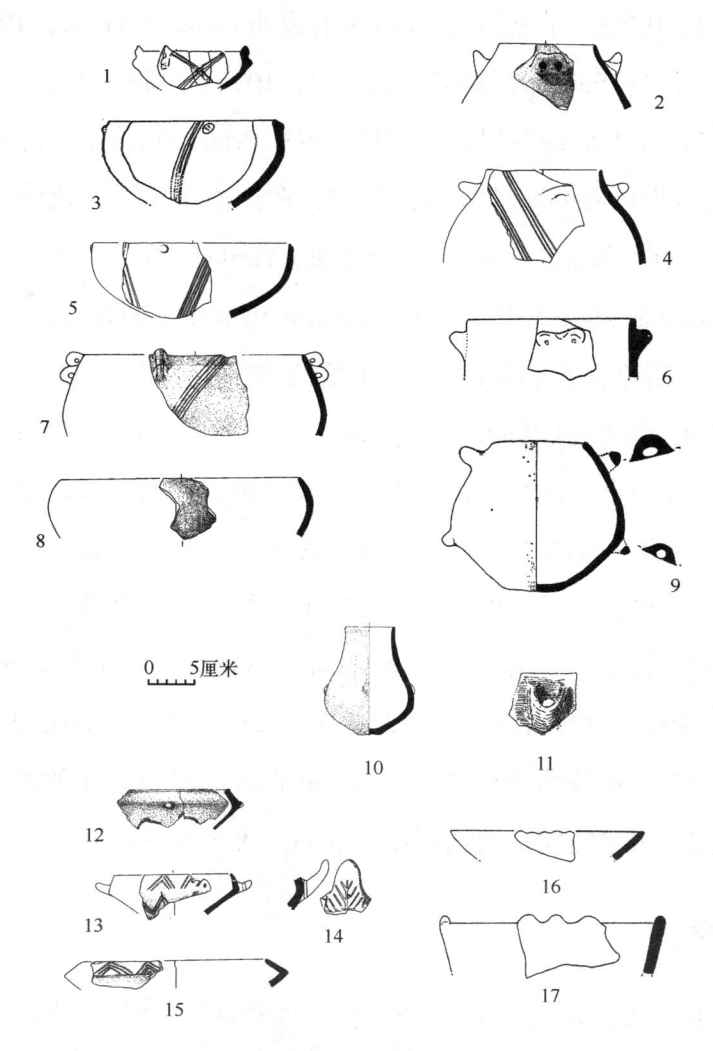

图 7.6 DD/EE 群组。伊基孜泰佩Ⅱ、探沟 B(2，7，8)、伊基孜泰佩Ⅲ探沟 J(10，12)、伊基孜泰佩Ⅲ探沟 L(1，3，9，6，16，17)以及顿达尔泰佩"山峰"(4，5，11，13，14，15；其中 11 不是等比例)

置被发现。例如，探沟 L 一所焚毁的建筑中发现了一整套 72 个纺坠(Bilgi，1996，148，Fig.11)，在探沟 J 一所房子的地上发现了 95 个纺坠(Alkım et al.，2003，51，Plan 12)。[38]两个遗址发现的纺坠和群组 DD/EE 的陶瓷材料可能都有关联。

陶器

伊基孜泰佩和顿达尔泰佩群组 DD/EE 陶器的黏土坯中含有矿物质和有机质。陶器群组 DD/EE 中细磨贝壳几乎没有，但在群组 CC 中常见。后者粗细泥坯的区别也更加明显(Schoop，2005，313 f.)。群组 DD/EE 和群组 CC 的许多陶器表面都烧制成深色，而内表有时是浅色。这种色彩对比肯定是烧制时形成的，烧制时把容器倒置过来并在氧化条件下进行，这样表面就成了红色；烧制最后通过灭火限制氧气进入，短暂的闷熄使得陶器的外表着色变成了黑色，而倒置的陶器内部由于受到保护仍旧保留了其红色(Thissen，1993，214)。

群组 DD/EE 的陶器胎薄、表面高度抛光。有些陶器刻有图案并涂有白釉细线束。常见的还有浮雕，如口沿下和罐身最宽处的小凸起，口沿下的小双耳或凸起塑贴以及波浪形口沿。群组 DD/EE 陶器器形有限——圆形碗、宽圆锥形盘子、双锥形棱纹碗、孔口罐以及圆肚长颈罐。然而，众多的小元素，如小凸起、贴花、各种耳、腿、底座和盖子，创造了绚烂多彩的容器，可以做摆设、上菜，还可以储存食物和液体。很明显，嘴和手柄没有出现(图 7.6)。丰富多样的装饰和众多群组

DD/EE特有的其他东西在群组 CC 晚期都消失了(Schoop,2005,314)(图 7.7)。

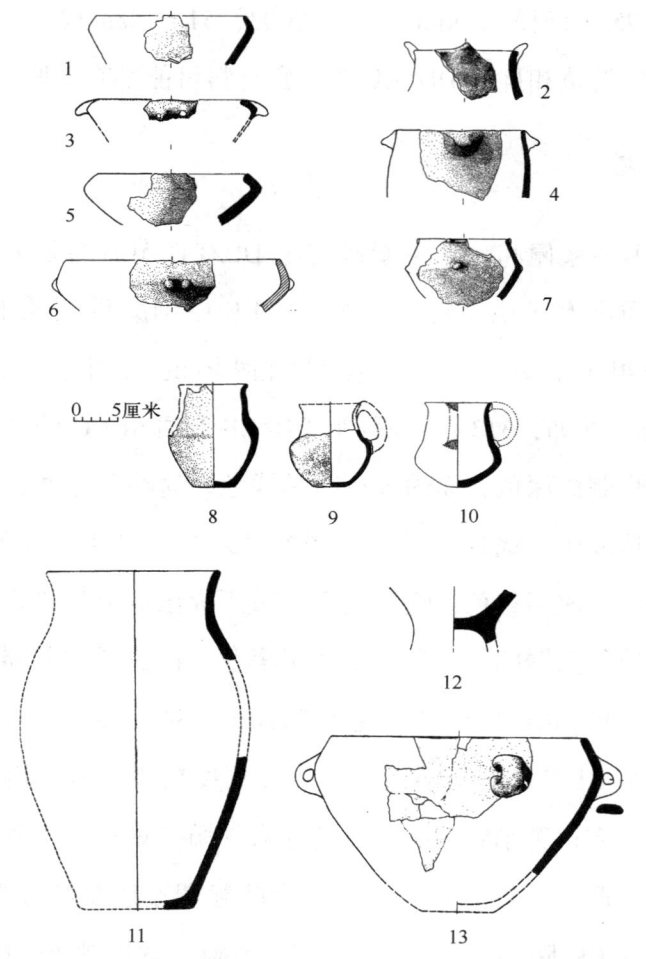

图 7.7　CC 群组。伊基孜泰佩Ⅱ探沟 B(1~9、11~13)以及阿里萨(10)

金属

庞廷山山麓矿藏丰富,并有众多的采矿遗址,矿渣堆也证明了它们在历史时期的开采(Wagner and Öztunalı, 2000, 40-50)。史前铜矿石开采和冶炼的痕迹在黑海南岸的两个遗址有过报道：科兹卢(Kozlu)和穆古尔(Murgul)。在耶希尔三角洲南部凯尔基特(Kelkit)峡谷靠近埃尔巴(Erbaa)的科兹卢发现了大量的地下开采遗存和大型矿渣堆，根据碎矿石上的木炭样品，可以追溯到(4750±30)BP 或约公元前 3600 年至公元前 3500 年。[39] 附近一个矿山遗址发现了焦土层、石锤、燧石工具、含有铜液滴的小块矿渣以及可追溯至铜石并用时代或 EBA(早期青铜器时代)时期的陶片(Wagner and Öztunalı, 2000, 49 f.)。[40]

在霍帕(Hopa)南部穆古尔大型铜矿附近发现了带有大量废渣堆的古代冶炼遗址。废渣堆中只有重 1.5~3 千克的大废渣块，但没有在科兹卢发现的那种小废渣片。沉重的废渣块含有熔化的煤矸石，其在直径为 15~20 厘米的镂空底部凝固。炉渣的成分和结构表明氧化铜矿石在约 1200℃ 的还原条件下熔化，并证实添加了"助熔剂"：添加石英和氧化铁降低废渣的熔融温度。从废渣块底侧的痕迹大小来看，熔炼时获得的铜锭重量仅为几百克。这种技术可以非常有效地把金属和脉石分离，因而在所调查的穆古尔地区生产的铜估计达 20 吨。该遗址根据碳-14 断代可追溯到公元前 4 千纪的下半叶(Lutz et al., 1994)。

公元前 4 千纪，安纳托利亚黑海地区的熔炼显然是在矿源附近进行。伊基孜泰佩聚落遗址铜冶炼的证据很少。厄兹巴尔等对该遗址的渣化坩埚碎片研究表明它们是二次加工的废渣

(Özbal et al., 2002, 45, Table 3; 2008, 74 f.)。[41]它们含有高浓度的砷和铜, 成分和形状既与冶炼炉渣不匹配, 也与精炼不匹配。厄兹巴尔等认为它们是一种"渗碳"的遗存, 这可能意味着在熔融的铜中添加了磨碎的含砷矿物。分析发现多数伊基孜泰佩铜器含砷(超过90%的文物; 见 Özbal et al., 2002)。然而, 群组 AA 和群组 BB 相关的含砷文物几乎不超过1%(Özbal et al., 2002; 2008, 68)。低砷铜是安纳托利亚公元前5千纪和公元前4千纪遗址冶金的特征。[42]在伊基孜泰佩金属的铸造在探沟 L 层 5 的遗存中发现的两个坩埚得以证实, 该遗址可能与陶器群组 DD/EE 有关联(Bilgi, 2000, 318, Fig. 7)。伊基孜泰佩金工技术包括通过轧制、弯曲、切割铜丝和铜箔制作简单小件。带卷头的簪子、锥子、螺旋和挂钩等铜器小件在这个遗址一开始居住时就出现了(此类物品和群组 AA 一起被发现; Alkım, 1983, 31-33, Fig. 1.3)。所谓黄金戒指吊坠和铅吊坠特别引人关注。一个"戒指吊坠"在土墩 I 被发现, 可能与陶器群组 DD/EE 有关联(Bilgi, 1983, 88; 2001, Fig. 26)。在黑海西海岸公元前5千纪晚期的遗址(如瓦尔纳 I 和杜兰库拉克)也发现了非常类似器物(见 Todorova and Vajsov, 2001)。[43]但是, 在伊基孜泰佩坟墓 Sk 192 和 Sk 569(Bilgi, 1984, Fig. 18, 266; 1990, Fig. 427, 后者与矛头有关)发现的铅坠很可能要晚于公元前4千纪。类似形状的戒指吊坠在安纳托利亚的数个青铜时代遗址中也有发现。[44]

伊基孜泰佩的情形让人联想起伯顿·贝瑞收藏的黄金饰

品，藏品中显然有公元前5千纪或公元前4千纪和公元前3千纪的环偶像（Rudolph，1978）。其中有购自特拉布宗的两个独立群组的器物，很可能来自被盗坟墓。第二组的文物很可能追溯至公元前5千纪，本书第三章也有论述。第一组器物要晚一些，其中有类似亚洲西南部和南高加索地区的珠宝。例如，从乌尔王朝早期墓地出土的"船形耳环"和稍晚时期来自库尔泰佩（Kültepe）的一个船形戒指（Maxwell-Hyslop，1971，Pl.4，37）；来自特利阿勒梯（Trialeti）、泰佩希萨尔（Tepe Hissar）以及乌尔萨戈尼泰（Sargonite）时期的玛瑙"弦月"珠（Maxwell-Hyslop，1971，Fig.19，Pl.51；Schimdt，1937，228）；在泰佩希萨尔ⅢC宝藏中发现的黄金"锅铲"耳环（Schmidt，1937，228）；一个从泰尔布拉克（Tell Brak）发现的球拍形螺旋环（Maxwell-Hyslop，1971，Fig.24a）。该组还包括环形吊坠。它们在公元前3千纪的众多文物中出现要么表明这种特定的器物仍在这个时候使用（前面提到的例子已经说明了这点），要么第二组的特拉布宗器物可能本不属于同一时期的器物。

在伊基孜泰佩发现的唯一大型铜器是具有细长特征的平斧。[45]虽然大部分标本显然来自公元前3千纪的墓地，有些可能来自公元前4千纪，并与陶器群组DD/EE有关。[46]安纳托利亚公元前4千纪的遗址也发现了数件类似的平斧。例如，在顿达尔泰佩山顶探沟含DD/EE型陶器的一个破坏层里发现了这样的标本（Kökten et al.，1945，Pl.LXⅥ，3）。在器形与年代方面与伊基孜泰佩标本类似的还有在伊利皮纳尔Ⅳ公元前4千纪的

355

坟墓和在安纳托利亚西部库鲁查聚落点ⅥA发现的长平斧（Roodenberg and Alpaslan-Roodenberg，2008，Pl. 10，11. 12；Begemann et al.，1994；Duru，1996，Pl. 160）。此外，在安纳托利亚中北部比约克居吕克的铜石共用时代遗址发现了两把类似的平斧（Koşay and Akok，1957，47，Pl. 36）。还有一个令人感兴趣的类似器物来自偏远地区，在埃里温（Erevan）附近10把长约28厘米的细长平斧和几把镐一起被发现，年代可追溯到公元前4千纪晚期（Martirosjan and Mnatsakanjan，1973，Fig. 47；Munchaev，1975，Fig. 83）。此外，在乌尔米耶湖附近的塞吉尔丹公元前4千纪中晚期坟墓、什奇米姆（Shiqmim）的铜石并用时代遗址、东地中海地区的纳哈尔米什马尔（Nahal Mishmar）公元前4千纪宝藏以及幼发拉底河上游哈布巴卡比拉（Habuba Kabira）乌鲁克晚期遗址都发现了类似的长平斧（Muscarella，2003，Fig. 5；Bar-Adon，1980，No. 164 - 169；Levy and Shalev，1989，Fig. 2，3；Tadmor et al.，1995，Fig. 26，Fig. 27；Strommenger，1980）。

几把带柄匕首在伊基孜泰佩坟墓出土，据说有的坟墓还发现了与群组DD/EE类似的陶器（见Bilgi，1984，1990）。但是，这些标本确切的年代还不得而知。似乎有可能大部分甚至全部伊基孜泰佩出土的带柄匕首可追溯到公元前3千纪。[47] 这些文物与安纳托利亚的早期匕首差别显著。早期匕首是用金属片和铆钉固定手柄而不是用柄脚（例如在伊利皮纳尔Ⅳ和恰姆利贝尔塔尔腊希，可追溯到公元前4千纪中的下半叶；

Roodenberg and Alpaslan-Roodenberg，2008，319，Fig.8，5.7，Fig.12，6~8；Schoop，2009，Fig.61）。[48]

安纳托利亚中部与东南欧之间的联系

　　黑海南岸的村庄相互隔离，崎岖不平的地势阻断了它们与安纳托利亚内陆之间的联系。例如，锡诺普海角，位于高达2019米的居乐达格朗山（Küre dağları）的背后，山墙阻碍了沿海地区与内地之间的联系。由于陆路交通不便，黑海南岸社区的活动主要通过海路进行（Hütteroth and Höhfeld，2002，116）。纵观历史，对安纳托利亚高原居民来说黑海沿岸地区一直属于边远地区。流入黑海的河道非但不是天然高速路，反而是天然屏障，即使现在的交通也要避开这些无法穿越的深壑峡谷（Burney，1956，179）。有人提出，克孜勒河谷起到了沿海与高原地区之间交通要道的作用（例如 Bauer，2007，229）。但是，即使在今天，峡谷沿线还没有跨越这些山脉的路。海岸中部的三角洲平原确实有最好的地理条件与安纳托利亚中部进行交往，虽然不是通过陡峭的克孜勒峡谷，而是通过在庞廷山脉中下部的通道（以下简称"卡瓦克之门"）（Höhfeld，1995，118）。另一个打通屏障的要道位于特拉布宗附近，通过孜迦纳（Zigana）通道与安纳托利亚东部和伊朗西部进行交往。

　　与安纳托利亚内陆的联系贯穿整个伊基孜泰佩序列。公元前5千纪的群组 BB 中发现了与比约克居吕克和霍罗兹泰佩（Horoztepe）极为相似的标本，例如典型的撒尿碗、牛角手柄、壶嘴、白绘、阴刻并涂成白色的装饰（Orthmann，1963，20/06；Schoop，1998；2005，Pl. 9，Pl. 10）。群组 DD/EE 中的某些元素，如红黑表面以及一些典型的形状，像带凸起的陶罐和圆柱形器皿在阿拉卡土丘（Alacahöyük）和霍罗兹泰佩也有发现（Schoop，2005，Pl. 6，4.11；Orthman，1963，20/05），而群组 CC 类似阿里萨的陶器（Schoop，2005，331 f.，Pl. 3，1）。沿海居民和安纳托利亚中北部高原肯定进行了文物和材料交换，伊基孜泰佩发现的黑曜石标本（Alkım et al.，1988，157，I/74-189 and I/74-278，159 I/74-74）以及博阿兹柯伊附近恰姆利贝尔塔尔腊希（Schoop，2010，198）发现的海生贝壳可以为证。

此外，安纳托利亚中北部的史前陶器与巴尔干和爱琴海发现的标本有一些共同的奇特特征。安纳托利亚中北部[比约克居吕克、格尔维里（Gelveri）、居维琴卡亚希（Güvercinkaysı）、伊基孜泰佩 BB)、爱琴海东海岸（蒂加尼Ⅱ-Ⅲ）、色雷斯（卡拉诺沃（Karanovo）Ⅳ和帕拉蒂米（Paradimi）]与巴尔干中部公元前 6 千纪晚期和公元前 5 千纪早期系列遗址发现的"牛角"手柄和阴刻点带装饰惊人相似。[49] 公元前 5 千纪晚期的材料中，这样的相似性尽管已经没那么明显，但仍然可以辨认。例如，泰森（1993，217）把色雷斯卡拉诺沃Ⅴ-Ⅵ时期反向口沿、带阴刻和粘贴纹饰的棱纹碗与伊基孜泰佩陶器标本进行了比对（群组 DD/EE）（图 7.8）。特拉布宗发现的器物以及伊基孜泰佩土墩Ⅰ发现的黄金戒指吊坠进一步提供了与巴尔干东部器物的

第七章 未知海岸：安纳托利亚海岸

相似之处（Rudolph，1978；Bilgi，1983，88；2001，Fig. 26）。厄兹多安（1996，195）注意到了安纳托利亚北部和巴尔干地区这些类似特征最显著的地方——它们与叙利亚-美索不达米亚和地中海东部的材料完全不同。似乎在公元前6千纪和公元前5千纪可能有一个涵盖欧洲东南部、托罗斯山脉以北的安纳托利亚地区的大范围互动圈，并恰逢冶金技术（从矿石中提取金属和金属化合物）和技术革新（如铜熔炼、熔化、铸造等）的传播（见第八章）。

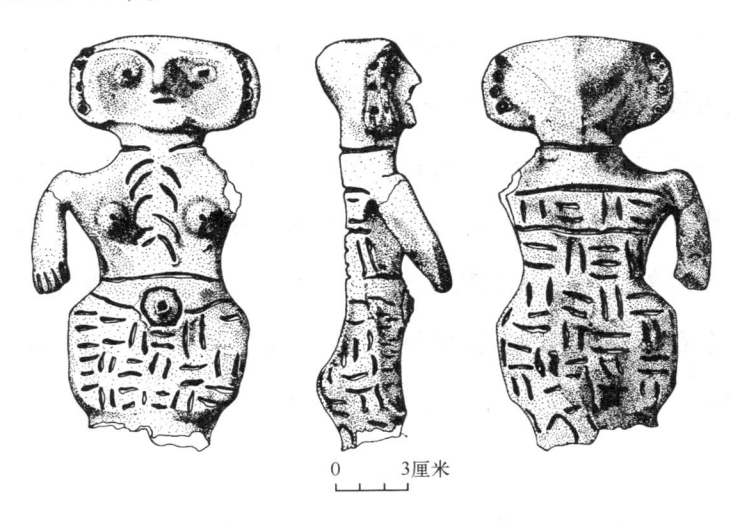

图7.8 伊基孜泰佩Ⅱ探沟B出土的DD/EE群组陶俑

陶器证据表明，公元前4千纪巴尔干地区和安纳托利亚地区的互动逐渐下降，而安纳托利亚高原和安纳托利亚东部高地之间的联系逐渐变得重要。联系的主要迹象是一种特别的外红内黑陶瓷的传播。这种红黑抛光（RBB）陶瓷构成了公元前4千纪安纳托利亚三大陶瓷风格之一，另外两种是安纳托利亚东部

359

欧贝德-乌鲁克晚期的糠面陶瓷以及安纳托利亚西部的手工陶瓷（见 Schoop 即将发表的文章）。

在安纳托利亚中部，公元前 5 千纪的红黑陶在耶里卡亚（Yarıkkaya）、伊基孜泰佩、阿拉卡土丘、恰迪尔土丘和阿里萨都有发现报道（Schoop in press）。在公元前 4 千纪，这种奇特的陶瓷器皿朝两个方向分布扩散。一方面，它在黑海沿岸伊基孜泰佩地区（群组 CC）很受欢迎；另一方面，红黑陶也出现在安纳托利亚东部。例如，在幼发拉底河上游遗址阿尔斯兰泰佩，明显产自安纳托利亚中部的红黑陶出现在公元前 3500 年第七阶段末尾（Frangipane and Palumbi，2007，2008）。红黑陶在阿尔斯兰泰佩Ⅶ群组中占不到 2%，明显是侵入的。差异涉及黏土坯（它是砂陶，而幼发拉底河上游的是糠面陶）、器形以及形成内外红黑对比的特定烧制技术。红黑陶也出现在安纳托利亚东部高地，如埃尔祖鲁姆（Erzurum）附近索斯土丘（Sos Höyük），年代约为公元前 3500 年。弗兰吉帕内（Frangipane）和帕卢比（Palumbi）（2007，253）推测，这种特殊陶瓷制品的传播可能标志着幼发拉底河流域及黑海山区之间接触的增多，可能是随着金属供应发生的。

注　释

1. 有关埃雷利（Ereğli）附近亚瑟卡亚洞穴（Yassıkaya Cave）内公元前三千纪中期内陆居住遗址的发掘情况，请参见埃费（Efe，2004）及埃费与梅尔詹（Efe and Mercan，2002）的研究。

2. 多恩梅兹(2001,304)也把科卡居兹的最底层追溯到铜石并用时代。锡诺普市有两个史前遗址的抢救性发掘：一是20世纪70年代对在波兹泰佩(Boztepe)斜坡上的公元前3千纪古墓的发掘(Doonan,2004,10,with references)；另一个是在2000年对锡诺普港口前殖民地定居点的发掘(Doonan,2004,10,56 f.)。

3. 伯尔尼在1955年(Burney 1956)调查了该地区，而来自锡诺普考古博物馆的易欣(Işın)在1987—1990年进行了大范围的田野考察(Işın,1998)。在1997—1998年，多恩梅兹调查了埃菲莱克(Erfelek)和盖尔泽(Gerze)附近(Dönmez,2001)。

4. 参见如皮洛斯(Pylos)区域的考古项目(Davis et al.,1997)和基奥斯(Keos)调查(Cherry et al.,1991)。

5. 伯尔尼、多恩梅兹、多南分别在1955年、1987年、1998—1999年对该遗址进行了考察。

6. 类似的细陶(器表抛光，米色、灰色和黑色)在其他几处遗址也有报道，如伊尔扬宁耶里(İlyan'nın Yeri)(Işın,1998,99 f.,Pl. 7)和奇姆贝克(Çimbek)土丘(Işın,1998,100,Pl. 8,Pl. 9)。

7. 鲍尔(2006,190)将其比作特洛伊的"脸盆"，这很可能是错误的。

8. 斜坡上的一个探沟发现了可追溯到公元前3千纪的考古层。

9. 挖掘在阿尔金(Alkım)带领下从1974年开始，直到1980年他去世；1981年开始伊基孜泰佩的考察已由比尔吉(Bilgi)领导。前6次发掘结果出现在两个会议论文集中(Alkım et al.,1988,2003)；1980年以后的发掘，仅有简单的年度报告和几篇简短的文章(见 the contributions of Bilgi in Kazı Sonuçları Toplantısı and Bilgi,1999a,1999b,2001,2004)。

10. 在伊基孜泰佩 I(探沟 A、A'、H)也进行了挖掘，但这些探沟发现的几乎全部是赫梯早期的材料。更早的史前遗存在土丘 I 探沟 C 和土丘 III 探沟 J 发现。

11. 见 reports in Türk Arkeoloji Dergisi,1974,1975 and Belleten,1972,1973,

1974，1976，1978)。

12. 从希来克(Şirlek)伊基孜泰佩土墩(Çirlek、Küşcular)发现的陶片对比插图由伯尔尼(1956，Fig. 1. 2，4~6)发表，该土墩位于巴夫拉以西4千米处。多恩梅兹(2006)发表了克孜勒冲积平原上克来比斯(Kelebeş)土墩、巴基德雷(Bakırdere)山丘和泰迪居恩(Tedigün)土墩和卡瓦克附近阿伊(Ay)土墩的陶器插图(Dönmez，2006)。

13. 例如在洞穴的新石器时代层上部发现蛇纹石的石手镯(Solovev，1958，141，Pl. 2，5)。

14. Pichori 8，TB 460，(4245±60)BP，Ispani，TB 82，(4405±50)BP(Pkhakadze，1993，26)。

15. 他的模式是基于3个假设：①所有的史前时期都在阿里萨(例如，阿里萨的最底层是安纳托利亚中部最早的)；②阿里萨序列没有中断；③安纳托利亚中部最早的定居点是随着近东地区的扩散出现的，而这种扩散是随着公元前3千纪前美索不达米亚城市社会的兴起开始的(因此在阿里萨和安纳托利亚中部的序列作为一个整体必须往后推到公元前3千纪前后)。

16. 多恩梅兹在最近的一篇文章解释了和奥斯曼构想的明显矛盾之处(Dönmez，2006，94)：总的来说，黑海中部地区和伊基孜泰佩晚期铜石文化很符合W. 奥斯曼的公式(铜石并用时代晚期=早期青铜器时代Ⅰ)，基于此，伊基孜泰佩的年表问题似乎并不大。据此，铜石并用时代晚期和早期青铜器时期Ⅰ的早期阶段代表了相同的文化进程。

17. 在同一年的一篇文章中，帕尔辛格(Parzinger，1993，218 f.)讨论了伊基孜泰佩Ⅱ探沟B的地层序列和材料，以及这个探沟中发现的陶器与安纳托利亚中部其他遗址的联系。虽然确切的相关性还有争议，但帕尔辛格观察认为，伊基孜泰佩的大部分地层早于青铜时代(公元前3千纪)，这是值得注意的。

18. 与DD/EE有清楚平行特征的系列器皿已经从1975年以后几个探沟的发掘中出土并发表：探沟J(Alkım et al.，2003)，探沟L(Bilgi，1999b，Pl. 1；

1999a, Pl. 2-4；1999c, Pl. 3-4），探沟 D（Bilgi，1992，Fig. 17；1993，Fig. 11）和探沟 M（Bilgi，2002，Fig. 12）。

19. 从焚毁的第 2 层，Beta-134069 和 146714 以及叠加层 1，Beta-134066。见史库柏的评论（2005，92）。

20. 奇来克（Çirlek）土丘（Kökten et al.，1945），克来比斯土丘和泰迪居恩土丘（Dönmez，2002，251-253），希弗里（Sivri）土丘和居克策波加兹（Dönmez，2002，248-250）。

21. 地貌研究表明，土墩位于克孜勒河原来的岸边；今天的遗址位于距离河流有 1.5 千米的地方（Alkım et al.，1988，148.2）。土墩Ⅳ没有史前层。

22. 与 DD/EE 群组陶器相关的建筑遗存在土丘Ⅲ的探沟 L（见 Bilgi，1999a，1999b，1999c）和土丘Ⅰ的几个探沟（参见 Bilgi，2002）进行了考察，探沟 F 没有建筑遗存。

23. 此外，多恩梅兹和纳扎·多恩梅兹（2005）引用了本都（Pontus）地区维特鲁维斯（Vitruvius）建造的古老建筑的描述，据说这些建筑是在原木构成的矩形木框架上架设的，墙上涂满了泥土。

24. 1976—1980 年间发掘的坟墓由阿尔金等（2003）发表。对于 1980—1990 年间发掘的坟墓，只有一份名单（包括位置、高度和随葬器物）；金属器物由比尔吉发表（1984，1990）。对于 2000—2002 年发掘的坟墓，只有非常简短的初步报告（Bilgi，2004b）。

25. 土丘Ⅰ的 MBA 遗址在地表出土了瓮葬坟墓，这里不予讨论（见 Bilgi，2004b）。另见比尔吉（2004b，33f.），他们显然将 NN 22 米以上的坟墓的日期推定为 EBⅢ时期和 22 米以下的坟墓（22 米，70 米）推测为 EBⅡ时期。土丘Ⅲ的坟墓见比尔吉（1999d）。

26. 关于矛头的数量，见厄兹巴尔（Özbal）等（2008，69）。带柄矛头与伊基孜泰佩发现的器物相似，源自公元前 3 千纪（Stronach，1957；Ivanova，2008a，77 f., with further references）；据我所知，还没有早于公元前 3 千纪的例子。对于所谓的直轴烙接矛头，唯一可追溯到公元前 4 千纪的矛头见第四章（然而，这种器物在伊基孜泰佩并未发现）。在伊基孜泰佩Ⅰ墓地，至少一部分公墓可追溯到公元前3千纪，证据是器物I/84-436，其中包含岩石水晶、铅和红宝石珠子（Bilgi，1985，111 f.，Fig. 12）。类似的器物在安纳托利亚中北部的EBA墓地也有发现：各种各样的珠子和吊坠[石榴石、彩陶、贝壳、石灰石、孔雀石、红宝石、含砷矿石（油雌黄）、铜/青铜、银、黄金，偶尔在雷苏洛古鲁（Resuloğlu）和卡林卡亚（Kalınkaya）的坟墓中还发现了琥珀金]（见Zimmermann and Yıldırım，2006，Fig. 5；Yıldırım，2006）。

27. 如在墓Sk 81、101、106和210中，四足螺旋与矛头有关（见Bilgi，1984，Fig. 18，272，273，276 and 277；Fig. 7，4；Fig. 9，18；Fig. 10，19；Fig. 11，28），另见Bilgi（1990，AppⅡ）。在Sk 428中，有一铅制的"环形偶像"与矛头有关（Bilgi，1990，Fig. 7，42；Fig. 19，427）。

28. 墓中有陶器的坟墓包括Sk 276、Sk 347、Sk 425、Sk 544、Sk 562、Sk 574、Sk 165、Sk 119、Sk 247、Sk 270、Sk 71、Sk 74；关于坟墓群组的描述见比尔吉（1984，1990）。

29. 如在探沟D、C-19/Ⅳ-11区、墓Sk 74深26.20米处以及墓Sk 247深23.40米处，据称有同一种器皿（In Bilgi，1984）。如果没有详细的地层数据，就不可能解释这个深度差异。我们可以推测，在较高和较低的坟墓之间累积了不同的居住阶段（即该地区被重复用于居住和埋葬）。在土丘Ⅰ肯定有一个公元前3千纪的重要居住阶段，探沟A和C出土的陶器可以为证（Alkım et al.，1988，Pl. Ⅺ，13，15-17；Pl. Ⅻ；Pl. ⅩⅧ，8-11——如需对比请参阅Orthmann，1963，Pl. 10，2/60，45；Pl. 71）；一些小器物，例如来自探沟A的许多纺锤（Alkım et al.，1988，Pl. XL，1-11)也指向了这个方向。

30. 需要强调的是并没有相关插图报道可以证明骨骸、器皿和金属武器的确切关系。例如，墓581的随葬品中还发现了属于DD/EE群组（Bilgi，1990，Fig. 20，451)的一个器皿；另外还有一把匕首，其装饰风格与坟墓569发现的匕首非常相似（Bilgi，1990，Fig. 14，183），后者与矛头相关（Bilgi，1990，Fig. 10，74）。因此，根据器皿，可以将墓581断代为公元前4千纪；

第七章 未知海岸：安纳托利亚海岸

而根据匕首则意味着要晚于公元前 3 千纪。只有出版详细的图形记录才能解决这样的矛盾。

31. 对于厚葬坟墓见比尔吉（2005）。在泰克库伊，墓中的尸骨有伸展位，也有屈体位，但是他们的年代还不确定（见 Kökten et al.，1945，Pl. LXXⅡ）。

32. 卡林卡亚是位于阿拉卡土丘北部市外的一个公墓，其中有早期青铜器时代的坟墓，尸骨蜷曲，放置在瓮中和石棺中，还有几个骨骼呈伸展仰卧位，齐默尔曼（Zimmermann，2007，28 f.）倾向把它们断代为"铜石并用时代"。该遗址尚未发布；据齐默尔曼介绍，在安纳托利亚文明博物馆的遗址文件中记录了这些不寻常的坟墓。

33. 对于上幼发拉底河的石棺参见帕卢比（Palumbi，2008）；安纳托利亚中北部参见雷苏洛古鲁遗址 [乔鲁姆（Çorum）考古博物馆的展览资料；Yıldırım，2006] 和卡林卡亚的瓮葬墓（Zimmermann and Yıldırım，2006，Fig. 3；Zimmermann，2007）；对于西安纳托利亚，见 Stech Wheeler（1974），Seeher（2000），Roodenberg 和 Alpaslan-Roodenberg（2008）。

34. 当代的经济作物以榛子为主，里泽（Rize）东部以茶为主。在古代，橄榄是锡诺普地区种植的主要作物。

35. 南部沿海最早的希腊殖民地是锡诺普、Amisos（现在的萨姆松）和特拉佩祖恩特（Trapezunt）。在通常不宜居的海岸中部，锡诺普是古代主要的黑海港口之一。

36. 在阿里萨 13M 发现了鞍形石磨（Von der Osten，1937，Fig. 44）。

37. 虽然新鲜的牛奶和脂肪（黄油）都会快速变质，但是经过处理的黄油可以储存更长时间。新鲜黄油加热时，其分子会分解；净化后的黄油可以脱脂，并把固体过滤掉。黄油作为可储存的产品是气候炎热地区的主要脂肪来源，其中优质的动物脂肪（如猪油）因文化或环境原因并没有出现——例如在西南亚和南亚。

38. 在安纳托利亚中部，类似的织机纺坠在阿里萨有发现（von der Osten，1937，Fig. 99）。

39. 安纳托利亚的铜矿冶炼开始于约公元前 5000 年（见第四章）。恰塔尔土丘

(Çatalhöyük)发现的一块较早的矿渣(很可能是定居点发生火灾时被加热的一块孔雀石)参见史库柏(1995, 37 f.)。最近雅尔钦(Yalçın)(2000a)对奇里乞亚(Cilicia)的梅尔欣(Mersin)XVI的金属器物(可追溯到公元前约5000年)重新研究表明：这些器物的化学成分和金相特征均符合这些金属是从铜矿中冶炼生产的特征。

40. 对于伊基孜泰佩居民使用的铜矿石、含银铅矿和含砷矿物的储藏见厄兹巴尔等(2002, 43, Fig. 4; Özbal et al., 2008, 70 f.)。科恰克(Koçak)(2006)提供了梅尔济丰(Merzifon)北部塔夫尚(Tavşan dağ)的巴克尔恰伊(Bakırçay)山谷和居米什哈杰科伊(Gümüşhacıköy)附近伊内格尔(Inegöl dağ)古代炉渣堆中含有石质工具的信息。

41. 来自伊基孜泰佩的3个坩埚渣样品已由厄兹巴尔等进行了研究(2002, 45, Table 3; 2008, 74 f.)。样品来自探沟C(坩埚碎片上的渣和一块较大坩埚碎片)、探沟D的第二层(含有3.99%砷的颗粒矿渣)(Özbal et al., 2008, 72-75)。

42. 位于安纳托利亚中北部的比约克居吕克遗址出土了两把平斧,砷含量低于1%(Vakar, 1985, 65)。此外,在安纳托利亚西部的比策苏尔坦(Beyce-sultan)的XXXIV级发现的金属宝藏由一个银环和几件铜器组成,其中大部分是非合金,但有些含有少量的砷(Yakar, 1985, 64)。

43. 据报道,一个来自塔利比尔塔拉希(Tarlibel Tarlasi)用来铸造类似器物的模具可以追溯到公元前4千纪中期(Schoop, 2009, Fig. 62)。来自希腊南部阿勒珀特里帕(Alepotrypa)的银吊坠也可追溯到公元前4千纪(见Maran, 2000, 188)。

44. 如来自巴克拉泰佩(Baklatepe)EBI(青铜器时代早期I阶段)公墓的银吊坠和铜吊坠(Erkanal and Özkan, 1999, 124-6, Fig. 29, Fig. 30)和一个来自阿里萨铜器时代层(特洛伊I)的一个类似器物(von der Osten, 1937, Fig. 197, c753)。来自安纳托利亚中北部的两个环形吊坠,来自卡尔姆卡亚(Kalınkaya)的公元前3千纪公墓墓地的金吊坠,以及据称来自居乐(Göller)(Zimmermami, 2005, 194)的一个偶然发现的银吊坠证明了安纳托利亚内陆这些具体文物的存在,

第七章 未知海岸：安纳托利亚海岸

但不能确定其年表。据报道，伊基孜泰佩还有几个其他铅、金和银制的小物件，但大多数标本起源于什么样的时代，至今还不能确定。例如，墓 Sk 581 发现了铅贴（İ/84-150）和墓 Sk 574 中的铅环（Bilgi，1990，Fig. 19，430；Fig. 18，376）。这些铅环与砷铜矛头有关，可追溯到公元前 3 千纪。在墓 Sk 581（Bilgi，1990，Fig. 17，331）中发现了金戒指。来自探沟 D（Bilgi，1992，237，Fig. 14）的银夹（İ/92-64）最有可能晚于公元前 4 千纪。

45. 伊基孜泰佩没发现轴孔工具。安纳托利亚和爱琴海东部最早的轴孔斧来自利姆诺斯岛（Lemnos）的波利奥克尼（Poliochni）[一个来自阿祖罗（azzurro）阶段的铸模和来自罗索（rosso）阶段的斧头；Bernabò-Brea，1964，Pl. LXXXV 和 Pl. CLXXIII]，以及安纳托利亚中北部雷苏洛古鲁、霍洛兹泰佩（Horoztepe）和卡林卡亚（Yıldırım，2006，8，Fig. 14），都可追溯到公元前 3 千纪。

46. 其中一把斧头在探沟 J 中发现（İ/77-128），另一把在探沟 L 中发现（Alkım et al.，2003，Pl. CXXVI，169；Bilgi，1994，143，Fig. 12）。然而，与这些器物相关的陶器材料尚未完全公布，该地区也提供了青铜器时代的文物（例如在清理期间发现的青铜时代矛头；Bilgi，1994，144，Fig. 20）。据报道，公元前 3 千纪的可比对斧头也有报道，如来自特洛伊的斧子（Korfmann，2000，Fig. 12，2；Sazci，2007），以及来自阿尔斯兰泰佩ⅥB、比策苏尔坦 X、色尔米（Thermi）、塔尔苏斯（Tarsus）和索洛伊（Soloi）的斧子（Frangipane et al.，2001，Fig. 21，3；Lloyd and Mellaart，1962，286，Fig. 9，7）。

47. Sk 581、Sk 562、Sk 425、Sk 574 和 Sk 347 有与矛头相关的带柄匕首（Bilgi，1984，1990）。一些匕首似乎与库拉-阿拉克斯晚期时期的器物外形上相似。

48. 在阿里萨第 12 层发现了一块疑似带柄匕首的碎片。然而，这块碎片却来自"最高建筑物层的垃圾层"（von der Osten，1937，91，Fig. 96，c419），可能受到了侵扰。

49. 见 Schoop（2005，Pl. 57；Pl. 150，1，4，8，10；Pl. 154，3-4），Esin（1993，Fig. 9），Steadman（1995），Todorova and Vajsov（1993，Fig. 107，6；Fig. 111；Fig. 126，8，12）and Nikolov（1998，177 f.）。

第八章　结语：黑海和外部世界

"海上人不同于陆上人。海洋会不停地在你耳边与你窃窃私语，因为耳朵不像眼睛一样睡觉。"

汤亭亭（1940—　）

黑海人

黑海沿海地区在公元前 4 千纪有着非凡的文化多样性。在黑海东北岸，库班河下游居民住在没有规划的村落里，村里圆形小屋零星分布。相反，他们的墓地却令人印象深刻。大摆宴席和食品共享是葬礼上最重要的环节。一些个人葬礼会有大型聚会、动物献祭、大量的食物消费以及庞大土石古坟的建造。民族志学记录了大量这样奢侈的葬礼宴，这些盛宴都是由死者家属赞助，用来彰显其政治权力。在许多社会，丰盛的葬礼宴是显示经济优势、吸引盟友和恐吓竞争对手的重要手段。

前文提到，库班河下游用来资助仪式的剩余产品肯定来自密集放牧而不是农业种植。北高加索社区崇尚武力，喜欢武器，但他们似乎并不担心村落的安全。无论是防御工事还是其他防御措施（如外人不容易接近的选址或居住点核心化）都不是这个时期的特征。战争显然不是领地内的主要威胁，换言之，

第八章 结语：黑海和外部世界

不用特别监控居住场所和存储的大量农产品。因此，对牧场、家畜和远途交易的控制似乎更有可能是剩余产品的来源（并引发冲突）而不是对耕地和农产品的直接控制。剩余产品既用来直接消费（宴席），也用于一些显赫的物件和仪式（外来物品、服饰和饰品）。重要人物的宏伟陵墓很可能是家族控制领地的标志性建筑，而葬礼期间展示的异域风情、奢华服饰、人体彩绘、稀有物品、饕餮盛宴以及陪葬物品都是政治权力集中的有力证明。这种炫耀攀比文化的背后是公元前4千纪中期北高加索地区一系列复杂技术创新的采纳和日益增多的家族融资。北高加索物质文化的顶峰期，其影响到达了里海西北地区、顿河下游和克里米亚的草原地区。

亚速海和黑海北岸草原的生活方式则完全不同。这里人口分散，大多居住在可以出入冲积平原的河岸上，居住点占用时间不长。社区仅由几户家庭组成，住所墙体简易、挖有地坑。山谷居住点可能是双季节定居系统的避冬场所。草原社区经济包括野生资源和驯化动植物。农业以及鹿角锄头、镰刀和鞍形石磨的标配显然是学自西部森林草原居民。沿海平原的葬俗相当统一，只有死者身体姿势和坟丘建筑上的一些细节稍有差别。墓地由几个小坟丘组成，墓室里随葬品不多。因此，墓葬证据表明这里的社区规模小而分散，而且非常平均主义。这种生活方式与北高加索的大密度人口形成了鲜明的对比。这里的社区既没有能力雇佣工人也没有动机进行社会炫耀，但却促进了社区之间微妙的相互依存关系。这里不仅物质文化不发达，和草原居民的远距离接触也有限，而且这里的技术传统也落后保守。

约在公元前4千纪中叶，内陆农民来到黑海西北海岸草原，并沿河口和湖泊建立了新的社区。新来者既没有利用大海维持生计也没有通过海路对外交往，而是仍然以河流及内陆为生。他们的经济类似森林草原居民，只是村落传统有所不同。沿海定居点规模小、流动性大，可能是由其特殊的生态条件决定的。一般来讲，草原地区湿度低会造成作物减产，与森林草原环境相比需要频繁更换耕地，而且休耕期也更长。因此，气候条件既限制了长期居住的可能性，也限制了社区规模增长的可能性。只有乌萨托沃时期的一些定居点发展成为核心村。这些大型社区的非凡地位也反映在它们的墓地上。在中央居住点，财富和影响力的积累可能已不限于少数个人和家庭。例如，乌萨托沃的居民修建了一系列大型坟墓，并有巨石外观、葬礼宴的残存以及厚葬的墓室。社会体系由数个中央社会群体和大量小规模又不稳定的社区构成，采用的技术传统接近东南欧森林草原居民。代表性技术有窑烧彩绘陶瓷技术以及铸造和热加工生产大件铜器。进口铜和火石表明沿海居民的远途交往主要面向德涅斯特河—喀尔巴阡山地区。

对黑海沿岸其他地区的考察还不够。巴尔干山脉以南沿海零星分布着农耕村落，这些村落在安纳托利亚和黑海欧洲海岸之间的交往中可能发挥了重要作用。安纳托利亚海岸，一个被高山和内陆隔离的偏远高地，只有有限的低地适于耕种。在可确认的遗址上，核心小村落主导着天然的低海拔高地。村落生活和沿海低地的农耕类似安纳托利亚内陆，但也有其特殊性，例如木材建筑、公用烤炉以及伸展仰卧的墓葬传统。高地发达的采矿和冶炼遗址相当突出。安纳托利亚海岸最东端以及科尔基斯的亚热带湿地代表着几乎未考察的区域，但在霍帕附近的穆古尔，大型开采和冶炼中心以及据称是在特拉布宗附近发现的巴尔干和高加索珠宝意味着沿海中心的存在，但还有待研究确认。

黑海沿岸的技术发展

农业

农耕技术在公元前 6 千纪晚期从安纳托利亚内陆、巴尔干地区和南高加索传到黑海沿岸。在西北海岸和北岸地区，农耕技术的扩散在很大程度上靠他们与原住民的交往，而不是直接的殖民化。已经证实，在公元前 5 千纪早期种植技术和动物养殖在黑海北部沿岸得以广泛推广（见第三章）。

带壳小麦是一种驯化的农作物，与"裸壳"物种相比，存储更简单方便，营养价值也更高（见 Nikolova and Pashkevich，2003，90），在黑海沿岸的植物考古记录中占据了主导地位。[1] 裸壳小麦是次要作物：在玛雅基、乌萨托沃和普尔卡里都确认发现了六倍体裸壳小麦的痕迹（可能是六倍体普通小麦）（Patokova et al.，1989，118；Jarovoj，1990，259）。除了小麦、大麦和豆类等作物，黑海草原早期农民还种植一种不属于近东"作物系列"的作物——小米（黍），其自然栖息地在亚洲中东部。[2]小米生长周期很短（从播种到收获只需60天），而且非常顽强。它们能生长在贫瘠的土壤里，耐高温，还可以承受非常干燥或过于潮湿的环境（Zohary and Hopf，1988，76）。但是，小米的营养不如小麦。种植小米最早的证据来自中国北方，可追溯到公元前8千纪（Lu et al.，2009）。[3]小米种植在公元前6千纪沿欧亚大陆草原带扩散看起来是有道理的。[4]

烹饪技术

卡茨（Katz）和福格特（Voigt，1986，25）观察，对驯化品种的依赖使得季节性野生食物的利用受到了影响。然而，植物多样性的减少需要有更复杂的加工技术从有限的资源中获取最大的营养。例如，乳酸菌发酵技术似乎就对谷类食物至关重要。由于谷物食品中钙和铁的吸收受麸皮中植酸的抑制，以谷物为主的饮食可导致严重的缺乏性疾病，如贫血和佝偻病（Thurmond，2006，16）。由乳酸菌（LAB）发酵产生的酸性环境可以激活植酸降解酶，由此显著提高谷类的营养价值（Sahlin，1999，15 f.）。[5]LAB既会从谷物粥中生成也会从暴露在空气中的生面包团中生成，面包是酵母和乳酸菌混合共生培养的结果。如果没有这种生物技术把不易消化的乳糖转化成无害乳酸，并同时把容易变质的鲜奶变成微生物稳定的产品，奶类产品作为主食消费几乎是不可能的。[6]最近，对陶器上有机残留物的分析证实了一个假说，即谷物种植、反刍动物的养殖和挤奶在公元前7千纪到公元前6千纪作为系列技术传到了安纳托利亚西部和欧洲东南部（见第三章）。

黑海沿岸地区使用奶油、酸奶或发酵面包等加工食品只有间接证据。伊基孜泰佩和顿达尔泰佩发现的底部开口的奇特罐子似乎就适用于乳类加工，特别是通过 LAB 进行酸奶的制备（见第七章）。此外，在伊基孜泰佩发现的大型公用穹顶烤炉可能用来烘烤发酵的厚面包块。

与 LAB 发酵相比，酒精酵母发酵似乎更是"生物升华品"，而不是必需品。有些酒精饮料被列为特殊食品，或许能起到显著的营养作用。但是，酒精最主要的功能在于它的精神属性。酒精饮料是高度受重视的宴会商品，而且"从根本上"来说是一个重要的社会、经济、政治和宗教产物（Dietler，2006，229）。[7]葡萄和谷物酒精发酵技术的最早直接证据来自伊朗和南高加索，时间可追溯至公元前4千纪，而对酿酒酵母（涉及食品发酵大多数进程的酵母菌种）的遗传多样性研究表明葡萄酒酵母的大多数菌株起源于亚洲西南部（Legras et al.，2007；参部 Chapter 4）。[8]

谢拉特（1997a，396）指出，在温带欧洲（包括黑海）要想获得酒精一度可能相当困难。由于当地温带野果的含糖量太低不能用来直接发酵，史前酿酒时蜂蜜可能必不可少。蜂蜜一直是贵重物品，即使中世纪发展大规模养蜂后，蜂蜜酒（蜂蜜发酵后的轻度酒精饮料）在宫廷也是奢侈品（Koch，2003，135）。

有趣的是，基于蜂蜜酒精饮料的奢侈消费或许可以解释黑海东北部贵金属器皿的用途(第四章)。特别引人注目的是迈科普坟冢中出土的铜斗银杯组合。丹麦青铜时代沼泽地提供了类似的标本，其中的大铜斗和金杯被普遍认为是餐具，用来倒酒和饮用蜂蜜酒(Koch，2003)。酒精消费的其他间接证据，如倒酒器皿和成套饮酒器皿的突然出现，在黑海社区的陶器目录中并没有。

纺织

早期的植物栽培涉及纤维植物的种植，但是动物养殖最初并没有提供纺织工艺品原料。绵羊的野生祖先既不长长毛也不是白色，毛发结构和颜色的变化肯定需要驯化后选育产生(Ryder，1969)。亚洲西南部和欧洲的骨骼证据表明，一个新的大羊品种在公元前4千纪出现(Boessneck and von den Driesch，1992，67；Benecke，1994，138；Bökönyi，1979，103 f.)。此外，对欧洲周边地区(撒丁岛、科西嘉岛、塞浦路斯和北欧)野生和半野生羊(被认为是最早驯养绵羊的残遗种)的基因研究表明它们与现代长毛绵羊品种不同。该研究还提出当代羊毛羊品种的原产区是亚洲西南部(Chessa et al.，2009)。尽管基因和骨骼数据都与长毛羊没有直接关系，但是似乎间接证实了这个假说："改良"羊毛羊品种是在亚洲西南部开始选育并通过养殖一段时间后扩散到欧洲，最有可能在公元前4千纪。至于首次长毛羊选育的确切时间和地点仍不得而知。

第八章 结语：黑海和外部世界

羊毛羊的选育为织造工艺开辟了一条全新的道路。一方面，动物纤维的生长、收割以及加工与韧皮纤维相比更省力（见 Barber，1991）。此外，毛纤维具有鳞片状和黏性表面，更容易编织图案，线的交织相较于平纹所需次数更少，因此具有更柔软更舒适的质地。相比韧皮纤维，白羊毛的另一个优点是能够很容易地吸收鲜艳的染料（而韧皮纤维染色困难，但漂白容易）（Barber，1991，21）。[9]高品质羊毛的供应可能触发了复杂编织的发展，例如不同类型的斜纹布，而动物纤维更容易吸收鲜艳染料的特性可能对精细纺织装饰技术的发展至关重要（Broudy，1979，45；Barber，1991，211）。

亚洲西南部长毛羊品种的选育显然是在公元前4千纪早期完成。来自伊朗西北部和美索不达米亚下游的动物考古证据表明放牧战略有了明显的调整，例如，在公元前4000年至公元前3600年，绵羊和山羊的比例发生了急剧变化，绵羊受到青睐，而且成年羊的数量开始增加（McCorriston，1997，521；Payne，1988，105）。在安纳托利亚高地阿斯兰泰佩，绵羊数量的急剧增加发生在约公元前3500年Ⅶ阶段和ⅥA阶段的过渡期（Bökönyi，1983，592 f.）。此外，在安纳托利亚东部的数个遗址，动物考古学家发现了公元前4千纪下半叶更强壮的绵羊个体的出现，这也许意味着新品种的引进。这个新品种以公羊为主，更酷似青铜时代毫无争议的大长毛羊，而不像"新石器时代"的小个羊（Boessneck and von den Driesch，1992，67）。已确定的毛纺织品最古老的遗存来自沙里索科塔

375

(Shahr-i Sokhta）Ⅰ，可追溯至公元前 4 千纪的最后几个世纪（Good，1999）。

黑海的情况类似，在北高加索新斯沃博德纳亚发现了公元前 3 千纪前后的纺织品遗存。遗憾的是，该地区的动物群数据有限，无法提供有关在公元前 4 千纪绵羊育种情况的任何线索。但是，在第聂伯河下游，高大而健壮的绵羊出现在米哈伊洛夫卡遗址中下层的骨骼群组中。这些动物和森林草原地区特里波利耶社区个头较小的"新石器时代"的品种迥异。因此，虽然羊毛羊如何传播的确切方式仍不清楚，但不能排除有一条北方路线跨越了高加索进入草原。

陶瓷技术

像驯化动植物一样，制陶术在公元前 6 千纪晚期从安纳托利亚内陆、巴尔干地区和南高加索扩散到黑海沿岸地区。

然而，黑海北岸草原地区却是个例外。公元前 6 千纪这里出现的尖底、梳纹、带有阴刻和浮雕装饰的锥形容器不是源自亚洲西南部和巴尔干地区的制陶传统。多卢哈诺夫等（Dolukhanov et al.，2005，1456 f.）指出陶器最早是沿着欧亚大陆北方森林的南部边缘出现，并从那里传播到东欧平原，出发点最有可能是东西伯利亚南部的一个独立发明中心，那里发现的所谓乌斯季卡伦加（Ust-Karenga）综合体陶器最近被追溯到公元前 11800 年至公元前 11100 年间（Kuzmin，2002，41，Fig. 7）。[10]

第八章 结语：黑海和外部世界

金属

20 世纪的后几十年和 21 世纪初，旧世界金属冶炼铸造的起源和发展问题开始得以解决。史库柏（1995，40 f.，51 f.）提出了一个令人信服的说法：冶炼的发端并不一定涉及概念或技术的根本突破。无须专门的技能和装备，一些铜矿物在 400～500℃时就可以很容易熔化。熔炼孔雀石最古老的证据在伊朗东部和幼发拉底河上游的遗址，如塔尔伊布利斯和德基尔门泰佩，可以追溯到公元前 6 千纪末期（见第四章）。与此同时，孔雀石冶炼在巴尔干地区也在公元前 6 千纪的最后几个世纪开始，在贝洛沃德发现的炉渣可以为证（Borić，2009）。[11] 与冶炼纯铜氧化物和碳酸盐相比，熔炼和铸造的创新事关一个至关重要的技术门槛。成功熔化铸造更大量的铜需要有在还原条件下维持非常高的温度（纯铜的熔点为 1083℃）的技能，并有生产和处理可以容纳熔融重量的耐火材料的能力。[12] 此外，铸造技术的创新还需突破一个重要的概念障碍方有可能。不同于以前的所有做法，铸造技术涉及把金属作为液体材料进行处理，制造方法完全不同于适用于大多数其他原材料的方法（复制原理）（Lechtman，1999，224）。大件铜器的铸造几乎同时于公元前 5 千纪的第二季度在亚洲西南部和欧洲东南部开始（Yalçin，2000b；Todorova，1999，237，Fig. 4）。[13]

原生铜和孔雀石的使用连同农耕技术在公元前 6 千纪晚期被黑海居民采用。[14] 在下一个千年中，黑海沿岸的金属加工中多了铜冶炼和铸造。当时，只有西海岸的社区精通重铜工具的铸造和成形以及黄金加工技术（Todorova，1999；Ryndina，1998）。相比之下，小件预制品的铸造，热加工成型以及切割、穿孔、轧制成成品的技术广泛流传于整个黑海地区。像滚珠、螺旋、吊坠、贴花、手镯、鱼钩、发钗等小饰品在沿海所有地方出土的标本中都很常见（Ryndina，1998；Özbal et al.，2002）。[15]尽管铜制"饰品"传统在黑海北岸草原一直延续到公元前4千纪，并且没有发生显著变化，而沿海其他地区在公元前4千纪后经历了蓬勃发展。引人瞩目的是黑海东南沿岸附近的穆古尔铜矿区熔解操作的证据（见第七章）。穆古尔的冶金学家通过有意加入石英和氧化铁降低炉渣的熔融温度从而促进煤矸石和金属的分离。这种进步使冶炼以及煤矸石和金属的分离得以一步完成，因而金属的高效生产几近产业规模。穆古尔的开采冶炼遗址在公元前4千纪中叶生产的铜超过20吨。

此外，公元前4千纪，除北方草原外，砷铜在黑海沿岸的所有地方几乎完全取代了非合金金属。不过，就在西部和西北部沿海社区对他们的传统金属加工技术仅仅进行改进时，北高加索居民则经历了贵金属和基本金属加工的真正革命。从冶炼和熔化到铸造和冷锤打加工较大物件的铜基冶金基本原则在公元前4千纪中叶出现在这里，并没有经历一个事先发展的阶段。随着这些技术的广泛传播，北高加索冶金工人采用了若干非常成熟的创新方法，如银和金的加工、用基本金属和贵金属制备不同合金、使用两半陶范、失蜡铸造术、用金属片加工器皿。

第八章 结语：黑海和外部世界

运输工具

公元前 4 千纪期间，科技创新的另一个领域是畜力牵引。畜力牵引技术利用挽具、动物和车辆之间复杂的相互作用而运行。其中最关键的是挽具系统，它把动物和劳动工具连接起来，使动物能够以最大牵引力拉动负载。考古人员在追溯畜力牵引的起源时，经常忽视了不同挽具和牵引系统的存在，而且它们的发展史相互独立。首先，单牵引和双牵引就有一个根本的区别。

单畜辕杆牵引系统，正如里陶尔（Littauer）和克洛威尔（Crouwel）所观察的一样（1979，9），很可能是从把牲畜套到旧式雪橇上发展而来，旧式雪橇是一种由一个框架连接两个平行杆的交通工具。两个杆可以轻易放在牵引牲畜的两侧，并通过其背部和胸前的套带连接起来。辕杆牵引系统的优势在于它的灵活性和可操作性；除了旧式雪橇，辕杆牵引系统还适用于那些需要固定转圈的工具，例如脱粒爬犁工具——在阿斯兰泰佩 VIA 的三个滚筒印章和乌鲁克晚期不知出处的一块滑石板上都清晰地绘有这种系统（Frangipane，1997，64 f.，Fig. 16；Littauer and Crouwel，1979，Fig. 2）。在第聂伯森林草原地区特里波利耶 B2 和 Cl 时期的遗址发现了一个滑板陶模：滑板前端有兽首突起，雪橇用套带和辕杆连接，这个模型也许可以代表单畜牵引的脱粒爬犁或运输雪橇（见第六章）。

通过辕杆、绳子和套带给牲畜套上挽具不太适合重型运输和耕作。只给其中单个牲口套上挽具会浪费团队的相互增力，提供的牵引力也不足。如果套单个牲口，只要它肯卖力干活，就可以完成两个牲口的功效，但是结果不尽人意（Starkey，1989，28）。[16]有一种双畜并排行走的经典系统，即杆轭牵引系统，该系统现在仍用于畜力耕作和运输。这种牵引系统的出现并且大获成功肯定有其特定背景，至于该背景的重建纯靠猜测。柴尔德（1955，210）曾提出，原始犁的自然形状是杆轭双畜牵引发展的基础，这种猜想显得相当合理。此外，谢拉特（2006，343）推测第一个畜力犁的出现并不是为了耕地，而是因为枝状运河大型灌溉系统开沟的需要而机械化。如果柴尔德和谢拉特颇有见地的猜测没错的话，那么公元前4千纪美索不达米亚南部大型城市中心所保持的灌溉农业似乎最有可能是双畜牵引系统的起源背景。[17]杆轭"引擎"是重型轮式车辆发展的必要先决条件；而轮式运输的确切起源仍不得而知，该创新一定是由熟悉双畜牵引并熟悉牲口训练和工具制造的人发起的，可能靠近双畜牵引自身的发源地。

　　黑海北岸的考古记录为公元前3千纪前使用双畜牵引或轮式车辆提供了证据。库班河下游和顿河下游两个遗址的墓穴里发现的轮子极有可能属于四轮载重木制马车，时间可追溯到公元前4千纪的后几个世纪，与公元前3千纪贾姆纳亚文化的典型车辆相似。轮式运输是否从大美索不达米亚传到高加索地区仍不明朗。当然，乌鲁克-瓦尔卡遗址发现的乌鲁克晚期和杰姆代特纳斯尔时期泥板上刻的象形马车图案属于中东四轮车的最早迹象。然而，这种早期证据并不限于美索不达米亚。追溯至公元前4千纪下半叶的两轮车泥模已经在中亚和印度河流域有发现报道（见 Bakker et al., 1999, 778, Fig. 2, with references; Kircho, 2009; Kennoyer, 2004, 90 f., Fig. 2）。第四章曾讨论过从中亚进口及其对北高加索物质文化的影响，因此不能排除这种可能性：轮式车辆是从中亚传到高加索地区，而不是从美索不达米亚或叙利亚-安纳托利亚传入的。

结论：传播网

黑海位于欧亚大陆互动主轴线的交会点。中亚和亚洲西南地区通往欧洲的主要通道经安纳托利亚内陆穿过黑海南岸。沿着这条"王者之路"，农业技术在公元前 8 千纪和公元前 7 千纪从"新月沃地"向西蔓延到现在欧洲东南部的边界（最近文献请参阅 Pinhasi et al., 2000; Gkiasta et al., 2003）。另一项通过安纳托利亚走廊传播的主要技术显然是冶铜术。原生铜冷加工技术始于公元前 9 千纪横跨托罗斯山脉东南部和扎格罗斯山脉西南部的一个扇形地带，并在公元前 6 千纪被农业殖民者带到欧洲（见 Schoop, 1995; Leshtakov, 2004, 16; Roberts et al., 2009; Borić, 2009, 237）。[18]公元前 5300 年至公元前 5000 年，铜冶炼创新同时出现在亚洲西南部、安纳托利亚和欧洲东南部（Roberts et al., 2009; Borić, 2009）。几个世纪后，公元前 5 千纪的第二季度，这些地区的金属生产社区同时开始熔化更多的金属并铸造重铜工具。[19]公元前 5 千纪晚期，砷铜开始在伊朗和安纳托利亚东部使用并在公元前 4000 年至公元前 3800 年蔓延到西部。[20]这些重大创新在中东和欧洲的同步性令人惊讶，而且它们的同步很难被认为是巧合。[21]像羊毛羊以及双畜牵引在农业和运输上的利用等"易腐"革新也沿安纳托利亚走廊扩散看似合情合理,但是相关证据在幼发拉底河上游和喀尔巴阡盆地之间几乎没有。金属工艺品以及挽具系统和畜力运输技术的同步性也为复杂创新的扩散过程提供了有趣的视角。在技术创新的两个领域,新技术和新思想几乎在全球范围内扩散,速度之快令人惊讶。创新技术进行远距离传播的效率和可靠性需要有很成熟的交通网络,尽管这个网络不是那么正式,但比考古学家设想的固定贸易网络更为持久。

史前欧亚交往的另一主要通道是从蒙古沿草原地带一直延伸到多瑙河下游,到达黑海北岸边缘。小米——在中国北方首先种植的亚洲植物——在史前通过这条北方通道传到中欧(见第六章)。此外,一个独立的制陶术在西伯利亚南部的狩猎采集社区出现,并在公元前6千纪沿着草原走廊向西扩散到草原的最西端(见第三章)。

很容易把公元前4千纪期间北高加索迈科普考古群组明显的"南方"特征解读为两大欧亚通道相互融合的迹象。大约在公元前3700年,美索不达米亚北部遗址出土的南方风格文物标志着一个庞大的贸易交流系统的出现(Rothman,2004)。许多研究人员往往把北高加索的迈科普群组看成美索不达米亚经济体系的一个分支(如Sherratt,1997a,461-466;Rezepkin,2004,2010,95 f.;Munchaev,2007;Andreeva,1977;Lyonnet,2000)。不过,北高加索的这些进口物品及其影响似乎不是来自叙利亚-美索不达米亚的"乌鲁克世界",而是来自伊朗高地和中亚。

第八章 结语：黑海和外部世界

这种说法由来自中亚的半宝石文物得以证实。在公元前4千纪，活跃的长途网络把图兰（大呼罗珊）的不同区域、锡斯坦和俾路支斯坦连接起来，彩陶图案的扩散就是证据；其他还有铜、银、金、绿松石、玛瑙和青金石文物；石头砝码；滚筒印章以及贝壳手链（见 Kircho，2007）。这些贸易网一直延伸到伊朗西北部和里海西南部，从贵重宝石（绿松石、青金石和玛瑙）的扩散就可见一斑。相比之下，绿松石没有出现在公元前4千纪美索不达米亚的遗址，而青金石文物在这个时期也极为罕见。这些宝石在青铜器时代之前的安纳托利亚高原都没有发现。

迈科普坟冢中发现了两个银杯，上面刻画了数个产自中东的外来物种的图案（狮子、猎豹、沙漠羚羊和亚美尼亚欧洲盘羊），这又是从中亚或伊朗进口的另一证据。伊朗西北部是公元前4千纪银杯上所有物种都曾居住的为数不多的地理区域之一。尽管迈科普的动物图像具有其独特性，但它们与阿富汗北部夫洛尔附近发现的5件黄金器皿和7件银制器皿有相似之处。此外，疑似产自中亚的纺织品和颜料在克拉迪出土的文物中已经得以确认。迈科普群组的铜器器形也不是源自大美索不达米亚和安纳托利亚的铜加工传统；与它们最相似的器物出现在中亚和伊朗。北高加索冶金的其他特点，如铜与铅和银的合金、高镍含量的砷铜、银的使用、失蜡铸造技术以及金属器皿和珠宝的制造也是中亚和伊朗公元前4千纪早期技术系统的一部分。尽管证据单一孤立，缺少概括性，但它们之间的一致性却让人惊讶。

顿河下游墓葬中发现的迈科普风格陶瓷以及铜器、黄金、

383

白银文物显示：北高加索物质文化的影响力至少到达了亚速海的东南角。但是，更偏远的草原社区几乎不受创新技术的影响。陶轮、窑烧陶瓷、砷铜、重铜工具的铸造、精细金属制品以及轮式车辆等制造技术的扩散证据几乎没有。这些复杂的创新技术没能得以传播显然不是因为受到排斥或信息不通，而是因为草原居民显然很乐意获取或模仿他们的技术水平尚不足以生产的产品，例如陶罐和饰针。从社会学角度来解释这些创新技术为什么没有被采纳看起来是有道理的。亨里希（Henrich，2004）提出的一个解释是：复杂的技术涉及高昂的成本，单凭个人以及个人的技能很难获得，个体的学习能力影响较小。复杂技术的采纳和维持需要大量社会学习者以及发达的知识和实践网络。在黑海北岸人烟稀少的草原，社会互动可能缺少必要的密度、关联和频率。

这个假设对于创新技术扩散到欧洲的影响巨大。横跨草原的北方路线似乎无足轻重，而经安纳托利亚达到喀尔巴阡盆地的"王者之路"走到前台。这种提法受到谢拉特的青睐（见Sherratt，2006，351），他设想该路线横跨安纳托利亚到达多瑙河走廊和巴登互动区，并经德国中南部呈扇形延伸至波兰西南部一直到阿尔卑斯山东部前沿，该路线是公元前4千纪亚洲西南部和温带欧洲之间来往的主要通道。

注　释

1. "带壳"意味着在脱粒过程中，谷穗分裂成小穗，谷物仍封闭在谷壳中；相反，"裸壳"品种的谷穗保持完整，而谷壳断裂并释放出谷物。

第八章 结语：黑海和外部世界

2. 来自杜兰库拉克公元前5千纪初层的小米（黍）见马里诺娃（Marinova，2006，Table 7.1b）。小米在公元前4千纪的遗址中已经考古植物学研究确认，如黑海西北和北部海岸的乌萨托沃、玛雅基、普尔卡里、米哈伊洛夫卡（见第五章和第六章），在北高加索地区也有可能（见第四章）。在这些地区小米可能比二粒小麦更普遍，是最重要的作物。

3. 更多中国种植小米的证据可追溯到公元前6千纪和公元前5千纪（Hunt et al.，2008）。令人注意的是在公元前6千纪晚期和公元前5千纪的遗址小米种植在世界许多地区非常普遍，例如在伊朗东部（Tepe Yahya Ⅵ；见 Nesbitt and Summers，1988，95）、达吉斯坦、阿塞拜疆、格鲁吉亚东部（Lisitsyna，1984，Table 2）和中欧（Motuzaite-Matuzeviciute et al.，2009，with references）。相比之下，显然公元前1千纪前小米在"新月沃地"和安纳托利亚还没有种植（Nesbitt and Summers，1988）。小米（粟）在叙利亚PPNA时期和新石器晚期遗址有发现（Hunt et al.，2008，Table 1）。

4. 欧亚东部和中部草原种植作物的证据几乎没有，但这种情况可能是因为发掘技术和研究策略导致的。乌拉尔南部最早的家畜（包括绵羊）出现在公元前7千纪晚期和公元前6千纪，显然是从伊朗引进的（见 Matyushin，2003，374-378，Fig. 24.7）。

5. 烹饪、浸泡以及人类消化系统中的微生物群只能有限地降低植酸。

6. 在室温下，牛奶在1小时内就会变质。新鲜牛奶含乳糖（一种复合碳水化合物），必须通过乳糖酶在肠中分解。哺乳动物中乳糖酶的生产由基因控制，并在婴儿期后终止。成年人消费更多新鲜牛奶的能力取决于"乳糖酶耐受性"，即婴儿期后生产乳糖酶的持续性。最近的分子遗传研究已经证明乳酸酶耐受性是由基因控制的（Swallow，2003；Poulter et al.，2003；Enattah et al.，2002）。

7. 关于啤酒在非洲传统社会中的作用，参见奈廷（Netting，1964）和亚瑟（Arthur，2003）。

8. 这些结果与欧亚葡萄的遗传背景的研究一致，这表明西南亚和地中海西部是

385

两个葡萄的驯化区（Arroyo-García et al., 2006）。

9. 巴伯（Barber, 1991, 211）甚至表示动物纤维颜色喜人，而且染料吸附力强，从而代替了韧皮纤维而被广泛使用。彩色的纺织品非常有吸引力。

10. 关于乌斯季卡伦加的碳-14 日期见库兹明（Kuzmin, 2002）和库兹明和韦特洛夫（Vetrov, 2007）。对于东亚其他地区的早期陶器的碳-14 日期见 Kuzmin（2006; 2010）。

11. 东欧铜矿表面提取的最早证据来自巴尔干半岛中东部，并可追溯到公元前 5 千纪的早中期（Ottaway, 1994, 53-57, with references; Borić, 2009, 237）。冶炼炉渣和生产垃圾在公元前 5 千纪期间的稀缺意味着高档铜矿的"无渣"冶炼和金属的有限生产（可能在坩埚中进行）（在实验室条件下; Zwicker et al., 1985, 104, Fig. 3; 能够用 3 个吹管成功地熔化坩埚中的孔雀石，并且不形成炉渣）。巴尔干半岛中部最早的冶炼证据源自贝洛沃德——温卡文化的托德（Tordoš）和格拉达茨（Gradac）阶段的遗址（Borić, 2009, 207-209, 238）。碳-14 的样本把该居住地断代为公元前 5350 年至公元前 4650 年之间。在贝洛沃德的所有沉积层中都发现了大量的孔雀石，还有木炭。与托德材料（该矿床没有碳-14 日期）相关的探沟 3 中发现了炉渣，同时还发现了一个铸模以及格拉达茨最晚居住阶段的材料。总之，贝洛沃德的证据表明，随着公元前 6 千纪末期热处理/冶炼术开始，孔雀石被大量使用。东南欧最早的大型铸造物件可追溯到公元前 5 千纪的第二季[例如斯拉迪诺（Slatino）和杜兰库拉克的平斧; 见 Todorova, 1999, 237, Fig. 4]。铸造固体器物在公元前 4500 年前后变得频繁，此时也出现了首批黄金制品和轴孔工具（见第六章和 Ryndina, 2003）。

12. 纯铜的熔点为 1083℃，金为 1064℃，银为 962℃。见克拉多克（1995, 16）：古代使用的陶瓷在约 900℃以上开始软化和熔化，并在约 1250℃时完全熔化。

13. 在梅尔欣 XVI 约公元前 5000 年至公元前 4700 年（Yalçın, 2000a; 对于梅尔欣 XVI 的断代参见 Schoop, 2005, 138 f., with references）。西南亚和东南欧

开始铸造形状几乎相同的工具(平斧);轴孔工具在公元前4500年以后出现。

14. 杜兰库拉克墓626包含可以追溯到约公元前5000年的小铜珠和孔雀石珠子(Todorova,1999,237)。此外,公元前6千纪至公元前5千纪之交在伊基孜泰佩群组AA发现了小件铜器(见第七章)。

15. 北高加索的公元前5千纪遗址发现了数件铜质小器物:来自斯沃博德诺(Svobodnoe)(Nekhaev,1992,79)的一颗珠子、来自亚塞诺瓦亚广场(Jasenovaja poljana)(Formozov and Chernykh,1964,109)的一把锥子以及来自维尔赫尼阿克巴士(Verkhnyj Akbash)的两件圆形铜贴(Korenevskij and Nagler,1987,Fig.2,1-2)。此外,乌斯季拉宾斯科(Ust Labinsk)一把偶然发现的平斧(Iljukov,1981)和来自哈德霍(Khadzhokh)Ⅲ(Formozov,1961,Fig.23,3)的一把铜制短匕首显然可追溯到公元前4千纪初期。平斧含有1.5%的砷;它的器形让人想起公元前5千纪到公元前4千纪之交的阿里乌苏德(Ariuşd)斧头。这类偶然发现的其他器物请见莱恩迪娜(2003)。

16. 牛存栏的话会迅速掉膘,否则必须获得昂贵的饲料。斯塔基(Starkey)(1989,29)强调,单头动物的补充饲料成本可能超过两头动物放牧时的费用。

17. 杆轭牵引系统出现的最早证据是阿尔斯兰泰佩ⅥA走廊A796殿堂B的一幅壁画。画中有两头牛,一名车夫驾驶着其中的一头(Frangipane,1997,64,Abb.15)。该壁画可以追溯到公元前4千纪的下半叶。乌鲁克晚期原始犁的象形图(有牵引杆(梁)和两个手柄)参阅谢拉特(1981,266 f.,Fig.10.4)。

18. 使用金属铜最早的确凿证据在PPNB期间(见第三章)。巴尔干最早的农耕农村使用金属铜见第六章。

19. 伊朗、亚洲西部和安纳托利亚见第四章,欧洲东南部见第六章。

20. 中东见第四章,欧洲东南部见第六章。

21. 伦弗鲁(Renfrew,1969)假设的东南欧冶金和金属制品的"自主性"似乎不大可能。

参考文献

Abibulaev, A. A. (1963) Некоторые итоги изучения холма Кюл–тепе в Азербайджане, *Советская археология* 3: 157–168.

Acheson, J. M. and R. Reidman (1982) Technical innovation in the New England fishing industry: an examination of the Downs and Mohr hypothesis, *American Ethnologist* 9: 538–558.

Adams, R. M. and H. J. Nissen (1972) *The Uruk Countryside*. Chicago: University of Chicago Press.

Adejumo, B. A. and A. O. Raji (2007) Technical appraisal of grain storage systems in the Nigerian Sudan savanna, *Agricultural Engineering International: the CIGR Ejournal. Invited Overview* No. 11. IX: 1–12.

Agulnikov, S. M. and E. N. Savva (1992) Курганы эпохи энеолита–ранней бронзы у с. Ново-Котовск, *Древности степнего Причерноморья и Крыма* 3: 33–39.

―――(2004) *Исследования курганов на Левобережье Днестра*. Kishinev.

Akhundov, T. (2004) South Caucasus in the Neolithic and Early Bronze Age: the question of epochs and periods, in A. Sagona, ed., *A View from the Highlands. Archaeological Studies in Honour of Charles Burney*. Ancient Near Eastern Studies, Suppl. 12. Leuven: Peeters. 421–435.

―――(2005) Материалы к изучению переднеазиатской миграции на Кавказ, in *Археология, этнология, фольклористика Кавказа: международная научная конференция, посвященная памяти член-корреспондента НАН Азербайджана А. А. Аббасова*. Baku. 52–53.

―――(2007a) О связях майкопской традиции с Южным Кавказом и Ближним Востоком, in *Археология, этнология, фольклористика Кавказа. Новейшие археологические и этнографические исследования на Кавказе*. Makhachkala. 61–64.

―――(2007b) Sites des migrants venus du Proche–Orient en Transcaucasie, in B. Lyonnet, ed., *Les cultures du Caucase (IVe–IIIe millénaires avant n. è.). Leurs relations avec le Proche–Orient*. Paris: CRNS Éditions. 95–122.

―――(2008) Майкопская культура к югу от Большого Кавказа, *XXV Крупновские чтения по археологии Северного Кавказа*. 18–22.

Akhundov, T. and V. A. G. Makhmudova (2008) *Южный Кавказ в кавказско–переднеазиатских этнокультурных процессах IV тыс. до н. э*. Baku.

Akkermans, P. M. M. G. and G. M. Schwartz (2003) *The Archaeology of Syria. From Complex Hunter–Gatherers to Early Urban Societies (ca. 16.000–300*

BC). Cambridge World Archaeology. Cambridge: Cambridge University Press.

Akkermans, P. A., J. A. K. Boerma, A. T. Clason, S. G. Hill, E. Lohof, C. Meiklejohn, M. le Mière, G. M. F. Molgat, J. Roodenberg, J. Waterbolk-van Rooyen, and W. van Zeist (1983) Bouqras revisited: preliminary report on a project in eastern Syria, *Proceedings of the Prehistoric Society* 49: 335–372.

Akurgal, E. (1956) Sinop kazıları, *Türk Arkeoloji Dergisi* VI(1): 47–61.

Akurgal, E. and L. Budde (1956) *Vorläufiger Bericht über die Ausgrabungen in Sinope*. Ankara: Türk Tarih Kurumu Basımevi.

Alekshin, V. A. (1973) Каменные гири с древнеземледельческих поселений Южной Туркмении, *Советская археология* 4: 238–242.

Alexandrovskaja, E. A., Alexandrovskij, A. L. and N. I. Shishlina (2000) Охра из погребений Калмыкии и Севертного Кавказа, in N. I. Shishlina, ed., *Сезонный экономический цикл населения северо-западного Прикаспия в бронзовом веке* (Труды Государственного Исторического Музея Выпуск 120). Moscow: GIM. 108–114.

Alexandrovskij, A. L. (1997) Степи Северного Кавказа в голоцене по данным почвоведческих исследований, in N. I. Shishlina and M. A. Otchir –Gorjaeva, eds., *Степь и Кавказ (культурные традиции). Труды Государственного Исторического Музея Выпуск 97*. Moscow: GIM. 22–29.

Alexandrovskiy, A. L. (2000) Holocene development of soils in response to environmental changes: the Novosvobodnaja archaeological site, *Catena* 41: 237–248.

Alexandrovskiy, A. L., J. van der Plicht, A. B. Belinskiy, and O. S. Khokhlova (2001) Chronology of soil evolution and climatic changes in the dry steppe zone of the Northern Caucasus, Russia, during the 3rd millennium BC, *Radiocarbon* 43(2B): 629–635.

Alexeeva, I. L. (1992) *Курганы епохи палеометалла в Северо-Западном Причерноморье*. Kiev: Naukova dumka.

Aliev, N. and I. Narimanov (2001) *Культура Северного Азербайджана в эпоху позднего энеолита*. Baku: Elm.

Alizadeh, A. (2006) *The Origins of State Organizations in Prehistoric Highland Fars, Southern Iran: Excavations at Tall-e Bakun*, Oriental Institute Publications Vol. 128. Chicago: University of Chicago Press.

Alkım, H. (1981) İkiztepe kazısı C14 sonuçları, *TÜBİTAK Arkeometri Ünitesi Bilimsel Toplantı Bildirileri* II: 141–147.

——(1983a) Ein Versuch der Interpretation der Holzarchitektur von Ikiztepe, in R. M. Boehmer and H. Hauptmann, eds., *Beiträge zur Altertumskunde Kleinasiens. Festschrift für K. Bittel*. Mainz: Philipp von

Zabern. 13–25.

———(1983b) İkiztepe kazılarında arkeometrik ve arkeolojik yöntemlerin uygulanması ile beliren kronoloji sorunları, *TÜBITAK Arkeometri Ünitesi Toplantı Bildileri* III: 163–199.

———(1986) İkiztepe geç kalkolitık çağ keramiği, *Anadolu Araştırmaları* 10: 99–109.

Alkım, U. B. (1983) Einige charakteristische Metallfunde von Ikiztepe, in R. M. Boehmer and H. Hauptmann, eds., *Beiträge zur Altertumskunde Kleinasiens. Festschrift für K. Bittel*. Mainz: Philipp von Zabern. 29–42.

Alkım, U. B., H. Alkım, and Ö. Bilgi (1988) *İkiztepe I. The First and Second Seasons´ Excavations (1974–1975)*. Ankara: Türk Tarih Kurumu Basımevi.

———(2003) *İkiztepe II. Üçüncü, Dördüncü, Beşinci, Altıncı, Yedinci Dönem Kazıları (1976–1980)*. Ankara: Türk Tarih Kurumu Basımevi.

Allaby, R. G., G. W. Peterson, D. A. Merriwether, and Y.-B. Fu (2005) Evidence of the domestication history of flax (*Linum usitatissimum* L.) from genetic diversity of the sad2 locus, *Theoretical and Applied Genetics* 112: 58–65.

Allsen, T. T. (2006) *The Royal Hunt in Eurasian History*. Philadelphia: University of Pennsylvania Press.

Anderson, P. C. (1994) Interpreting traces of Near Eastern craft activities: an ancestor of the threshing sledge for processing domestic crops? *Helinium* 34(2): 306–321.

———(2003) Observations on the threshing sledge and its products in ancient and present-day Mesopotamia, in P. C. Anderson, L. S. Cummings, T. K. Schippers, and B. Simonel, eds., *Le traitement des récoltes. Un regard sur la diversité du Néolithique au présent*. Antibes: APDCA. 417–438.

Anderson, P. C., J. Chabot, and A. van Gijn (2004) The functional riddle of "glossy" Canaanean blades and the Near Eastern threshing sledge, *Journal of Mediterranean Archaeology* 17(1): 87–130.

Andreeva, M. V. (1977) К вопросу о южных связях майкопской культуры, *Советская археология* 1: 39–56.

———(1979) Об изображениях на серебряных сосудах из Большого Майкопского кургана, *Советская археология* 1: 22–34.

Anthony, D. (1995) Is there a future for the past? An overview of archaeology in western Russia and Ukraine, *Journal of Archaeological Research* 3-3: 177–204.

Arnold, D. F. (1989) *Ceramic Theory and Cultural Process*. Cambridge: Cambridge University Press.

Arnold, E. R. and H. J. Greenfield (2006) *The Origins of Transhumant Pastoralism in Temperate South-Eastern Europe*. British Archaeological

Reports International Series 1538. Oxford: Archaeopress.

Arroyo-García, L., R. Ruiz-García, L. Bolling, R. Ocete, A. López, C. Arnold, A. Ergul, et al. (2006) Multiple origins of cultivated grapevine (*Vitis vinifera* L. ssp. *sativ*) based on chloroplast DNA polymorphisms, *Molecular Ecology* 15: 3707–3714.

Arthur, J. W. (2003) Brewing beer: status, wealth and ceramic use alteration among the Gamo of south–western Ethiopia, *World Archaeology* 34(3): 516–528.

Ascherson, N. (1995) *Black Sea*. New York: Hill and Wang.

Ataman, K. (1992) Threshing sledges and archaeology, in P. C. Anderson, ed., *Prehistory of Agriculture: New Experimental and Ethnographic Approaches*. Los Angeles: Cotsen Institute of Archaeology. 305–319.

Atanassova, J. (2005) Palaeoecological setting of the western Black Sea area during the last 15,000 years, *The Holocene* 15(4): 576–584.

Aufderheide, A. C. (2004) *The Scientific Study of Mummies*. Cambridge: Cambridge University Press.

Aunger, R. (2010) What's special about human technology? *Cambridge Journal of Economics* 34: 115–123.

Bachmann, H. -G. (1978) The phase composition of slags from Timna Site 39, in B. Rothenberg, R. F. Tylecote, and P. J. Boydell, eds., *Chalcolithic Copper Smelting. Excavations and Experiments*. Institute for Archaeo–Metallurgical Studies (IAMS) Monograph 1. London: IAMS. 21–23.

Badisches Landesmuseum (2010) *Jungsteinzeit im Umbruch. Die "Michelsberger Kultur" und Mitteleuropa vor 6000 Jahren*. Katalog zur Ausstellung im Badischen Landesmuseum Schloss Karlsruhe 20.11.2010–15.5.2011. Darmstadt: Primus Verlag.

Badler, V. R., P. E. McGovern, and D. L. Glusker (1996) Chemical evidence for a wine residue from Warka (Uruk) inside a Late Uruk period spouted jar, *Baghdader Mitteilungen* 27: 39–43.

Bakker, J. A., J. Kruk, A. E. Lanting, and S. Milisauskas (1999) The earliest evidence of wheeled vehicles in Europe and the Near East, *Antiquity* 73: 778–790.

Balasse, M. and A. Tresset (2007) Environmental constraints on the reproductive activity of domestic sheep and cattle: what latitude for the herder? *Anthropozoologica* 42(2): 71–88.

Ball, W. (2011) *Towards One World. Ancient Persia and the West*. Northampton, MA: Olive Branch.

Bar-Adon, P., (1980) *The Cave of the Treasure. The Finds from the Caves in Nahal Mishmar*. Jerusalem: Israel Exploration Society.

Barber, E. J. W. (1991) *Prehistoric Textiles*. Princeton, NJ: Princeton University Press.

Barley, N. (1994) *Smashing Pots. Feasts of Clay from Africa*. London: British Museum Publications.

Barnard, H., A. N. Dooley, G. Areshian, B. Gasparyan, and K. F. Faull (2011) Chemical evidence for wine production around 4000 BCE in the Late Chalcolithic Near Eastern highlands, *Journal of Archaeological Science* 38(5): 977–984.

Barthélémy de Saizieu, B. and M. Casanova (1993) Semi-precious stones working at Mundigak: carnelian and lapis lazuli, in A. J. Gail and G. R. S. Mevissen, eds., *South Asian Archaeology 1991*. Stuttgart: Steiner. 17–30.

Bar-Yosef, O. (1998) The Natufian culture in the Levant: threshold to the origins of agriculture, *Evolutionary Anthropology* 6: 159–177.

Batchaev, V. M. (1984) Погребальные памятники у селений Лечинкай и Былым, in *Археологические исследования на новостройках Кабардино–Балкарии*. Nalchik. 112–137.

Batchaev, V. M. and S. N. Korenevskij (1980) Находка оригинального топора в майкопском погребении у с. Лечинкай, *КСИА* 161: 79–83.

——— (1982) Две находки эпохи раннего металла из Кабардино–Балкарии, *КСИА* 169: 108–112.

Batiuk, S. D. (2005) *Migration Theory and the Distribution of the Early Transcaucasian Culture*. PhD Thesis, University of Toronto.

Batiuk, S. D. and M. S. Rothman (2007) Early Transcaucasian cultures and their neighbors. Unraveling migration, trade and assimilation, *Expedition* 2007: 7–17.

Bauer, A. A. (2006) *Fluid Communities: Interaction and Emergence in the Bronze Age Black Sea*. PhD Dissertation, University of Pennsylvania.

——— (2007) Between the steppe and the sown: prehistoric Sinop and inter-regional interaction along the Black Sea coast, in D. L. Peterson, L. M. Popova, and A. T. Smith, eds., *Beyond the Steppe and the Sown. Proceedings of the 2002 University of Chicago Conference on Eurasian Archaeology*. Leiden: Brill. 227–246.

Begemann, F. and S. Schmitt–Strecker (2009) Über das frühe Kupfer Mesopotamiens, *Iranica Antiqua* 44: 1–45.

Begemann, F., E. Pernicka, and S. Schmitt – Stecker (1994) Metal finds from Ilıpınar and the advent of arsenical copper, *Anatolica* 20: 203–220.

Belcher, W. R. (1994) Multiple approaches towards reconstruction of fishing technology: net making and the Indus valley tradition, in J. M. Kenoyer, ed., *From Sumer to Meluhha: Contributions to the Archaeology of South and West Asia in Memory of George F. Dales, Jr*. Madison, WI: Department of Anthropology and Prehistory Press. 129–141.

Belinskij, A. and A. Kalmykov (2004) Neue Wagenfunde aus Gräbern der Katakombengrabkultur im Steppengebiet des zentralen Vorkaukasus, in M. Fansa, ed., *Rad und Wagen. Der Ursprung einer Innovation*. Mainz: Philipp von Zabern. 201–220.

Bellwood, P. (2005) *First Farmers. The Origins of Agricultural Societies*. Oxford: Blackwell.

Benecke, N. (1994) *Der Mensch und seine Haustiere. Die Geschichte einer jahrtausendealten Beziehung*. Stuttgart: Theiss.

——(1998) Archaeozoological studies on the transition from the Mesolithic to the Neolithic in the North Pontic region, *Anthropozoologica* 25–26: 631–641.

Benoit, A. (2004) Susa, in T. Stöllner, R. Slotta, and A. Vatandoust, eds., *Persiens Antike Pracht. Ausstellungskatalog. Veröffentlichungen aus dem Deutschen Bergbau-Museum Bochum 128*. Bochum: Deutsches Begrbau-Museum. 178–193.

Berciu, D. (1960) Epoca neolitică, in *Istoria României*, **I**. București. 71–82.

Berciu, D., S. Morintz, and P. Roman (1959) Săpăturile de la Cernavoda, *Materiale și cercetari arheologice* 6: 95–105.

Berezanska, S. S., O. V. Tsvek, V. I. Klochko, and S. M. Ljashko (1994) *Ремесло эпохи энеолита–бронзы на Украине*. Kiev: Naukova dumka.

Bernabò - Brea, L. (1964) *Poliochni. Citta preistorica nell' isola di Lemnos I*. Rome: "L'Erma" di Bretschneider.

Betrozov, R. Z. and A. H. Nagoev (1984) Курганы эпохи бронзы у селений Чегем I, Чегем II и Кишпек, in *Археологические исследования на новостройках Кабардино–Балкарии в 1972–1979. Том 1. Памятники эпохи бронзы (III–II тыс. до н. э.)*. Nalchik. 7–87.

Betts, A., K. van der Borg, A. de Jong, C. McClintock, and M. van Stryndonck (1994) Early cotton in North Arabia, *Journal of Archaeological Science* 21: 489–499.

Bianki, A. M. and K. A. Dneprovskij (1988) Об одном из вариантов погребального обряда майкопской культуры, in *Вопросы археологии Адыгеи*. Maikop. 71–85.

Bibikov, S. N. (1962) Из истории каменных серпов на Юго-Востоке Европы, *Советская Археология* 3: 3–24.

——(1965) Хозяйственно-экономический комплекс развитого Триполья, *Советская археология* 1: 48–62.

Bibikova, V. I. and A. I. Shevchenko (1962) Фауна Михайлівського поселення, in E. F. Lagodovskaja, O. G. Shaposhnikova, and M. L. Makarevish, eds., *Михайлівське поселення*. Kiev: AN URSR. 206–246.

Bilgi, Ö. (1983) İkiztepe kazılarının 1982 dönemi sonuçları, 5. *Kazı Sonuçları Toplantısı*: 87–89.

——(1984) Metal objects from Ikiztepe–Turkey, *Beiträge zur Allgemeinen und Vergleichenden Archäologie* 6: 31–96.

———(1985) İkiztepe kazılarının 1984 dönemi sonuçları, 7. *Kazı Sonuçları Toplantısı*: 111–118.

———(1990) Metal objects from Ikiztepe–Turkey, *Beiträge zur Allgemeinen und Vergleichenden Archäologie* 9–10: 119–219

———(1992) İkiztepe kazıları 1991 dönemi sonuçları ve restorasyon çalışmaları, 14. *Kazı Sonuçları Toplantısı*: 199–211.

———(1993) İkiztepe kazılarının 1992 dönemi sonuçları, 15. *Kazı Sonuçları Toplantısı*: 235–244.

———(1994) İkiztepe kazılarının 1993 dönemi sonuçları, 16. *Kazı Sonuçları Toplantısı*: 141–160.

———(1995) İkiztepe kazılarının 1994 dönemi sonuçları, 17. *Kazı Sonuçları Toplantısı*: 157–168.

———(1996) İkiztepe kazılarının 1995 dönemi sonuçları, 18. *Kazı Sonuçları Toplantısı*: 145–161.

———(1999a) Samsun–İkiztepe arkeolojik kazıları Tepe III çalışmaları (1995 Dşnemli Sonuçları). *Anadolu Araştırmaları* 15: 167–190.

———(1999b) Samsun–İkiztepe arkeolojik kazıları Tepe III çalışmaları (1996 Dönemli Sonuçları ve Genel Deşerlendirme), *Anadolu Aras̡tırmaları* 15: 191–230.

———(1999c) Samsun–İkiztepe arkeolojik kazıları Tepe III çalışmaları (1993 ve 1994 Dönemleri Sonuçları), *Anadolu Araştırmaları* 15: 137–165.

———(1999d) İkiztepe kazısı 1998 dönemi sonuçları, 21. *Kazı Sonuçları Toplantısı*: 381–396.

———(2000) İkiztepe kazılarının 1999 dönemi sonuçları, 22. *Kazı Sonuçları Toplantısı*: 315–325.

———(2001) *Metallurgists of the Central Black Sea region*. Istanbul: TASK.

———(2002) İkiztepe kazılarının 2001 dönemi sonuçları, 24. *Kazı Sonuçları Toplantısı*: 17–28.

———(2004a) İkiztepe kazılarının 2007 dönemi çalışmaları, 26. *Kazı Sonuçları Toplantısı*: 21–29.

———(2004b) İkiztepe mezarlık kazıları ve ölü gömme gelenekleri. 2000–2002 dönemleri, *Anadolu Araştırmaları* 17(1): 25–40.

———(2005) Distinguished burials of the Early Bronze Age graveyard at Ikiztepe in Turkey, *Anadolu Araştırmaları* 18(2): 15–113.

———(2007) İkiztepe kazılarının 2005 dönemi çalışmaları, 28. *Kazı Sonuçları Toplantısı*: 117–122.

———(2009) İkiztepe kazılarının 2007 dönemi sonuçları, 30. *Kazı Sonuçları Toplantısı*: 327–336.

Biscione, R. (1984) Baluchistan presence in the ceramic assemblage of period I at Shahr–i Sokhta, in B. Allchin, ed., *South Asian Archaeology 1981*. Cambridge: Cambridge University Press. 69–80.

Bobokhyan, A. (2010) *Sicle caucasien*: Zur Frage der bronzezeitlichen Gewichtssysteme im Kulturgebiet zwischen Kaukasus und Taurus, in S. Hansen, A. Hauptmann, I. Motzenbäcker, and E. Pernicka, eds., *Von Maikop bis Trialeti. Gewinnung und Verbreitung von Metallen und Obsidian in Kaukasien im 4.–2. Jt. v. Chr.* Bonn: Rudolf Habelt. 179–203.

Bobrinskij, A. A. and R. M. Munchaev (1966) Из древнейшей истории гончарного круга на Северном Кавказе, *КСИА* 108: 14–22.

Bochkarev, V. S., E. S. Sharafutdinova, A. D. Rezepkin, V. A. Trifonov, and G. N. Bestuzhev (1983) Работы Кубанской Экспедиции1978–1980 гг., in *Древние культуры евразийский степей*. Leningrad: Nauka. 82–99.

Boehmer, R. M. (1999) *Uruk. Früheste Siegelabrollungen*. Ausgrabungen in Uruk-Warka. Endberichte 24. Mainz am Rhein: Philipp von Zabern.

Boessneck, J. and A. von den Driesch (1992) Besprechung der Tierknochen und Molluskenreste von Hassek Hoyuk., in M. R. Behm–Blancke, ed., *Hassek Höyük – Naturwissenschaftliche Untersuchungen und lithische Industrie*. Istanbuler Forschungen 38. Tübingen: Wasmuth. 58–74.

Boessneck, J., A. von den Driesch, and U. Steger (1984) Tierknochenfunde der Ausgrabungen des Deutschen Archäologischen Instituts Baghdad in Uruk–Warka, Iraq, *Bagdader Mitteilungen* 15: 149–189.

Bökönyi, S. (1979) Copper Age vertebrate fauna from Kétegyháza, in I. Ecsedy, ed., *The People of the Pit-Grave Kurgans in Eastern Hungary*. Budapest: Akadémiai Kiadó. 101–118.

Bökönyi, S.(1983) Late Chacolithic and Early Bronze Age I animal remains from Arslantepe. A preliminary report, *Origini* 12: 581–598.

———(1991) Late Chalcolithic horses in Anatolia, in R. H. Meadow and H.-P. Uerpmann, eds., *Equids of the Ancient World*. Beihefte zum Tübinger Atlas des Vorderen Orients, Reihe A, Naturwissenschaften, Nr. 19/2. Wiesbaden: Ludwig Reichert Verlag. 123–131.

Bondar, R. D. and V. G. Petrenko (2005) Городище Орловка: енеолітичні знахідки, in *Древнее Причерноморье*. Odessa: Astroprint. 9–14.

Borić, D. (2009) Absolute dating of metallurgical innovations in the Vinča culture of the Balkans, in T. L. Kienlin, and B. W. Roberts, eds., *Metals and Societies: Papers in Honour of Barbara S. Ottaway*. Bonn: Habelt. 191–245.

Boroffka, N. and J. Becker (2004) Töpferöfen in Arisman, in T. Stöllner, R. Slotta, and A. Vatandoust, eds., *Persiens Antike Pracht. Ausstellungskatalog*. Veröffentlichungen aus dem Deutschen Bergbau-Museum Bochum 128. Bochum: Deutsches Begrbau-Museum. 218–221.

Borrell, F. (2011) Changes in chipped stone industries in south-eastern Anatolia: Akarçay Tepe (7,600–6,800 cal. BC), in E. Healey, S. Campbell, and O. Maeda, eds., *The State of the Stone:Terminologies, Continuities and*

Contexts in Near Eastern Lithics. Studies in Early Near Eastern Production, Subsistence, and Environment 13. Berlin: ex oriente. 213–226.

Boyadzhiev, Y. D. (1992) Хронология на праисторическите култури на територията на Добруджа, *Добруджа* 9: 10–33.

Bradley, R. (1998) *The Significance of Monuments. On the Shaping of Human Experience in Neolithic and Bronze Age Europe*. London: Routledge.

Braidwood, R. J. and L. S. Braidwood (1960) *Excavations in the Plain of Antioch I: The Earlier Assemblages, Phases A–J*. Oriental Institute Publications Vol. 61. Chicago: University of Chicago Press.

Braidwood, L. S., R. J. Braidwood, B. Howe, C. A. Reed, and P. J. Watson (1983) *Prehistoric Archaeology Along the Zagros Flanks*. Oriental Institute Publications Vol. 105. Chicago: University of Chicago Press.

Brandes, D. (1993) *Von den Zaren adoptiert. Die deutschen Kolonisten und die Balkansiedler in Neurußland und Bessarabien 1751–1914*. München: R. Oldenbourg Verlag.

Brandt, R. (1978) The other Chalcolithic finds, in M. van Loon, ed., *Korucutepe, Vol. 2*. Amsterdam: North Holland. 61–63.

Bratchenko, S. N. (1969) Багатошарове поселення Лівенцівка I на Дону, *Археологія* 21: 210–231.

Bratianu, G. I. (1944) La mer Noire, plaque tournante du trafic international à la fin du Moyen Age, *Revue Historique du Sud–Est Européen* 21: 36–69.

Braudel, F. (1966) *The Mediterranean and the Mediterranean World in the Age of Philip II. Volume I*. New York: Harper & Row.

Braun-Holzinger, E. A. (1984) *Figürliche Bronzen aus Mesopotamien*. Prähistorische Bronzefunde I, 4. München: Beck.

Brileva, O. A. and V. R. Erlikh (2011) Новое поселение майкопской культуры в Адыгее, in *Археологические открытия 2008 г*.

Broudy, E. (1979) *The Book of Looms. A History of the Handloom from Ancient Times to the Present*. New York: Van Nostrand Reinhold.

Bruyako, I. V., I. V. Manzura, and L. V. Subbotin (2005) Prehistoric settlement Kartal (preliminary information), *Reports on Prehistoric Research Projects* 6–7: 13–34.

Budd, P. and B. S. Ottaway (1991) The properties of arsenical copper alloys: implications for the development of eneolithic metallurgy, in P. Budd, B. Chapman, C. Jackson, et al., eds., *Archaeological Sciences 1989*. Oxford: Oxbow. 132–142.

Budd, P. and T. Taylor (1995) The faerie smith meets the bronze industry: magic versus science in the interpretation of prehistoric metal-making, *World Archaeology* 27: 133–143.

Bulgarelli, G. M. and M. Tosi (1988) The stratigraphic sequence of Squares DF 88–89 on South Hill, in R. H. Dyson and S. M. Howard, eds., *Tappeh*

Hesar: Reports of the Restudy Project, 1976. Firenze: Case Editrice le Lettere. 35–53.

Burney, C. A. (1956) Northern Anatolia before Classical times, *Anatolian Studies* 6: 179–203.

Burov, G. M. (1995) Exploitation of marine resources during the prehistoric periods in the Crimea, Ukraine, in A. Fischer, ed., *Man and Sea in the Mesolithic.* Oxford: Oxbow Monographs. 319–323.

Burt, R. S. (1980) Innovation as structural interest: rethinking the impact of network position on innovation adoption, *Social Networks* 2: 327–355.

Bzhanija, V. V. (1966) Мачарское поселение эпохи энеолита и бронзы Абхазии, *Советская археология* 1: 113–126.

——— (1967) История археологического изучения памятников энеолита и ранней бронзы в Абхазии, in *Материалы по археологии Абхазии.* Tbilisi: Metsniereba. 99–114.

——— (1973) Поселение очамчирской культуры в горах Абхазии, in *Кавказ и Восточная Европа в древности. Памяти Е. И. Крупнова.* Moscow. 65–71.

——— (1988) Древние рудники у перевала Аденгъ, in *Медные рудники Западного Кавказа III–I тыс. до н. э. и их роль в горно–металлургическом производстве древнего населения.* Sukhumi. 7–9.

——— (1996) Кавказ, in S. V. Oshibkina, ed., *Неолит северной Евразии.* Moscow: Nauka. 73–86.

Caldwell, J. R. (1967) *Investigations at Tal–i Iblis.* Illinois State Museum Preliminary Reports No. 9. Springfield: Illinois State Museum Society.

Carter, E., S. Campbell, and S. Gauld (2003) Elusive complexity: new data from late Halaf Domuztepe in south central Turkey, *Paléorient* 29(2): 117–134.

Casal, J.-M. (1961) *Fouilles de Mundigak.* Mémoires de la Délégation Archéologique Française en Afghanistan 17. Paris: Klincksieck.

Casanova, M. (1992) The sources of lapis–lazuli found in Iran, in C. Jarrige, ed., *South Asian Archaeology* 1989. Madison, WI: Prehistory Press. 49–56.

——— (1994) Lapis lazuli beads in Susa and Central Asia: a preliminary study, in A. Parpola and P. Koskikallio, eds., *South Asian Archaeology* 1993. Helsinki: Suomalainen Tiedeakatemia. 137–145.

Cauvin, M.-C. (1983) Les faucilles préhistoriques du Proche-Orient. Données morphologiques et fonctionnelles, *Paléorient* 9(1): 63–79.

Cavalieri, D., P. E. McGovern, D. L. Hartl, R. Mortimer, and M. Polsinelli (2003) Evidence for *S. cerevisiae* fermentation in ancient wine, *Journal of Molecular Evolution* 57: 226–232.

Černych, L. (2003) Spektralanalyse und Metallverarbeitung in den früh- und mittelbronzezeitlichen Kulturen der ukrainischen Steppe als

Forschungsproblem, *Eurasia Antiqua* 9: 27–62.

Chataigner, C. (1995) *La Transcaucasie au Néolithique et au Chalcolithique*. BAR International Series 624. Oxford: Tempus Reparatum.

Chechenov, I. M. (1970) Гробница эпохи ранней бронзы в г. Нальчике, *Советская археология* 2: 109–124.

——— (1973) *Нальчикская подкурганная гробница*. Nalchik: Elbrus.

——— (1984) Вторые курганные группы у селений Кишпек и Чегем, in *Археологические исследования на новостройках Кабардино–Балкарии*. Nalchik. 164–253.

——— (1986) Курган 2 селения Кишпек в Кабардино–Балкарии, in *Новое в археологии Северного Кавказа*. Moscow: Nauka. 39–52.

Chegini, N. N., M. Momenzadeh, H. Parzinger, E. Pernicka, T. Stöllner, R. Vatandoust, and G. Weisgerber (2000) Preliminary report on archaeometallurgical investigations around the prehistoric site of Arisman near Kashan, western Central Iran, *Archäologische Mitteilungen aus Iran und Turan* 32: 281–318.

Chegini, N. N., B. Helwing, H. Parzinger, and A. Vatandoust (2004) A prehistoric industrial settlement on the Iranian plateau – research at Arisman, in T. Stöllner, R. Slotta, and A. Vatandoust, eds., *Persiens Antike Pracht. Ausstellungskatalog*. Veröffentlichungen aus dem Deutschen Bergbau-Museum Bochum 128. Bochum: Deutsches Begrbau-Museum. 210–217.

Chernjakov, I. T., V. G. Stanko, and A. V. Gudkova (1986) Холмские курганы, in *Исследования по археологии Северо–Западного Причерноморья*. Kiev: Naukova Dumka. 53–96.

Chernykh, E. N. (1966) *История древнейшей металлургии Восточной Европы*. Материалы и Исследования по Археологии СССР 132. Moscow: Nauka.

——— (1970) О древнейших очагах металлообработки Юго-Запада СССР, *КСИА* 123: 23–31.

——— (1978) *Горное дело и металлургия в древнейшей Болгарии*. Sofia: BAN.

——— (1992) *Ancient Metallurgy in the USSR. The Early Metal Age*. Cambridge: Cambridge University Press.

Chernysh, E. K. (1967) Трипольские мастерские по обработке кремня, *КСИА* 111: 60–66.

Cherry, J. F., J. L. Davis, and E. Mantzourani (1991) *Landscape Archaeology as Long–term History: Northern Keos in the Cycladic Islands from Earliest Settlement until Modern Times*. Monumenta Archaeologica 16. Los Angeles: UCLA, Institute of Archaeology.

Chessa, B., et al. (2009) Revealing the history of sheep domestication using

retrovirus integrations, *Science* 324: 532–536.
Childe, V. G. (1928) *The Most Ancient East: The Oriental Prelude to European Prehistory*. London: Kegan Paul, Trench, Truibner.
―――(1929) *The Danube in Prehistory*. Oxford: Clarendon Press.
―――(1934) *New Light on the Most Ancient East: The Oriental Prelude to European Prehistory*. New York: D. Appleton–Century Inc.
―――(1936) *Man Makes Himself*. The Thinker's Library, no. 87. London: Watts & Co.
―――(1944) Archaeological ages as technological stages, *Journal of the Royal Anthropological Institute of Great Britain and Ireland* 74(1/2): 7–24.
―――(1947) *The Dawn of European Civilization* (4th edition). London: Kegan Paul, Trench, Trubner.
―――(1950) The Urban Revolution, *Town Planning Review* 21: 3–17.
―――(1951) *Social evolution*. London: Watts.
―――(1955) Rotary motion, in C. Singer, E. J. Holmyard, and A. R. Hall, eds., *A History of Technology, Volume I. From Early Times to Fall of Ancient Empires*. Oxford: Oxford University Press. 187–215.
―――(1956) *Piecing Together the Past*. London: Routledge.
Chropovský, B., ed. (1973) *Symposium über die Entstehung und Chronologie der Badener Kultur*. Bratislava.
Çilingiroğlu, A., Z. Derin, E. Abay, H. Sağlamtimur, and İ. Kayan (2004) *Ulucak Höyük: Excavations Conducted between 1995–2002*. Ancient Near Eastern Studies Supplement 15. Louvain: Peeters.
Clark, J. E. (1987) Politics, prismatic blades and Mesoamerican civilization, in J. K. Johnson and C. A. Morrow, eds., *The Organization of Core Technology*. Boulder, CO: Westview Press. 259–284.
Clarke, M. J. (2001) Akha feasting: an ethnoarchaeological perspective, in M. Dietler and B. Hayden, eds., *Feasts: Archaeological and Ethnographic Perspectives on Food, Politics and Power*. Washington, DC: Smithsonian. 144–167.
Clason, A. T. (1998) Neolithic transhumance, a possibility or wishful thinking? in P. Anreiter, L. Bartosiewicz, E. Jerem, and W. Meid, eds., *Man and the Animal World. Studies in memoriam Sándor Bökönyi*. Archaeolingua 8. Budapest: Archaeolingua. 179–183.
Cleuziou, S., A. Coudart, J.-P. Demoule, and A. Schnapp (1991) The use of theory in French archaeology, in I. Hodder, ed., *Archaeological Theory in Europe. The Last Three Decades*. London: Routledge. 91–128.
Clutton-Brock, J. (1992) *Horse Power: a History of the Horse and the Donkey in Human Societies*. Cambridge, MA: Harvard University Press.
―――(2003) Were donkeys at Tell Brak (Syria) harnessed with a bit?, in M. Levine, C. Renfrew, and K. Boyle, eds., *Prehistoric Steppe Adaptation and the Horse*. Cambridge: McDonald Institute for Archaeological Research.

126–127.

Comşa, E. (1976) Die Töpferöfen im Neolithikum Rumäniens, *Jahresschrift für mitteldeutsche Vorgeschichte* 60: 353–364.

Conolly, J., S. Colledge, K. Dobney, J.-D. Vigne, J. Peters, B. Stopp, K. Manning, and S. Shennan (2011) Meta-analysis of zooarchaeological data from Southwest Asia and Southeast Europe provides insight into the origins and spread of animal husbandry, *Journal of Archaeological Science* 38: 538–545.

Contenau, G. and R. Ghirshman (1935) *Fouilles du Tepe–Giyan pres de Nehavend 1931 et 1932*. Paris: Paul Geuthner.

Copley, M. S., R. Berstan, S. N. Dudd, G. Docherty, A. Mukherjee, V. Straker, S. Payne, and R. P. Evershed (2003) Direct chemical evidence for widespread dairying in prehistoric Britain, *PNAS* 100: 1524–1529.

Coupland, R. T., ed. (1979) *Grassland Ecosystems of the World: Analysis of Grasslands and their Use*. Cambridge: Cambridge University Press.

———(1992) ed. *Natural Grasslands: Introduction and Western Hemisphere*. Ecosystems of the World 8A. Amsterdam: Elsevier.

Courty, C. L. and V. Roux (1995) Identification of wheel throwing on the basis of ceramic surface features and microfabrics, *Journal of Archaeological Science* 22: 17–50.

Craddock, P. T. (1995) *Early Metal Mining and Production*. Edinburgh: University Press.

Craig, O. E., J. Chapman, A. Figler, P. Patay, and G. Taylor (2004) "Milk jugs" and and other myths of the Copper Age of Central Europe, *European Journal of Archaeology* 63(3): 251–265.

Craig, O. E., J. Chapman, C. Heron, L. H. Willis, et al. (2005) Did the first farmers of central and eastern Europe produce diary foods? *Antiquity* 79: 882–894.

Crawford, G. A. (2009) Agricultural origins in North China pushed back to the Pleistocene–Holocene boundary, *PNAS* 106: 7271–7272.

Cutting, M. (2006) More than one way to study a building: approaches to prehistoric household and settlement size, *Oxford Journal of Archaeology* 25 (3): 225–246.

D'Andrea, A. C. (2003) Social and technological aspects of non–mechanised emmer processing, in P. C. Anderson, L. S. Cummings, T. K. Schippers, and B. Simonel, eds., *Le traitement des récoltes. Un regard sur la diversité du Néolithique au présent*. Antibes: APDCA. 47–60.

Danilenko, V. N. (1969) *Неолит Украины*. Kiev: Naukova dumka.

———(1974) *Энеолит Украины. Этноисторическое исследование*. Kiev: Naukova dumka.

Danilenko, V. M. and M. M. Shmaglij (1972) Про один поворотний момент в історіі енеолітичного населення Південно Європи, *Археологія* 6: 3–20.

Davidson, A. (1999) *The Oxford Companion to Food*. Oxford: Oxford University Press.

Davis, J. L., S. E. Alcock, J. Bennet, Y. Lolos, and C. Shelmerdine (1997) The Pylos Regional Archaeological Project, Part I: Overview and the archaeological survey, *Hesperia* 66(3): 391–494.

Davis, S. and S. Payne (1993) A barrow full of cattle skulls, *Antiquity* 67: 12–22.

De Capitani, A. and U. Leuzinger (1998) Arbon Bleiche 3, Siedlungsgeschichte, einheimische Traditionen und Fremdeinflüsse im Übergangsfeld zwischen Pfyner und Horgener Kultur, *Jahrbuch der Schweizerischen Gesellschaft für Urgeschichte* 81:237–49.

Degermendzhy, S. M. and J. G. Koval (1996) Кремнедобивающая мастерская с индустрией среднестоговского облика у с. Красное, in *Северо–Восточное Приазовье в системе Евразийских древностей (энеолит–бронзовый век)* 1. Donetsk.14–19.

Delmas, A. B. and M. Casanova (1990) The lapis-lazuli sources in the Ancient East, in M. Taddei and P. Callieri, eds., *South Asian Archaeology 9.2, 1987*. Serie orientale Roma 66, 2. Rome: Serie orientale Roma. 393–426.

Dennis, R. (1999) Meeting the challenge of animal–based transport, in P. Starkey and P. Kaumbutho, eds., *Meeting the challenges of animal traction. A resource book of the Animal Traction Network for Eastern and Southern Africa*. London: Intermediate Technology Publications. 150–169.

Dergachev, V. (1980) *Памятники позднего Триполья*. Kishinev: Shtiintsa.

———(1998) Kulturelle und historische Entwicklungen im Raum zwischen Karpaten und Dnepr, in B. Hänsel and J. Machnik, eds., *Das Karpatenbecken und die Osteuropäische Steppe*. München: Verlag Marie Leidorf. 27–64.

———(2002a) *Die äneolithischen und bronzezeitlichen Metallfunde aus Moldavien*. Prähistorische Bronzefunde XX, 9. Stuttgart: Steiner.

———(2002b) Two studies in defence of the migration concept, in K. Boyle, C. Renfrew, and M. Levine, eds., *Ancient Interactions: East and West in Eurasia*. McDonald Institute Monographs. Cambridge: McDonald Institute for Archaeological Research. 93–112.

Dergachev, V. and P. Dolukhanov (2008) Black Sea level fluctuations, climate change and the neolithisation of the North Pontic Area and the Balkans, in V. Slavchev, ed., *The Varna Eneolithic Necropolis and Problems of Prehistory in Southeast Europe*. Varna: Regional Archaeological Museum. 19–42.

Dergachev, V. and I. Manzura (1991) *Погребальные комплексы позднего Триполья*. Kishinev: Shtiintsa.

Dergachev, V., A. Sherratt, and O. Larina (1991) Recent results of Neolithic research in Moldavia (USSSR), *Oxford Journal of Archaeology* 10(1): 1-16.

Dhavalikar, M. K. (1995) Chalcolithic architecture at Inamgaon and Walki: an ethnoarchaeological study, in B. Allchin, ed., *Living Traditions. Studies in the Ethnoarchaeology of South Asia*. New Delhi. 31-52.

Dietler, M. (2001) Theorizing the feast: rituals of consumption, commensal politics, and power in African contexts, in M. Dietler and B. Hayden, eds., *Feasts: Archaeological and Ethnographic Perspectives on Food, Politics and Power*. Washington, DC: Smithsonian. 65-114.

———(2006) Alcohol: anthropological/archaeological perspectives, *Annual Review of Anthropology* 35: 229-249.

Dietler, M. and I. Herbich (1998) Habitus, techniques, style: an integrated approach to the social understanding of material culture and boundaries, in M. T. Stark, ed., *The Archaeology of Social Boundaries*. Washington, DC: Dumbarton Oaks Research Library and Collection. 232-263.

Dietz, U. L. (1992) Zur Frage vorbronzezeitlicher Trensenbelege in Europa, *Germania* 70(1): 17-36.

Dimov, T. (1992) Културата Хаманджия в Добруджа, *Добруджа* 9: 20-34.

Dinu, M. (1981) Clay models of wheels discovered in Copper Age cultures of Old Europe mid-fifth millennium BC, *Journal of Indo-European Studies* 9(1-2): 1-14.

Dneprovskij, K. A. (1991) Серегинское поселение эпохи ранней бронзы, in *Древности Северного Кавказа и Причерноморья*. Moscow. 3-17.

Dneprovskij, K. A. and A. A. Jakovlev (1989) Новое поселение эпохи ранней бронзы в Закубанье, in *Первая Кубанская археологическая конференция. Тезисы и доклады*. Krasnodar. 27-28.

Dneprovskij, K. A. and S. N. Korenevskij (1996) Сравнительный анализ керамики Галюгаевского и Серегинского поселений майкопской культуры, *Историко-археологический альманах* 2: 4-12.

Dneprovskij, K. A., S. N. Korenevskij, and V. R. Erlikh (1995) Новые погребения "новосвободненской" группы у станицы Костромской в Закубанье, *Российская археология* 3: 119-130.

Dobres, M.-A. (2000) *Technology and Social Agency: Outlining a Practice for Archaeology*. Oxford: Blackwell.

Dobres, M.(2001) Meaning in the making: agency and the social embodiment of technology and art, in M. B. Schiffer, ed., *Anthropological Perspectives on Technology*. Dragoon and Albuquerque: Amerind Foundation and University of New Mexico Press. 47-76.

Dobres, M.-A. (2010) Archaeologies of technology, *Cambridge Journal of Economics* 34: 103-114.

Dobres, M.-A. and C. Hoffman (1994) Social agency and the dynamics of prehistoric technology, *Journal of Archaeological Method and Theory* 1(3): 211–257.

———(1999) *The Social Dynamics of Technology. Practice, Politics, and World Views*. Washington, DC: Smithsonian Institution Press.

Doebley, J. F., B. S. Gaut, and B. D. Smith (2006) The molecular genetics of crop domestication. *Cell* 127: 1309–1321.

Dolukhanov, P. M. (1993) Archaeology in the ex-USSR: postperestroyka problems, *Antiquity* 67: 150–156.

Dolukhanov, P. M. and K. K. Shilik (2007) Environment, sea-level changes, and human migrations in the northern pontic area during Late Pleistocene and Holocene times, in V. Yanko-Hombach, A. S. Gilbert, N. Panin, and P. M. Dolukhanov, eds., *The Black Sea Flood Question. Changes in Coastline, Climate and Human Settlement*. Berlin: Springer. 297–318.

Dolukhanov, P., A. Shukurov, D. Gronenborn, D. Sokoloff, V. Timofeev, and G. Zaitseva (2005) The chronology of Neolithic dispersal in Central and Eastern Europe, *Journal of Archaeological Science* 32: 1441–1458.

Dönmez, Ş. (2001) The Central Black Sea Region survey, in Belli, O., ed., *Istanbul University's Contributions to Archaeology in Turkey 1932–2000*. Istanbul: Istanbul University Press. 302–306.

———(2002) The 2nd millennium BC settlement in Samsun and Amasya provinces, central Black Sea region, Turkey, *Ancient West and East* 1(2): 243–293.

———(2006) Orta Karadeniz Bölgesinin İlk Tunç Çağı II Öncesi Kültürel Gelişimi Üzerine Yeni Gözlemler/ Recent Observations on the Cultural Development of the Central Black Sea Region Before Early Bronze Age II, in B. Erciyas and E. Koparal, eds., *Black Sea Studies: Symposium Proceedings/ Karadeniz Araştırmaları Sempozyum Bildirileri*. Istanbul: Ege. 63–97.

Dönmez, Ş. and E. Naza Dönmez (2005) Aspects of Traditional Village Architecture in the Central Black Sea Region, in T. Takaoğlu, ed., *Ethnoarchaeological Investigation in Rural Anatolia*. Vol. 2. Istanbul: TASK. 153–167.

Donnan, C. B. (1971) Ancient Peruvian potters' marks and their interpretation through ethnographic analogy, *American Antiquity* 36(4): 460–465.

Doonan, O. P. (2004) *Sinop Landscapes. Exploring Connection in the Hinterland of a Black Sea Port*. Philadelphia: University of Pennsylvania Press.

———(2009) The corrupting sea and the hospitable sea: some early thoughts toward a regional history of the Black sea, in D. B. Counts and A. S. Tuck, eds., *Koine, Mediterranean Studies in Honor of R. Ross Holloway*. Oxford: Oxbow Books. 68–74.

Doonan, O. P., A. Gantos, F. Hiebert, M. Besonen, and A. Yaycıoğlu (2001)

Sinop Regional Archaeological Survey 1998–99: The Karasu Valley Survey, *TUBA–AR 4*: 113–35.

Draganov, V. (1990) Културата Чернавода III на територията на България и по западното черноморско крайбрежие, *Добруджа* 7: 156–179.

Drozdov, V. A., O. B. Glezer, T. G. Nefedova, and L. V. Shabdurasutov (1992) Ecological and geographical characteristics of the coastal zone of the Black Sea, *GeoJournal* 27(2): 169–178.

Dudd, S. N. and R. P. Evershed (1998) Direct demonstration of milk as an element of archaeological economies, *Science* 282: 1478–1481.

Dumpe, B., Bērziņš, V. and O. Stilborg (2011) A dialogue across the Baltic on Narva and Ertebølle pottery, *Berichte der RGK* 89: 409–441.

Dupree, L., P. Gouin, and N. Omer (1971) The Kosh Tapa hoard from North Afganistan, *Archaeology* 24, 1: 28–34.

Duru, R. (1996) *Kuruçay Höyük II. 1978–1988 kazılarının sonuçları Geç Kalkolitik ve İlk Tunç Çağı yerleşmeleri*. Ankara: Türk Tarih Kurumu Basımevi.

———(2008) *From 8000 BC to 2000 BC. Six Thousand Years of the Burdur–Antalya Region*. Antalya: Suna–İnan Kıraç Research Institute.

Dyson, R. H. and S. M. Howard (1989) *Tappeh Hesar: Reports of the Restudy Project, 1976*. Firenze: Case Editrice le Lettere.

Earle, T. (1997) *How Chiefs Come to Power. The Political Economy in Prehistory*. Stanford, CA: Stanford University Press.

Echt, R., Thiele, W. -R. and I. S. Ivanov (1991) Varna: Untersuchungen zur kupferzeitlichen Goldverarbeitung, in J. Lichardus, ed., *Die Kupferzeit als historische Epoche*. Saarbrücker Beiträge zur Altertumskunde 55. Bonn: Rudolf Habelt Verlag. 633–691.

Efe, T. (2004) Yassıkaya, an Early Bronze Age site near Heraclea Pontica (Kdz Ereğli) on the Black Sea, in B. Hänsel and E. Studeníková, eds. *Zwischen Karpaten und Ägäis. Neolithikum und ältere Bronzezeit. Gedenkschrift für Viera Němejcová Pavúková*. Rahden/Westfalen: Marie Leidorf. 27–37.

Efe, T. and A. Mercan (2002) Yassıkaya: Karadeniz Ereğli (Heraclea Pontica) Yakınlarında Bir İlk Tunç Çağı Yerleşmesi, 23. *Kazı Sonuçları Toplantısı*: 361–374.

Ehrhardt, K. L. (2005) *European Metals in Native Hands: Rethinking the Dynamics of Technological Change 1640–1683*. Tuscaloosa: University of Alabama Press.

Ellis, L. (1980) Analysis of Cucuteni-Tripolye and kurgan pottery and the implications for ceramic technology, *Journal of Indo-European Studies* 8: 211–230.

———(1984) *The Cucuteni-Tripolye Culture. A Study in Technology and the Origins of Complex Society*. BAR Int. Ser. 217. Oxford: BAR.

———(1987) Population growth, food storage and ceramic manufacturing centre in pre-Bronze Age Europe, in M. Petrescu–Dîmboviţa, N. Ursulescu, and D. Monah, eds., *La civilization de Cucuteni en contexte Européen*. Bibliotheca Archaeologica Iassensis 1. Iaşi: Université Al. I. Cuza. 175–192.

Emberling, G. and H. McDonald (2002) Recent finds from the northern Mesopotamian city of Tell Brak, *Antiquity* 76: 949–950.

Emendack, Y., H. Herzog and R. Hoffmann–Bahnsen (2005) Drought Performance in Millet (Panicum miliaceum) and Grain Sorghum (Sorghum bicolor L. Moench). Abstract. *Deutscher Tropentag, October 11–13, 2005, Hohenheim, "The Global Food & Product Chain — Dynamics, Innovations, Conflicts, Strategies"*.

Enattah, N. S., T. Sahi, E, Savilahti, J. T. Terwillinger, L. Peltonen, and I. Järvelä (2002) Identification of a variant associated with adult-type hypolactasia, *Nature Genetics* 30: 233–237.

Epstein, C. (1993) *Cultural Choice and Technological Consequences: Constraint of Innovation in the Late Prehistoric Copper Smelting Industry of Cerro Huaringa, Peru*. Ph.D. dissertation, Department of Anthropology, University of Pennsylvania.

Ergin, M. (1981) H. Ü. Radyokarbon laboratuvarında yapılan çalışmalar, İkiztepe C14 tarihleri ve diğer bazı C14 sonuçları, *TÜBİTAK Arkeometri Ünitesi Bilimsel Toplantı Bildirileri* II: 79–93.

Ergin, M. and R. Güler (1985) Hacettepe Üniversitesi radyokarbon laboratuvarında yapılan çalışmalar, İkiztepe C-14 tarihleri ve diğler bazı C-14 sonuçları, *TÜBITAK Arkeometri Ünitesi Toplantı Bildileri* II: 79–93.

Erkanal, H. and T. Özkan (1999) Bakla Tepe Kazıları / Excavations at Bakla Tepe, in T.Özkan and H. Erkanal eds., *Tahtalı Barajı Kurtarma Kazısı Projesi / Tahtalı Dam Area Salvage Project*. Izmir: Simedya. 108–138.

Erlikh, V. R., S. B. Valchak, and V. E. Maslov (2006) Курган 2 могильника Уашхиту в Адыгее. Предварительные итоги раскопок, in *XXIV Крупновские чтения по археологии Северного Кавказа. Тезисы докладов*. Nalchik. 208–210.

Erol, O. (1983) *Die Naturräumliche Gliederung der Türkei*. Beihefte zum Tübinger Atlas des Vorderen Orients. Reihe A, Naturwissenschaften, Nr. 13. Wiesbaden: Dr. Ludwig Reichert.

Erzen, A. (1956) Sinop kazısı 1953 yılı çalışmaları, *Türk Arheoloji Dergisi* VI(1): 69–72.

Esin, U. (1985) Degirmentepe (Malatya) 1984, *Anatolian Studies* 35: 188–189.

Esin, U.(1986) Doğu Anadolu'ya ait bazı prehistorik cüruf ve filiz analiyleri, *Anadolu Araştırmaları* 10: 143–168.

——— (1993) Gelveri – ein Beispiel für die kulturellen Beziehungen zwischen Zentralanatolien und Südosteuropa während des Chalkolithikums,

Anatolica 19: 47–56.

Eskina, A. V. (1996) Погребение майкопской культуры в кургане близ аула Уляп, in *Северо-Восточное Приазовье в системе евразийский древностей (энеолит–бронзовый век) Ч. I.* Donetsk. 37–40.

Evershed, R. P., S. Payne, A. G. Sherratt, M. S. Copley, J. Coolidge, et al. (2008) Earliest date for milk use in the Near East and southeastern Europe linked to cattle herding, *Nature* 455: 528–531.

Ewers, J. C. (1955) *The Horse in Blackfoot Indian Culture with Comparative Material from Other Western Tribes.* Smithsonian Institution Bureau of American Ethnology Bulletin 159. Washington, DC: Smithsonian Institution.

Farmakovskij, B. V. (1914) Архаический период в России II: Майкоп, *Материалы по археологии России* 34: 15–78.

Fazeli, H. (2004) Chalkolithische Archäologie der Quazvin–Ebene, in T. Stöllner, R. Slotta and A. Vatandoust, eds., *Persiens Antike Pracht. Ausstellungskatalog.* Veröffentlichungen aus dem Deutschen Bergbau-Museum Bochum 128. Bochum: Deutsches Begrbau-Museum. 194–199.

Feathers, J. K. (2006) Explaining shell-tempered pottery in prehistoric Eastern North America, *Journal of Archaeological Method and Theory* 13(2): 89–133.

Fedorov, P. V. (1972) Postglacial transgression of the Black Sea, *International Geology Review* 14(2): 160–164.

Felli, C. (2000) Middle Uruk pottery from Area HS1, Tell Brak. Aspects of cultural continuity and change, in P. Matthiae, A. Enea, L. Peyronel and F. Pinnock, eds., *Proceedings of the 1st International Congress on the Archaeology of the Ancient Near East, "Sapienza Università", Rome, May 18th–23rd 1998.* Rome: Dip. di Scienze Storiche Archeologiche e Antropologiche dell'Antichita. 412–420.

Filipova-Marinova, M. (2007) Archaeological and paleontological evidence of climate dynamics, sea-level change, and coastline migration in the Bulgarian sector of the Circum–Pontic region, in V. Yanko-Hombach, A. S. Gilbert, N. Panin, and P. M. Dolukhanov, eds., *The Black Sea Flood Question. Changes in Coastline, Climate and Human Settlement.* Berlin: Springer. 453–481.

Filipova-Marinova, M. and E. Bozhilova (2003) Palaeoecological evidence of the vegetation history and human occupation in the coastal area of Sozopol (Southeastern Bulgaria), *Добруджа* 21: 279–291.

——(2008) Palynological data of submerged prehistoric settlements along the Bulgarian Black Sea coast, in V. Slavchev, ed., *The Varna Eneolithic Necropolis and Problems of Prehistory in Southeast Europe.* Varna: Regional Archaeological Museum. 209–220.

Filipova-Marinova, M. and R. Christova (2001) Sea level fluctuations in the western part of the Black sea during the Holocene, *Comptes rendus de l'Académie bulgare des Sciences* 54(5): 59–64.

Finenko, Z. Z. (2008) Biodiversity and bioproductivity, in A. G. Kostianoy and A. N. Kosarev, eds., *The Black Sea Environment* (The Handbook of Environmental History 5.Q). Berlin: Springer. 351–374.

Fogelberg, J. M. (1937) Chalcolithic textile remains, in H. H. von der Osten, *The Alishar Hüyük Seasons of 1930–1932, Part III*. Researches in Anatolia Vol. IX. The University of Chicago Oriental Institute Publications 30. Chicago: University of Chicago Press.

Formozov, A. A. (1961) Археологические исследования пещер в верховья реки Белой в Краснодарском крае, in *Сборник материалов по археологии Адыгеи II*. Maikop. 39–72.

———(1965) *Каменный век и энеолит Прикубанья*. Moscow: Nauka.

Formozov, A. A. and E. N. Chernykh (1964) Новые поселения майкопской культуры в Прикубанье, *КСИА* 101: 102–110.

Foster, G. M. (1959) The potter's wheel – an analysis of idea and artifact in invention, *Southwestern Journal of Anthropology* 15: 99–119.

Frachetti, M. D., R. N. Spengler, G. J. Fritz, and A. N. Mar'yashev (2010) Earliest direct evidence for broomcorn millet and wheat in the central Eurasian steppe region, *Antiquity* 84: 993–1010.

Frame, L. (2004) *Investigations at Tal-i Iblis: Evidence for Copper Smelting During the Chalcolithic Period*. BSc Thesis, Massachusetts Institute of Technology.

Frangipane, M. (1993) Arslantepe–Melid–Malatya, in *Arslantepe, Hierapolis, Iasos, Kyme. Scavi archeologici italiani in Turchia*. Venezia: Marsilio. 30–103.

(1997) A 4th millennium temple/palace complex at Arslantepe–Malatya. North–south relations and the formation of early state societies in the northern regions of Greater Mesopotamia, *Paléorient* 23(1): 45–73.

Frangipane, M. and A. Palmieri (1983) A protourban centre of the Late Uruk period, *Origini* XII(2): 287–454.

Frangipane, M. and G. Palumbi (2007) Red–black ware, pastoralism, trade, and Anatolian–Transcaucasian interactions in the 4th–3rd millennium BC, in B. Lyonnet, ed., *Les cultures du Caucase (IVe–IIIe millénaires avant n. è.). Leurs relations avec le Proche–Orient*. Paris: CNRS Éditions. 233–256.

Frangipane, M., G. M. Di Nocera, A. Hauptmann, P. Morbidelli, A. Palmieri, L. Sadori, M. Schultz, and T. Schmidt-Schultz (2001) New symbols of a new power in a "royal" tomb from 3000 BC Arslantepe, Malatya (Turkey), *Paléorient* 27(2): 105–139.

Frangipane, M., E. Andersson Strand, R. Laurito, S. Möller-Wiering, M.-L. Nosch, A. Rast–Eicher, and A. Wistilassen (2009) Arslantepe (Turkey): textiles, tools and imprints of fabrics from the 4th to the 2nd millennium BC, *Paléorient* 35(1): 5–30.

French, C. and M. Kousoulakou (2003) Geomorphological and micro-morphological investigations of paleosols, valley sediments, and a sunken-floored dwelling at Botai, Kazakstan, in K. Boyle, C. Renfrew and M. Levine, eds., *Ancient Interactions: East and West in Eurasia*. McDonald Institute Monographs. Cambridge: McDonald Institute for Archaeological Research. 105–114.

Fu, Y.-B., and R. Allaby (2010) Phylogenetic network of *Linum* species as revealed by non-coding chloroplast DNA sequences, *Genetic Resources and Crop Evolution* 57: 667–677.

Gadzhiev, M. G. et al. (2000) Daghestan–American archaeological investigations in Daghestan, Russia 1997–1999, *Eurasia Antiqua* 6: 47–123.

Gale, N. H. et al. (2000) Early metallurgy in Bulgaria, *Годишник на Департамент Археология, Нов Български Университет* IV–V: 102–168.

Gale, N. H.(2003) Early metallurgy in Bulgaria, in P. Craddock and J. Lang, ed., *Mining and Metal Production through the Ages*. London: British Museum Press. 122–173.

Galibin, V. A. (1990) Древние сплавы на медной основы, in *Древние памятники Кубани*. Krasnodar. 175–182.

———(1991) Особености состава находок из цветного и благородного металла памятников Северного Кавказа эпохи ранней и средней бронзы, in *Древние културы Прикубанья*. Leningrad. 59–69.

Galtsoff, P. S. (1924) Seasonal migrations of mackerel in the Black Sea, *Ecology* 5(1): 1–5.

Gej, A. N. (1991) Новотиторовская культура (предварительная харастеристика), *Советская археология* 1: 54 –71.

———(1999) О некоторых проблемах изучения бронзового века на юге европейской России, *Российская Археология* 1: 34–50.

———(2000) *Новотиторовская культура*. Moscow: Rossijskaja Akademija Nauk, Institut Archeologii.

———(2004) Die Wagen der Novotitarovskaja-Kultur, in M. Fansa, ed., *Rad und Wagen. Der Ursprung einer Innovation*. Mainz: Philipp von Zabern. 177–190.

———(2008) Погребальные памятники майкопской культуры в низовьях Кубани, in *Археология Кавказа и Ближнего Востока. Сборник к 80-летию професора Р. М. Мунчаева*. Moscow: Taus. 177–195.

Gening, V. F. and V. N. Korpusova (1989a) *Археологические памятники Крымского Присивашья. Вторая курганная групиа у с. Целинное*. Kiev.

———(1989b) *Археологические памятники Крымского Присивашья*.

Курганы у с. Богачевка. Kiev: Akademija Nauk.

Georgiev, G. (1958) За някои оръдия на производство от неолита в България, in *Изследвания в чест на акад. Д. Дечев*. Sofia: BAN. 369–387.

Gerasimenko, N. (1997) Environmental and climatic changes between 3 and 5 ka in southeastern Ukraine, in H. N. Dalfes, G. Kukla, and H. Weiss, eds., *Third Millennium BC Climate Change and Old World Collapse*. NATO ASI Series, Series 1, Global Environmental Change, Vol. 49. Berlin: Springer. 371–399.

Gergova, D. et al. (2010) Спасителни разкопки на Обект 36, AM "Тракия", Лот 4, при с. Драганци, община Карнобат, *Археологически открития и разкопки през* 2009 г.: 119–123.

Geselowitz, M. N. (1993) Archaeology and the social study of technological innovation, *Science, Technology, & Human Values* 18(2): 231–246.

Ghirshman, R. (1938) *Fouilles de Sialk, près de Kashan 1933, 1934, 1937 (I)*. Paris: Librairie orientaliste Paul Geuthner.

———(1939) *Fouilles de Sialk, près de Kashan 1933, 1934, 1937 (II)*. Paris: Librairie orientaliste Paul Geuthner.

Gibson, A. and A. Woods (1997) *Prehistoric Pottery for the Archaeologist*. London: Leicester University Press.

Gilbert, A. S. (1991) Equid remains from Godin Tepe, Western Iran: an interim summary and interpretation, with notes on the introduction of the horse into Southwest Asia, in R. H. Meadow and H.-P. Uerpmann, eds., *Equids of the Ancient World*. Beihefte zum Tübinger Atlas des Vorderen Orients, Reihe A, Naturwissenschaften, Nr. 19/2. Wiesbaden: Ludwig Reichert Verlag. 75–110.

Gill, M. (1981) *The Potter's Mark: Contemporary and Archaeological Pottery of the Kenyan Southeast Highlands*. PhD Thesis, Boston University.

Gille, B. (1966) Note on technical progress, *Review d'histoire de la sidérurgie* 7: 185–195.

Gilman, A. (1987) Unequal development in Copper Age Iberia, in M. Brumfield and T. Earle, eds., *Specialization, Exchange and Complex Societies. New Directions in Archaeology*. Cambridge: Cambridge University Press. 22–29.

Gimbutas, M. (1973) The beginning of the Bronze Age in Europe and the Indo-Europeans 3500–2500 BC, *Journal of Indo-European Studies* 1(2): 163–214.

Gkiasta, M., T. Russell, S. Sherman, and J. Steele (2003) Neolithic transition in Europe: the radiocarbon record revisited, *Antiquity* 77:45–62.

Glonti, L. I. and A. Djavakhishvili (1987) Новые данные о многослойном памятнике энеолита–поздней бронзы в Шида Картли – Бериклдееби, *КСИА* 192: 80–87.

Glonti, L. I., M. Ketskhoveli, and G. Palumbi (2008) The cemetery at Kvatskhelebi, in A. Sagona and E. Abramishvili, eds., *Archaeology in Southern Caucasus: perspectives from Georgia*. Ancient Near Eastern studies, Supplement 19. Louvain: Peeters. 153–184.

Glumac, P. and J. A. Todd (1991) Eneolithic copper smelting slags from the Middle Danube basin, in E. Pernicka and G. Wagner, eds., *Archaeometry '90*. Basel: Birkhauser Verlag. 155–164.

Good, I. (1999) *The Ecology of Exchange: Textiles from Shahr-i Sokhta*. PhD Thesis, University of Pennsylvania.

Gopher, A., T. Tsuk, S. Shalev, and R. Gophna (1990) Earliest gold artifacts in the Levant, *Current Anthropology* 31(4): 436–443.

Gorny, R. L., G. McMshon, S. Paley, S. Steadman, and B. Verhaaren (2002) The 2000 and 2001 seasons at Çadır Höyük in Central Turkey: a preliminary report, *Anatolica* 28: 109–136.

Görsdorf, J., Y. Rassamakin, and A. Häusler (2004) ^{14}C dating of Mound 24 of the kurgan group near Vinogradnoe village, Ukraine, in T. Higham, C. Bronk Ramsey and C. Owen, eds., *Radiocarbon and Archaeology. Fourth International Symposium, St. Cathrine's College, Oxford, 9–14 April 2002*. Oxford University School of Archaeology Monograph 62. Oxford: Oxford University School of Archaeology. 127–134.

Gosselain, O. P. (1992) Bonfire of the enquiries: pottery firing temperatures in archaeology: what for? *Journal of Archaeological Science* 19: 243–259.

——— (1998) Social and technical identity in a clay crystal ball, M. T. Stark, ed., *The Archaeology of Social Boundaries*. Washington, DC: Dumbarton Oaks Research Library and Collection. 79–110.

——— (2000) Materializing identities: an African perspective, *Journal of Archaeological Method and Theory* 7(3): 187–217.

——— (2001) Globalizing local pottery studies, in S. Beyries and P. Pétrequin, eds., *Ethno-Archaeology and Its Transfers. Annual meeting of the European Association of Archaeologists 5*. BAR Int. Ser. 983. Oxford: Archaeopress. 95–111.

Goulder, J. (2010) Administrators' bread: an experiment-based re-assessment of the functional and cultural role of the Uruk bevel-rim bowl, *Antiquity* 84: 351–362.

Govedarica, B., E. Kaiser, J. J. Rassamakin, and V. A. Samar (2006) Der Grabhügel "Tarasova Mogila" bei der Stadt Orechov. Neue Angaben zur Periodisierung und Chronologie der äneolithischen und bronzezeitlichen Steppenkulturen im Azovgebiet, *Eurasia Antiqua* 12: 63–112.

Gronenborn, D. (2011) Early pottery in Afroeurasia – origins and possible routes of dispersal, *Berichte der RGK* 89: 59–88.

Gudkova, A. V. (1980) Энеолитический курган с кромлехом в

устье Тилигула, in *Северо–Западное Причерноморье в эпоху первобытно-общинного строя.* Kiev. 87–95.

Gurova, M. (2001) Èléments de tribulum de la Bulgarie – références ethnographiques et contexte préhistorique, *Archaeologia Bulgarica* 5(1): 1–19.

——(2008) Праисторическите земеделски сечива, индикатори за неолитизационния процес, in M. Gurova, ed., *Праисторически проучвания в България: новите предизвикателства.* Sofia: BAN. 39–55.

Gusev, S. A. (1998) К вопросу о транспортных средствах тропольской културы, *Российская Археология* 1: 15–28.

Haak, W., P. Forster, B. Bramanti, S. Matsumura, G. Brandt, M. Tänzer, R. Villems, C. Renfrew, D. Gronenborn, and K. W. Alt (2005) Ancient DNA from the first European farmers in 7500-year-old Neolithic sites, *Science* 310: 1016–1018.

Haaland, R. (2007) Porridge and pot, bread and oven: food ways and symbolism in Africa and the Near East from the Neolithic to the present, *Cambridge Archaeological Journal* 17(2): 165–182.

Hägerstrand, T. (1988) Some unexplored problems in the modeling of culture transfer and transformation, in P. J. Hugill and D. B. Dickson, eds., *The Transfer and Transformation of Ideas and Material Culture.* Texas: Texas A&M University Press. 217–232.

Hamon, C. (2007) Modes de subsistance et activités dans le Chalcolithique du Caucase Nord: étude fonctionelle des outils en pierre de la culture de Maikop, in B. Lyonnet, ed., *Les cultures du Caucase (IVe–IIIe millénaires avant n. è.). Leurs relations avec le Proche-Orient.* Paris : CNRS Éditions. 189–198.

Hamon, C. and B. Lyonnet (2004) Observations sur les techniques de fabrication de le céramique de Maikop (autour de 3500 avant notre ère), in L. Astruc, ed., *Des Techniques de fabrication aux fonctions des céramiques. Méthodes d'approche.* Cahier des Thèmes transversaux ArScAn, V, 2003–2004. Nanterre. 248–253.

Hansen Streily, A. (2000) Early pottery kilns in the Middle East, *Paléorient* 26(2): 69–81.

Harţuchi, N. and I. T. Dragomir (1957) Săpăturile arheologice de la Brăiliţa. Raport preliminar, *Materiale şi cercetari arheologice* 3: 129–147.

Hauptmann, A. (2000) *Zur frühen Metallurgie des Kupfers in Fenan, Jordanien.* Der Anschnitt Beiheft 11. Bochum: Deutsches Bergbau-Museum.

——(2007) *The Archaeometallurgy of Copper. Evidence from Faynan, Jordan.* Berlin: Springer.

Hauptmann, A. and Ü. Yalcin (2002) Lime plaster, cement and the first puzzolanic reaction, *Paléorient* 26(2): 61–68.

Hayden, B. (2009) Funerals as feasts: why are they so important? *Cambridge*

Archaeological Journal 19(1): 29–52.

Henderson, J. (1985) The raw materials of early glass production, *Oxford Journal of Archaeology* 4(3): 267–291.

Heinrich, E. (1936) *Kleinfunde aus den archaischen Tempelschichten in Uruk.* Ausgrabungen der Deutschen Forschungsgemeinschaft in Uruk–Warka, I. Berlin: Deutsche Forschungsgemeinschaft, Kommissionsverlag O. Harrassowitz.

Helwing, B. (2005) Early complexity in Highland Iran: recent archaeological research into the Chalcolithic of Iran, *TÜBA–AR* 8: 39–60.

Henrich, J. (2004) Archaeology, demography and cultural evolution: how adaptive cultural processes can produce maladaptive losses: the Tasmanian case, *American Antiquity* 69(2): 197–214.

Hermans, G. (1992) Keramische Rohstoffe am Hassek Höyük und ihre Eigenschaften – Beobachtungen aus der Sicht des Praktikers, in M. R. Behm –Blancke, ed., *Hassek Höyük – Naturwissenschaftliche Untersuchungen und lithische Industrie.* Istanbuler Forschungen 38. Tübingen: Wasmuth. 101–107.

Hess, K., A. Hauptmann, H. Wright, and R. Whallon (1998) Evidence of fourth millennium BC silver production at Fatmalı–Kalecik, East Anatolia, in T. Rehren, A. Hauptmann, and J. Muhly, eds., *Metallurgica Antiqua. In Honour of Hans-Gert Bachmann and Robert Maddin.* Der Anschnitt, Beiheft 8. Bochum: Deutsches Bergbau-Museum. 57–67.

Hiendleder, S., K. Mainz, Y. Plante, and H. Lewalski (1998) Analysis of mitochondrial DNA indicates that domestic sheep are derived from two different ancestral maternal sources: no evidence for contributions from Urial and Argali sheep, *Journal of Heredity* 89: 113–120.

Hiendleder, S., B. Kaupe, R. Wassmuth, R. and A. Janke (2002) Molecular analysis of wild and domestic sheep questions current nomenclature and provides evidence for domestication from two different subspecies, *Proceedings of the Royal Society London B, Biological Sciences* 269: 893–904.

Hodges, H. (1964) *Artefacts. An Introduction to Early Materials and Technology* (2nd impr.). London: John Baker.

Höhfeld, V. (1995) *Türkei. Schwellenland der Gegensätze.* Gotha: Justus Verlag.

Horváth, T., S. E. Svingor, and M. Molnár (2008) New radiocarbon dates for the Baden culture, *Radiocarbon* 50(3): 447–458.

Hunt, H. V., M. Vander Linden, X. Liu, G. Motuzaite–Matuzeviciute, S. Colledge, and M. K. Jones (2008) Millets across Eurasia: chronology and context of early records of the genera Panicum and Setaria from archaeological sites in the Old World, *Vegetation History and Archaeobotany* 17(Suppl 1): 5–18.

Hütteroth, W.-D. and V. Höhfeld (2002) *Türkei. Geografie, Geschichte, Wirtschaft,*

Politik. Darmstadt: Wissenschaftliche Buchgesellschaft.

Ibáñez, J. J., J. González Urquijo, and A. Rodríguez Rodríguez (2007) The evolution of technology during the PPN in the Middle Euphrates: a view from use-wear analysis of lithic tools, in L. Astruc, D. Binder and F. Briois, eds., *Technical Systems and Near Eastern PPN Communities*. Antibes: Éditions APDCA. 153–165.

Ibáñez, J. J., A. Balbo, F. Braemer, L. Gourichon, E. Iriarte, J. Santana, and L. Zapata (2010) The early PPNB levels of Tell Qarassa North (Sweida, southern Syria), *Antiquity* 84 (325), available at http://antiquity.ac.uk.

Iessen, A. A. (1950) К хронологии «больших кубанских курганов», *Советская археология* 12: 157–200.

Ievlev, M. M. (1991) Die naturrräumliche Gliederung der Ukraine, in R. Rolle, *Gold der Steppe, Archäologie der Ukraine*. Ausstellungskatalog, Archäologisches Landesmuseum Schleswig. Neumünster: Wachholtz. 18–23.

Ignatov, E. I. (2008) Coastal and bottom topography, in A. G. Kostianoy and A. N. Kosarev, eds., *The Black Sea Environment*. The Handbook of Environmental History 5.Q. Berlin: Springer. 47–62.

Ilčeva, V. (2001) Le village préhistorique de Hotnitza-Vodopada, in P. Roman and S. Diamandi, eds., *Cernavoda III–Boleráz* (Danubiana, Ser. Symposia II). Bucuresti: Vavila Edinf. 277. 199–212.

Iljukov, L. S. (1979) Металлические "вилки" майкопской культуры, *Советская археология* 4: 138–146.

———(1981) Бронзовый топор из Прикубанья, *Советская археология* 2: 264–265.

Ingold, T. (1980) *Hunters, Pastoralists and Ranchers. Reindeer Economies and Their Transformations*. Cambridge: Cambridge University Press.

———(1986) Reindeer economies and the origin of pastoralism, *Anthropology Today* 2(4): 5–10.

———(1990) Society, nature and the concept of technology, *Archaeological Review from Cambridge* 9(1): 5–17.

———(1999) Foreword, in M.-A. Dobres and C. R. Hoffman, eds., *The Social Dynamics of Technology. Practice, Politics, and World Views*. Washington, DC: Smithsonian Institution Press. vii–xi.

———(2000) *The Perception of the Environment: Essays on Livelihood, Dwelling and Skill*. New York: Routledge.

———(2001) Beyond art and technology: the anthropology of skill, in M. B. Schiffer, ed., *Anthropological Perspectives on Technology*. Albuquerque: University of New Mexico Press. 17–31.

———(2010) The textility of making, *Cambridge Journal of Economics* 34: 91–102.

Insoll, T. and K. Bhan (2001) Carnelian mines at Gujarat, *Antiquity* 75: 295–296.

Isakov, A. (1991) *Саразм. К вопросу становления раннеземледельческой культуры Зеравшанской долины. Расскопки 1977–1983 гг.* Dushanbe: Donish.

———(1992) Богатое погребение из Саразма (Таджикистан), *Археологические вести* 1: 64–75.

———(1996) Sarazm: an agricultural center of ancient Sogdiana, *Bulletin of the Asia Institute, New Series* 8: 1–12.

Işın, M. A. (1998) Sinop region field survey, *Anatolia Antiqua* 6: 95–139.

Ivanov, I. V. and V. V. Matychenkov (1996) Изменения почв и климатических условий в Приазовья в эпоху бронзы, in *Северо–Восточное Приазовье в системе евразийский древностей (энеолит–бронзовый век) Ч. 2*. Donetsk. 77–80.

Ivanova, M. (2008a) *Befestigte Siedlungen auf dem Balkan, in der Ägais und in Westanatolien, ca. 5000–2000 v. Chr.* Münster: Waxmann Verlag.

———(2008b) The chronology of the Maikop culture in the Northern Caucasus: changing perspectives. *Aramazd, Armenian Journal of Near Eastern Studies* 2: 7–39.

———(2012) Perilous waters: early maritime trade along the western coast of the Black Sea (fifth millennium BC), *Oxford Journal of Archaeology* 31 (4): 339–365.

Ivanova, S. V. and A. S. Ostroverkhov (2007) Ландшафтная система "Тилигульский лиман" и ее роль в истории Северного Причерноморья, in *Материалы и исследования по археологии Северного Кавказа* 8: 245–294.

Ivanova, S. V., V. G. Petrenko, and N. E. Vetchinnikova (2005) *Курганы древних скотоводов междуречья Южного Буга и Днестра*. Odessa.

Izbitser, E. V. (1990) Погребения с повозками эпохи ранней бронзы в степном Прикубанье, in *Древние памятники Кубани*. Krasnodar. 29–36.

Janushevich, Z. V. (1978) Prehistoric food plants in the South–West of the Soviet Union, *Berichte der Deutschen Botanischen Gesellschaft* 91: 59–66.

———(1984) The specific composition of wheat finds from ancient agricultural centres in the USSR, in W. van Zeist and W. A. Caspasie, eds., *Plants and Ancient Man*. Rotterdam: Balkema. 267–276.

Janushevich, Z. V., K. V. Kremenetski, and G. O. Pashkevich (1993) Палеоботанічні дослідження трипільськоі культури, *Археологія* 3: 143–151.

Jarovoj, E. V. (1990) *Курганы энеолита–эпохи бронзы Нижнего Поднестровья*. Kishinev: Shtiintsa.

Jarrige, J.-F. (1981) Economy and society in the Early Chalcolithic/ Bronze Age of Baluchistan: new perspectives from recent excavations at Mehrgarh, in H. Härtel, ed., *South Asian Archaeology* 1979. Berlin: D. Reimer Verlag. 93–114.

———(1988) Les styles de Geoksyur et de Quetta et la question des rapports entre les régions au Nord et au Sud de l'Hindu Kush à fin du 4e et au début du 3e millénaires, in *L'Asie Centrale et ses rapports avec les civilisations orientales, des origines a l'age du fer*. Paris: Boccard. 95–101.

Jordan, P. et al. (2001) *Ukraine. Geographie, ethnische Struktur, Geschichte, Sprache und Literatur, Kultur, Politik, Bildung, Wirtschaft, Recht*. Frankfurt: Peter Lang.

Kalčev, P. (1992) Очаг для плавления медной руды в доисторическом поселении в районе Первостепенной больницы в г. Стара Загора, *Studia Praehistorica* 11–12: 236–239.

Kaloev, B. A. (1981) *Земледелие народов Северного Кавказа*. Moscow: Nauka.

Kaminskaja, I. V. and A. B. Dinkov (1993) Большетегинское поселение в долине р. Уруп, in *Древности Кубани и Причерноморья*. Krasnodar. 7–15.

Kamenskij, A. G. (1990) Результаты спектрального и металлографического исследований металлических предметов из памятников эпохи бронзы с территории Молдовы, in E. V. Jarovoj, *Курганы энеолита–эпохи бронзы Нижнего Поднестровья*. Kishinev: Shtiihtsa. 247–258.

Kaminskij, V. N. (1993) Майкопские погребения из Тимашевского кургана в степном Прикубанье, in *Древности Кубани и Причерноморья*. Krasnodar. 16–20.

Kantorovic, A. R. and V. E. Maslov (2008) Eine reiche Bestattung der Majkop-Kultur im Kurgan nahe der stanica Mar'inskaja, rajon Kirov, kraj Stavropol, *Eurasia Antiqua* 34: 151–165.

Karauğuz, G. (2006) 2004 yılı Devrek (Zonguldak) yüzey araştırması. 23. *Araştırma Sonuçları Toplantısı*: 69–82.

———(2006) 2005 Yılı Devrek–Gökçebey (Tefen) Yüzey Araştırması. 24. *Araştırma Sonuçları Toplantısı*: 327–340.

Kasparov, A. K. and M. V. Sablin (2005) Исследование фаунистических остатков поселения Мешоко на Северном Кавказе, in *Невский археолого–историографический сборник. К 75-летию кандидата исторических наук А. А. Формозова*. Saint Petersburg: Petersburg State University. 356–364.

Katz, S. H. and M. Voigt (1986) Bread and beer: the early use of cereals in the human diet, *Expedition* 28: 23–34.

Kavtaradze, G. L. (1999) The importance of metallurgical data for the formation of a Central Transcaucasian chronology, in A. Hauptmann, E. Pernicka, T. Rehren, and Ü. Yalçın, eds., *The Beginnings of Metallurgy*.

Proceedings of the International Conference, Bochum 1995. Der Anschnitt, Beiheft 9. Bochum: Deutsches Bergbau-Museum. 67–101.

Keightley, D. N. (1987) Archaeology and mentality: the making of China, *Representations* 18: 91–128.

Keller, C. M. (2001) Thought and production: insights of the practitioner, in M. B. Schiffer, ed., *Anthropological Perspectives on Technology*. Albuquerque: University of New Mexico Press. 33–46.

Keller, C. M. and J. D. Keller (1996) *Cognition and Tool Use: The Blacksmith at Work*. Cambridge: Cambridge University Press.

Kenoyer, J. M. (2004) Die Karren der Induskultur Pakistans und Indiens, in M. Fansa, ed., *Rad und Wagen. Der Ursprung einer Innovation*. Mainz: Philipp von Zabern. 87–106.

Kenoyer, J. M., M. Vidale, and K. K. Bhan (1991) Contemporary stone bead-making in Khambhat, India: patterns of craft specialization and organization of production as reflected in the archaeological record, *World Archaeology* 23(1) (Craft Production and Specialization): 44–63.

Khachatryan, T. S. (1975) *Древняя культура Ширака III–I тыс. до н. э.* Erevan: Erevanskij Universitet.

Khazanov, A. M. (1994) *Nomads and the Outside World*. Cambridge: Cambridge University Press.

Khorozyan, I. G., G. F. Baryshnikov, and A. V. Abramov (2006) Taxonomic status of the leopard, *Panthera pardus* (Carnivora, Felidae) in the Caucasus and adjacent areas, *Russian Journal of Theriology* 5(1): 41–52.

Khrapunov, I. N. (1992) Кеми–обинский курган у с. Вилино, in *Проблемы "пещерных городов" в Крыму. Сборник научных трудов*. Simferopol: Tavrija. 215–221.

Kienlin, T. L. and E. Pernicka (2009) Aspects of the production of Copper Age Jászladány type axes, in T. L. Kienlin and B. W. Roberts, eds., *Metals and Societies: Papers in Honour of Barbara S. Ottaway*. Bonn: Habelt. 258–276.

Kiguradze, T. and M. Menabde (2004). The Neolithic of Georgia, in A. Sagona, ed., *A view from the Highlands, Archaeological studies in honour of Charles Burney*. Leuven: Peeters. 345–398.

Kiguradze, T. and A. Sagona (2003) On the origins of the Kura–Araxes cultural complex, in A. T. Smith and K. S. Rubinson, eds., *Archaeology in the Borderlands. Investigation in Caucasus and Beyond*. Los Angeles: Cotsen Institute of Archaeology at UCLA. 38–94.

Kijashko, V. J. (1987) Многослойное поселение Раздорское I на Нижнем Дону, *КСИА* 192: 73–80.

———(1994) *Между камнем и бронзой (Нижнее Подонье в V–III тыс. до н. э.)* (Донские древности 3). Azov.

King, C. (2004) *The Black Sea. A History*. Oxford: Oxford University Press.

Kingery, W. D., P. B. Vandiver, and M. Prickett (1988) The beginnings of pyrotechnology, Part II: Production and use of lime and gypsum plaster in the Pre-Pottery Neolithic Near East, *Journal of Field Archaeology* 15: 219–244.

Kircho, L. B. (2007) Основные направления и характер культурных взаимодействий населения Южного Туркменистана в V–III тыс. до н. э., *Stratum Plus* 2006–2007, 2: 377–395.

———(2009) Древнейший колесный транспорт на юге Средней Азии (новые материалы из Алтын-депе), *Археология, этнография и антропология Евразии* 1 (37): 25–33.

Klasnakov, M., T. Stefanova, and M. Gurova (2009) Сондажни разкопки на селищна могила Бургас през 2008, *Археологически открития и разкопки през* 2008 г.: 77–80.

Klasnakov, M., Samichkova, G. and M. Gurova (2010) Сондажни разкопки на селищна могила Бургас, *Археологически открития и разкопки през* 2008 г.: 61–64.

Klassen, L. (2004) *Jade und Kupfer. Untersuchungen zum Neolithisierungsprozess im westlichen Ostseeraum unter besonderer Berücksichtigung der Kulturentwicklung Europas 5500–3500 BC*. Jutland Archaeological Society 47. Aarhus: Aarhus University Press.

Klochko, V. I. (1994) Металлургическое производство в энеолите-бронзовом веке, in *Ремесло эпохи энеолита–бронзы на Украине*. Kiev: Naukova dumka. 96–132.

Klochko, V. I., V. I. Manichev, V. N. Kvasnisa, S. A. Kozak, L. V. Demchenko, and M. P. Sokhatskiy (1999) Issues concerning Tripolye metallurgy and the virgin copper of Volhynia, *Baltic-Pontic Studies* 9: 168–186.

Koçak, Ö. (2006) Mining at the Central Black Sea Region in the Ancient Period, in D. B. Erciyas and E. Koparal, eds., *Black Sea Studies: Symposium Proceedings/Karadeniz Araştırmaları Sempozyum Bildirileri*. Istanbul: Ege. 39–61.

Koch, E. (2003) Mead, chiefs and feasts in later prehistoric Europe, in M. Parker Pearson, ed., *Food, Culture and Identity in the Neolithic and Early Bronze Age*. British Archaeological Reports, Int. Ser. 1117. Oxford: Archaeopress. 125–143.

Kohl, P. L. (1992) Central Asia (Western Turkestan), in R. W. Ehrich, ed., *Chronologies in Old World Archaeology* I. Chicago: University of Chicago Press. 154–162.

———(2007) *The Making of Bronze Age Eurasia*. Cambridge World Archaeology. Cambridge: Cambridge University Press.

Kökten, K., N. Özgüç, and T. Özgüç (1945) 1940 ve 1941 yılında Türk Tarih Kurumu adına yapılan Samsun Bölgesi kazıları hakkında ilk kısa rapor. *Belleten* IX/35: 361–400.

Kolotukhin, V. A. (2008) Курган 1 у села Долинка и ящичные гробницы раннего бронзового века Крыма, in *Херсонесский колокол. Сборник научных статей, посвященный 70-летию со дня рождения и 50-летию научной деятельности В. Н. Даниленко*. Simferopol. 223–242.

Kolotukhin, V. A. and G. N. Toshchev (2000) *Курганные древности Крыма III (По материалам раскопок Северо-Крымской экспедиции в 1983–1986, Сакский район Крымской области)*. Zaporozhie.

Koltukhov, S. G. and G. N. Toshchev (1998) *Курганные древности Крыма II (По материалам раскопок Северо-Крымской экспедиции в 1993–1995)*. Zaporozhie.

Koltukhov, S. G. and I. I. Vdovichenko (1997) Два кургана в междуречье Алмы и Качи, *Бахчисарайский историко–археологический сборник* 1: 4–24.

Kondrashev, A. V. and A. D. Rezepkin (1988) Новосвободненское погребение с повозкой, *КСИА* 193: 91–97.

Kondratieff, A. D. (1894) Das Erzgebiet von Karatschai im nördlichen Kaukasus, *Zeitschrift für praktische Geologie mit besonderer Berücksichtigung der Lagerstättenkunde* 2: 369–380.

Konkova, L. B. (1979) Металлографическое исследование металлических изделий из памятников усатовского типа, in E. Patokova, ed., *Усатовское поселение и могильники*. Kiev: Naukova dumka. 161–176.

Korenevskij, S. N. (1974) О металлических топорах майкопской культуры, *Советская археология* 3: 14–32.

———(1981) Погребение майкопской культуры из Кабардино–Балкарии, *Советская археология* 1: 274–278.

———(1984) Новые данные по металлообработке докобанского периода в Кабардино-Балкарии, in *Археологические исследования на новостройках Кабардино-Балкарии*. Nalchik. 254–259.

———(1988) К вопросу о месте производства металлических вещей майкопского кургана, in *Вопросы археологии Адыгеи*. Maikop. 86–104.

———(1993a) *Древнейшее оседлое население на Среднем Тереке*. Moscow: Obščestvo "Znanie" Rossii.

———(1993b) К вопросу о хозяйствено-культурном типе майкопской культуры, in *Семинар "Культурно–историческое единство Евразии и Великий шелковый путь". Сборник тезисов*. Moscow. 19–26.

———(1995) *Галюгай I – поселение майкопской культуры*. Moscow.

———(1998) Поселение "Замок" у города Кисловодска (нижний слой), in *Материалы по изучению культурного наследия Северного Кавказа. Археология, вып. 1*. Stavropol. 96–147.

———(1999) Знаковая керамика Кавказа эпохи энеолита и ранней бронзы, in *Древности Северного Кавказа*. Moscow. 7–23.

———(2001) Зооморфные и антропоморфные образы в исскустве племен майкопско–новосвободненской общности, in *Мировоззрение древнего населения Евразии*. Moscow. 45–59.

———(2003) Новые сведения о погребениях майкопской культуры из Кисловодской котловины, in *Горизонты антропологии. Материалы международной научной конференции памяти академика В. П. Алексеева*. Moscow: Nauka. 267–285.

———(2004) *Древнейшие земледельцы и скотоводы Предкавказья*. Moscow: Nauka.

———(2005a) Металлическая посуда майкопско–новосвободненской общности, in *Древности Евразии. От ранней бронзы до раннего Средневековья*. Moscow. 82–92.

———(2005b) Феномен больших майкопских курганов – социально-трудовой и культовый аспекты строительства, in *Теоретические и методические подходы к изучению погребального обряда в современной археологии*. Moscow. 22–25.

———(2008a) Современные проблемы изучения майкопской культуры, in *Археология Кавказа и Ближнего Востока. Сборник к 80-летию професора Р. М. Мунчаева*. Moscow: Taus. 71–122.

———(2008b) Кинжалы раннемайкопского типа на Кавказе, *Материалы и исследования по археологии Северного Кавказа* 9: 5–49.

Korenevskij, S. N. and K. A. Dneprovskij (2003) Погребения эпохи раннего бронзового века кургана 1 могильника Уашхиту 1 в Адыгее, *КСИА* 214: 83–94.

Korenevskij, S. N. and A. A. Kalmykov (2006) Погребение 195 Большого Ипатовского кургана с антропоморфной стелой, in *Миропонимание древних и традиционных обществ. Памяти В. Н. Чернецова*. Moscow. 35–52.

Korenevskij, S. N. and A. O. Nagler (1987) Некоторые вопросы изучения энеолита Центрального Предкавказья и Моздокских степей, in *Проблемы интерпретации археологических источников*. Ordzhonikidze. 74–86.

Korenevskij, S. N. and V. G. Petrenko (1982) Курган майкопской культуры у поселка Иноземцево, *Советская археология* 2: 96–112.

Korenevskij, S. N. and A. D. Rezepkin (2008) Радиокарбонная хронология памятников круга майкопского кургана и новосвободненских гробниц, *Проблемы истории, филологии, культуры* 22: 109–127.

Korenevskij, S. N. and V. L. Rostunov (2004) Большие майкопские курганы у с. Заманкул, in *Памятники археологии и древнего исскуства Евразии*. Moscow. 146–167.

Korenevskij, S. N., A. B. Belinskij, and A. A. Kalmykov (2007) *Большой*

Ипатовский курган на Ставрополье. Moscow: Nauka.

Korenevskij, S. N., B. H. Atabiev, A. J. Akkizov, and A. H. Khashirokov (2008) Майкопские погребения Кургана 1 на р. Кудахурт в Балкарии, in *Археология Кавказа и Ближнего Востока. Сборник к 80-летию професора Р. М. Мунчаева*. Moscow: Taus. 123–155.

Korfmann, M. O. (2000) Troia – Ausgrabungen 1999, *Studia Troica* 10: 1–52.

Korichevskij, E. J. and A. P. Kruglov (1941) Неолитическое поселение вблиз г. Нальчика, *Материалы и исследования по археологии СССР* 3: 4–63.

Korobkova, G. F. (1975) Трипольские мотыги и проблема трипольского земледелия, in *150 лет Одесскому Археологическому Музею АН УССР. Тезисы докладов*. Kiev: Naukova dumka. 37–38.

Korobkova, G. F. and T. A. Sharovskaja (1983) Функциональный анализ каменых и костьяных изделий из курганов эпохи ранней бронзы станиц Новосвободной и Батуринской, in *Древние культуры Евразийских степей*. Leningrad: Nauka. 88–94.

Korobkova, G. F. and O. G. Shaposhnikova (2005) *Поселение Михайловка – эталонный памятник древнеямной культуры*. Saint Petersburg: Evropejskij dom.

Korvin-Piotrovskij, O. G. and T. G. Movsha (1999) Колісний транспорт трипільско–кукутенскоі спільності, *Культурологічні студіі* 2: 70–78.

Koryakova, L. N. (2002) Present day Russian archaeology and the outside world, in P. F. Biehl, A. Gramsch and A. Marciniak, eds., *Archäologien Europas / Archaeologies of Europe. Geschichte, Methoden und Theorien*. Münster: Waxmann. 239–254.

Kosakivskij, V. A. (2003) До історіі трипільського ткацтва, in *Трипільські поселення гіганти. Матеріали міжнародноі конференціі*. Kiev: Korvin Press. 63–66.

Kostianoy, A. G., Kosarev, A. N. (2008) *The Black Sea Environment*. The Handbook of Environmental History 5.Q. Berlin: Springer.

Koşay, H. Z. and M. Akok (1957) *Büyük Güllücek kazısı. 1947 ve 1949 daki çalişmalar hakkinda ilk rapor*. Ankara: Türk Tarih Kurumu Basımevi.

———(1966) *Alaca Höyük Kazısı: 1940 – 1948 deki çalişmalara ve keşiflere ait ilk rapor. Ausgrabungen von Alaca Höyük*. Ankara: Türk Tarih Kurumu Basımevi.

Kotova, N. S. and L. A. Spitsyna, L. A. (2003) Radiocarbon chronology of the "middle layer" of the Mikhailivka settlement, *Baltic–Pontic Studies* 12: 121–211.

Kotova, N. S. and M. J. Videiko (2004) The absolute chronology of the Ukraine during the Eneolithic, in B. Hänsel and E. Studeníková, eds., *Zwischen Karpaten und Ägäis. Neolithikum und ältere Bronzezeit. Gedenkschrift für V. Němejcová-Pavúková*. Rahden/Westf.: Marie Leidorf. 121–134.

Kovaleva, I. F. (1991) Погребения с майкопским инвентарем в Левобережье Днепра (к выделению животиловского культурного типа), in *Проблемы археологии Поднепровья*. Dnepropetrovsk. 69–88.

Kremenetski, C. V. (1997) Human impact on the Holocene vegetation of the South Russian plain, in J. Chapman and P. Dolukhanov, eds., *Landscapes in Flux. Central and Eastern Europe in Antiquity*. Oxford: Oxbow Books. 289–306.

Kruglov, A. P. and G. B. Podgaetskij (1941) Долинское поселение у г. Нальчика, in *Материалы по археологии Кабардино–Балкарии*. Материалы и Исследования по Археологии СССР 3. Moscow: Izdatelstvo Akademii Nauk SSSR. 147–212

Kruts, V. A. (2002) Животноводство в экономике трипольской культуры, *Stratum plus* 2: 179–186.

Kublanov, M. M. (1959) К истории азиатского Боспора, *Советская археология* 29–30: 203–226.

Kuijt, J. (2009) What do we really know about food storage, surplus, and feasting in pre-agricultural communities? *Current Anthropology* 50(5): 641–644.

Kurbansakhatov, K. (1987) *Энеолит Анау*. Ashkhabad: Ylym.

Kushnareva, K. K. (1993) *Южный Кавказ в IX–II тыс. до н. э.* Saint Petersburg: Russian Academy of Sciences.

———(1997) *The Southern Caucasus in Prehistory. Stages of Cultural and Socioeconomic Development from the Eighth to the Second Millennium BC*. University Museum Monograph 99. Philadelphia: University of Pennsylvania Press.

Kushnareva, K. K. and V. I. Markovin (1994) *Эпоха бронзы Кавказа и Средней Азии. Ранняя и средняя бронза Кавказа*. Moscow: Nauka.

Kushtan, D. P. and E. V. Pichkur (2006) "Клады" кремневых пластин из импортного сырья на трипольских поселениях Буго–Днепровского междуречья, in *Производственные центры: источники, "дороги", ареал распространения. Материалы тематической научной конференции*. Saint Petersburg. 45–49.

Kuzmin, Y. V. (2002) The earliest centers of pottery origin in the Russian Far East and Siberia: review of chronology for the oldest Neolithic cultures, *Documenta Praehistorica* 29: 37–46.

Kuzmin, Y. V.(2006) Chronology of the earliest pottery in East Asia: progress and pitfalls, *Antiquity* 80: 362–371.

———(2010) The origin of pottery in East Asia and its relationship to environmental changes in the Late Glacial, *Radiocarbon* 52: 415–420.

Kuzmin, Y. V. and V. M. Vetrov (2007) The earliest Neolithic complex in Siberia: the Ust-Karenga 12 site and its significance for the neolithisation process in Eurasia, *Documenta Praehistorica* 34: 9–20.

Kuzmina, E. E. (1994) Stages of development of stockbreeding husbandry and ecology of the steppes in the light of the archaeological and palaeoecological data (4th millennium BC–8th century BC), in B. Genito, ed., *The Archaeology of the Steppes. Methods and Strategies*. Naples: Instituto Universitario Orientale. 31–71.

Kuzmina, E. E.(1996) Экология степей Евразии и проблема произхождения номадизма (I), *Вестник древней истории* 2: 73–85.

——— (1997) Экология степей Евразии и проблема произхождения номадизма (II), *Вестник древней истории* 2: 81–94.

——— (2003) Origins of pastoralism in the Eurasian steppes, in M. Levine, C. Renfrew and K. Boyle, eds., *Prehistoric Steppe Adaptation and the Horse*. Cambridge: McDonald Institute for Archaeological Research. 203–232.

Kuzminova, N. N. and V. G. Petrenko (1989) Культурные растения на западе степного Причерноморья в середине 3–2 тыс. до н. э. (по данным палеоботаники), in *Проблемы древней истории и археологии Украинской ССР*. Kiev. 119 –120.

Lagodovskaja, E. F., O. G. Shaposhnikova and M. L. Makarevish, eds. (1962) *Михайлівське поселення*. Kiev: AN URSR.

Laneri, N. and S. di Pilato (2000) From slab construction to wheel throwing: evolution or transfromation? A journey through the history of pottery manufacturing techniques in the Near East between the Vth and the IInd millennium BC, in P. Matthiae, A. Enea, L. Peyronel and F. Pinnock, eds., *First International Congress on the Archaeology of the Ancient Near East*. Rome: Dipartimento di Scienze Storiche, Archeologiche e Antropologiche dell'Antichità. 773–786.

Larchenkov, E. P., Kudurin, S. V. and P. M. Dolukhanov (2009) Late Quaternary environments of the northern Black sea area, in P. M. Dolukhanov, G. R. Sarson and A M Shukurov, eds., *The East European Plain on the Eve of Agriculture*. British Archaeological Reports, International Series 1964. Oxford: Archaeopress. 35–43.

Larina, O. V. (1999) Культура линейно–ленточной керамики Пруто-Днестровского региона, *Stratum Plus* 2: 10–140.

Le Brun, A. (1971) Recherches stratigraphiques à l'acropole de Suse, 1969–1971, *Cahiers de la Délégation archaéologique Française en Iran (CahDAFI)* 1: 163–216.

——— (1978) Le niveau 17B de l'Acropole de Suse (campagne de 1972), *Cahiers de la Délégation Archéologique Française en Iran (CahDAFI)* 9: 57–154.

Leach, H. M. (1999) Food processing technology: its role in inhibiting or promoting change in staple foods, in C. Gosden und J. Hather, eds., *The Prehistory of Food. Appetites for Change*. London: Routledge. 129–138.

Lechtman, H. (1977) Style in technology: some early thoughts, in H. Lechtman and R. S. Merril, eds. *Material Culture: Styles, Organization and Dynamics of Technology*. New York: West Publishing. 3–20.

———(1984) Andean value systems and the development of prehistoric metallurgy, *Technology and Culture* 25: 1–36.

———(1996) Arsenic bronze: dirty copper or chosen alloy? A view from the Americas, *Journal of Field Archaeology* 23: 477–514.

———(1999) Afterword, in M.-A. Dobres and C. Hoffman, eds., *The Social Dynamics of Technology. Practice, Politics, and World Views*. Washington, DC: Smithsonian Institution Press. 223–232.

Lechtman, H. and S. Klein (1999) The production of copper-arsenic alloys (arsenic bronze) by cosmelting: modern experiment, ancient practice, *Journal of Archaeological Science* 26: 497–526.

Legras, J.-L., D. Merdinoglu, J.-M. Cornuet, and F. Karst (2007) Bread, beer and wine: *Saccharomyces cerevisiae* diversity reflects human history, *Molecular Ecology* 16: 2091–2102.

Lemonnier, P. (1986) The study of material culture today: toward an anthropology of technical systems, *Journal of Anthropological Archaeology* 5: 147–186.

———(1992) *Elements for an Anthropology of Technology*. Museum of Anthropology, University of Michigan Anthropological Papers 88. Ann Arbor: University of Michigan Press.

———(1993) *Technical Choices: Transformation in Material Cultures since the Neolithic*. London: Routledge.

Leroi-Gourhan, A. (1943) *Evolution et Techniques: L'Homme et la Matière*. Paris: Albin Michel.

———(1945) *Evolution et Techniques: Milieu et Techniques*. Paris: Albin Michel.

———(1964) *Le geste et la parole I – Technique et langage*. Paris: Albin Michel.

Leshtakov, K. (2004) Спасителни разкопки на обект Ябълково, *Археологически открития и разкопки през* 2003 г.: 15–17.

———(2009) Спасителни археологически разкопки на късонеолитно селище Буджака, Созопол, *Археологически открития и разкопки през* 2009 г.: 71–74.

Leshtakov, P. and M. Klasnakov (2008) Аварийни археологически разкопки на праисторически обект в м. Буджака, Созопол, *Археологически открития и разкопки през* 2007 г.: 54–57.

———(2010) Спасителни археологически разкопки на праисторически обект в м. Аклади Чеири, село Черноморец, *Археологически открития и разкопки през* 2009 г.: 58–61.

Leshtakov, P. and G. Samichkova (2010) Спасителни археологически разкопки на късонеолитно селище Буджака, Созопол, *Археологически открития и разкопки през* 2009 г.: 56–58.

Leshtakov, P., M. Klasnakov, and D. Nedev (2009) Спасителни археологическо разкопки на праисторически обект в м. Аклади Чеири, село Черноморец, *Археологически открития и разкопки през* 2008 г.: 74–77.

Levine, M. (1990) Dereivka and the problem of horse domestication, *Antiquity* 64: 727–740.

———(2005) Domestication and early history of the horse, in D. M. Mills and S. M. McDonnell, eds., *The Domestic Horse: The Origins, Development and Management of its Behaviour*. Cambridge: Cambridge University Press. 5–22.

Levy, T. E. and S. Shalev (1989) Prehistoric metalworking in the Southern Levant: archaeometallurgical and social perspectives, *World Archaeology* 20(3) (Archaeometallurgy): 352–372.

Lichter, C. (2006) Varna und Ikiztepe: Überlegungen zu transpontischen Kulturbeziehungen im 5. und 4. Jahrtausend, in A. Erkanal-Öktü, E. Özgen, S. Günel, et al., eds., *Studies in Honor of Hayat Erkanal. Cultural Reflections*. Istanbul: Homer Kitabevi. 526–534.

Lillie, M. C. (1998) The Mesolithic–Neolithic transition in Ukraine: new radiocarbon determinations for the cemeteries of the Dnieper Rapids Region, *Antiquity* 72: 184–188.

Lisitsyna, G. N. (1984) The Caucasus – a centre of ancient farming in Eurasia, in W. van Zeist and W. A. Caspasie, eds., *Plants and Ancient Man*. Rotterdam: Balkema. 285–292.

Littauer, M. and J. H. Crouwel (1979) *Wheeled Vehicles and Ridden Animals in the Ancient Near East*. Leiden: Brill.

Lloyd, S. and J. Mellaart (1962) *Beycesultan I: The Chalcolithic and Early Bronze Age Levels*. London: British Institute of Archaeology at Ankara.

Longacre, W. A., J. Xia, and T. Yang (2000) I want to buy a black pot, *Journal of Archaeological Method and Theory* 7(4): 273–293.

Lo Schiavo, F. (1988) Early metallurgy in Sardinia, in R. Maddin, ed., *The Beginning of the Use of Metals and Alloys. Second International Conference, Zhengzhou, China, 21–26 Oct. 1986*. Cambridge, MA: MIT Press. 92–103.

Lo Schiavo, F., A. Giumlia–Mair, and R. Valera (2005) *Archaeometallurgy in Sardinia: From the Origins to the Beginning of Early Iron Age*. Monographies Instrumentum 30. Montagnac: Monique Mergoil.

Loughran–Delahunt, I. (1996) *A Functional Analysis of Northwest Coast Spindle Whorls*. M.A. Thesis, Western Washington University.

Lovpache, N. G. (1985) Могильники в устье реки Псекупса, in *Вопросы археологии Адыгеи*. Майкоп. 16–39.

Lovpache, N. G. and P. A. Ditler (1988) Псекупское поселение 1, in *Вопросы*

археологии Адыгеи. Maikop. 105–139.
Lu, H., J. Zhank, K. Liu, N. Wu, Y. Li, et al. (2009) Earliest domestication of common millet (*Panicum miliaceum*) in East Asia extended to 10,000 years ago, *PNAS* 106: 7367–7372.
Lutz, J., E. Pernicka, and G. W. Wagner (1994) Chalkolithische Kupferverhüttung im Murgul, Ostanatolien, in R.-B. Wartke, ed., *Handwerk und Technologie im Alten Orient. Ein Beitrag zur Geschichte der Technik im Altertum*. Mainz: Philipp von Zabern. 59–66.
Lyonnet, B. (2000) La Mesopotamie et le Caucase du nord au IVe et au debut du IIIe millénaires av. n. e.: leurs rapports et les problemes chronologiques de la culture de Majkop. Etat de la question et nouvelles propositions, in C. Marro and H. Hauptmann, eds., *Vom Euphrat in den Kaukasus: Vergleichende Chronologie des. 4. und 3. Jahrtausends v. Chr. Actes du colloque d´Istanbul, 16–19 décembre 1998*. Istanbul: Institut Francais d'Etudes Anatoliennes d'Istanbul. 299–320.
Lyonnet, B., Almamedov, K., et al. (2011) Могильник эпохи позднего энеолита Союг Булак в Азербайджане, *Российская археология* 1: 48–61.
Lyons, D. and A. C. D'Andrea (2003) Griddles, ovens, and agricultural origins: an ethnoarchaeological study of bread baking in highland Ethiopia, *American Anthropologist* 105(3): 515–530.
MacKenzie, D. and J. Wajcman (2003) *The Social Shaping of Technology* (2nd edition). Philadelphia: Open University Press.
――――(1985) Introductory essay and general issues, in D. MacKenzie and J. Wajcman, eds., *The Social Shaping of Technology*. Philadelphia: Open University Press. 3–27.
Mahias, M.-C. (1993) Pottery techniques in India. Technical variants and social choice, in P. Lemonnier, ed., *Technical Choices: Transformation in Material Cultures since the Neolithic*. London: Routledge. 157–180.
Majidzadeh, Y. (1979) An early prehistoric coppersmith workshop at Tepe Ghabristan, in *Akten des VII. Internationallen Kongresses für Iranische Kunst und Archäologie, Munich 1976*. Archaeologische Mitteilungen aus Iran, Suppl. 6. Berlin: Verlag Dietrich Reimer. 82–92.
――――(1982) Lapis lazuli and the Great Khorosan Road, *Paléorient* 8(1): 59–69.
――――(1989) An early industrial proto-urban center on the Central Plateau of Iran: Tepe Ghabristan, in A. Leonard and B. B. Williams, eds., *Essays in Ancient Civilization presented to Helene J. Kantor*. Studies in Ancient Oriental Civilization 47. Chicago: University of Chicago Press. 157–173.
Madjidzadeh, Y., Pittman, H. and M. Vidale (2009) Mahtoutabad (Konar Sandal South, Jiroft): preliminary evidence of occupation of a Halil Rud

site during the fourth millennium BC, in *Ancient Iran and Its neighbours Local Developments and Long-Range Interactions in the 4th Millennium BC*, Cambridge, June 26th–28th, 2009 (Abstract book).

Magomedov, R. (2007) The Kura-Arax "culture" in the northeastern Caucasus: problems in its identification and chronology, in D. L. Peterson, L. M. Popova, and A. T. Smith, eds., *Beyond the Steppe and the Sown. Proceedings of the 2002 University of Chicago Conference on Eurasian Archaeology*. Leiden: Brill. 142–159.

Makharadze, Z. E. (2007) Nouvelles données sur le Chalcolithique en Géorgie orientale, in B. Lyonnet, ed., *Les cultures du Caucase (IVe–IIIe millénaires avant n. è.). Leurs relations avec le Proche–Orient*. Paris: CNRS Éditions. 123–132.

———(2008) The settlement at Tsikhiagora and the early barrows at Kavtiskhevi, in A. Sagona and E. Abramishvili, eds., *Archaeology in Southern Caucasus: perspectives from Georgia*. Ancient Near Eastern studies, Supplement 19. Louvain: Peeters. 63–104.

Makhmudov, F. R., R. M. Munchaev, and I. G. Narimanov (1968) О древнейшей металлургии Кавказа, *Советская археология* 4: 16–26.

Maksimenko, V. E. (1973) Новые материалы по эпохе ранней бронзы на Нижнем Дону, *Советская археология* 1: 249–254.

Malek Shahmirzadi, S., ed. (2004) *The Potters of Sialk 3*. Teheran: Archaeological Research Center.

Malfoy, J. M. and M. Menu (1987) La métallurgie du cuivre à Suse aux IVe et IIIe millenaires: analyses en laboratorie, in F. Tallon, ed., *Metallurgie susienne I: de lafondation de Suse au XVIIIe avant J.-C.* Paris: Ministere de la culture et de la communication. 355–373.

Maljukevich, A. E. and V. G. Petrenko (1993) Усатовский комплекс с фигурными пронизями из кургана в низовьях Днестра, in *Древнее Причерноморье*. Odessa: Odesskoe Arheologicheskoe obschestvo. 25–30.

Mallowan, M. E. L. (1947) Excavations at Brak and Chagar Bazar, *Iraq* 9: 1–266.

Manolakakis, L. (2008) Open-cast flint mining, long blade production and long distance exchange: an example from Bulgaria, in P. Allard, F. Bostyn, F. Giligny, and J. Lech, eds., *Flint Mining in Prehistoric Europe. Interpreting the Archaeological Records. European Association of Archaeologists, 12th Annual Meeting, Cracow, Poland, 19th–24th September 2006*. Oxford: BAR. 111–121.

Manzura, I. V. (1990) О генезисе памятников усатовского типа, in *I. полевой семинар. Раннеземледельческие поселения–гиганты трипольской культуры на Украине. Тезисы докладов*. Taljanki. 183–187.

Manzura, I. V. (2001) Cernavoda III culture and the Final Copper Age of the northwest pontic region, in P. Roman and S. Diamandi, eds., *Cernavoda*

III–Boleráz (Danubiana, Ser. Symposia II). Bucuresti: Vavila Edinf. 277.

———(2002) Проблема формирования культур раннего бронзового века на северо-восточных Балканах, *Stratum Plus* 2: 458–485.

———(2003) Innovations in the ceramic style and the Bronze Age genesis in the Northeastern Balkans, in L. Nikolova, *Early Symbolic Systems for Communication in Southeast Europe*. BAR Int. Ser. 1139. Oxford: Archaeopress. 313–335.

———(2005a) Steps into the steppe: or, how the North Pontic region was colonised, *Oxford Journal of Archaeology* 24 (4): 313–338.

———(2005b) The Proto-Bronze Age cemetery at Durankulak: a look from the East, *Reports on Prehistoric Research Projects* 6–7: 51–56.

Manzura, I. V., E. Sava, and L. Bogataya (1995) East–west interactions in the Eneolithic and Bronze Age cultures of the North-West pontic region, *JIES* 23 (1–2): 1–52.

Maran, J. (1998) Die Badener Kultur und der ägäisch–anatolische Bereich. Eine Neubewertung eines alten Forschungsproblems, *Germania* 76(2): 497–525.

———(2000) Das ägäische Chalkolithikum und das erste Silber in Europa, in C. Işık, ed., *Studien zur Religion und Kultur Kleinasiens und des ägäischen Bereiches. Festschrift für Baki Öğün zum 75. Geburtstag*. Asia Minor Studien 39. Bonn: Rudolf Habelt. 179–193.

———(2004a) Die Badener Kultur und ihre Radfahrzeuge, in M. Fansa, ed., *Rad und Wagen. Der Ursprung einer Innovation*. Mainz: Philipp von Zabern. 265–282.

———(2004b) Kulturkontakte und Wege der Ausbreitung der Wagentechnologie im 4. Jt. v. Chr., in M. Fansa, ed., *Rad und Wagen. Der Ursprung einer Innovation*. Mainz: Philipp von Zabern. 429–442.

Marinova, E. (2006) *Vergleichende paläoethnobotanische Untersuchung zur Vegetationsgeschichte und zur Entwicklung der prähistorischen Landnutzung in Bulgarien*. Berlin: J. Cramer.

Markevich, V. I. (1974) *Буго-днестровская культура на территории Молдавии*. Kishinev.

Marro, C. (2005) Cultural duality in Eastern Anatolia and Transcaucasia in Late Prehistory (c. 4200–2800 B.C.), *AMIT* 37: 27–34.

———(2007) Upper Mesopotamia and Transcaucasia in the Late Chalcolithic period (4000–3500 BC), in B. Lyonnet, ed., *Les cultures du Caucase (IVe–IIIe millénaires avant n. è.). Leurs relations avec le Proche–Orient*. Paris: CNRS Éditions. 77–94.

———(2008) Late Chalcolithic cultures in the Anatolian Highlands, in K. S. Rubinson and A. Sagona, eds., *Ceramics in Transitions. Chalcolithic through Iron Age in the Highlands of the Southern Caucasus and Anatolia*. Leuven: Peeters. 9–38.

Martirosjan, A. A. and A. O. Mnatsakanjan (1973) Приереванский клад древней бронзы, *КСИА* 134: 122–127.

Marushevsky, G. (2003) *Directory of Azov–Black Sea Coastal Wetlands*. Kiev: Wetlands International.

Maryon, H. (1949) Metal working in the Ancient world, *AJA* 53(2): 93–125.

Maryon, H. and H. J. Plenderleith (1955) Fine metal-work, in C. Singer, E. J. Holmyard, and A. R. Hall, eds., *A History of Technology, Volume I. From Early Times to Fall of Ancient Empires*. Oxford: Oxford University Press. 623–662.

Mashkour, M. (2003) Equids in the northern part of the Iranian Central Plateau from the Neolithic to Iron Age: New Zoogeographic Evidence, in M. Levine, C. Renfrew, and K. Boyle, eds., *Prehistoric Steppe Adaptation and the Horse*. Cambridge: McDonald Institute for Archaeological Research. 129–138.

Masson, V. M. (1981) Altyn-depe during the Aeneolithic period, in P. Kohl, ed., *Bronze Age Civilizations of Central Asia: Recent Soviet Discoveries*. New York: M. E. Sharp. 63–95.

———1992) Ilgynly-depe – a new center of early farming culture in South Turkmenia, in C. Jarrige, ed., *South Asian Archaeology* 1989. Madison, WI: Prehistory Press. 195–200.

———(1997) Майкопские лидеры ранних комплексных обществ на Северном Кавказе, in *Древние общества Кавказа в эпоху палеометалла*. St. Petersburg. 60–84.

Masson, V. M. and J. E. Berezkin (2005) *Хронология эпохи позднего энеолита – средней бронзы Средней Азии (погребения Алтын-депе)* (Российская Академия Наук, Институт Истории Материальной Культуры, Труды 16). Saint Petersburg: Nestor-Istorija.

Masson, V. M. and N. J. Merpert (1982) *Энеолит СССР*. Археология СССР, Том 4. Moscow: Nauka.

Matthews, R. and F. Fazeli (2004) Copper and complexity: Iran and Mesopotamia in the fourth millennium B.C., *Iran* 42: 61–75.

Matuschik, I. (1998) Kupferfunde und Metallurgie-Belege, zugleich ein Beitrag zur Geschichte der Kupferzeitlichen Dolche Mittel-, Ost- und Südosteuropas, in M. Mainberger, ed., *Steinzeit in Oberschwaben. Das Moordorf von Reute*. Staufen: Teraqua CAP. 207–261.

Matyushin, G. (2003) Problems of inhabiting Central Eurasia: Mesolithic–Eneolithic exploitation of the Central Eurasian steppes, in M. Levine, C. Renfrew, and K. Boyle, eds., *Prehistoric Steppe Adaptation and the Horse*. Cambridge: McDonald Institute for Archaeological Research. 367–393.

Mauss, M. (1936) Les Techniques du corps, *Journal de Psychologie* 32 (3–4): 271–293.

———(1979) *Sociology and Psychology. Essays.* London: Routledge & Kegan Paul.

Maxwell-Hyslop, M. (1971) *Western Asiatic Jewelry c. 3000–612 B.C.* London: Methuen & Co. Ltd.

McCorriston, J. (1997) The fiber revolution: textile intensification, alienation and social stratification in ancient Mesopotamia, *Current Anthropology* 38: 517–549.

McGuire, R. H. and M. B. Schiffer (1983) A theory of architectural design, *Journal of Anthropological Archaeology* 2: 277–303.

McGovern, P. E. (2003) *Ancient Wine. The Scientific Search for the Origins of Viniculture.* Princeton, NJ: Princeton University Press.

McGovern, P. E. and R. H. Michel (1996) The analytical and archaeological challenge of detecting ancient wine: two case studies from the ancient Near East, in P. E. McGovern, S. J. Fleming, and S. H. Katz, eds., *The Origins and Ancient History of Wine.* New York: Gordon & Breach. 57–65.

McGovern, P. E., U. Hartung, V. R. Badler, D. L. Glusker, and L. J. Exner (1996a) Neolithic resinated wine, *Nature* 381: 480–481.

McGovern, P. E., S. J. Fleming, and S. H. Katz, eds. (1996b) *The Origins and Ancient History Of Wine.* Luxembourg: Gordon & Breach.

McGovern, P. E., U. Hartung, V. Badler, D. Glusker, and L. J. Exner (1997) The beginnings of winemaking and viniculture in the ancient Near East and Egypt, *Expedition* 39(1): 3–21.

McGovern, P. E. Zhang, J. Tang, Z. Zhang, G. R. Hall, R. A. Moreau, A. Nunez, E. D. Butrym, M. P. Richards, C. Wang, G. Cheng, Z. Zhao, and C. Wang (2004) Fermented beverages of pre- and proto-historic China, *PNAS* 101(51): 17593–17598.

de Mecquenem, R. (1943) Fouilles de Suse 1933–1939, in R. de Mecquenem, G. Contenau, R. Pfister and N. T. Belaiew, eds., *Mémoires de la mission archéologique en Iran, Mission de Susiane*, Tome 29. Paris: Presses Universitaires de France. 3–161.

Meljukova, A. I. (1962) Курган усатовского типа у с. Тудорово, *КСИА* 88: 74–83.

Merpert, N. and R. M. Munchaev (1977) Древнейшая металлургия Месопотамии, *Советская археология* 3: 154–163.

Michel, R. H., P. E. McGovern, and V. R. Badler (1992) Chemical evidence for ancient beer, *Nature* 360: 24.

Mikhajlov, V. N. and M. V. Mikhajlova (2008) River mouths, in A. G. Kostianoy and A. N. Kosarev, eds., *The Black Sea Environment*. The Handbook of Environmental History 5.Q. Berlin: Springer. 91–133.

Mille, B., R. Besenval, and D. Bourgarit (2004) Early "lost–wax casting" in Baluchistan (Pakistan): the "Leopards Weight" from Shahi–

Tump, in T. Stöllner, R. Slotta, and A. Vatandoust, eds., *Persiens Antike Pracht. Ausstellungskatalog*. Veröffentlichungen aus dem Deutschen Bergbau-Museum Bochum 128. Bochum: Deutsches Begrbau-Museum. 264–270.

Miller, D. (1985) *Artefacts as Categories*. Cambridge: Cambridge University Press.

Mills, B. J. (2007) Performing the feast: visual display and suprahousehold commensalism in the Puebloan Southwest, *American Antiquity* 72(2): 210–239.

Miron, A. and W. Orthmann, eds., (1995) *Unterwegs zum goldenen Vlies. Archäologische Funde aus Georgien*. Saarbrücken: Museum für Vor- und Frühgeschichte.

Mirzchulawa, G. (2001) Modell eines zweirädrigen Wagens, in I. Gambaschidze, A. Hauptmann, R. Slotta, and Ü. Yalçın, eds., *Georgien – Schätze aus dem Land des Goldenen Vlies. Ausstellungskatalog* (Veröffentlichungen aus dem Deutschen Bergbau-Museum Bochum 100). Bochum: Deutsches Bergbau-Museum. 254.

Miziev, I. M. (1984) Два кургана у селений Кишпек и Кызбурун III, in *Археологические исследования на новостройках Кабардино–Балкарии*. Nalchik. 88–111.

Moorey, P. R. S. (1969) Prehistoric copper and bronze metallurgy in Western Iran, *Iran* 7: 131–154.

———(1982) The archaeological evidence for metallurgy and related technologies in Mesopotamia, c. 5500–2100 BC, *Iraq* 44: 13–38.

———(1985) *Materials and Manufacture in Ancient Mesopotamia. The Evidence of Archaeology and Art. Metals and Metalwork, Glazed Materials and Glass*. BAR Int. Ser. 237. Oxford: BAR.

———(1994) *Ancient Mesopotamian Materials and Industries*. Oxford: Clarendon Press.

Moreno García, M. (1999) Ethnographic observations of transhumant husbandry practices in Spain and their applicability to the archaeological record, in L. Bartosiewicz and H. J. Greenfield, eds., *Transhumant Pastoralism in Southern Europe*. Budapest: Archaeolingua. 159–177.

Morintz, S. and P. Roman (1968) Aspekte des Ausgangs des Äneolithikums und der Übergangsstufe zur Bronzezeit im Raum der Niederdonau, *Dacia* 12: 45–128.

———(1969) Über die Chronologie der Übergangszeit vom Aeneolithikum zur Bronzezeit in Rumänien, *Dacia* 13: 61–71.

Motuzaite-Matuzeviciute, G., H. V. Hunt, and M. K. Jones (2009) Multiple sources for Neolithic European agriculture: geographical origins of early domesticates in Moldova and Ukraine, in P. M. Dolukhanov, G. R. Sarson, and A. M. Shukurov, eds., *The East European Plain on the Eve of Agriculture*.

BAR International Series 1964. Oxford: Archaeopress. 53–64.

Moulherat, C., B. Mille, M. Tengberg, and J.-F. Haque (2002) First evidence of cotton at Neolithic Mehrgarh, Pakistan: analysis of mineralized fibres from a copper bead, *Journal of Archaeological Sciences* 29(12): 1393–1401.

Mukherjee, A. J., M. S. Copley, R. Berstan, K. A. Clark, and R. P. Evershed (2005) Interpretation of $\delta^{13}C$ values of fatty acids in relation to animal husbandry, food processing and consumption in prehistory, in J. Mulville and A. K. Outram, eds., *The Zooarchaeology of Fats, Oils, Milk and Dairying*. Oxford: Oxbow books. 77–93.

Mulder-Heymans, N. (2002) Archaeology, experimental archaeology and ethnoarchaeology on bread ovens in Syria, *Civilisations* 42: 197–221.

Müller-Karpe, A. (1994) *Altanatolisches Metallhandwerk*. Neumünster: Wachholtz.

Müller-Karpe, H. (1984) *Neolithisch-kupferzeitliche Siedlungen in der Geoksjur-Oase, Süd-Turkmenistan*. München: C. H. Beck.

Müller-Karpe, M. (2002) Zur Metallverwendung im Mesopotamien des 4. und 3. Jahrtausends, in Ü. Yalçın, ed., *Anatolian Metal II*. Der Anschnitt, Beiheft 15. Bochum: Deutsches Bergbau-Museum. 137–148.

Multhauf, R. P. (1978) *Neptune's Gift: A History of Common Salt*. Baltimore: Johns Hopkins University Press.

Munchaev, R. M. (1961) *Древнейшая культура Северо-восточного Кавказа*. Материалы и Исследования по Археологии СССР 100. Moscow: Izdatelstvo Akademii Nauk SSSR.

——— (1975) *Кавказ на заре бронзового века*. Moscow: Nauka.

——— (1994) Майкопская культура, in K. K. Kushnareva and V. I. Markovin, eds., *Эпоха бронзы Кавказа и Средней Азии. Ранняя и средняя бронза Кавказа*. Moscow: Nauka. 158–225.

——— (2007) Урукская культура (Месопотамия) и Кавказ, in *Археология, этнология, фольклористика Кавказа. Новейшие археологические и этнографические исследования на Кавказе*. Makhachkala. 8–9.

Munchaev, R. M. and N. J. Merpert (1994) Da Hassuna a Accad. Scavi della missione russa nella regione di Hassake, Siria di nord-est, 1988–1992, *Mesopotamia* 29: 5–498.

Muscarella, O. (1969) The tumuli at Sé Girdan. A preliminary report, *Metropolitan Museum Journal* 2: 5–25.

——— (1971) The tumuli at Sé Girdan: second report, *Metropolitan Museum Journal* 4: 5–28.

——— (2003) The chronology and culture of Sé Girdan: Phase III, *Ancient Civilizations From Skythia to Siberia* 9, 1–2: 117–131.

Müseyibli, N. (2005) Позднеэнеолитические курганы Акстафинского района, in *Археология, этнология, фольклористика Кавказа:*

международная научная конференция, посвященная памяти член-кореспондента НАН Азербайджана А. А. Аббасова. Baku. 135–138.

———(2007) *Энеолитическое поселение Беюк Кесик*. Baku: Nafta Press.

Narimanov, I. G. (1987) *Культура древнейшего земледельческо-скотоводческого населения Азербайджана*. Baku: Elm.

Narimanov, I. G. and G. F. Dzhafarov (1990) О древнейшей металлургии меди на территории Азербайджана, *Советская археология* 1: 1–15.

Narimanov, I. G., A. I. Akhundov, and N. G. Aliev (2007) *Лейлатепе. Поселение, традиция, этап в этно-культурной истории Южного Кавказа*. Baku.

Nechitajlo, A. L. (1984) О сосудах майкопского типа в степной Украине, *Советская археология* 4: 127–137.

———(1987) Контакты населения степной Украины и Северного Кавказа в эпоху энеолита–ранней бронзы, *Междуплеменные связи эпохи бронзы на территории Украины*. Kiev. 16–26.

———(1989) Усть-джегутинское поселение в системе памятников майкопской культурно-исторической общности, in *Первая Кубанская археологическая конференция. Тезисы и доклады*. Krasnodar. 29–31.

———(1991) *Связи населения степной Украины и Северного Кавказа в эпоху бронзы*. Kiev: Naukova dumka.

———(2006a) Новые данные об Усть-Джегутинском поселении раннемайкопского времени, *Матеріали та дослідження з археології Східної України* 5: 66–90.

———(2006b) Керамика Усть-Джегутинского поселения в верховьях Кубана, in *XXIV Крупновские чтения по археологии Северного Кавказа. Тезисы докладов*. Nalchik. 143–146.

Nechitajlo, A. L., E. V. Kozjumenko, and S. E. Zherebilov (1997) Новые обьекты энеолита в Нижнем Подонье, in *Эпоха бронзы и ранний железний век в истории древних племен южноруских степей. Материалы международной научной конференции, часть 2*. Saratov. 40–56.

Nekhaev, A. A. (1986) Погребение майкопской культуры из кургана у села Красногвардейское, *Советская археология* 1: 244–248.

———(1992) Домайкопская культура Северного Кавказа, *Археологические вести* 1: 76–94.

Nesbitt, M. and G. D. Summers (1988) Some recent discoveries of millet (*Panicum miliaceum* L. and *Setaria italica* [L.] P. Beav.) at excavations in Turkey and Iran, *Anatolian Studies* 38: 85–97.

Netting, R. McC. (1964) Beer as locus of value among the West African Kofyar, *American Anthropologist* 66: 375–384.

Nezafati, N. and E. Pernicka (2005) The smelters of Sialk: outcomes of the first stage of archaeometallurgical researches at Tappeh Sialk, in S. Malek Shahmirzadi, ed., *The Fishermen of Sialk. Report No. 4*. Teheran: Archaeological Research Center. 79–102.

Nezafati, N., E. Pernicka, and S. D. Shahmirzadi (2008) Evidence on the ancient mining and metallurgy at Tappeh Sialk (Central Iran), in Ü. Yalçın, H. Özbal and A. G. Paşamehmetoğlu, eds., *Ancient Mining in Turkey and the Eastern Mediterranean. International Conference AMITEM 2008, June 15–22 2008, Ankara, Turkey*. Ankara: Atılın University. 329–349.

Nieuwenhuyse, O. P., P. M. M. G. Akkermans, and J. van der Plicht (2010) Not so coarse, nor always plain – the earliest pottery of Syria, *Antiquity* 84: 71–85.

Nikolov, V. (1998) *Проучвания върху неолитната керамика в Тракия*. Sofia: Agato.

Nikolova, A. V. and G. A. Pashkevich (2003) К вопросу об уровне развития земледелия трипольской культуры, in *Трипільські поселення гіганти. Матеріали міжнародної конференції*. Kiev: Korvin Press. 89–95.

Nikolova, A. V. and J. Rassamakin (1985) О позднеэнеолитических памятниках правобережья Днепра, *Советская археология* 3: 37–56.

Nikolova, L. (2001) Approach to the genesis and initial development of the Early Bronze Age cultures in the Lower Danube basin and in the southern Balkans, in P. Roman and S. Diamandi, eds., *Cernavoda III–Boleráz. Danubiana, Ser. Symposia II*. Bucuresti: Vavila Edinf. 236–260.

———(2008) Balkan–Anatolian cultural horizons from the fourth millennium BC and their relations to the Baden cultural complex, in M. Furholt, M. Szmyt, and A. Zastawny, eds., *The Baden Complex and the Outside World. Studien zur Archäologie in Ostmitteleuropa 4*. Bonn: Dr. Rudolf Habelt. 157–166.

Noll, W., R. Holm, and L. Born (1975) Painting ancient ceramics, *Angewandte Chemie* 14(9): 602–613.

Oates, D. and J. Oates (1993) Excavations at Tell Brak 1992–93, *Iraq* 55: 155–199.

Orachev, A. (1990) Приноси към палеогеографията на Добруджанското крайбрежие, *Добруджа* 7: 38–44.

Orthmann, W. (1963) *Die Keramik der Frühen Bronzezeit aus Inneranatolien*. Berlin: Mann.

Ostashinskij, S. M. (2008) Геометрические микролиты поселения Мешоко, in *Археология Кавказа и Ближнего Востока. Сборник к 80-летию професора Р. М. Мунчаева*. Moscow: Taus. 53–70.

Ostroverkhov, A. S. (1985) Стеклянные бусы в памятниках позднего Трополья, in *Новые материалы по археологии Северо-Западного Причерноморья*. Kiev: Naukova dumka. 174–180.

———(1997) Найдавніше археологічне скло у Східній Європі, *Археологія*

2: 70–81.

———(2002) Древнейшее археологическое стекло Восточной Европы, *Stratum Plus* 2: 386–401.

———(2005) Древние "фаянсы" в памятниках эпохи бронзы – начала железа в Восточной Европе (III – первая половина I тыс. до р. X.), *Stratum Plus* 2 (2003–2004): 171–203.

Ostroverkhov, A. S. and V. G. Petrenko (1990) Стеклянные бусы из могил Усатово, in *Проблемы истории и археологии Нижнего Поднестровья. Тезисы докладов, часть* 2. Belgorod-Dnestrovskij. 70–71.

Otchir-Goriaeva, M. (2001) Besprechung Н. И. Шишлина, Сезонный экономический цикл населения северо-западного Прикаспия в бронзовом веке, *Eurasia Antiqua* 7: 617–623.

——— Goriaeva, M.(2002) Welchen Kultur- und Wirtschaftstyp repräsentieren die bronzezeitlichen Funde in den Wolga-Manyc-Steppen? *Eurasia Antiqua* 8: 103–133.

Otroshchenko, V. V. and J. V. Boltrik (1982) Культурно-хронологическое и территориальное распределение могильников Днепро-Молочанской степной области, in *Материалы по хронологии археологических памятников Украины*. Kiev. 38–46.

Ottaway, B. S. (1994) *Prähistorische Archäometallurgie*. Espelkamp: Marie Leidorf.

Outram, A. K., N. A. Stear, R. Bendrey, S. Olsen, A. Kasparov, V. Zaibert, N. Thorpe, and R. P. Evershed (2009) The earliest horse harnessing and milking, *Science* 323: 1332–1335.

Özbakan, M. (1985) Tülintepe, Tepecik ve İkiztepe kazılarına ait C-14 sonuçları, *TÜBİTAK Arkeometri Ünitesi Toplantı Bildileri* II: 95–99.

Özbal H., A. M. Adriaens, and B. Earl (1999) Hacinebi metal production and exchange, *Paléorient* 25(1): 57–65.

Özbal, H., N. Pehlivan, B. Earl, and B. Gedik (2002) Metallurgy at Ikiztepe, in Ü. Yalçın, ed., *Anatolian Metal II* (Der Anschnitt, Beiheft 15). Bochum: Deutsches Bergbaumuseum. 39–48.

Özbal, H., N. Pehlivan, M. Adriaens, B. Gedik-Uluocak, and B. Earl (2008) Metal technologies during the Late Chalcolithic and Early Bronze Age in North Central Anatolia: Ikiztepe, a case study, in Ü. Yalçın, H. Özbal, and A. G. Paşamehmetoğlu, eds., *Ancient Mining in Turkey and the Eastern Mediterranean. International Conference AMITEM 2008, June 15–22 2008, Ankara, Turkey*. Ankara: Atılın University. 65–85.

Özdoğan, M. (1991) Eastern Thrace before the beginning of Troy I – an archaeological dilemma, in J. Lichardus, ed., *Die Kupferzeit als historische Epoche. Teil 1*. Bonn: Rudolf Habelt. 217–224.

———(1996) The pre-Bronze Age sequence of Central Anatolia: an alternative approach, in U. Magen and M. Rashad, eds., *Vom Halys zum Euphrat. Festschrift für Th. Beran.* Altertumskunde des Vorderen Orients 7. Münster: Ugarit Verlag. 185–202.

Özgüç, T. and M. Akok (1958) *Horoztepe.* Ankara: Türk Tarih Kurumu Basımevi.

Özveren, Y. E. (2001) The Black Sea as a unit of analysis, in T. Aybak, ed., *Politics of the Black Sea: Dynamics of Cooperation and Conflict.* London: Tauris Publishers. 61–84.

Pacey, A. (1983) *The Culture of Technology.* Cambridge, MA: MIT Press.

Palaguta, I. V. (1998) К проблеме связей Триполья-Кукутени с культурами энеолита степной зоны северного Причерноморья, *Российская археология* 1: 5–14.

Palmieri, A. (1981) Excavations at Arslantepe (Malatya), *Anatolian Studies* 31: 101–119.

Palmieri, A., K. Sertok, and E. N. Cherhykh (1993) From Arslantepe metalwork to arsenical copper technology in eastern Anatolia, in M. Frangipane, H. Hauptmann, M. Liverani, M., et al., eds. *Between the Rivers and Over the Mountains. Archeologica Anatolica et Mesopotamica Alba Palmieri Dedicata.* Roma: Università "La Sapienza". 573–599.

Palmieri, A., M. Frangipane, and K. Hess (1999) Early metallurgy at Arslantepe during the Late Chalcolithic and the Early Bronze Age IA–IB periods, in A. Hauptmann, E. Pernicka, T. Rehren, and Ü. Yalçın, eds., *The Beginnings of Metallurgy.* Der Anschnitt, Beiheft 9. Bochum: Deutsches Bergbau-Museum. 141–148.

Palumbi, G. (2008) Mid-fourth millennium red-black burnished wares from Anatolia: a cross-comparison, in K. S. Rubinson and A. Sagona, eds., *Ceramics in Transitions. Chalcolithic through Iron Age in the Highlands of the Southern Caucasus and Anatolia.* Leuven: Peeters. 39–58.

Parzinger, H. (1993) Zur Zeitstellung der Büyükkaya-Ware: Bemerkungen zur vorbronzezeitlichen Kulturfolge Zentralanatoliens, *Anatolica* 19: 211–229.

———(2006) *Die frühen Völker Eurasiens.* München: Verlag C. H. Beck.

Pashkevich, G. (1997) Early farming in the Ukraine, in J. Chapman and P. Dolukhanov, eds., *Landscapes in Flux. Central and Eastern Europe in Antiquity.* Oxford: Oxbow Books. 263–273.

———(2000) Земледелие в степи и лесостепи восточной Европы в неолите–бронзовом веке (палеоэтноботанические свидетельства), *Stratum Plus* 2: 404–418.

———(2003) Palaeoethnobotanical evidence of agriculture in the steppe and the forest-steppe of East Europe in the Late Neolithic and Bronze Age, in M. Levine, C. Renfrew and K. Boyle, eds., *Prehistoric Steppe Adaptation and the Horse*. Cambridge: McDonald Institute for Archaeological Research. 287–297.

Pashkevych, G. (2012) Environment and economic activities of Neolithic and Bronze age populations of the Northern Pontic area, *Quaternary International* 261: 176–182.

Passek, T. S. (1949) *Периодизация трипольских поселений (III–II тыс. до н. э.) (Материалы и исследования по археологии СССР 10)*. Moscow.

Patokova, E. F. (1976) Усатово. Из истории исследования, *Материалы по археологии Северного Причерноморья* 8: 49–60.

———(1979) *Усатовское поселение и могильники*. Kiev: Naukova dumka.

———(1980) Новый могильник усатовкого типа у с. Маяки, in *Северо-Западное Причерноморье в эпоху первобытно-общинного строя*. Kiev: Naukova dumka 71–87.

Patokova, E. F., V. G. Petrenko, N. B. Burdo, and L. J. Polishchuk (1989) *Памятники трипольской культуры в Северо-Западном Причерноморье*. Kiev: Naukova dumka.

Patterson, C. C. (1971) Native copper, silver, and gold accessible to early metallurgists, *American Antiquity* 36(3): 286–321.

Payne, S. (1988) Animal bones from Tell Rubeidheh, in R. G. Killick, ed., *Tell Rubeidheh: An Uruk Village in the Jebel Hamrin*. Baghdad: British School of Archaeology in Iraq. 98–135.

Perlés, C. (2001) *The Early Neolithic in Greece*. Cambridge: Cambridge University Press.

Pernicka, E. (1990) Gewinnung und Verbreitung der Metalle in prähistorischer Zeit, *Jahrbuch des Römisch-Germanischen Zentralmuseums* 37(1): 21–129.

———(1993) Analystisch-chemische Untersuchungen an Metallfunden von Uruk-Warka und Kish, in M. Müller-Karpe, ed., *Metallgefäße im Iraq I (Von den Anfängen bis zur Akkad–Zeit)*. Prahistorische Bronzefunde, Abteilung II, Band 14. Stuttgart: Franz Steiner Verlag. 312–316.

———(2004a) Silver production by cupellation in the fourth millennium BC at Tepe Sialk, in S. Malek Shahmirzadi, ed., *The Potters of Sialk 3*. Teheran: Archaeological Research Center. 69–72.

———(2004b) Kupfer und Silber in Arisman und Tappeh Sialk und die frühe Metallurgie in Iran, in T. Stöllner, R. Slotta, and A. Vatandoust, eds., *Persiens Antike Pracht. Ausstellungskatalog*. Veröffentlichungen aus dem Deutschen Bergbau-Museum Bochum 128. Bochum: Deutsches Begrbau-Museum. 232–239.

Pernicka, E., Begemann F., Schmitt - Stecker S., Todorova H. and I. Kuleff (1997) Prehistoric copper in Bulgaria, *Eurasia Antiqua* 3: 41–180.

Pernicka, E., T. Rehren, and S. Schmitt–Strecker (1998) Late Uruk silver production by cupellation at Habuba Kabira, Syria, in T. Rehren, A. Hauptmann, and J. Muhly, eds., *Metallurgica Antiqua. In Honour of Hans–Gert Bachmann and Robert Maddin*. Der Anschnitt, Beiheft 8. Bochum: Deutsches Bergbau-Museum. 123–134.

Petrenko, V. G. (1989) Усатовская локальная группа, in *Памятники трипольской культуры в Северозападном Причерноморье*. Odessa. 81–124.

—— (1991) К относительной хронологии усатовской группы, in *Древнейшие общности земледельцев и скотоводов Северного Причерноморья (V тыс. до н. э. – Vв. н. э.). Материалы международной конференции*. Kiev. 74–75.

Petrenko, V. G. and I. L. Alekseeva (1994) Могильник усатовской культуры у с. Ясски в нижнем Поднестровье, in *Древнее Причерноморье*. Odessa: Odesskoe Arheologicheskoe obschestvo. 48–55.

Petrenko, V. G. and N. N. Kovaljukh (2003) Новые данные по радиоуглеродной хронологии энеолита Северо-Западного Причерноморья, in *Трипільські поселення–гіганти. Матеріали міжнародної конференції*. Kiev. 102–110.

Petrenko, V. G., I. V. Sapozhnikov, and G. V. Sapozhnikova (1994) Геометрические микролиты усатовской культуры, in *Древнее Причерноморье*. Odessa: Odesskoe Arheologicheskoe obschestvo. 42–47.

Petrova, V. (2011) *Предачество и тъкачество в северобалканската област през бронзовата и ранножлязната епоха* (III – средата на I хилядолетие пр. Хр.). PhD Dissertation, Department of Archaeology, University of Sofia.

Pfaffenberger, B. (1988) Fetished objects and human nature: towards an anthropology of technology, *Man* 23: 236–252.

Pfaffenberger, B.(1992) Social anthropology of technology, *Annual Review of Anthropology* 21: 491–516.

Pigott, V. C. (1999a) Heartland of metallurgy. Neolithic-chalcolithic metallurgical origins on the Iranian Plateau, in A. Hauptmann, E. Pernicka, T. Rehren, and Ü. Yalçın, eds., *The Beginnings of Metallurgy. Proceedings of the International Conference, Bochum 1995*. Der Anschnitt, Beiheft 9. Bochum: Deutsches Bergbau-Museum. 107 –120.

—— (1999b) The development of metal production on the Iranian Plateau, in V. Pigott, ed., *The Archaeometallurgy of the Asian Old World*. Philadelphia: University of Pennsylvania Museum Press. 73–106.

Pigott, V. C. and H. Lechtman (2003) Chalcolithic copper-base metallurgy on the Iranian plateau: a new look at old evidence from Tal–i Iblis, in T. Potts, M. Roaf, and D. Stein, eds., *Culture through Objects. Ancient Near Eastern Studies in Honour of P. R. S. Moorey*. Oxford: Griffith Institute. 291 –312.

Pigott, V. C., S. M. Howard, and S. M. Epstein (1982) Pyrotechnology and culture change at Bronze Age Tepe Hissar (Iran), in T. A. Wertime and S. F. Wertime, eds., *Early Pyrotechnology: The Evolution of the First Fire-Using Industries*. Washington, DC: Smithsonian Institute Press. 215–236.

Pinhasi, R., R. A. Foley, and L. M. Mirazon (2000) Spatial and temporal patterns in the Mesolithic–Neolithic archaeological record of Europe, in C. Renfrew and K. Boyle, eds., *Archaeogenetics: DNA and the Population Prehistory of Europe*. Cambridge: McDonald Institute for Archaeological Research. 45–56.

Piotrovskij, M. B. (1998) *Шлиман, Петербург, Троя. Каталог выставки в Государственн ом Эрмитаже, Санкт-Петербург, 19 июня – 18 октября 1998 года*. Saint Petersburg: Gosudarstvennyj Ermitazh.

Piperno, D. R., E. Weiss, I. Holst and D. Nadel (2004) Processing of wild cereal grains in the Upper Palaeolithic revealed by starch grain analysis, *Nature* 430: 670–673.

Pittman, H. (1994) *The Glazed Steatite Glyptic Style: The Structure and Function of an Image System in the Administration of Protoliterate Mesopotamia*. Berliner Beiträge zum Vorderen Orient 16. Berlin: Reimer.

Pkhakadze, G. G. (1988) К изучению памятников Рион-Квирильского басейна (IV–середина III тыс. до н. э.), *Советская археология* 2: 43–57.

⸺(1991) Опыт периодизации памятников западного Закавказья эпохи энеолита и ранней бронзы, in *Кавказ в системе палеометаллических культур Евразии*. Tbilisi. 52–61.

⸺(1993) *Западное Закавказье в III тыс. до н. э. Автореферат*. Tbilisi.

⸺(2000) Восточное Причерноморье во второй половине IV–III тыс. до н. э. (к проблеме культурных контактов), in *Взаимодействие культур и цивилизаций. В честь юбилея В. М. Массона*. Saint Petersburg. 50–59.

Planhol, X. (1956) Vie pastorale caucasienne et vie pastorale anatolienne, d'après un livre récent, *Revue de géographie alpine* 44(2): 371–379.

Ponomarenko, E. and I. Dyck (2007) *Ancient Nomads of the Eurasian and North American Grasslands*. Gatineau. Québec: Canadian Museum of Civilization.

Pool, C. A. (2000) Why a kiln? Firing technology in the Sierra de los Tuxtlas, Veracruz (Mexico), *Archaeometry* 42: 61–76.

Popelka-Filcoff, R. S., E. J., Miksa, J. D. Robertson, M. D. Glascock, and H. Wallace (2008) Elemental analysis and characterization of ochre sources from Southern Arizona, *Journal of Archaeological Science* 35: 752–762.

Poplevko, G. N. (2004) Итоги трасологического исследования кремневых орудий серегинского поселения, in XXIII *Крупновские чтения по археологии Северного Кавказа*. Moscow. 152–155.

⸺(2005) Кремневые орудия майкопской и новосвободненской

культур, in *Четвертая Кубанская археологическая конференция. Тезисы и доклады*. Krasnodar. 211–212.

———(2008a) Трасологическое исследование материалов поселения Чишхо, in XXV *Крупновские чтения по археологии Северного Кавказа*. Vladikavkaz. 292–295.

———(2008b) Комплексное исследование материалов поселения майкопской культуры Пхагугапе, in *Археология Кавказа и Ближнего Востока. Сборник к 80-летию професора Р. М. Мунчаева*. Moscow: Taus. 222–255.

Popova, T. B. (1963) *Долмены станицы Новосвободной* (Труды Государственного Исторического Музея). Moscow.

Poulter, M. et al. (2003) The causal element for the lactase persistence/non-persistence polymorphism is located in a 1 Mb region of linkage disequilibrium in Europeans, *Annals of Human Genetics* 67: 298–311.

Prag, K. (1978) Silver in the Levant in the Fourth millennium BC, in R. Moorey and P. Parr, eds., *Archaeology in the Levant: Essays for Kathleen Kenyon*. Warminster: Aris & Philips. 36–45.

Pruger, E. B. (1989) Место Кызылкумов в истории добычи и распространении среднеазиатской бирюзы, in *Древний Мерв* (Труды ЮТАКЭ 19). Ashkabad. 192–205.

Quintero, L. A. and P. J. Wilke (1995) Evolution and economic significance of naviform core-and-blade technology in the Southern Levant, *Paléorient* 21(1): 17–33.

Quitta, H. and G. Kohl (1968) Neue Radiocarbondaten zum Neolithikum und zur frühen Bronzezeit Südosteuropas und der Sowjetunion, *Zeitschrift für Archäologie* 3: 223–255.

Rassamakin, J. (1987) Энеолитические погребения басейна р. Молочной, in *Древнейшие скотоводы степей юга Украины*. Kiev: Naukova dumka. 31–43.

———(1988) Относительная хронология позднеэнеолитических погребений басейна реки Молочной, in *Новые памятники ямной культуры степной зоны Украины*. Kiev. 14–27.

———(1993) Энеолит степного Причерноморья и Приазовья (по погребальным памятникам), in P. Georgieva, ed., *The Fourth Millennium BC. Proceedings of the International Symposium, Nessebur, 28–30 August 1992*. Sofia: New Bulgarian University. 5–28.

———(1994) The main directions of the development of early pastoral societies of northern pontic zone: 4500–2450 BC (pre–yamnaya cultures and yamnaja culture), *Baltic–Pontic Studies* 2: 29–70.

———(1999) The Eneolithic of the Black Sea steppe: dynamics of cultural and economic development, in Levine, M. et al., eds., *Late Prehistoric*

Exploitation of the Eurasian Steppe (McDonald Institute Monographs). Cambridge: McDonald Institute for Archaeological Research. 59–182.

———(2001) Подвески болградского типа как специфический индикатор миграционных процессов на рубеже энеолита–раннего бронзового века в понтийских степях, in *15 Уральское археологическое совещание. Тезисы докладов*. Orenburg. 104–106.

———(2002a) Aspects of pontic steppe development (4550–3000 BC) in the light of the new cultural–chronological model, in K. Boyle, C. Renfrew, and M. Levine, eds., *Ancient Interactions: East and West in Eurasia*. McDonald Institute Monographs. Cambridge: McDonald Institute for Archaeological Research. 49–73.

———(2002b) Die Archäologie der Ukraine: vom "entwickelten Sozialismus" zur "Selbstständigkeit", in P. F. Biehl, A. Gramsch, and A. Marciniak, eds., *Archäologien Europas / Archaeologies of Europe. Geschichte, Methoden und Teorien*. Münster: Waxmann. 271–282.

———(2004a) *Die nordpontische Steppe in der Kupferzeit: Gräber aus der Mitte des 5. Jts. bis Ende des 4. Jts. v. Chr. Band 1*. Archäologie in Eurasien 17. Mainz: Philipp von Zabern.

———(2004b) *Die nordpontische Steppe in der Kupferzeit: Gräber aus der Mitte des 5. Jts. bis Ende des 4. Jts. v. Chr. Band 2: Katalog*. Archäologie in Eurasien 17. Mainz: Philipp von Zabern.

———(2004c) Die Statuetten des Serezlievka-Typs und zum Problem des Beginns der Bronzezeit in der nordpontischen Steppe, in B. Hänsel and E. Studeníková, eds., *Zwischen Karpaten und Ägäis. Neolithikum und ältere Bronzezeit. Gedenkschrift für Viera Němejcová Pavúková*. Rahden/Westf.: Marie Leidorf. 149–167.

———(2004d) По першу знахідку навершя кічкаського типу (з приводу одного зауваження), *Матеріали та дослідження з археології Східної України* 2: 5–37.

———(2007) Cultural transformation in the Black Sea steppe between the Eneolithic and Bronze Age: migrations or economic changes? in D. L. Peterson, L. M. Popova, and A. T. Smith, eds., *Beyond the Steppe and the Sown. Proceedings of the 2002 University of Chicago Conference on Eurasian Archaeology*. Leiden: Brill. 448–458.

Rassamakin, J. and G. L. Evdokimov (2010) Новый поыднеэнеолитический могильник на юге Херсонщины в свете региональных исследований степного энеолита, *Донецький археологічний збірник* 13–14: 7–29.

Rassamakin, J. and A. I. Kubyshev (1990) Об одной группе позднеэнеолитических погребений в Приазовье с элементами трипольской культуры, in *I. полевой семинар. Раннеземледельческие поселения–гиганты трипольской культуры на Украине. Тезисы докладов*. Taljanki. 187–190.

Regert, M., S. N. Dudd, P. Pétrequin, and R. P. Evershed (1999) Fonction de céramiques et alimentation au Nèolithique final sur les sites de Chalain. De nouvelles voies d'étude fondées sur l'analyse chimique des résidus organiques conservés dans les poteries, *Revue d'archéométrie* 23: 91–99.

Rehder, J. E. (1994) Blowpipes versus bellows in ancient metallurgy, *Journal of Field Archaeology* 21: 345–350.

——— (2000) *The Mastery and Uses of Fire in Antiquity*. Montreal: McGill–Queen's University Press.

Reid, A. (1996) Cattle herds and the redistribution of cattle resources, *World Archaeology* 28: 43–57.

Renfrew, C. (1969) The autonomy of the south-east European Copper Age, *Proceedings of the Prehistoric Society* 35: 12–47.

——— (1973) *Before Civilization: The Radiocarbon Revolution and Prehistoric Europe*. London: Cape.

——— (1978) Varna and the social context of early metallurgy, *Antiquity* 52: 199–203.

——— (1986) Varna and the emergence of wealth in prehistoric Europe, in A. Appadurai, ed., *The Social Life of Things*. Cambridge: Cambridge University Press. 141–168.

Renfrew, C., ed. (2000) *Archaeogenetics: DNA and the Population Prehistory of Europe*. Cambridge: McDonald Institute for Archaeological Research.

Renfrew, A. C. and J. F. Cherry, eds. (1986) *Peer Polity Interaction and Socio-Political Change*. Cambridge: Cambridge University Press.

Renfrew, J. M. (1973) *Palaeoethnobotany. The Prehistoric Food Plants of the Near East and Europe*. New York: Columbia University Press.

Rezepkin, A. D. (2000) *Das frühbronzezeitliche Gräberfeld von Klady und die Majkop–Kultur in Nordwestkaukasien*. Archäologie in Eurasien 10. Rahden/Westf.: Marie Leidorf.

——— (2003) Керамика майкопской культуры с лощеным орнаментом, in *Материалы и исследования по археологии Кубани 3*. Krasnodar. 45–54.

——— (2004a) Некоторые аспекты формирования эпохи ранней бронзы на Северном Кавказе, in *Материалы и исследования по археологии Кубани 4*. Krasnodar. 97–125.

——— (2004b) Поселение эпохи ранней бронзы Чишхо и некоторые аспекты происхождения майкопской культуры, in *Археолог: детектив и мыслитель. Сборник статей посвященный 77-летию Л. С. Клейна*. Saint Petersburg: University of Saint Petersburg. 422–436.

——— (2005) Проблема происхождения колесного транспорта и его появления в Северном Кавказе, in *Четвертая Кубанская археологическая конференция. Тезисы и доклады*. Krasnodar. 231–236.

———(2008) Поселение Новосвободненское, in XXV *Крупновские чтения по археологии Северного Кавказа*. Vladikavkaz. 308–311.

Rezepkin, A. D. and B. Lyonnet (2007) Поселения эпохи ранней бронзы на Кубани, *Revista Arheologica, S.N.* III(1–2): 5–73.

Rezepkin, A. D. and G. N. Poplevko (2006) Поселение Пхагуапе, in *Liber Archaeologicae*. Krasnodar. 114–120.

Rice, P. M. (1987) *Pottery Analysis: A Sourcebook*. Chicago: University of Chicago Press.

Ridington, R. (1999) Dogs, snares, and cartridge belts: the poetics of a Northern Athapaskan narrative technology, in M.-A. Dobres and C. Hoffman, eds., *The Social Dynamics of Technology. Practice, Politics, and World Views*. Washington, DC: Smithsonian Institution Press. 167–185.

Riederer, J. (1994) Die frühen Kupferlegierungen im Vorderen Orient, in R.-B. Wartke, ed., *Handwerk und Technologie im Alten Orient. Ein Beitrag zur Geschichte der Technik im Altertum*. Mainz: Philipp von Zabern. 85–93.

Riond, M. (2007) De l'argile à la terre. Maisons de torchis de l'époque de Maikop sur la rive sud du lac de Krasnodar (Adyghée, Russie), in B. Lyonnet, ed., *Les cultures du Caucase (IVe–IIIe millénaires avant n. è.). Leurs relations avec le Proche–Orient*. Paris: CNRS Éditions. 179–188.

Roberts, B. W., C. P. Thornton, and V. C. Pigott (2009) Development of metallurgy in Eurasia, *Antiquity* 83: 1012–1022.

Rogers, E. M. (2003) *Diffusion of Innovations*. New York: Free Press.

Roman, P. (2001) Cernavoda III–Boleráz–Kulturerscheinung im Gebiet der Unteren Donau, in P. Roman and S. Diamandi, eds., *Cernavoda III–Boleráz. Danubiana, Ser. Symposia II*. Bucuresti: Vavila Edinf. 13–59.

Roman, P. and S. Diamandi, eds. (2001) *Cernavoda III–Boleráz. Danubiana, Ser. Symposia II*. Bucuresti: Vavila Edinf.

Roodenberg, J. and S. Alpaslan Roodenberg (2008) *Life and Death in a Prehistoric Settlement in Northwest Anatolia. The Ilipinar Excavations, Volume III*. Istanbul: Nederlands Historisch-Archaeologisch Instituut.

Rose, M. J. (1994) *With Line and Glittering Bronze Hook: Fishing in the Aegean Bronze Age*. PhD Dissertation, Indiana University.

Rostoker, W. (1975) Some experiments in prehistoric copper smelting, *Paléorient* 3: 311–315.

Rostovtzeff, M. (1922) *Iranians and Greeks in South Russia*. Oxford: Clarendon Press.

Rostunov, V. L. (1989) Новые данные о куро-аракской культуре в центральных районах Северного Кавказа, in *Первая Кубанская археологическая конференция. Тезисы и доклады*. Krasnodar. 33–35.

———(1996) Определяющие признаки куро-аракской культуры на Центральном Кавказе, in XIX *Крупновские чтения. Актуальные проблемы археологии Северного Кавказа.* Moscow. 126–129.

Rothman, M. S. (2002) *Tepe Gawra: The Evolution of a Small Prehistoric Center in Northern Iraq.* University of Pennsylvania, University Museum Monograph 112. Philadelphia : University of Pennsylvania Press.

———(2003) Ripples in the stream. Transcaucasian–Anatolian interaction in the Murat/Euphrates basin at the beginning of the Third millennium BC, in A. T. Smith and K. Rubinson, eds., *Archaeology in the Borderlands: Investigations in Caucasia and Beyond.* Los Angeles: Cotsen Institute of Archaeology at UCLA. 95–110.

———(2004) Studying the development of complex society: Mesopotamia in the late fifth and fourth millennia BC, *Journal of Archaeological Research* 12(1): 75–119.

———(2005) Transcaucasians: settlement, migration, and trade in the Kura-Arax periods, *AMIT* 37: 53–62.

Roux, V. (1990) The physiological analysis of technical activities: a contribution to the study of craft specialisation, *Archaeological Review from Cambridge* 9 (1): 142–153.

———, ed. (2000) *Cornaline de l'Inde: des pratiques techniques de Cambay aux techno–systemes de l'Indus.* Paris: Editions de la Maison des sciences de l'homme.

Roux, V. and M.-A. Courty (1998) Identification of wheel-fashioning methods: technological analysis of 4th–3rd Millennium BC oriental ceramics, *Journal of Archaeological Science* 25: 747–763.

Roux, V., B. Brill, and G. Dietrich (1995) Skills and learning difficulties involved in stone knapping: the case of stone-bead knapping in Khambhat, India, *World Archaeology* 27(1) (Symbolic Aspects of Early Technologies): 63–87.

Rudolph, W. (1978) A note on Chalcolithic–Early Bronze Age jewelry from the Burton Y. Berry Collection, *Indiana University Art Museum Bulletin* I–2: 6–21.

Ryan, W. B. F. and W. Pitman (1999) *Noah's Flood. The new scientific discoveries about the event that changed history.* New York: Simon & Schuster.

Ryan, W. B. F., W. C. Pitman, C. O. Major, K. Shimkus, V. Moshkalenko, G. A. Jones, P. Dimitrov, N. Görür, M. Sakınç and H. Yüce (1997) An abrupt drowning of the Black Sea shelf, *Marine Geology* 138: 119–126.

Rybalova, V. D. (1960) Могильник епохи бронзы в с. Осокоровці, *Археологічні пам'ятки УРСР* 9: 5–13.

Ryder, M. L. (1969) Changes in the fleece of sheep following domestication, in P. Ucko and D. Dimbleby, eds., *The Domestication and Exploitation of Plants and Animals.* London: Duckworth. 495–521.

———(1983) *Sheep and Man.* London: Duckworth.

———(1997) Fleece types and Iron Age wool textiles, *Archaeological Textiles Newsletter* 25: 13–16.

———(1999) Did Vlach shepherds spread sheep-milking customs through south-east Europe? L. Bartosiewicz and H. J. Greenfield, eds., *Transhumant Pastoralism in Southern Europe*. Budapest: Archaeolingua. 189–196.

Rye, O. S. (1977) Pottery manufacturing techniques: X-ray studies, *Archaeometry* 19: 205–211.

———(1981) *Pottery Technology. Principles and Reconstruction*. Washington, DC: Taraxacum.

Ryndina, N. V. (1961) К вопросу о технике обработки трипольского металла, *Материалы и Исследования по Археологии СССР* 84: 204–209.

———(1962) Анализы металлических изделий из трипольского слоя поселения у с. Незвиско, *Материалы и Исследования по Археологии СССР* 102: 86–88.

———(1970) Медный импорт эпохи развитого Триполья, *КСИА* 123: 15–22.

———(1998) *Древнейшее металлообрабатывающее производство Юго-Восточной Европы*. Moscow: Editorial.

———(2003) Earliest copper axes of the Eastern Europe: centers of production and spreading ways, in A. Giumlia-Mair, E. Pernicka, and R. Pleiner, eds., *Archaeometallurgy in Europe. International Conference, 24th–26th September 2003, Milan, Italy*. Milan: Associazione Italiana di Metallurgia. 11–18.

———(2005) Возможности металлографии в изучении древних изделий из меди и ее сплавов (эпоха раннего металла), in *Археология и естественные науки*. Moscow. 114–138.

Ryndina, N. V. and L. V. Konkova (1982) О произхождении больших усатовских кинжалов, *Советская археология* 2: 30–42.

Ryndina, N. V. and I. G. Ravich (1996) Металлография и изучение древнейшего металлообрабатывающего производства (эпоха энеолита), *Археологія* 3: 116–123.

Ryndina, N. V., G. Indenbaum, and V. Kolosova (1999) Copper production from polymetallic sulphide ores in the Northeastern Balkan eneolithic culture, *Journal of Archaeological Science* 26: 1059–1068.

Ryndina, N. V., I. G. Ravich, and S. B. Bystrov (2008) О произхождении и свойствах мышаково-никелевых бронз майкопской культуры Северного Кавказа (ранний бронзовый век), in *Археология Кавказа и Ближнего Востока. Сборник к 80-летию профессора Р. М. Мунчаева*. Moscow: Taus. 196–221.

Sahlin, P. (1999) *Fermentation as a Method of Food Processing Production of Organic Acids, pH-Development and Microbial Growth in Fermenting Cereals*.

Licentiate thesis, Lund Institute of Technology.

Samzun, A. (1988) La céramique chalcolithique de Mehrgarh III et ses relations avec celle de l'Asie centrale (Namazga I–II), in *L'Asie Centrale et ses rapports avec les civilisations orientales, des origines a l'age du fer*. Paris: Boccard. 125–133.

Sapozhnikova, G. V. and I. V. Sapozhnikov (1991) Об использовании геометрических микролитов в усатовкой культуре, in *Древнейшие общности земледельцев и скотоводов Северного Причерноморья (V тыс. до н. э. – Vв. н. э.). Материалы международной конференции*. Kiev. 76.

Savard, M., M. Nesbitt, and M. K. Jones (2006) The role of wild grasses in subsistence and sedentism: new evidence from the northern Fertile Crescent, *World Archaeology* 38: 179–196.

Sax, M. and N. D. Meeks (1994) The introduction of wheel cutting as a technique for engraving cylinder seals: its distinction from filing, *Iraq* 56: 153–166.

Sax, M., J. McNabb, and N. D. Meeks (1998) Methods of engraving Mesopotamian quartz cylinder seals: experimental confirmation, *Archaeometry* 40(1): 1–21.

Sazcı, G. (2007) *The Treasures of Troia*. Istanbul: Aygaz.

Schick, T. (1988) Nahal Hemar cave: cordage, basketry and fabrics, *Atiqot* 38: 31–43.

Schiffer M. B. (2001) *Anthropological Perspectives on Technology*. Albuquerque: University of New Mexico Press.

Schiffer, M. B., J. M. Skibo, T. C. Boelke, M. A. Neupert, and M. Aronson (1994) New perspectives on experimental archaeology: surface treatments and thermal response of the clay cooking pot, *American Antiquity* 59 (2): 197–217.

Schmidt, A. V. (1929) Die Kurgane der Stanica Konstantinovskaja, *Eurasia Septentrionalis Antiqua* 4.

Schmidt, E. F. (1937) *Excavations at Tepe Hissar, Damghan*. Publications of the Iranian Section of the University Museum, Philadelphia. Philadelphia: University of Pennsylavania Press.

Schmitt-Strecker, S., F. Begemann, and E. Pernicka (1992) Chemische Zusammensetzung und Bleiisotopenverhältnisse der Metallfunde vom Hassek Höyük, in M. R. Behm-Blancke, ed., *Hassek Höyük – Naturwissenschaftliche Untersuchungen und lithische Industrie*. Istanbuler Forschungen 38. Tübingen: Wasmuth. 107–123.

Schoop, U. (1995) *Die Geburt des Hephaistos*. Internationale Archäologie 24. Espelkamp: Leidorf.

———(1998) Anadolu'da kalkolitik çağda süt ürünleri üretimi, *Arkeoloji ve Sanat* 87: 26–32.

———(2005) *Das anatolische Chalkolithikum*. Remshalden: Verlag Bernhard Albert Greiner.

———(2009) Ausgrabungen in Çamlıbel Tarlası 2008 (in A. Schachner, Die Ausgrabungen in Boğazköy-Hattuša 2008), *Archäologischer Anzeiger* 2009: 56–69.

———(2010) Ausgrabungen in Çamlıbel Tarlası 2009 (in A. Schachner, Die Ausgrabungen in Boğazköy-Hattuša 2009), *Archäologischer Anzeiger* 2010: 191–216.

———(in press) Anatolian metallurgy before the Bronze Age: some considerations on the social implications, in E. Pernicka, S. Ünlüsoy, et al., eds., *Early Bronze Age Troy. Chronology, Cultural Development, and Interregional Contacts. International Conference at the University of Tübingen, May 8–10, 2009*.

Schreiner, M., R. B. Heimann, and E. Pernicka (2003a) Mineralogical and geochemical investigations into prehistoric smelting slags from Tepe Sialk/Central Iran, in A. Giumlia -Mair, E. Pernicka, and R. Pleiner, eds., *Archaeometallurgy in Europe. International Conference, 24th–26th September 2003, Milan, Italy*. Milan: Associazione Italiana di Metallurgia. 487–496.

——— (2003b) Mineralogical and geochemical investigations into prehistoric smelting slags from Tepe Sialk/Central Iran, in S. Malek Shahmirzadi, ed., *The Potters of Sialk 3*. Teheran: Archaeological Research Center. 13–24.

Scott, D. A. (1991) *Metallography and Microstructure of Ancient and Historic Metals*. Marina del Rey, CA: The Getty Conservation Institute.

Seeher, J. (2000) *Die bronzezeitliche Nekropole von Demircihüyük–Sarıket* (Istanbuler Forschungen 24). Tübingen: Ernst Wasmuth Verlag.

Selimkhanov, I. R. (1960) К исследованию металлических предметов из "энеолитических" памятников Азербайджана и Северного Кавказа, *Советская археология* 2: 89–102.

Semyontsov, A., Y. Romanova, and P. M. Dolukhanov (1969) Радиоуглеродные даты лаборатории ЛОИА, *Советская археология* 1: 251–261.

Serpico, M. and R. White (2000) Oil, fat and wax, in P. T. Nicholson and I. Shaw, eds., *Ancient Egyptian Materials and Technology*. Cambridge: Cambridge University Press. 390–429.

Shaposhnikova, O. G. (1970) Багатошарове поселення поблизу с. Раздольне на р. Кальміус, *Археологія* 23: 142–151.

Sharafutdinova, I. N. (1980) Новые материалы по эпохе энеолита и бронзы в степном Прикубанье, *КСИА* 176: 15–23.

Shchepinskij, A. A. 1983 [2002] *Памятники кеми–обинской культуры* (Археология СССР, Свод Археологических Источников). Moscow.

Shchepinskij, A. A. and E. N. Cherepanova (1969) *Северное Присивашье в V–I тыс. до н. э.* (Древности степного Крыма). Simferopol: Krym.

Sherratt, A. (1980) Water, soil and seasonality in early cereal cultivation, *World Archaeology* 11 (3): 313–330.

———(1981) Plough and pastoralism: aspects of the secondary product revolution, in I. Hodder, G. Isaak, and N. Hammond, eds., *Pattern of the Past. Studies in Honour of David Clarke*. Cambridge: Cambridge University Press. 261–305.

———(1990) The genesis of megaliths: monumentality, ethnicity and social complexity in Neolithic north-west Europe, *World Archaeology* 22(2) (Monuments and the Monumental): 147–167.

———(1993) What would a Bronze Age world system look like? Relations between temperate Europe and the Mediterranean in later prehistory, *Journal of European Archaeology* 1.2: 1–57.

———(1995) Reviving the grand narrative: archaeology and long-term change. *Journal of European Archaeology* 3.1: 1–32.

———(1997a) *Economy and Society in Prehistoric Europe. Changing Perspectives*. Princeton, NJ: Princeton University Press.

———(1997b) Comments to J. McCorriston. The fiber revolution: textile intensification, alienation and social stratification in ancient Mesopotamia, *Current Anthropology* 38: 539.

———(1999) Cash-crops before cash: organic consumables and trade, in C. Gosden and J. Hather, eds., *The Prehistory of Food. Appetites for Change*. London: Routledge. 13–34.

———(2002) Diet and cuisine: farming and its transformations as reflected in pottery, *Documenta Praehistorica* 29: 61–71.

———(2003a) The Baden (Pécel) culture and Anatolia: perspectives on a cultural transformation, in E. Jerem and P. Raczky, eds., *Morgenrot der Kulturen. Frühe Etappe der Menschengeschichte in Mittel- und Südosteuropa. Festschrift für Nándor Kalicz zum 75. Geburtstag*. Archaeolingua 15. Budapest: Archaeolingua. 415–429.

———(2003b) The horse and the wheel: the dialectics of change in the Circum–Pontic region and adjacent areas, 4500–1500 BC, in M. Levine, C. Renfrew, and K. Boyle, eds., *Prehistoric Steppe Adaptation and the Horse*. Cambridge: McDonald Institute for Archaeological Research. 233–252.

———(2006) La traction animale et la transformation de l'Europe néolithique, in P. Pétrequin, R -M. Arbogast, A -M. Ptrequin, S. van Willigen, and M. Bailly, eds., *Premiers chariots, premiers araires. La diffusion de la traction animale en Europe pendant les IVe et IIIe millénaires avant notre ère* (CRA Monographies 29). Paris: CNRS Éditions. 329–360.

Sherratt, S. (2009) The Aegean and the wider world. Some thoughts on a world-systems perspective, in W. A. Parkinson and M. L. Galaty, eds., *Archaic State Interaction. The Eastern Mediterranean in the Bronze Age*. Santa Fe, NM: SAR Press. 81–106.

Shishlina, N. I. (2003) Yamnaya culture pastoral exploitation: a local sequence, in M. Levine, C. Renfrew, and K. Boyle, eds., *Prehistoric Steppe Adaptation and the Horse*. Cambridge: McDonald Institute for Archaeological Research. 353–365.

———(2007) *Северо-Западный Прикаспий в эпоху бронзы (V–III тыс. до н. э.)*. Moscow: GIM.

Shishlina, N. I. and F. T. Hiebert (1998) The steppe and the sown: interaction between Bronze Age Eurasian nomads and agriculturalists, in V. H. Mair, ed., *The Bronze Age and Early Iron Age Peoples of Eastern Central Asia*. Philadelphia: University Museum Publications. 222–237.

Shishlina, N. I., O. V. Orfinskaya, and V. P. Golikov (2002) Текстиль эпохи бронзы Северного Кавказа: проблема произхождения, in *Степи Евразии в древности и Средневековье I. Материалы Международной научной конференции посвященной 100-летию со дня рождения М. П. Грязнова*. Saint Petersburg. 253–279.

———(2003) Bronze Age textiles from North Caucasus: new evidence of fourth millennium BC fibres and fabrics, *Oxford Journal of Archaeology* 22 (4): 331–344.

Shishlov, A. V. and N. V. Fedorenko (2006) Памятники майкопской культуры приморской части предгорий Северо-Западного Кавказа, in XXIV *Крупновские чтения по археологии Северного Кавказа. Тезисы докладов*. Nalchik. 205–208.

Shishlov, A. V., A. V. Kolpakova, N. V. Fedorenko, and A. P. Kononenko (2009) Погребения майкопской культуры у ст-цы Натухаевская, in *Пятая Кубанская Археологическая Конференция*. Krasnodar. 443–447.

Shmaglyj, N. M. and I. T. Chernjakov (1970) Курганы степной части междуречья Дуная и Днестра, *Материалы по Археологии Северного Прочерноморья* 6: 5–90.

Shortland, A., Shishlina, N. and A. Egorkov (2007) Origin and production of faience beads in the North Caucasus and the Northeast Caspian Sea region in the Bronze Age, in B. Lyonnet, ed., *Les cultures du Caucase (IVe–IIIe millénaires avant n. è.). Leurs relations avec le Proche–Orient*. Paris: CNRS Éditions. 269–284.

Shugar, A. N. (1998) Recent research in Chalcolithic metallurgy: investigation of Abu Matar, Israel, *International Mining & Minerals* 1: 114–116

———(2003) Reconstructing the Chalcolithic metallurgical process at Abu Matar, Israel, in A. Giumlia-Mair, E. Pernicka, and R. Pleiner, eds., *Archaeometallurgy in Europe. International Conference, 24th–26th*

September 2003, Milan, Italy. Milan: Associazione Italiana di Metallurgia. 449–458.

Sigaut, F. (1996) Crops, techniques and affordances, in R. Ellen and K. Fukui, eds., *Redefining Nature: Ecology, Culture and Domestication*. Oxford: Berg. 417–436.

Sillar, B. (1997) Reputable pots and disreputable potters: individual and community choice in present-day pottery production and exchange in the Andes, in C. G. Cumberpatch and P. W. Blinkhorn, eds., *Not So Much a Pot, More a Way of Life : Current Approaches to Artefact Analysis in Archaeology*. Oxford: Oxbow. 1–20.

Sillar, B. and M. S. Tite (2000) The challenge of "technological choices" for the materials science approaches in archaeology, *Archaeometry* 42: 2–20.

Simonian, H. (2007) *The Hemshin. History, Society and Identity in the Highlands of Northeast Turkey*. London: Routledge.

Sinopoli, C. M. (1991) *Approaches to Archaeological Ceramics*. New York: Planum Press.

Skakun, N. (1993) Agricultural implements in the Neolithic and Eneolithic cultures of Bulgaria, in P. C. Anderson, S. Beyries, M. Otte, and H. Plisson, eds., *Traces et fonction: les gestes retrouvés. Colloque International de Liège*. ERAUL 50/2. Liège: University of Liège. 361–368.

———(1994) Agricultural implements and the problem of spreading of agriculture in southeastern Europe, *Helinium* 34(2): 294–305.

———(2006) Бодаки – крупнейший трипольский центр по обработке кремня в Восточной Европе, in *Производственные центры: источники, "дороги", ареал распространения. Материалы тематической научной конференции*. Saint Petersburg. 41–44.

Slavchev, V. (2008) Бележки към проучването на културните контакти в района на днешното българско Черноморие през късния неолит, in V. Slavchev, ed., *The Varna Eneolithic Necropolis and Problems of Prehistory in Southeast Europe*. Varna: Regional Archaeological Museum. 43–56.

Smith, A. T. (2005) Prometheus unbound: Southern Caucasia in prehistory, *Journal of World Prehistory* 19: 229–279.

Sokoloskij, N. I. (1965) Раскопки в Кепах в 1962 г., *КСИА* 103: 108–119.

Solovev, L. N. (1958) *Новый памятник культурных связей Кавказского Причерноморья в эпоху энеолита и бронзы – стоянки Воронцовской пещеры* (Труды Абхазского института истории языка, литературы и истории, вып. 29). Sukhumi.

Solovyova, N. F., Yegor'kov, A.N., Galibin, V.A. and Y. E. Berezkin (1994) Metal artifacts from Ilgynly-depe, Turkmenistan, in V. M. Masson, et al. eds., *New Archaeological Discoveries in Asiatic Russia and Central Asia*. Archaeological Studies No. 16. Saint Petersburg. 31–35.

Sorokina, I. A. and L. B. Orlovskaja (1993) Погребения майкопского времени Общественного 2 могильника в степном Закубанье, *Вестник Шелкового пути (Археологические источники)* 1: 223–261.

Spasovskij, J. N. (2008) Результаты определения остеологических сборов из поселений майкопской культуры "Новосвободненское" и "Пхагуапе", in *Археология Кавказа и Ближнего Востока. Сборник к 80-летию професора Р. М. Мунчаева*. Moscow: Taus. 256–258.

Spassov N. and N. Iliev (2002) The animal bones from the prehistoric necropolis near Durankulak (NE Bulgaria) and the latest record of *Equus hydruntinus regalia*, in H. Todorova, ed., *Durankulak II–1. Die prähistorischen Gräberfelder von Durankulak*. Berlin: Deutsches Archäologisches Institut. 313–324.

Spielmann, K. A. (2002) Feasting, craft specialization, and the ritual mode of production in small-scale societies, *American Anthropologist* 104(1): 195–207.

Spiridonova, E. A., A. S. Aleshinskaja, S. N. Korenevskij, and V. L. Rostunov (2001) Сравнительный анализ природной среды времени существования майкопской культуры в Центральном Предкавказье (Ставропольский край, Северная Осетия–Алания), in *Материалы по изучению культурного наследия Северного Кавказа. Вып. 2, Археология, антропология, палеоклиматология*. Moscow. 144–162.

Spruytte, J. (1983) *Early Harness Systems*. London: J. A. Allen.

Stanko, V. N. (1997) Landscape dynamics and Mesolithic settlement in the North Pontic steppe, in J. Chapman and P. Dolukhanov, eds., *Landscapes in Flux. Central and Eastern Europe in Antiquity*. Colloquia Pontica 3. Oxford: Oxbow Books. 253–262.

Stark, M. T., ed. (1998) *The Archaeology of Social Boundaries*. Washington, DC: Dumbarton Oaks Research Library and Collection.

Starkey, P. (1989) *Harnessing and Implements for Animal Traction. An Animal Traction Resource Book for Africa*. A Publication of the Deutsches Zentrum für Entwicklungstechnologien – GATE in: Deutsche Gesellschaft für Technische Zusammenarbeit (GTZ) GmbH – 1989.

Steadman, S. R. (1995) Prehistoric interregional interaction in Anatolia and the Balkans: an overview, *Buletin of the American Schools of Oriental Research* 299: 13–32.

Stech Wheeler, T. (1974) Early Bronze Age burial customs in Western Anatolia, *American Journal of Archaeology* 78: 415–425.

Stein, G., C. Edens, N. Miller, H. Ozbal, J. Pearce, and H. Pittman (1996) Hacinebi, Turkey: preliminary report on the 1995 Excavations, *Anatolica* 22: 85–128.

Steiniger, D. (2011) Excavations in the slagheaps in Arisman, in A. Vatandoust,

H. Parzinger, and B. Helwing, eds., *Early Mining and Metallurgy on the Western Central Iranian Plateau. The First Five Years of Work*. Mainz: Philipp von Zabern. 69–99.

Stimmel, C., R. B. Heimann, and R. G. V. Hancock (1982) Use of salt in shell–tempered pottery, in J. S. Olin and A.D. Franklin, eds., *Archaeological Ceramics*. Washington, DC: Smithsonian Institution Press. 129–137.

Stoljar, A. D. (1996) О реалиях майкопского кургана как свидетельствах драматургии энеолитической истории Кубани, in *Между Азией и Европой: Кавказ в IV–I тыс. до н. э. Материалы конференции посвященной 100–летию со дня рождения А. А. Иессена*. Saint Petersburg. 59–64.

Stöllner, T., R. Slotta, and A. Vatandoust, eds. (2004) *Persiens Antike Pracht*. Bochum: Deutsches Bergbau-Museum.

Stöllner, T., Gambaschidze, I. and A. Hauptmann (2008) The earliest gold mining of the ancient world? in Ü. Yalçın, H. Özbal, and A. G. Paşamehmetoğlu, eds., *Ancient Mining in Turkey and the Eastern Mediterranean. International Conference AMITEM 2008, June 15–22 2008, Ankara, Turkey*. Ankara: Atılın University. 271–288.

Stone, J. F. S. and L. C. Thomas (1956) The use and distribution of faience in the Ancient East and prehistoric Europe, *Proceedings of the Prehistoric Society* 22: 37–84.

Strahm, C. (2010) Ein neuer Werkstoff, der Geschichte schreibt, in *Jungsteinzeit im Umbruch. Die „Michelsberger Kultur" und Mitteleuropa vor 6000 Jahren. Katalog zur Ausstellung im Badischen Landesmuseum Schloss Karlsruhe 20.11.2010–15.5.2011*. Darmstadt: Primus Verlag. 179–186.

Strommenger, E. (1980) *Habuba Kabira. Eine Stadt vor 5000 Jahren*. Mainz: Philipp von Zabern.

Stronach, D. B. (1957) The development and diffusion of metal types in Early Bronze Age Anatolia, *Anatolian Studies* 7: 89–125.

Subbotin, L. V. and V. G. Petrenko (1994) Курганний могильник усатівського типу Жовтий Яр, *Археологія* 1: 93–104.

Subbotin, L. V. and N. M. Shmaglij (1970) Болградский курганный могильник, *Материалы по Археологии Северного Причерноморья* 6: 117–129.

Subbotin, L. V., A. G. Zaginajlo, and N. M. Shmaglij (1970) Курганы у с. Огородное, *Материалы по Археологии Северного Причерноморья* 6: 130–155.

Susi, G. E. (2001) The animal husbandry of Cernavoda III communities, in P. Roman, P. and Diamandi, eds., *Cernavoda III–Boleráz* (Danubiana, Ser. Symposia II). Bucuresti: Vavila Edinf. 60–82.

Swallow, D. M. (2003) Genetics of lactase persistence and lactose intolerance,

Annual Review of Genetics 37: 197-219.

Tadmor, M., D. Kedem, F. Begemann, A. Hauptmann, E. Pernicka, and S. Schmit-Strecker (1995) The Nahal Mishmar hoard from the Judean desert: technology, composition, and provenance, *Atiqot* 27: 95-148.

Tallgren, A. M. (1911) *Die Kupfer- und Bronzezeit in Nord- und Ostrussland*. Suomen Muinaismuistoyhdistyksen Aikakauskirja 25.

Tallon, F. (1987) *Métallurgie susienne I: De la fondation de Suse au XVIIIe siècle avant J.-C.* Notes et Documents des Musées de France 15. Paris: Ministere de la culture et de la communication.

Tapio, M., N. Marzanov, M. Ozerov, M. Cinkulov, G. Gonzarenko, T. Kiselyova, M. Murawski, et al. (2006) Sheep mitochondrial DNA variation in European, Caucasian, and Central Asian areas, *Molecular Biology and Evolution* 23 (9): 1776-1783.

Tatarinov, S. I. (1977) О горно-металлургическом центре эпохи поздней бронзы в Донбассе, *Советская археология* 4: 192-207.

Tedesco, L. A. (2007) Refining the definition of technology in the southern zone of the Circumpontic metallurgical province: copper alloys in Armenia during the Early and Middle Bronze Age, in D. L. Peterson, L. M. Popova, and A. T. Smith, eds., *Beyond the Steppe and the Sown. Proceedings of the 2002 University of Chicago Conference on Eurasian Archaeology*. Leiden: Brill. 310-321.

Telegin, D. Y. (1973) *Середно-стогівська культура епохи міді*. Kiev: Naukova dumka.

———(1986) *Dereivka. A Settlement and Cemetery of Copper Age Horse Keepers on the Middle Dnieper* (BAR Int. Ser. 287). Oxford: BAR.

———(1996) Днепро-донецкая культурная общность, in S. V. Oshibkina, ed., *Неолит северной Евразии*. Moscow: Nauka. 48-57.

Telegin, D. Y. and N. S. Kotova (2006) Энеолитическое поселение Ласпи-1 в Крыму, in *Матеріали та дослідження з археології Східної України* 5: 41-51.

Terekhova, N. N. (1981) The history of metalworking production among the ancient agriculturalists of Southern Turkmenia, in P. Kohl, ed., *Bronze Age Civilizations of Central Asia: Recent Soviet Discoveries*. New York: M. E. Sharp. 313-324.

Teshev, M. K. (1986) Гробница Псыбе – памятник позднемайкопской культуры на черноморском побережье, in *Новое в археологии Северного Кавказа*. Moscow. 52-57.

Teslenko, D. L. (2007) Об эволюции мегалитических сооружений в Северном Причерноморье и Приазовье (энеолит-ранний бронзовый век), *Матеріали та дослідження з археології Східноі Украіни* 7: 76-85.

Thissen, L. (1993) New insights in Balkan-Anatolian connections in the Late Chalcolithic: old evidence from the Turkish Black Sea littoral, *Anatolian*

Studies 43: 207–237.
Thornton, C. P. (2009) *The Chalcolithic and Early Bronze Age Metallurgy of Tepe Hissar, Northeast Iran: A Challenge to the Levantine Paradigm*. Ph.D. thesis, Department of Anthropology, University of Pennsylvania.
———(2010) The rise of arsenical copper in Southeastern Iran, *Iranica Antiqua* 45: 31–50.
Thornton, C. P. and T. Rehren (2009) A truly refractory crucible from fourth millennium Tepe Hissar, Northeast Iran, *Journal of Archaeological Science* 36: 2700–2712.
Thornton, C. P., C. C. Lamberg-Karlovsky, M. Liezers, and S. M. M. Young (2002) On pins and needles: tracing the evolution of copper-base alloying at Tepe Yahya, Iran, via ICP–MS analysis of common-place items, *Journal of Archaeological Science* 29: 1451–1460.
Thurmond, D. L. (2006) *A Handbook of Food Processing in Classical Rome*. Leiden: Brill.
Tikhonov, I. L. (2009) Археологические исследования Н. И. Веселовского на Кубани, in *Пятая Кубанская Археологическая Конференция*. Krasnodar. 362–365.
Timm, K. (1964) Blut und Farbe im Totenkult, *Ethnographisch-Archäologische Zeitschrift* 5: 39–55.
Titova, E. N. (1990) О контактах населения киево-черкасской и буго-днестровской культур, in V. I. Neprina, ed., *Каменний век на территории Украины*. Kiev. 28–39.
Tobler, A. J. (1950) *Excavations at Tepe Gawra*. Philadelphia: University of Pennsylvania Press.
Todorova, H. (1981) *Die kupferzeitlichen Äxte und Beile in Bulgarien*. Prähistorische Bronzefunde IX, 14. München: Beck.
Todorova, H.(1986) *Каменно-медната епоха в България*. Sofia: Nauka i Izkustvo.
———(1998) Probleme der Umwelt der prähistorischen Kulturen zwischen 7000 und 100 v. Chr., in B. Hänsel and J. Machnik, eds., *Das Karpatenbecken und die osteuropäische Steppe*. Prähistorische Archäologie in Südosteuropa 12. Rahden/Westf.: Marie Leidorf. 65–75.
———(1999) Die Anfänge der Metallurgie an der westlichen Schwarzmeerküste, in A. Hauptmann, E. Pernicka, T. Rehren, and Ü. Yalçın, eds., *The Beginnings of Metallurgy. Proceedings of the International Conference, Bochum 1995*. Der Anschnitt, Beiheft 9. Bochum: Deutsches Bergbau-Museum. 237–246.
———, ed. (2002) *Durankulak, Band II. Die prähistorischen Gräberfelder von Durankulak*. Berlin: Deutsches Archäologisches Institut.
Todorova, H. (2004) Die tiefgreifende ökologische Krise des 4. Jahrtausends,

in V. Nikolov and K. Băčvarov, eds., *Von Domica bis Drama. Gedenkschrift für Jan Lichardus*. Sofia: AIM-BAN. 107–115.

Todorova, H. and I. Vajsov (1993) *Ново-каменната епоха в България*. Sofia: Nauka i Izkustvo.

——— (2001) *Der kupferzeitliche Schmuck Bulgariens*. Prähistorische Bronzefunde XX, 6. Stuttgart: Franz Steiner Verlag.

Tosi, M. (1974) The problem of turquoise in protohistoric trade on the Iranian Plateau, *Memorie dell'Istituto Italiano Paletnologia Umana* 2: 147–162.

Tosi, M. and M. Vidale (1990) Fourth millennium BC lapis lazuli working at Mehrgarh, Pakistan, *Paléorient* 16(2): 89–99.

Tosi, M. and R. Wardak (1972) The Fullol hoard: a new find from Bronze-Age Afganistan, *East and West* 22 (1–2): 9–17.

Trifonov, V. A. (1987) Некоторые вопросы переднеазиатских связей майкопской культуры, *КСИА* 192: 18–26.

——— (1991) Степное Прикубанье в эпоху энеолита–средней бронзы, in *Древние культуры Прикубанья*. Leningrad. 92–156.

——— (2000) Курганы майкопского типа в Северо-Западном Иране, in *Судьба ученого. К 100-леттию со дня рождения Бориса Александровича Латынина. Сборник материалов*. Saint Petersburg: State Hermitage. 244–264.

——— (2003) Майкопская керамика с пролощеным орнаментом, in *Чтения посвященные 100–летии деятельности В. А. Гогорцова в ГИМе I*. Moscow. 74–77.

——— (2004) Die Majkop-Kultur und die ersten Wagen in der südrussischen Steppe, in M. Fansa, ed., *Rad und Wagen. Der Ursprung einer Innovation*. Mainz: Philipp von Zabern. 167–176.

Trigger, B. (1989) *A History of Archaeological Thought*. Cambridge: Cambridge University Press.

Trufelli, F. (1994) Standardisation, mass production and potter's marks in the Late Chalcolithic pottery of Arslantepe (Malatya), *Origini* XVIII: 245–288.

——— (1997) Ceramic correlations and cultural relations in IVth millennium eastern Anatolia and Syro-Mesopotamia, *Studi Micenei ed Egeo-Anatolici* 39: 5–33.

Tsalkin, V. I. (1970) *Древнейшие домашние животные Восточной Европы* (Материалы и исследования по археологии СССР 161) Moscow: Nauka.

Tsimidanov, V. V. (2003) Погребения со стелами в ямной культуре северо-западного Причерноморья, *Stratum Plus* 2 (2001–2002): 370–385.

Tsvek, E. V. and I. I. Movchan (2005) Энеолитический производственный комплекс по добыче и обработке кремня на реке Большая Высь, in *На пошану Софії Станіславівни Березанської*. Kiev: Shljakh. 52–57.

Tsvek, E. V. and J. Rassamakin (2002) Поселение восточнотрипольской культуры Мирополье и проблема относительной хронологии памяников типа Средний стог II, *Stratum Plus* 2 (2001–2002): 218–245.

———(2005) The interactions between the Eastern Tripolye culture and the pontic steppe area: some aspects of the problem, in G. Dimitroaia, J. Chapman, J., O. Weller, et al., eds., *Cucuteni. 120 Years of Research – Time to Sum Up*. Bibliotheca Memoriae Antiquitaris 16. Piatra–Neamţ: Ed. "Constantin Matasă". 173–192.

Turetskij, M. (2004) Wagengräber der grubengrabzeitlichen Kulturen im Steppengebiet Osteuropas, in M. Fansa, ed., *Rad und Wagen. Der Ursprung einer Innovation*. Mainz: Philipp von Zabern. 191–200.

Twiss, K. C. (2007) The Neolithic of the Southern Levant, *Evolutionary Anthropology* 16: 24–35.

Tylecote, R. F. and J. F. Merkel (1985) Experimental smelting techniques: achievements and future, in P. T. Craddock and M. J. Hughes, eds. *Furnaces and Smelting Technology in Antiquity*. London: British Museum. 3–20.

Uerpmann, M. and H.-P. Uerpmann (2010) Zug- und Lasttiere zwischen Maikop und Trialeti, in S. Hansen, A. Hauptmann, I. Motzenbäcker, and E. Pernicka, eds., *Von Maikop bis Trialeti. Gewinnung und Verbreitung von Metallen und Obsidian in Kaukasien im 4.–2. Jt. v. Chr*. Bonn: Rudolf Habelt. 227–251.

Vajsov, I. (1992) Die frühesten Dolche Bulgariens, *Anatolica* 18: 61–69.

———(1993) Die frühesten Metalldolche Südost- und Mitteleuropas, *Prähistorische Zeitschrift* 68: 103–145.

Valamoti, S. M. (2007) Detecting seasonal movement from animal dung: an investigation in Neolithic northern Greece, *Antiquity* 81: 1053–1064.

Valamoti, S. M., M. Mangafa, C. Koukouli-Chrysanthaki, and D. Malamidou (2007) Grape pressing from northern Greece: the earliest wine in the Aegean? *Antiquity* 81: 54–61.

van der Leeuw, S. E. (1990) Archaeology, material culture and innovation, *SubStance* 62/63 (Special Issue: Thought and Novation): 92–109.

———(1993) Giving the potter a choice: conceptual aspects of pottery techniques, in P. Lemonnier, ed., *Technological Choices: Transformation in Material Cultures since the Neolithic*. London: Routledge. 238–288.

van der Leeuw, S. E. and R. Torrence, eds. (1989) *What's New? A Closer Look at the Process of Innovation*. London: Unwin Hyman.

van Driel, G. (1983) Seals and sealings from Jebel Aruda 1974–1978, *Akkadica* 33: 34–62.

van Driel, G. and C. van Driel-Murray (1983) Jebel Aruda, the 1982 season of excavation, interim report, *Akkadica* 33: 1–26.

van Ess, M. and F. Pedde (1992) *Uruk: Die Kleinfunde Band II* (Ausgrabungen

in Uruk–Warka, Endberichte, Band 7). Mainz: Philipp von Zabern.
van Loon, M., ed. (1978) *Korucutepe, Vol. 2*. Amsterdam: North Holland.
van Zeist, W. (1999) Evidence for agricultural change in the Balikh basin, northern Syria, in C. Gosden and J. Hather, eds., *The Prehistory of Food. Appetites for Change*. London: Routledge. 350–373.
———(2003) An archaeobotanical study of Ikiztepe, Northern Turkey, in M. Özdoğan, H. Hauptmann, and N. Başgelen, eds., *From Villages to Cities. Studies Presented to Ufuk Esin*. Istanbul: Arkeoloji ve sanat Yayınları. 547–581.
Vanchugov, V. P., L. V. Subbotin, and A. N. Dzigovskij (1992) *Курганы приморской части Днестро–Дунайского междуречья*. Kiev: Naukova dumka.
Vellinga, M., P. Oliver, and A. Bridge (2007) *Atlas of Vernacular Architecture of the World*. New York: Routledge.
Veselovskij, N. I. (1897) [1997] Отчет Н. И. Веселовского о раскопках Майкопского кургана в 1897 г., in *Древние общества Кавказа в эпоху палеометалла, 1997*. Saint Petersburg: ИИМК. 44–47.
Veselovskij, N. I.(1900a) Майкопский курган, Отчетъ императорской археологической коммиссiи за 1897 годъ: 2–11.
———(1900b) Старомышастовская, Отчетъ императорской археологической коммиссiи за 1897 годъ: 64–65.
———(1900c) Костромская, Отчетъ императорской археологической коммиссiи за 1897 годъ: 11–17.
———(1901) Станица Царская, Отчетъ императорской археологической коммиссiи за 1898 годъ: 33–39.
———(1902) Воздвиженская, Отчетъ императорской археологической коммиссiи за 1899 годъ: 43–47.
Videiko, M. J. (1994) Tripolye – "pastoral" contacts. Facts and character of the interactions: 4800–3200 BC, *Baltic-Pontic Studies* 2: 5–28.
Videiko, M. J. and N. B. Burdo (2004a) *Енціклопедія Трипільської цивилизації. Том 1*. Kiev: Ukrpoligrafmedia.
———(2004b) *Енціклопедія Трипільської цивилизації. Том 2*. Kiev: Ukrpoligrafmedia.
Videiko, M. Y. and V. G. Petrenko (2003) Radiocarbon chronology of complexes of the Eneolithic–Early Bronze Age in the Northern Pontic region, a preliminary report, *Baltic-Pontic Studies* 12: 113–120.
Vilà, C., J. A. Leonard, and A. Beja - Pereira (2006) Genetic documentation of horse and donkey domestication, in M. Zeder, D. Bradley, E. Emshwiller, and B. Smith, eds., *Documenting Domestication: New Genetic and Archaeological Paradigms*. Berkeley: University of California Press. 342–353.

Vila, E. (2006) Data on equids from late fourth and third millennium sites in Syria, in M. Mashkour, ed., *Equids in Time and Space. Papers in Honour of Véra Eisenmann. Proceedings of the 9th Conference of the International Council of Archaeozoology, Durham, August 2002.* Oxford: Oxbow Books. 101–123.

Virág, Z. M. (2003) Early metallurgy in the Carpathian Basin, in Z. Visy, ed., *Hungarian Archaeology at the Turn of the Millennium.* Budapest: Ministry of National Cultural Heritage. 129–132.

Volkodav, I. G. (2005) Золотые россыпи Адыгеи, *Вестник Адыгейского государственного университета* 1: 46–50.

Volodicheva, N. (2002) The Caucasus, in M. Shahgedanova, ed., *The Physical Geography of Northern Eurasia.* Oxford: Oxford University Press.

von der Osten, H. (1937) *The Alishar Hüyük Seasons of 1930–32, Part I.* The University of Chicago Oriental Institute Publications 28. Chicago: University of Chicago Press.

Wagner, G. A. and Ö. Öztunalı (2000) Prehistoric copper sources in Turkey, in Ü. Yalçın, ed., *Anatolian Metal I.* Der Anschnitt, Beiheft 13. Bochum: Deutsches Bergbau-Museum. 31–61.

Wailes, B., ed. (1996) *Craft Specialization and Social Evolution. In Memory of V. Gordon Childe.* University Museum Monograph 93. Philadelphia: University of Pennsylvania Press.

Wajcman, J. (2010) Feminist theories of technology, *Cambridge Journal of Economics* 34: 143–152.

Waselkov, G. A. (1987) Shellfish gathering and shell midden archaeology, *Advances in Archaeological Method and Theory* 10: 93–210.

Wechler, K. -P. (2001) *Studien zum Neolithikum der Osteuropäischen Steppe* (Archäologie in Eurasien Bd. 12). Mainz: Philipp von Zabern.

Weeks, L. (2009) Iran in the fourth millennium: metallurgy, in *Ancient Iran and its Neighbours. Local Developments and Long-Range Interactions in the 4th Millennium BC.* Cambridge, June 26th–28th, 2009 (Abstract book).

Weisgerber, G. (1989) Grundzüge einer systematischen Bergbaukunde für Vor- und Frühgeschichte und Antike. Teil I, in A. Hauptmann, E. Pernicka and G. A. Wagner, eds., *Archäometallurgie der Alten Welt / Old World Archaeometallurgy.* Der Anschnitt, Beiheft 7. Bochum: Deutsches Bergbau-Museum. 79–98.

———(1990) Grundzüge einer systematischen Bergbaukunde für Vor-und Frühgeschichte und Antike. Teil II, *Der Anschnitt* 42: 2–18.

———(2004) Decorative stones in the Ancient Orient (Lapis lazuli, turquoise, agate, carneole), in T. Stöllner, R. Slotta, and A. Vatandoust, eds., *Persiens Antike Pracht. Ausstellungskatalog.* Veröffentlichungen aus dem Deutschen Bergbau-Museum Bochum 128. Bochum: Deutsches Begrbau-Museum. 64–75.

Weiss, E. and D. Zohary (2011) The Neolithic Southwest Asian founder crops: their biology and archaeobotany, *Current Anthropology* 52(S4) (The Origins of Agriculture: New Data, New Ideas): S237–S254.

Weiss, E., M. E. Kislev, and A. Hartmann (2006) Autonomous cultivation before domestication, *Science* 312: 1608–1610.

White, L. A. (1949) *The Science of Culture*. New York: Farrar, Straus and Giroux.

Whittle, A. (1996) *Europe in the Neolithic. The Creation of New Worlds.* Cambridge: Cambridge University Press.

Wild, E. V., P. Stadler, M. Bondár, S. Draxler, H. Friesinger, W. Kutschera, A. Priller, W. Rom, E. Ruttkay, and P. Steier (2002) New chronological frame for the young neolithic Baden culture in Central Europe (4th millennium BC), *Radiocarbon* 43(2B) (*Proceedings of the 17th International UC Conference*, edited by I. Carmi and E. Boaretto): 1057–106.

Woolley, L. (1956) *Ur Excavations: The Early Periods*. Volume 4. Philadelphia: University of Pennsylvania and the British Museum.

Wright, K. I. (1993) Early Holocene ground stone assemblages in the Levant, *Levant* 15: 93–111.

Wylie, A. (1988) "Simple" analogy and the role of relevance assumptions: implications of archaeological practice, *International Studies in the Philosophy of Science* 2(2): 134–150.

Yakar, J. 1985 *The Later Prehistory of Anatolia: The Late Chalcolithic and Early Bronze Age*. British Archaeological Reports International Series, No. 268. Oxford: British Archaeological Reports.

Yalçın, Ü. (2000a) Frühchalkolithische Metallfunde von Mersin–Yumuktepe: Beginn der extraktiven Metallurgie? *TÜBA–AR* 3: 109–128.

———(2000b) Anfänge der Metallverwendung in Anatolien, in Ü. Yalçın, ed., *Anatolian Metal I.* Der Anschnitt, Beiheft 13. Bochum: Deutsches Bergbau-Museum. 17–30.

———(2008) Ancient metallurgy in Anatolia, in Ü. Yalçın, H. Özbal, and A. G. Paşamehmetoğlu, eds., *Ancient Mining in Turkey and the Eastern Mediterranean. International Conference AMITEM 2008, June 15–22 2008, Ankara, Turkey.* Ankara: Atılın University. 15–42.

Yanko-Hombach, V. V., A. S. Gilbert, N. Panin, and P. M. Dolukhanov, eds., (2007) *The Black Sea Flood Question. Changes in Coastline, Climate and Human Settlement.* Berlin: Springer.

Yener, A. K. (2000) *The Domestication of Metals. The Rise of Complex Metal Industries in Anatolia.* Culture and History of the Ancient Near East 4. Leiden: Brill.

Yerkes, R. W., R. Barkai, A. Gopher, and O. Bar-Yosef (2003) Microwear analysis of early Neolithic (PPNA) axes and bifacial tools from Netiv Hagdud in the Jordan Valley, Israel, *Journal of Archaeological Science* 30: 1051–1066.

Yıldırım, T. (2006) An Early Bronze Age cemetery at Resuloğlu, near Uğurludağ, Çorum. A preliminary report of the archaeological work carried out between years 2003–2005, *Anatolia Antiqua* 14: 1–14.

Young Jr., T. C. and T. Stone (1990) The thermal properties of textured ceramics: an experimental study, *Journal of Field Archaeology* 17 (2): 195–203.

Zaitseva, G. I. and B. van Geel (2007) The occupation history of the southern Eurasian steppe during the Holocene: chronology, the calibration curve and methodological problems of the Scythian chronology, in E. M. Scott, ed., *Impact of the environment on human migration in Eurasia*. NATO science series IV: Earth and environmental sciences, 15. Saint Petersburg: Kluwer Academic Publishers. 63–82.

Zbenovich, V. G. (1971) Поселение усатовского типа у с. Маяки, *Материалы по археологии Северного Прочерноморья* 7: 191–200.

―――(1974) *Позднетрипольские племена Северного Причерноморья*. Kiev: Naukova Dumka.

Zbenovich, V. G. and A. M. Leskov (1969) О стратиграфии и классификации погребений Одесского кургана, *КСИА* 115: 29–38.

Zeder, M., D. Bradley, E. Emshwiller, and B. Smith, eds. (2006) *Documenting Domestication: New Genetic and Archaeological Paradigms*. Berkeley: University of California Press.

Zhitnikov, V. G. and S. E. Zherebilov (2005) Синкретические погребальные комплексы энеолита–ранней бронзы из могильника "Вертолетовое поле" в Ростове-на-Дону, in *Четвертая Кубанская археологическая конференция. Тезисы и доклады*. Krasnodar. 84–88.

Zimmermann, T. (2005) Zu den frühesten Blei- und Edelmetallfunden aus Anatolien. Einige Gedanken zu Kontext und Technologie, *Der Anschnitt* 57(5–6): 190–199.

―――(2007) Anatolia and the Balkans once again – ring-shaped idols from western Asia and a critical reassessment of some "Early Bronze Age" items from Ikiztepe, Turkey, *Oxford Journal of Archaeology* 26(1): 25–33.

Zimmermann, T. and T. Yıldırım (2006) News from the Hatti heartland – the Early Bronze Age necropoleis of Kalınkaya, Resuloğlu, and Anatolian metalworking advances in the late third millennium BC, *Antiquity* 80: 309, September 2006, available at http://antiquity.ac.uk.

Zinkovskij, K. V. and V. G. Petrenko (1987) Погребения с охрой в Усатовских могильниках, *Советская археология* 4: 24–39.

Zohary, D. and M. Hopf (1988) *Domestication of Plants in the Old World*. New York: Oxford University Press.

―――(1993) *Domestication of Plants in the Old World* (2nd edn). New York: Oxford University Press.

―――(2000) *Domestication of Plants in the Old World* (3rd edn). New York:

Oxford University Press.

Zwicker, U. (1980) Investigations on the extractive metallurgy of Cu/Sb/As ore and excavated smelting products from Norşun–Tepe (Keban) on the Upper Euphrates (3500–2800 BC), in W. A. Oddy, ed., *Aspects of Early Metallurgy*. British Museum Occasional Paper 17. London: British Museum. 13–26.

Zwicker, U., H., Greiner, K. -H. Hofman, and M. Reithinger (1985) Smelting, refining and alloying of copper and copper alloys in crucible furnaces during prehistoric up to Roman times, in P. T. Craddock and M. J. Hughes, eds., *Furnaces and Smelting Technology in Antiquity*. London: British Museum. 103–115.